Direito Administrativo

Direito Administrativo

ESTUDOS EM HOMENAGEM AO DOUTOR VIEIRA DE ANDRADE

2023 · Volume II

Coordenação

Pedro Costa Gonçalves

ALMEDINA

DIREITO ADMINISTRATIVO
ESTUDOS EM HOMENAGEM AO DOUTOR VIEIRA DE ANDRADE
COORDENAÇÃO
Pedro Costa Gonçalves
EDITOR
EDIÇÕES ALMEDINA, S.A.
Avenida Emídio Navarro, 81, 3D
3000-151 Coimbra
Tel.: 239 851 904 · Fax: 239 851 901
www.almedina.net · editora@almedina.net
DESIGN DE CAPA
FBA.
PRÉ-IMPRESSÃO
EDIÇÕES ALMEDINA, S.A.
IMPRESSÃO E ACABAMENTO

Agosto, 2023

ISBN
978-989-40-1508-6

DEPÓSITO LEGAL

ALMEDINA | GRUPOALMEDINA

NOTA DE ABERTURA

O presente volume integra uma obra composta por três livros – *Constituição, Política e Direitos Fundamentais, Direito Administrativo e Justiça Administrativa* – promovida por um grupo de professores da Faculdade de Direito da Universidade de Coimbra que comungam da admiração académica, intelectual e pessoal pelo Senhor Doutor Vieira de Andrade.

Pedro Costa Gonçalves
João Carlos Loureiro
Suzana Tavares da Silva
Fernanda Paula de Oliveira
Ana Raquel Moniz
José Eduardo Figueiredo Dias
Licínio Lopes Martins
Bernardo Azevedo
Rodrigo Esteves de Oliveira
António Malheiro de Magalhães

Vieira de Andrade e o Direito Administrativo

PEDRO COSTA GONÇALVES

Evidenciando logo as marcas de um estilo próprio e singular – de contenção deliberada nas dinâmicas intertextuais, substituídas, com vantagem, pelo desvendar de pensamentos e de reflexões cuidadas e laboriosas –, o primeiro texto publicado por Vieira de Andrade, na juventude dos seus 25 anos, tem por título *A Imparcialidade da Administração como Princípio Constitucional* (1974)[1]: tratava-se de uma peça do que hoje se poderia designar "direito constitucional administrativo", que sinalizava o início de um percurso académico e de cidadania dedicado precisamente ao estudo e à reflexão em redor de temas do direito constitucional (com destaque para os direitos fundamentais) e do direito administrativo; nesse estudo, o Autor defendia a "elevação da imparcialidade da Administração a princípio constitucional", tese que a Assembleia Constituinte de 1975-76 viria a acolher, inscrevendo no originário artigo 267.°, n.° 2, da Constituição da República Portuguesa que os "órgãos e agentes administrativos (...) devem actuar com justiça e imparcialidade no exercício das suas funções". Neste seu primeiro texto, está já patente o pensamento maduro e profundo do Autor, alimentado pela leitura atenta e arguta dos factos relevantes, e com a capacidade rara de formular juízos improváveis na época, mas que antecipavam, aliás com precisão cirúrgica, desenvolvimentos futuros: ilustra tudo isto a conclusão que Vieira de Andrade extrai de uma análise, "mesmo que superficial", que, diz-nos, "mostra que surgem (...) em especial nalguns tipos de sistemas políticos, situações de monopólio potencial, pelo partido maioritário ou dominante, de vastíssimos sectores do aparelho estadual". Ainda nesse estudo inicial, Vieira de Andrade revela a sua compreensão sobre a posição da Administração Pública (titular da função administrativa) no sistema político, advogando que o princípio da imparcialidade tem a função de assegurar "a independência da administração em face dos interesses

[1] "A Imparcialidade da Administração como Princípio Constitucional", *Boletim da Faculdade de Direito da Universidade de Coimbra*, vol. L, 1974, 219-246.

concretos do governo" e de contribuir "para a definição da função administrativa e para a sua articulação com as restantes funções do Estado, em termos de preservar-lhe a autonomia e de garantir que o seu desempenho concretiza de acordo com as características próprias do papel específico que lhe cabe na realização do bem comum". Nestas passagens, que incluem referências à "independência" ou à "autonomia" da Administração Pública, bem como ao papel específico que esta tem na realização do bem comum, o jovem Vieira de Andrade desvela os traços essenciais do que representava já uma compreensão global e consistente do sistema administrativo – da sua posição e do seu sentido dentro do aparelho de governação pública –, compreensão essa que surge ancorada em *ideias esclarecidas* sobre como aquele sistema *deve funcionar*, não tendo apenas a preocupação de descrever o seu modo de funcionamento.

Se o seu primeiro texto publicado nos mostra um Vieira de Andrade a viajar pelo território de um direito constitucional administrativo (da Administração Pública), os trabalhos que àquele se seguiram imediatamente fixam-se nas áreas do direito constitucional, e, em especial, no tema dos direitos fundamentais: primeiro, no fim dos anos 70, em *Sumários* policopiados e, depois, em 1983, no livro *Os Direitos Fundamentais na Constituição Portuguesa de 1976*, obra que, como bem destaca João Loureiro, "revela um pensamento admiravelmente maduro para a idade, uma originalidade significativa na forma como se articulam as diferentes partes, tendo como ideia diretora a dignidade da pessoa humana, princípio fundante também da sua dogmática dos direitos fundamentais".

Mas no ano de 1986, certamente associado às responsabilidades que entretanto havia assumido de lecionação no Direito Administrativo do 2.º ano da licenciatura em Direito, foi publicado "O ordenamento jurídico administrativo português"[2], texto de 40 páginas que identificava os blocos normativos ou níveis da ordem jurídica da Administração (fontes do direito administrativo), em que o Autor explicava o processo de transição do princípio da legalidade para o princípio da juridicidade e para a sujeição da Administração ao direito, bem como o significado particular da subordinação do Poder Administrativo à lei num ordenamento de *dualismo legislativo* ou ainda as implicações no campo jurídico-administrativo da reserva parlamen-

[2] "O Ordenamento Jurídico Administrativo Português", *Contencioso Administrativo*, Braga, Livraria Cruz, 1986, 33-70.

tar de lei; igualmente nesse texto, Vieira de Andrade apresentava, de forma pioneira entre nós, "um novo entendimento da discricionaridade administrativa", como "um *espaço de criação-concretização jurídica* que a lei confere à Administração": neste, como em muitos outros momentos, se revelava com nitidez a forte influência do Doutor Rogério Soares no desenvolvimento de um pensamento de Vieira de Andrade – em inteiro rigor, mais do que uma influência, a obra ímpar de Rogério Soares serviu sobretudo como ignição do pensamento de Vieira de Andrade, que, depois, ganhou asas, seguiu um roteiro próprio e, não raro, acabou por chegar a sítios distantes do ponto de partida.

Assim foi também com o processo de elaboração meticulosa e de atualização anual, com sucessivos acrescentos, precisões e esclarecimentos, dos seus excelentes *Sumários de Direito Administrativo*: foram essas simples "folhas" que orientaram largas centenas de estudantes no estudo do Direito Administrativo – um desses foi quem escreve estas palavras, no longínquo ano letivo de 1984-85 – e que, muito mais tarde, em 2009, deram origem à 1.ª edição das *Lições de Direito Administrativo*[3]. Se não fosse congénito, dir-se-ia que o estilo adotado por Vieira de Andrade em toda a sua obra jurídica escrita teria sido moldado pela atitude meticulosa e pela dedicação extrema que emprestou à feitura daqueles *Sumários*: discurso conciso, de extrema densidade e de apuradíssimo rigor técnico-jurídico, animado pela pretensão de expor apenas o essencial, sempre com palavras escolhidas e pensadas uma a uma, eis os sinais de distinção dos textos principais da sua obra, que migraram dos *Sumários* para as *Lições* e que se podem encontrar em todas as suas obras, logo a começar pela sua tese de doutoramento sobre *O Dever da Fundamentação Expressa de Actos Administrativos* (defendida em 1991)[4].

Desde os anos 80 do século passado, o percurso docente de Vieira de Andrade na licenciatura em Direito de Coimbra fez-se sempre na lecionação do direito administrativo; isso terá contribuído para a sua "especialização" na teoria geral do direito administrativo e para que, nesse âmbito, desenvolvesse uma doutrina afinada e consistente sobre temas relacionados com

[3] *Lições de Direito Administrativo*, Coimbra, Imprensa da Universidade de Coimbra, 1.ª ed., 2009; 2.ª ed., 2011; 3.ª ed., 2013; 4.ª ed., 2015; 5.ª ed. 2017; 6.ª ed. 2020.

[4] *O Dever da Fundamentação Expressa de Actos Administrativos*, Separata do Suplemento ao Boletim da Faculdade de Direito da Universidade de Coimbra, vol. XXXVII, 1992; também publicado pela Almedina, Coimbra, 1992.

a organização administrativa, o procedimento administrativo ou o ato administrativo. Mas, de entre todos esses temas, a figura do ato administrativo terá sido a que mais entusiasmou o seu pensamento. Desde logo, é de um aspeto do regime jurídico do ato administrativo que o Autor se ocupa na sua já referida tese de doutoramento, sobre o dever de fundamentação de atos administrativos – aqui consolida a sua doutrina sobre o ato administrativo como figura central do universo jurídico-administrativo e, num estilo denso, rigoroso e preciso, elabora sobre a decisiva importância de, num Estado de Direito, a Administração explicar os porquês do seu agir e expor os motivos das suas escolhas. A partir dessa obra de referência – que o confirma como "administrativista" e que o coloca na primeira linha da herança académica de Rogério Soares –, são vários os trabalhos fundamentais que vai publicando sobre temas da teoria geral do ato administrativo, como a "revisão" (o conceito de revisão surge num escrito de 1994 com um sentido muito amplo, para, nas palavras do Autor, abranger qualquer procedimento administrativo que implique a *reapreciação negativa* ou *divergente* de um ato administrativo anterior) ou o regime da invalidade.

Sobre a temática da revisão do ato administrativo, o legado fundamental de Vieira de Andrade reside no combate pela promoção da destrinça conceptual e dogmática entre as figuras jurídicas da revogação e da anulação administrativa; esse esforço representava um contributo decisivo para a superação de um erro inicial que, teimosamente, se ia mantendo ao longo dos anos; e que se manteve até que, por fim, em 2015 – e certamente pela influência de Vieira de Andrade, enquanto membro de uma comissão que preparou a revisão da legislação do procedimento administrativo –, a lei viria a distinguir as duas figuras: a revogação é a manifestação de uma administração ativa e pressupõe um juízo administrativo sobre a (in)oportunidade atual de um ato anterior; a anulação é a expressão de uma administração de controlo e pressupõe um juízo sobre o (des)respeito por um ato administrativo das vinculações legais aplicáveis. O fascínio intelectual de Vieira de Andrade pelo tema da revisão do ato administrativo mantém-se bem vivo, como o atesta um texto recente, do fim de 2022, a localizar a figura da anulação administrativa entre a revogação e a anulação judicial de atos administrativos: aqui, com a precisão de sempre, expõe as diferenças entre a anulação judicial e anulação como ato da função administrativa ("que não tem uma intencionalidade última axiológica, mas estratégica, não procura exclusivamente o justo, mas o útil"); a mais disso, com uma poderosa força argumentativa, explica que, salvo em casos marginais, não existe um dever estrito de anulação administrativa de atos ilegais, mas, ao invés, uma discricionaridade administrativa de anulação[5].

Também sobre o(s) regime(s) da invalidade do ato administrativo são muito relevantes as reflexões de Vieira de Andrade: os tópicos que há muito tempo vinha expondo, em termos críticos, nos seus *Sumários de Direito Administrativo* sobre a radicalidade e a rigidez do regime jurídico da nulidade, aplicável sem variações a situações que suscitam respostas diversificadas, foram desenvolvidos no artigo que publicou nos Estudos em Homenagem ao Prof. Freitas do Amaral com o título "a nulidade administrativa, essa desconhecida"[6]. Neste texto, deixou contributos relevantes sobre o que designou por "morigeração do regime da nulidade", efeito decorrente da permissão legal de atribuição de efeitos putativos a atos nulos (traço do regime da nulidade no CPA de 1991 que passou, com algumas diferenças, para o CPA de 2015). Igualmente sobre a validade do ato administrativo, mostra-se de uma grande importância a sua "entrada" sobre o tema no *Dicionário Jurídico da Administração Pública*: dentro da linha iniciada por Rogério Soares, de localização sistemática dos vícios na estrutura do ato administrativo, o Autor descodifica, esclarece, densifica e desenvolve essa nova construção jurídica de uma teoria da invalidade do ato administrativo[7].

Uma referência, mesmo que breve, à sua importante obra de reflexão sobre o ato administrativo não pode, naturalmente, deixar de destacar o artigo que publicou nos Estudos em Homenagem ao Doutor Rogério Soares: para homenagear o Mestre, Vieira de Andrade escreveu algumas reflexões a propósito do que revelava como a *sobrevivência* do conceito de

[5] Do Autor, sobre a revisão do ato administrativo:
- "*Revogação do Acto Administrativo*", *Direito e Justiça*, vol. VI, Lisboa, 1992, p. 53-63.
- «A "Revisão" dos Actos Administrativos no Direito Português», Legislação, 9/10, INA, Lisboa, 1994, p. 185-202.
- "A anulação administrativa de actos no Código do Procedimento Administrativo revisto", *Liber Amicorum* Fausto Quadros, vol. I, Coimbra, Almedina, 2016, 829-842.
- "Anulação administrativa entre a revogação e a anulação judicial", *Revista de Direito Administrativo*, n.º 15, 2022, 5-16

[6] "A nulidade administrativa, essa desconhecida", *Estudos em Homenagem ao Prof. Doutor Freitas do Amaral*, Coimbra, Almedina, 2010, 763-791; previamente publicado na *Revista de Legislação e de Jurisprudência (RLJ)*, Ano 138.º, 2009, n.º 3957, 333-350.

[7] "Validade (do acto administrativo)", *Dicionário Jurídico da Administração Pública*, vol. VII, 1996.

ato administrativo no nosso tempo[8] – o "tempo" era o ano de 2001, porém as suas reflexões de então sobre o tema continuam a manter plena atualidade, mais de duas décadas depois. Partindo do conceito "rogeriano" de ato administrativo (um conceito restrito, "coerente e homogéneo, com relevo doutrinal e prático-normativo"), Vieira de Andrade discorria sobre as suspeitas, as interrogações e as *angústias* que esse conceito restrito enfrentava ("argumentos acticidas", "argumento da perda da hegemonia ou da queda do império", "argumento da garantia da tutela judicial efetiva") para concluir, fundadamente, que "apesar da perda da hegemonia, [o ato administrativo] continua a ser um dos pólos de construção do direito administrativo ... enquanto se mantiver o sistema de administração executiva". Pois o "nosso tempo" de hoje confirma plenamente o acerto destas palavras: apesar do enorme crescimento do interesse por outras figuras do agir administrativo (em especial, o contrato), não sobram dúvidas de que a vida real e o funcionamento quotidiano do Estado Administrativo continuam a ser amplamente pautados pela presença de uma *Administração de ato administrativo.* É ainda no texto de Homenagem a Rogério Soares, e inspirado nas suas atentas leituras da literatura jurídico-administrativa alemã com que se familiarizou desde cedo, que Vieira de Andrade apresenta um ensaio de sistematização das funções do conceito de ato administrativo, que, por si só, representa um contributo de indiscutível valia para a compreensão da figura. A "dedicação" de Vieira de Andrade ao ato administrativo, a "defesa" desta figura perante ataques e desafios de origem científica, mas também ideológica, representa uma tomada de posição no plano científico, mas, aos olhos de quem escreve, expressa também uma defesa do próprio Estado Administrativo e da preservação da sua capacidade de decidir de forma responsável, em democracia. O seu entendimento sobre a discricionaridade administrativa e sobre a exigência de reconhecimento de um espaço de autonomia da Administração num quadro de equilibrada separação de poderes, combina-se, num todo harmonioso, com a necessária presença do ato administrativo.

Ainda sobre o tema da validade:

- "Inconsequências e iniquidades na aplicação da doutrina da nulidade do "acto consequente" de acto anulado", *RLJ,* Ano 141.º, 2011, n.º 3970, 3-18; também publicado nos *Estudos em Homenagem ao Prof. Doutor Jorge Miranda*, Coimbra Editora, vol. IV, 2012, 389-410.

[8] «Algumas reflexões a propósito da sobrevivência do conceito de "acto administrativo" no nosso tempo», *Estudos em Homenagem ao Prof. Doutor Rogério Soares,* Stvdia Ivridica, 61, Ad honorem -1, Coimbra, 2001, 1189-1220.

A responsabilidade dos poderes públicos e da Administração foi outra matéria do direito administrativo (e do direito constitucional da Administração) que cativou especialmente o espírito intelectual de Vieira de Andrade. Após um texto inicial, publicado em 1997, em que descrevia o *panorama geral* do direito da responsabilidade civil da Administração Pública[9] e de um outro, de 2008, sobre a responsabilidade do Estado por danos causados no exercício da função administrativa no quadro da nova lei (que havia sido aprovada em 2007)[10], surge, no ano de 2012, em Homenagem ao Doutor Gomes Canotilho, um texto com "considerações fragmentárias e tópicas" que, "confessadamente" se inscreviam "na linha de preocupações daqueles que entendem necessário atalhar a excessos que possam afectar um equilíbrio ponderado entre os direitos dos lesados e os direitos dos contribuintes – um equilíbrio que, assegurando o direito à reparação de danos, não iniba a ação pública nem prejudique os legítimos interesses das gerações futuras": trata-se do artigo com o título "A responsabilidade indemnizatória dos poderes públicos em 3D: Estado de Direito, Estado Fiscal, Estado Social"[11]. As observações no fecho deste escrito deixam clara a visão de Vieira de Andrade sobre as relações entre o Estado e os cidadãos: a preocupação com a prossecução do *interesse público* (como satisfação das necessidades fundamentais de uma comunidade política[12]) e com a garantia da capacidade efetiva da ação pública conduzem o Autor a guiar-se, sempre, por uma grelha alimentada por fatores de ponderação e de equilíbrio entre poderes do Estado e direitos dos cidadãos. O seu espírito e o seu ser íntimo de raiz liberal – em certos momentos, até com laivos libertários, de incómodo e mesmo de resistência perante providências públicas percebidas como impróprias e ilegítimas, impostas por um Estado paternalista e moralista –, esse seu ser liberal, que ordena a sua vida e é o ponto a partir do qual vê a sua própria relação com o Estado, concilia-se

[9] «Panorama geral do direito da responsabilidade "civil" da Administração Pública em Portugal», in Martínez López-Muñiz, Calone Velázquez (Coords.), *La responsabilidad patrimonial de los poderes publicos*, Madrid, Marcial Pons, 1999, 39-58.

[10] "Responsabilidade civil extracontratual do Estado por danos causados no exercício da função administrativa", *RLJ*, Ano 137.°, 2008, n.° 395, 360-371.

[11] "A responsabilidade indemnizatória dos poderes públicos em 3D: Estado de Direito, Estado Fiscal e Estado Social", *Estudos em Homenagem ao Prof. Doutor J. J. Gomes Canotilho*, Coimbra Editora, vol. II, 2012, 55-84; previamente publicado na *RLJ*, Ano 140.°, 2011, n.° 3969, 345-363.

[12] Cf. a entrada "Interesse Público" no *Dicionário Jurídico da Administração Pública*, vol. V, 1993.

sem qualquer contradição, no seu pensamento e na sua obra, com a ideia de um Estado Administrativo ao qual a coletividade deverá disponibilizar os instrumentos necessários para cuidar da satisfação das necessidades coletivas e para prosseguir o interesse público. Uma metódica de avaliação e de compreensão das coisas que, sistematicamente, apela a ponderações e a juízos de equilíbrio, de temperança e a critérios de razoabilidade é bem visível no acima referido texto de 2008, de apreciação da lei da responsabilidade civil extracontratual do Estado: nele sinaliza, como negativo, o excesso resultante de essa lei poder ser fonte de soluções próprias de "um Estado providência fora do tempo", mas, colocando-se também no polo de uma perspetiva ideológica diametralmente oposta, não hesita em distanciar-se de algumas exclusões de responsabilidade que a lei mantém (como, em particular, a previsão da responsabilidade solidária das entidades públicas apenas nos casos em que a falta pessoal do agente tenha sido praticada no exercício das funções e por causa desse exercício). Mas regressemos ao escrito de 2012, escrito em Homenagem ao Doutor Gomes Canotilho, sobre responsabilidade indemnizatória dos poderes públicos: em moldes inovadores e originais, e expressão de uma singular capacidade de construção da ciência (do *saber*) do direito, Vieira de Andrade propõe ali a delineação de um instituto ou figura que recubra todos os variados fundamentos de obrigações de indemnizar dos poderes públicos; o seu percurso arranca com um diagnóstico: os quadros (de raiz jurídico-privada) da responsabilidade civil não permitem acomodar as situações muito diversas em que os poderes públicos têm obrigações de indemnizar; há um amontoado de formas de reparação de danos que os poderes públicos têm a obrigação de suportar e o conceito que as abrange todas é, muito simplesmente, o de *responsabilidade indemnizatória* (dizemos nós: responsabilidade de indemnizar). Dentro deste conceito, e para além de outras situações de responsabilidade, Vieira de Andrade identifica as categorias (i) da responsabilidade civil em sentido estrito, que engloba a responsabilidade por factos ilícitos e a responsabilidade pelo risco, (ii) da responsabilidade por facto lícito, (iii) da indemnização pelo sacrifício e (iv) da expropriação. Só por si, esta categorização denuncia a pretensão de apresentar uma arrumação inovadora que evidencia "diferenças estruturais e funcionais claras, típicas ou mesmo categóricas" entre as várias figuras. Assim, a responsabilidade civil em sentido estrito recobre as situações de obrigação de indemnização (em substituição da solução primária e preferida de reconstituição natural) em consequência de danos provocados por atuações ilícitas dos poderes públicos ou por atividades, coisas ou serviços administrativos especialmente perigosos. A seguir, o Autor distingue, de forma original, a obrigação de indemnização decorrente da prática de factos lícitos da designada indemnização pelo sacrifício: em ambos os casos baseada na prática de uma atuação consentida pelo direito (lícita), a indemnização decorre, no primeiro caso, de um "sacrifício intencional" (a atuação lícita envolve *diretamente* e de uma forma *intencional*, a lesão de posições jurídicas subjetivas) e, no segundo, de um "sacrifício colateral" (a atuação lícita, de alcance geral, ocasiona, *indiretamente*, prejuízos *especiais e anormais*). Por fim, temos a expropriação, propondo Vieira de Andrade o "retorno" a um conceito formal, referenciando apenas as situações de indemnização decorrentes da apropriação pública de bens patrimoniais: ao advogar este retorno a um conceito formal, o Autor recusa a figura da "expropriação pelo sacrifício", genericamente relativa a situações de lesão direta e intencional de bens patrimoniais mais adequadamente tratada no quadro da responsabilidade indemnizatória por factos lícitos. Na base deste trabalho global de reconstrução do Estado indemnizador encontra-se uma preocupação científica, mas, confessadamente, também uma preocupação de justiça e da procura das soluções mais equilibradas para enquadrar juridicamente os termos em que se processa a reparação de danos provocados pelos poderes públicos em bens e direitos patrimoniais ou pessoais.

Um estudo da obra do Vieira de Andrade jus-administrativista reclama ainda a referência a tantos outros textos e escritos sobre temas do procedimento administrativo[13], do poder regulamentar das autarquias locais (os regulamentos autárquicos e a reserva de lei[14]), dos contratos administrati-

[13] Textos sobre temas de procedimento administrativo:

- "As Novas Regras para a Actividade Administrativa", *Seminário sobre o Código do Procedimento Administrativo*, CEFA, Coimbra, 1993, 83-99.
- "Algumas alterações recentes ao Código do Procedimento Administrativo português", *As Reformas do Sector Público. Perspectiva Ibérica no Contexto Pós-Crise*, IJ, Coimbra, 2015.
- Anotações a vários artigos do CPA, AAVV, *Comentários à Revisão do Código do Procedimento Administrativo*, Coimbra, Almedina, 2016.

[14] "Autonomia regulamentar e reserva de lei", *Estudos em Homenagem ao Prof. Doutor Afonso Rodrigues Queiró*, Boletim da Faculdade de Direito da Universidade de Coimbra, número especial, vol. I, 1984, 1-35.

vos[15] ou dos poderes das entidades reguladoras[16]. Uma visão simplesmente panorâmica permite perceber que, em maior ou menor intensidade, todas as grandes zonas do direito administrativo geral foram contempladas na obra de Vieira de Andrade.

Uma nota sublinhada é também devida à atenção com que Vieira de Andrade sempre acompanhou a jurisprudência dos tribunais administrativos, dando notícia disso mesmo nas suas *Lições de Direito Administrativo* e escrevendo textos de anotação a várias decisões judiciais [17].

Por fim, numa dimensão da sua vida profissional contígua à de professor, surge-nos a atividade de Vieira de Andrade enquanto jurisconsulto: as suas qualidades neste domínio são conhecidas e reconhecidas; e os seus parece-

[15] – "Princípio da legalidade e autonomia da vontade na contratação pública", *La contratación pública en el horizonte de la integración europea*, Madrid, INAP, 2004, 61-79.
- "A propósito do regime do contrato administrativo no «Código dos Contratos Públicos»", *Estudos Comemorativos dos 10 anos da Faculdade de Direito da Universidade Nova de Lisboa*, Coimbra, Almedina, vol. I, 2008, 339-363; republicado com algumas alterações em *Estudos de Contratação Pública*, vol. II, Cedipre, 2010, 7-41.

[16] "Os poderes das entidades reguladoras", *Estudos em homenagem a Mário Esteves de Oliveira*, Coimbra, Almedina, 2017, 137-153.

[17] Anotações de jurisprudência administrativa (matérias de direito administrativo):
- "Em defesa do recurso hierárquico": *Cadernos de Justiça Administrativa (CJA)*, n.º 0, 1996, 18-21;
- "Controlo judicial do dever de reapreciação de decisões negativas": *CJA*, n.º 1, 1997, 62-68.
- "Discricionaridade e reforma de actos administrativos vinculados desfavoráveis: *CJA*, n.º 11, 1998, 13-15;
- "Recorribilidade do acto de abertura de concurso": *RLJ*, Ano 132º, 2000, n.º 3907, 315-320;
- "Acto de execução e procedimentos executivos": *RLJ*, Ano 134º, 2001, n.º 3922, 17-21;
- "Nulidade e anulabilidade dos actos administrativos": *CJA*, n.º 43, 2004, 46-48;
- "A revisão de actos administrativos de concessão de benefícios": *RLJ*, Ano 135.º, 2005, n.º 3934, 58-62.
- "Poderes administrativos no domínio do ensino privado": *RLJ*, Ano 136.º (2006), n.º 3939, 369-388;
- "A classificação administrativa de bens do domínio público municipal": *CJA*, n.º 78, 2009, 66-72;
- "A «via de facto» perante o juiz administrativo": *CJA*, n.º 104, 2014, 43-47;
- "O prazo de prescrição do direito de indemnização por responsabilidade pública": *CJA*, n.º 113, 2015, 39-47.

res, alguns deles felizmente publicados[18], são peças da mais elaborada retórica e potente argumentação jurídica.

Coimbra, 30 de junho de 2023.

[18] Alguns pareceres publicados:
- "Distribuição pelos Municípios de Energia Eléctrica em Baixa Tensão, parecer sobre a autonomia local", *Colectânea de Jurisprudência*, Ano XIV, 1989, T.1, 15-32.
- "A reserva do juiz e a intervenção ministerial em matéria de fixação das indemnizações por nacionalizações, parecer elaborado em 1990, *Scientia Ivridica*, n.ºs 274/276, 1998, 213-234.
- "Os novos estatutos da Santa Casa da Misericórdia de Lisboa", *Estudos de Direito Público – Santa Casa da Misericórdia de Lisboa*, 2003, 99-126.
- "O alcance da protecção do direito fundado em patente no âmbito do procedimento de autorização da introdução no mercado de medicamentos", *Revista de Legislação e de Jurisprudência*, Ano 138.º (2008), n.º 3953, 70-96.
- "Sobre a validade das decisões tomadas na reunião do Conselho de Justiça da FPF no dia 4 de Julho de 2008", *Desporto & Direito*, Ano IX, n.º 25, 2011, 59-100.

A discricionaridade administrativa em José Carlos Vieira de Andrade

FRANCISCA PORTOCARRERO

"*É preciso ver*" disse Alice, "*se vós podeis dar tantos significados distintos às palavras.*"
"*É preciso ver*" disse Humpty Dumpty "*quem é que comanda... e nada mais.*"

Lewis Carroll, *Alice do Outro Lado do Espelho*

I. Introdução ao entendimento do Autor

1. Função materialmente jurídica administrativa

O quadro de ampla *legalidade* e *juridicidade* abrangente em que o Autor sempre situou o exercício da discricionaridade pela Administração pública competente foi, e é, o determinado, a final, pela circunstância de a evolução do direito administrativo, no século vinte verificada, se ter orientado "no sentido de uma progressiva integração do poder discricionário nos quadros de um Estado-de-Direito".[1] Na verdade, ocorre então "uma mudança qualitativa" na compreensão da discricionaridade administrativa, a qual "deixa de ser um espaço de liberdade, mais ou menos limitado, para

[1] Cf. José Carlos Vieira de Andrade, *O Dever Da Fundamentação Expressa De Actos Administrativos,* Coimbra, Almedina 1991, p. 136; Rogério Ehrardt Soares, *Direito Administrativo,* lições policopiadas, Porto, 1980, p. 37 e segs., p. 41 e segs, p. 57-60, e "Princípio da legalidade e administração constitutiva", separata do BFDC, vol. LVII 1981; e M. Francisca Portocarrero, "Notas sobre Variações em Matéria de Discricionaridade. A propósito de...", in *JURIS ET DE JURE.* Nos 20 anos da Faculdade de Direito da UCP – Porto, Porto, 1998, pp. 643-715, p. 648: "A juridificação da liberdade administrativa, a exercer mediante decisão discricionária, foi progressiva e persistentemente afirmada ao longo da construção do Estado de Direito na Europa, tornando-se uma realidade quer por obra da doutrina, sobretudo de língua germânica, quer por esforço jurisprudencial..."

se tornar numa zona de competência legal, num sector da função jurídica administrativa."[2]

Primordial é o facto de tal transformação "radical" se dar com a subordinação de toda a atividade administrativa "não apenas à lei escrita (ao poder legislativo), mas a princípios jurídicos fundamentais, como os princípios da igualdade e da proporcionalidade, da imparcialidade e da justiça"[3]; bem como, com a sua vinculação estrita ao conteúdo essencial dos direitos, liberdades e garantias fundamentais dos cidadãos, consagrados constitucionalmente[4]. Com esta subordinação alargada da atuação administrativa à juridicidade[5], serão determinados pela ordem jurídica não só "as *condições de existência* e o *fim último* do poder discricionário, mas também o seu *modo de exercício*"[6]. Determinações legais e jurídicas fundamentais prévias à ação e que informam todo o processo de decisão vão enquadrar, delimitar e condicionar a *latitude* da intervenção administrativa discricionária de busca da *melhor solução,* justa e oportuna,[7] para satisfazer os interesses públicos pré-fixados no caso da vida a decidir.

[2] Cf. José Carlos Vieira de Andrade, *Lições de Direito Administrativo,* 5.ª ed., Coimbra, Imprensa da Universidade de Coimbra, 2017, pp. 54-55; e cf. Francisca Portocarrero, "Variações em Matéria de Discricionaridade", cit. p. 646, "...sendo hoje mais ou menos pacífico o seu entendimento como atribuição e função jurídicas, em que a medida da liberdade administrativa, concedida, é função da determinação do legislador, nas normas de competência"

[3] Vide, Vieira de Andrade, O Dever da Fundamentação, cit., p 136.

[4] Cf. José Carlos Vieira de Andrade, *Os Direitos Fundamentais na Constituição Portuguesa de 1976,* 5.ª ed., Coimbra, Almedina, 2012, p. 220 e segs., p. 324, e os artigos 18.º e 266.º da Constituição da República Portuguesa (CRP); e José Joaquim Gomes Canotilho, "Actos Autorizativos Jurídico-Públicos E Responsabilidade Por Danos Ambientais", in *BFDC,* Vol. LXIX (69), 1993, p. 1- 69, Separata, pp. 30-33.

[5] Vide José Carlos Vieira de Andrade, "O ordenamento jurídico administrativo português", in *Contencioso Administrativo,* Braga, 1986, p. 33 e segs., p. 45 e segs, e *O Dever da Fundamentação,* cit., p. 370 e segs, pp. 374 e 375, p. 383 e segs, e *Lições de Direito Administrativo,* cit. p. 50 e segs.

[6] Cf. Vieira de Andrade, *O Dever da Fundamentação,* cit., p.136, com as citações até aqui escolhidas.

[7] Vide Rogério Ehrardt Soares, *Interesse Público, Legalidade e Mérito,* Coimbra, 1955, pp. 140 e segs., para quem a solução *legítima* (legal e oportuna) é só uma, e "Princípio da Legalidade e Administração Constitutiva", separata do Vol. LVII (1981) do *BFDC,* pp. 23-25; cf. Vieira de Andrade, *Lições de Direito Administrativo,* pp. 59-60.; e cf. Francisca Portocarrero, "Variações em Matéria de Discricionaridade", cit., p. 652: "... procedimento administrativo da escolha da melhor solução jurídica para o caso concreto de interesse público, a decidir".

Por outro lado, várias regras até então consideradas de boa administração, apenas, transmutam-se em princípios jurídicos da atividade administrativa discricionária. Assim, desde logo, "a *veracidade* dos factos, a *racionalidade* dos juízos, a *proporcionalidade* das ponderações, a *auto- vinculação* (no sentido do respeito pelas próprias decisões) a *imparcialidade* da atitude...", sublinha o Autor. Estas «novas» exigências jurídicas materiais, e de princípio, conjugadas com os outros princípios jurídicos, como os "da igualdade, da proteção da confiança ou da boa-fé e, mesmo, da eficiência" foram "tecendo uma rede normativa que prende a Administração ao mundo do Direito"[8].

2. Abertura normativa: autonomia da decisão administrativa própria de satisfação concreta de fins públicos

A discricionaridade, no seu exercício no caso concreto de realização do fim público primário (e fins secundários), implica um trabalho de "*complementação concreta da previsão normativa* (preenchimento de uma «lacuna intra-legal»)[9]" que contém as opções gerais do legislador; "ou, mais do que isso, de implementação, de dinamização ou de desenvolvimento" das que constem de leis "ou até de diretrizes políticas e governamentais"[10]. Tal depende, em tese, da intencional abertura normativa (conceitual ou estrutural) ser configurada como pouco ou, antes, bastante extensa e, com ela, se ter uma menor ou maior amplitude dispositiva da competência decisória discricionária (de avaliação e de decisão) cometida pela lei à Administração pública. Do mesmo modo, e em consequência, poderá ser menos ou mais relevante a correlata função dinamizadora da ordem jurídica administrativa[11], que decorre de cada exercício discricionário. Ele exige da Admi-

[8] Cf. Vieira de Andrade, *O Dever da Fundamentação*, cit., p.136; e Rogério Soares, "Princípio da Legalidade e Administração Constitutiva", separata do Vol. LVII (1981) do *BFDC*, pp 3-25.

[9] Cf. Vieira de Andrade, *Lições de Direito Administrativo*, cit., p. 61, convocando a expressão, usada por Rogério Soares, das *lacunas intralegais* para a aplicação ao caso da vida de norma *aberta* que consente discricionaridade ao agente administrativo; e cf. Fernanda Paula Oliveira, *A Discrionariedade de Planeamento Urbanístico Municipal na Dogmática Geral da Discricionariedade Administrativa*, Coimbra, Almedina, 2011, p. 54 a 72.

[10] Cf. Pedro Costa Gonçalves, *Manual de Direito Administrativo*, Vol.1, Coimbra, Almedina, 2019, p. 170 e segs.

[11] Vide Vieira de Andrade, "O ordenamento jurídico", in *Contencioso*, p. 33 e segs., p. 66; Francisca Portocarrero, "Variações em Matéria de Discricionaridade, cit., pp. 705-706; e Fernanda Paula Oliveira, *Discricionaridade de Planeamento*, cit., pp. 77-78.

nistração uma "tensão criadora do direito no caso concreto"[12], com autoria dinâmica, responsabilidade efetiva[13] pelos resultados alcançados e autonomia político-administrativa[14].

A discricionaridade é compreendida, aliás, como um instituto conatural ao ordenamento jurídico administrativo[15]. É hoje expressão da *autonomia* do poder administrativo, "que tem legitimidade própria (nacional, regional, local, corporativa, social) no contexto dos poderes públicos constitucionalmente separados"[16] para "intuir o *direito da situação concreta, ... realizar uma função* de pensamento volitivo" e exercer a missão de "*instrumento actuante* na *conformação diária* da comunidade".[17] No que assume, outrossim, a responsabilidade própria pelos resultados jurídico-administrativos das opções tomadas, com legalidade e mérito, para realização do interesse público [18] em cada situação concreta.

[12] Vide Francisca Portocarrero, "Notas Sobre Variações em Matéria", cit., pp. 694-695; Fernanda Paula Oliveira, *Discricionaridade de Planeamento,* cit. pp. 74-75.

[13] Responsabilidade jurídica, perante o juiz, e responsabilidade política, face à opinião pública e ao controlo parlamentar, entre outros.

[14] Vide Rogério Soares, "Princípio da Legalidade", cit., p. 12: "dimensão da Administração moderna" - a "*Administração constitutiva ou conformadora*" - "que assume o propósito de *configurar* a própria sociedade", e p. 14: "tem um «*encargo institucional imanente*», fundamento e medida da sua liberdade"; Vieira de Andrade, *Lições de Direito Administrativo,* cit., pp. 62-63; e Fernanda Paula Oliveira, "*A Discricionariedade de Planeamento*", cit., pp. 91-98 (n 122), em especial, pp. 96-97.

[15] Neste sentido, cf. Riccardo Villatta - Margherita Ramajoli, "*Estratto da Il Provvedimento Amministrativo*", Torino, Giappichelli, 2017, p. 213: "A discricionaridade não é, então, um instituto contingente ou histórico, mas é conatural ao ordenamento jurídico. A tal propósito, partilha-se quanto foi asseverado por Nigro, *ou seja,* que a discricionariedade administrativa, «sempre em crise e sempre criticada, se repropõe, de outro lado, a cada dia de novo, como o instrumento mais apto e adequado para compatibilizar e adaptar com elasticidade a ação (administrativa) aos fins que tem por objetivo prosseguir»..

[16] Vieira de Andrade, *Lições de Direito Administrativo,* cit., p. 56.

Cf. Rogério Soares, "Princípio da Legalidade...", cit., p. 23. [17]

[18] Vide José Carlos Vieira de Andrade, "Interesse Público", *Dicionário Jurídico da Administração Pública*", o conceito jurídico-administrativo de interesse público: "o que é qualificado, a nível normativo superior, como manifestação directa ou instrumental das necessidades fundamentais de uma comunidade política e cuja realização é atribuída, ainda que não em exclusivo, a entidades públicas", e *Lições de Direito Administrativo,* cit., p.63; Rogério Soares, *Interesse Público, Legalidade e Mérito,* cit., pp. 140 e segs.

3. A divisão de tarefas estaduais ou funções organizacionais

O princípio da divisão de poderes implica a *proibição funcional* de o juiz administrativo afetar *a essência* do sistema de administração executiva, a saber, "não pode ofender a *autonomia* do poder administrativo, isto é, o *núcleo essencial da* discricionariedade,[19] na medida em que a lei confira aos órgãos da Administração *poderes próprios* de apreciação ou de decisão...". Num «Estado de Direito Misto» moderado e equilibrado[20], onde a separação e interdependência das três funções estaduais é regra fundamental e não consente a prevalência de um só dos poderes estatais. A equiparação jurídico-constitucional dos três poderes ou funções estaduais é própria do Estado de Direito democrático, com divisão de poderes ou funções materiais e no qual todos os órgãos do Estado têm legitimação funcional e institucional democráticas, direta ou indireta[21]. O que vale para os órgãos da Administração pública, dado dependerem do *indirizzo* político do governo[22] seja no plano organizatório, de escolha de soluções organizacionais e estruturação da organização interna [23], seja quanto a um funcionamento eficaz e eficiente, máxime na atuação administrativa discricionária justificada quão jurídica e oportuna.

Na zona da discricionaridade a atividade administrativa terá de ser encarada no quadro da contraposição dos três poderes e funções estaduais, de antemão, na relação da Administração com a Lei (de ação) e, depois, na sua relação (de controlo) com o Juiz administrativo. Sustenta-se que a lei opera a necessária repartição de competências entre Administração e o Juiz e distribui tarefas ou funções: "a *autoria* dos actos e a inerente *responsabilidade*

[19] Cf. José Carlos Vieira de Andrade, *Justiça Administrativa, Lições*, 17.ª Ed., Coimbra, Almedina, p. 89, e *Lições de Direito Administrativo*, cit., p. 56.

[20] Cf. Vieira de Andrade, *Lições de Direito Administrativo*, cit. p. 56.

[21] Vide Jorge Reis Novais, *Princípios Estruturantes de Estado de Direito*, Coimbra, Almedina, 2019, pp. 239 e segs.; Paulo Otero, *Manual de Direito Administrativo*, Volume I, Coimbra, Almedina, 2013, pp. 284 e segs; e António Moreira Barbosa de Melo, *Direito Administrativo (A protecção jurisdicional dos cidadãos perante a Administração pública)*, policopiado, Coimbra, 1987, p. 80 e segs.

[22] Gino Scaccia, "Indirizzo politico e amministrazione", in *Lo Stato, Rivista Semestrale di Scienza Costituzionale e Teoria del Diritto*, diretta da Agostino Carrino e Aljs Vignudelli, AnnO v – Numero 9 (Luglio 2017 – Dicembre 2017), Roma – Modena, Mucchi Editore, 2017, pp. 97-120, analisa dois planos que com frequência se confundem na prática; de facto, no art. 182.º, (Definição) da CRP, o Governo" é o órgão de condução *da política* geral do país e o *órgão superior* da administração pública".

[23] Cf. Pedro Gonçalves, *Direito Administrativo*, cit., pp. 290 e segs.

pela prossecução do interesse público legalmente definido cabem à Administração; a *fiscalização* da conformidade ou compatibilidade, bem como da obrigatoriedade e das vinculações da actuação administrativa com as normas (legais e regulamentares, nacionais ou estrangeiras) e os princípios jurídicos a que está submetida ("mera *legalidade*" entendida como "juridicidade") compete aos tribunais..."[24]

II. Desenvolvimento da compreensão dogmática jurídica delineada

1. A discricionaridade é e realiza uma função jurídica específica (a natureza jurídica do poder discricionário)

a) A expansão progressiva, na segunda metade do século XX, do alcance do princípio da legalidade administrativa e do da subordinação da Administração ao Direito no Estado Democrático e Social dá-se – como antes se pressupôs – com a alteração do sentido e do conceito material de lei; o alargamento, inerente, do domínio do juridicamente relevante na atividade administrativa; a iniludível multiplicação das tarefas de satisfação de necessidades coletivas e a consequente afirmação de várias esferas de atuação da Administração pública[25]. Assim como com a diversificação cada vez maior dessas áreas, por opção político-legislativa da representação parlamentar democrática da comunidade política. A abrangência do princípio da juridicidade acompanha, de modo necessário, o aumento exponencial do campo de intervenção da Administração moderna nos mais variados setores da vida da sociedade[26], com autonomia decisória relativa concreta ou regulamentar. Domínios de atividade assaz importantes para a comunidade, ou parte deles, de natureza económica (energia, água e saneamento, correios, comunicações, transportes, caminhos de ferro ou outros) ou social (saúde, educação, formação, assistência social) são qualificados, no nível normativo superior da

[24] Cf. Vieira de Andrade, *Lições de Direito Administrativo*, cit., p. 61, e *A Justiça*, cit., p. 81-85.

[25] Cf. Vieira de Andrade, *Lições de Direto Administrativo*, cit., p. 50 e segs, o que precede na introdução, e atento o facto de então se viveram na Europa os anos dramáticos do pós-guerra mundial; quando foi generalizada a necessidade de reconstrução dos países e do seu tecido social e se impôs ao Estado a satisfação de necessidades básicas, essenciais para a vida dos cidadãos, uma vez que a sociedade civil colapsou durante a guerra.

[26] Cf. Vieira de Andrade, *Lições de Direito Administrativo*, cit., p. 54; Fernanda Paula Oliveira, *A Discricionariedade de Planeamento*, pp. 78-84; e Fernanda Paula Oliveira e José Eduardo Figueiredo Dias, *Noções Fundamentais de Direito Administrativo*, 5.ª Edição, Coimbra, Almedina, 2017, pp. 133 e segs.

lei, como de «interesse geral»[27] ou de interesse público administrativo. Isso, na medida em que neles se afirmem necessidades coletivas manifestas da vida da comunidade política, que importa satisfazer e acautelar pela regulação pública do modo e âmbito das prestações materiais a fornecer pela Administração ou a garantir por esta. A juridificação da vida pública foi ocorrendo, *grosso modo,* da área da polícia[28] às áreas administrativas da socialidade; do planeamento urbanístico e ordenação do território à intervenção crescente da regulação pública de áreas económicas de interesse geral, por afetarem o bem-estar[29] e o progresso da coletividade; do planeamento económico à

[27] Veja-se a evolução, na Europa, da prestação material de serviços públicos à população, os tidos como essenciais à vida da comunidade quer na tradição clássica do *service publique,* do direito administrativo francês, quer na qualificação e tratamento, mais recentes, no direito europeu dos Tratados e da Carta dos Direitos Fundamentais da União Europeia (CDFEU) dos serviços económicos de interesse geral (SIEG) e serviços sociais de interesse geral (SSIG ou SIG); e os direitos fundamentais do cidadão europeu na CDFUE, cf. Vital Moreira, "Respublica" *Europeia, Estudos de Direito Constitucional da União Europeia"*, Coimbra, Coimbra Editora, 2014, pp. 174 e segs; João Nuno Calvão da Silva, "Artigo 36.º Acesso a serviços de interesse económico geral", in Alessandra Silveira e Mariana Canotilho, coord., *Carta dos Direitos Fundamentais da União Europeia,* Comentada, Coimbra, Almedina, 2013, pp. 436 e segs, (e Artigos 34.ºe 35.º da Carta, sobre os direitos sociais do cidadão europeu, quando de interesse geral ou coletivo, quais os de acesso a assistência e à segurança social e o direito à tutela da saúde e de acesso a sistemas nacionais de saúde, pp.402-435 dessa obra). Para a regulação europeia do serviço público ou serviços de interesse geral, cf. Pierre Bauby, "Ambivalence of the European Strategy in External Relations on Trade Agreements", in Markus Krajewski, Editor, *Services of General Interest Beyond the Single Market. External and International Law Dimensions,* Springer Verlag, Berlin Heidelberg, 2015, pp. 233 e segs.; aí, a *exceção de serviço público* ou de interesse geral do TFUE, no art.106, 2, permite as restrições inevitáveis ao direito da livre concorrência devidas às empresas públicas ou privadas encarregues por Estado-membro dum «*munus* público», na tarefa de prestar serviços de interesse económico geral ou serviços de interesse geral social predominante, qual a saúde, com obrigações de serviço público; cf. Vieira de Andrade, *Lições de Direito Administrativo,* cit., p. 65, que entre as feições da discricionaridade dá relevo à "*configuradora* ou *reguladora,* típica da *regulação* pública e económica de setores privados de *interesse geral* (em regra, em *mercado de concorrência limitada*) por autoridades (semi) independentes, dotadas de capacidade técnica especializada".

[28] A *politia,* do latim "*administração civil*", que passa a "*administração da ordem pública numa cidade*" do grego *polis.* Trata-se, basicamente, da Administração de autoridade.

[29] Vide Rogério Soares, "O princípio da legalidade", cit., pp. 9-10, "a partir das duas guerras, *a reviravolta* é completa", reclama-se *a intervenção* do Estado e a participação *pacificadora* dos órgãos públicos na vida da sociedade, tal como "se pensa o Estado como elemento da própria sociedade". O que torna mais fácil aceitar que o Estado "animado de uma *ideia de justiça social* se transforme numa *máquina dispensadora de bem estar.* Pede-se que seja «uma garantia contra

execução das políticas públicas traçadas por governos; ou até à operacionalização de verdadeiras estratégias político-administrativas de conformação económica, social e cultural do futuro do tecido social[30].

Passa a ser traço fundamental da Administração moderna do Estado de Direito Democrático e Social a vinculação da atividade administrativa de efeitos jurídicos externos à lei e ao Direito, por superada a conceção liberal «estreita» de legalidade limitada[31]. Dadas as mudanças sociais, económicas e políticas ocorridas, reclamou-se o Estado intervencionista ("pelo final do século XIX", começa a acentuar-se "a transformação da mentalidade não intervencionista do Estado", Rogério Soares) e a sua evolução, no século vinte, para o Estado de Direito Social, com acentuada dimensão política. A consagração jurídico constitucional, então, de direitos fundamentais económico-sociais e culturais do cidadão, os ditos "direitos sociais"[32] – ou de pretensões jurídicas subjetivas à obtenção de prestações materiais sociais e económicas, da parte da Administração estadual prestadora[33]–, junto com as

o infortúnio», exige-se-lhe depois «*a conservação dum dado padrão de vida*»". É esta evolução das mentalidades e da compreensão do papel do Estado na sociedade que faz com que "a velha distinção entre Administração autoridade e Administração de prestações se dissolva".

[30] Vide Pedro Gonçalves, *Direito Administrativo*, cit., pp. 32-52.

[31] Cf. Vieira de Andrade, *Lições de Direito Administrativo*, cit., pp. 49-50, de modo breve, a legalidade incluiu o princípio do primado da lei, em sentido negativo, devendo a atividade administrativa respeitar de modo estrito as determinações legais, sob pena de invalidade; o princípio da reserva da lei parlamentar, com tripla reserva de lei orgânico-formal, funcional e material, que identifica a lei com a normação jurídica, versando esta, de modo exclusivo, sobre as esferas da liberdade e da propriedade dos cidadãos; o princípio da discricionaridade livre e a reserva da administração, onde a lei não pré-ocupou o espaço da atuação a regular; o princípio da presunção da legalidade e a autotutela declarativa e executiva; o controlo jurisdicional limitado, se existente.

[32] Vide Vieira de Andrade, *Os Direitos Fundamentais*, cit., pp. 356 e segs., em especial, pp. 365-375; José Joaquim Gomes Canotilho, "Tomemos A Sério os Direitos Económicos, Sociais e Culturais", Separata do número especial do *Boletim da Faculdade de Direito – «Estudos em Homenagem ao Prof. Doutor António de Arruda Ferrer Correia"*, Coimbra, Coimbra Editora, 1988, pp. 5-44.

[33] Vide Rogério Soares, "Princípio da Legalidade", pp. 8-9, "outro sector em que a Administração se movia livremente...o das *prestações aos particulares*. Se bem que este campo fosse muito limitado, sempre aqui ficava uma porta aberta para a Administração livre" na atribuição de vantagens. "E como valia o princípio de que «a cavalo dado não se olha o dente», parecia inoportuno que o particular viesse aqui arrogar-se direitos contra a Administração". A perspetiva muda na transição para o moderno Estado Social errogador de prestações materiais económicas, sociais e culturais, de interesse geral ou público, fornecidas pela Administração

alterações rápidas da sociedade conduziram, de modo claro, à alteração da compreensão do que ora interessa ao Direto e à lei na ação do Estado.

b) Dá-se a "ampliação e diversificação das relações entre a Administração e o Direito, gerando *um novo paradigma*"[34], nota o Autor, a saber, um padrão jurídico ou modelo de atuação jurídica da Administração em que a *discricionaridade é condicionada.* Isto é, a existência de *poderes discricionários* depende de *concessão legislativa* e o seu exercício está subordinado ao Direito, tal como o está toda a atividade administrativa. A compreensão material da lei, ora igual a ato legislativo[35], e o princípio da *precedência da lei,* que a afirma (ou do primado da lei em sentido positivo), implicam ver na norma legal (lei em sentido amplo) habilitadora da ação administrativa o *pressuposto e o fundamento* necessários a toda a atividade administrativa[36], exercida por órgãos com competências legalmente fixadas.

Quer no domínio da clássica administração de autoridade ("alargada" aos atos de autorização e às «relações especiais de poder»), quer no domínio da administração social e de prestações a lei fixa, agora, "*no mínimo,* os interesses públicos específicos (*o fim,* manifestado na hipótese legal através da definição dos pressupostos específicos da decisão administrativa) e os órgãos encarregues (a competência) da prática dos atos administrativos"[37]. O princípio *da precedência* da lei configura uma *reserva de função legislativa,* atribuindo à lei "a tripla função de instrumento de *orientação política,* de garantia da *racionalidade* e de *tutela dos direitos dos particulares* (incluindo a *autorização para* a atuação administrativa de autoridade)", escreve o Autor.

Um princípio de discricionaridade *condicionada* é o natural correlativo da precedência da lei (o "instrumento de orientação política, de garantia da racionalidade e de tutela dos direitos dos particulares") e do princípio da *determinidade*[38] *de conteúdo* da mesma, nas matérias de reserva legislativa

estadual ou sendo o Estado o Garante da sua prestação por empresas privadas ou outros particulares; impôs-se, pois, uma alteração clara do paradigma *jurídico-constitucional* das relações da Administração com a lei e o Direito; cf. Gomes Canotilho/Vital Moreira, *Constituição,* cit., pp. 208-212.

[34] Vide Vieira de Andrade, *Lições de Direito Administrativo,* cit., pp. 50-51.

[35] Incluindo o decreto-lei e as normas da União Europeia com valor de ato legislativo.

[36] Cf. Vieira de Andrade, *Lições de Direito Administrativo,* cit., p. 51; cf. Fernanda Paula Oliveira e José Eduardo Figueiredo Dias, "*Noções Fundamentais*", cit., pp. 151-152.

[37] Cf. Vieira de Andrade, *Lições de Direito Administrativo,* cit., p. 51.

[38] Ou princípio da determinabilidade, cf. Reis Novais, *Princípios Estruturantes,* cit., p.267 e segs., pp. 268-270, pp.276-279.

parlamentar ou «domínio legislativo *por natureza*». Onde, "além dos direitos fundamentais do cidadão, se englobam decisões sobre matérias consideradas fundamentais para a vida em sociedade, segundo um "princípio *de essencialidade*""[39], que exigem *densidade legal acrescida;* e, portanto, "a *vinculação mais intensa* (substancial, formal e procedimental) da atividade administrativa (regulamentar ou concreta) à lei, excluindo, *em princípio*, a concessão de poderes discricionários."[40] Fora dos domínios legislativos por natureza, onde não exista uma «essencialidade» da matéria e questões jurídicas de vinculação constitucional e legal «estrita», o exercício da discricionaridade administrativa legalmente condicionada poderá ter lugar, com certeza. Desde que haja atribuição legal à Administração do poder de avaliação e decisão *próprias* para resolver o caso concreto de manifestação do interesse público específico, a prosseguir, a atividade discricionária é *funcional e materialmente jurídica.* Visa a aplicação do direito ao caso concreto, com busca orientada *pelo fim* da norma (interesse público específico) da *melhor* solução jurídico-administrativa[41] julgada adequada, por validade e valia intrínseca, a resolver o caso concreto de modo jurídico substantivo. No uso da competência fixada na lei para poder satisfazer o interesse público concreto e *situado,* então, na realidade, pela verificação dos pressupostos de facto da previsão legal.

A discricionaridade de *avaliação* e de *decisão,* conferida ao agente administrativo para a aplicação da norma legal, implica concretização jurídica criadora e decisão constitutiva do direito do caso concreto de interesse público situado; é *condicionada* também nos outros elementos da ação administrativa, como conteúdo, forma e procedimento. Acha-se sempre (pré)determinada na lei, em maior ou menor grau, consoante a *densidade regulativa* da norma

[39] Vide Vieira de Andrade, Lições de Direito Administrativo, cit., p. 51., e a influência da doutrina alemã, cujo Tribunal Constitucional primeiro formulou, no inicio dos anos setenta, a teoria da essencialidade, desde logo, em matéria de direitos fundamentais; cf. Rogério Soares, "Princípio da legalidade", cit., pp. 15 e segs, p. 18: "a ideia de equilíbrio e contrapeso da separação de poderes, que... exige o reconhecimento dum *poder administrativo autónomo,* não pedestremente executivo, implica também que *não se atribua* a esse poder a liberdade de, *em matérias essenciais,* conformar a existência dos cidadãos"; não se trata aqui da aplicação de uma "fórmula de rigor geométrico: é fundamentalmente uma questão de medida."; e cf. Reis Novais, *Princípios,* cit., p. 229 e segs.

[40] Cf. Vieira de Andrade, Lições de Direito Administrativo, cit., p. 51.

[41] Vide Rogério Soares, "Princípio da Legalidade", cit. p. 24: "Acredita-se que o poder público administrativo é um meio de realização da ideia material de direito e quer dar-se-lhe a possibilidade de o conseguir."; cf. Vieira de Andrade, *A Justiça,* cit., pp. 82-85.

legal na sua informação de conteúdo, que se projeta no procedimento administrativo da decisão de *escolha* dos efeitos jurídicos a produzir, ou seja, do *conteúdo* da decisão discricionária. Esta só é *relativamente* «livre» e autónoma, o que de antemão depende da *clareza* do legislador na fixação do *fim legal* ou interesse público essencial e primário[42]; a prosseguir de modo específico na situação concreta da vida, ainda quando fins secundários sejam ponderados na escolha do meio. Depende, pois, da previsão hipotética ou típica da situação real a que a norma se aplica, do desenho dos factos pressupostos com o detalhe *de que* o legislador seja capaz; e da indicação normativa ao agente de critérios jurídicos e parâmetros de ação e decisão para a escolha da melhor solução.

c) Ora, aí a importância *dos princípios jurídicos fundamentais* da ação administrativa é decisiva, porque são sempre aplicáveis em caso de discricionaridade[43]. O bloco de legalidade inclui os princípios jurídicos fundamentais da atividade administrativa, dos art.3.º e segs do Código de Procedimento Administrativo (CPA). Muitos deles têm consagração constitucional primária, como a *igualdade, a imparcialidade, a proporcionalidade, justiça, boa-fé, racionalidade* e vinculam de modo direto a Administração. Estes princípios jurídicos gerais regem de modo substantivo toda a atividade da Administração, mas só têm significado concreto quando regulam *o modo* da ação discricionária com vinculação moderada[44]. Oferecem orientação jurídica palpável e critério material de ação para o exercício de poderes discricionários, vinculando, mesmo que só em sentido negativo, o *conteúdo* substantivo da decisão discricionária. Por outro lado, são sempre *limites* jurídicos *externos* invioláveis da liberdade decisória, que relevam como condição autónoma de validade dos atos.

[42] Cf. Pedro Gonçalves, *Direito Administrativo,* cit., pp. 236-237: "o dever de prosseguir o fim legal que inclui uma diretriz de *maximização* da realização do interesse público essencial ou primário não exige, porém, uma *absolutização* desse interesse.", e pp.246 e segs.

[43] Cf. Vieira de Andrade, *A Justiça,* p. 83, n.154 e n.155.

[44] Vide Vieira de Andrade, *O Dever da Fundamentação,* cit., p. 137, onde reconhece que "estes princípios não vinculam da mesma maneira que as tradicionais regras legislativas, que a vinculação da Administração apresenta, assim, diversas graduações e que o controlo jurisdicional...não opera aí com a mesma densidade. Mas, nada disso impede que a discricionaridade seja pensada como uma forma de aplicação do Direito, como um espaço de atividade jurídica, racional e controlável"; e Francisca Portocarrero, "Variações em Matéria de Discricionaridade", cit. pp. 702-703, pp. 706-707.

Outro mérito jurídico, assaz significativo, da aplicação de princípios jurídicos fundamentais à atividade discricionária (concreta, regulamentar, contratual, paritária, reguladora, implementadora, estratégica) reside no facto de eles poderem *compensar* o *défice* de regulação material da norma legal habilitante. Compensam, de algum modo, a falta de densidade da lei ou indicação escassa do conteúdo jurídico a concretizar no caso da vida, com o que, vendo bem, vão nortear e facilitar a decisão discricionária. Segundo o Autor, os princípios jurídicos fundamentais "não vinculam como as regras legais, não têm a mesma densidade normativa" e, portanto, o controlo jurisdicional é aí menos denso; porém, podem «compensar» materialmente, até certo ponto, a abertura legal que autoriza a escolha ou opção discricionária[45]; ou podem, ainda, reforçar a legitimidade procedimental na formação da decisão. Direcionam a concretização do conteúdo prescritivo da previsão da lei ou da norma de ação dirigida à Administração – assim, os princípios jurídicos fundamentais *materiais*, substantivos ou de valor, quase todos de consagração constitucional, art.266.°, n.°s 1 e 2, e legal, art.3.° e segs do CPA, porque são padrões autónomos *de validade*. Ou revalorizam o direito das formas, máxime a aplicação das formalidades do procedimento administrativo, que limitam a discricionaridade *procedimental* do agente – assim, os princípios jurídicos fundamentais instrumentais, funcionais e procedimentais.

A sua força jurídica é vinculativa do exercício "*correto*" da discricionariedade administrativa. O Autor invoca: o princípio da *prossecução do interesse público no respeito dos direitos dos cidadãos* ("princípio-quadro"); o princípio da *imparcialidade, subjetiva* ou formal, quanto à *atitude* do agente decisor, e *objetiva* ou material da decisão, por se terem ponderado todas as circunstâncias e interesses[46] relevantes; o princípio da *igualdade,* nas suas várias dimensões, da proibição do arbítrio e da discriminação à exigência do tratamento igual

[45] Cf. Vieira de Andrade, *Lições de Direito Administrativo*, cit., pp.52 e segs.; e cf. Francisca Portocarrero, "Variações em Matéria de Discricionaridade", cit., p.652, p.706-711, p.705: sendo os princípios jurídicos "determinantes *semi-heterónomas, semi-autónomas,* configurando-se na realidade jurídica como «*fact-value complexes*", ou seja, o resultado de uma *convergência entre* verificações de facto e ponderação de valor, com *a elasticidade* que é traço característico dos princípios", eles têm influência determinante na opção discricionária do conteúdo da decisão.
[46] Cf. Vieira de Andrade, *A imparcialidade da Administração como princípio constitucional*, Coimbra, 1975, p.20 e segs.; sustentámos que é uma visão alargada ou interpretação extensiva das virtualidades do princípio *da imparcialidade* que impõe a moderna conceção da discricionaridade administrativa como o poder, e dever, de criar o direito ou a norma do caso concreto, cf. Francisca Portocarrero, "Variações em Matéria de Discricionaridade", cit., p.652.

do que o é, de facto, e do "tratamento como igual (*treatement as an equal*)"; o princípio da *proporcionalidade*, na tripla dimensão de *adequação, necessidade* e *equilíbrio* ou *proporcionalidade em sentido estrito* (ou *bilan coût-avantages*[47]), máxime nas atuações que restrinjam ou comprimam posições jurídicas subjetivas e na aplicação de sanções; o princípio da *razoabilidade*, como critério[48] *da ponderação* dos valores, direitos e interesses conflituantes (*reasonableness*)[49]; o princípio da *boa-fé*, com proibição do abuso de direito; os princípios da

[47] Introduzido pela primeira vez pelo juiz administrativo francês em sentença de 1971, *Ville nouvelle est*, com "formulação bem cunhada e retomada de forma sistemática, depois, em matéria de expropriação", o Conselho de Estado afirmou, de modo basilar, que *uma operação* da Administração não pode ser legalmente aceite quando os *custos* (sacrifício ou encargos) para os interesses dos privados, tocados, decorrentes da decisão discricionária sobrelevem, em muito, as vantagens para o interesse público de ser prosseguido, no caso concreto, com tal medida, cf. Francisca Portocarrero, "Variações em Matéria de Discricionaridade", cit., p. 712, deve ponderar-se, em concreto, o equilíbrio entre o meio disponível e o fim a realizar e decidir, com imparcialidade e segundo o *bilan coût-avantages*, o grau em que se *não* «deve» realizar o fim naquele caso, por o meio disponível ser desproporcionado.

[48] A *razoabilidade* respeita à *atendibilidade* do resultado decisório, entre a racionalidade e a proporcionalidade; na fiscalização da decisão discricionária o juiz "deve ater-se a uma verificação de atendibilidade e razoabilidade, isto é, verifica a correção dos critérios jurídicos, a lógica e a coerência do raciocínio e a adequação da motivação" do ato administrativo, cf. Eberhard Schmidt-Aßmann, Luca de Lucia e Maria Chiara Romano, "Prospettive della Tutela Giurisdizionale Amministrativa in Germania e in Italia", Estratto, in *Diritto Processuale Amministrativo* Anno XXXIV Fasc. 3-2016, p. 711 e segs, p. 734; e cf. Donato Vese, "Sul sindacato del giudice amministrativo sulle decisioni dell'agcm, pienezza della giurisdizione e tutela dei diritti", in *Judicium, Il Processo civile in Italia e in Europa*, nov. 2019, em 3.2.3. "O controlo da razoabilidade e proporcionalidade e a reafirmação de um controlo *não substitutivo* quanto ao *mérito* administrativo, como limite inultrapassável para o juiz", significam dever este "controlar se a *escolha* das regras técnicas aplicáveis ao caso foi feita segundo a «razoabilidade» e a «proporcionalidade» e se, com a aplicação das mesmas, se obteve um resultado lógico e plausível". Verificadas "a verdade dos factos, a correção, a lógica e a atendibilidade do resultado obtido, através de um juízo técnico-valorativo, o juiz administrativo deve registar a *legitimidade* da valoração feita pela autoridade administrativa, sem poder sobrepor-lhe uma própria".

[49] Vide Michal Bobek, "Reasonableness in Administrative Law: A Comparative Reflection on Funcional Equivalence", in Giorgio Bongiovanni, Giovanni Sartor, Chiara Valentini, Editors, *Reasonableness and Law*, Heidelberg London New York, Springer, 2009, pp. 311 e segs, "o *standard* para a ação de uma "autoridade administrativa razoável" configura o *test* jurisdicional para a fiscalização da atividade administrativa" e, pp.313-322; e cf. Pedro Gonçalves, *Direito Administrativo*, p. 272, na "versão mais suave do princípio da razoabilidade" o controlo judicial é "muito atenuado", vide notas 424 a 428, e p. 278, "a razoabilidade exige que a Administração atue de forma razoável, dentro de limites de aceitabilidade e de defensabilidade, mas,

segurança jurídica e da *proteção da confiança legítima* dos particulares; o princípio da *justiça*, ainda que pouco operacional, dada a formulação vaga e muito abrangente; os princípios da *racionalidade* e da *veracidade*, quais imperativos não escritos de toda a ação administrativa; e o princípio da *boa administração*, do art.5.º do CPA, que implica dever a Administração pública pautar-se por critérios de *eficiência*, de *economicidade* e de *celeridade*[50] – na sequência da consagração na CDFUE, art.41.º, do direito a uma *boa administração*[51]. Foi *por força* deles e, sobretudo, *por obra* jurisprudencial de aplicação de princípios jurídicos fundamentais à atividade discricionária que se passou da vinculação de *simples* legalidade para a vinculação mais *exigente* à juridicidade da ação da Administração. E se integrou, de modo definitivo, a *discricionaridade* nos quadros da *estadualidade de* Direito[52] – ainda quando a aplicação dos princípios jurídicos gerais implique uma boa *dose de flexibilidade.*

A discricionaridade é, pois, afirmada como *função jurídica específica* de criação, com racionalidade estratégica[53], e de *concretização constitutiva* do *direito do caso concreto.* Isto é, de decisão do justo e de «mérito» a escolher (*tecnicização*[54] da discricionaridade) de modo jurídico na situação real e *única* da vida.

enquanto padrão de controlo, permite que o tribunal reprove *apenas* as «soluções manifestamente desrazoáveis»", cf. art.8.º do CPA.

[50] Fausto de Quadros e João Miguel Sardinha, comentário do Artigo 5.º do CPA, revisto, "uma grande inovação em sede de princípios gerais da atividade administrativa", in Fausto de Quadros e outros, *Comentários à revisão do Código de Procedimento Administrativo*, Coimbra, Almedina, 2016, pp. 23-30.

[51] Vide Cláudia Viana, "Artigo 41.º Direito a uma boa administração", in Alessandra Silveira e Mariana Canotilho, coord., *Carta dos Direitos Fundamentais*, cit., pp. 483 e segs.; e Irene Sigismondi, *Il principio del buon andamento tra politica e amministrazione*, Napoli, Jovene editore, 2011, em especial, pp. 80-100, clarifica o significado da eficácia e eficiência do princípio, aplicado no âmbito da discricionaridade administrativa, e, pp.90-93, o bom «andamento» da atividade e função decisórias da administração, na atitude e no resultado de realização do fim público ou bem estar coletivo, que está entre o "*second best* e o *ottimo paretiano.*" Porque não há solução jurídica ótima, *apenas* uma tão boa quanto o possível e realizável.

[52] Vieira de Andrade, *O Dever da Fundamentação*, cit., p. 137; J.J. Gomes Canotilho/Vital Moreira, *Constituição da República Portuguesa, Anotada, Artigos 1.º A 107.º*, Volume I, Coimbra, Coimbra Editora, 2007, Anotações ao art.2.º (Estado de Direito Democrático), p. 202 e segs.

[53] A. Castanheira Neves, *Digesta. Estudos Acerca do Direito, do Pensamento Jurídico, da sua Metodologia e Outros*, Coimbra, Coimbra Editora, 1995, pp. 254-255, p. 271, o "sistema do *selectivo finalismo* de uma programação político-social avaliado *estrategicamente* pelos efeitos, que visa uma *instrumental eficiência* e onde a «ordem» passa a ser planificação".

[54] Cf. Pedro Gonçalves, *Direito Administrativo*, cit., pp.226-227, impõe-se a escolha do meio conveniente e "*conveniente* só pode ter um sentido: do *melhor meio*, de *meio justo*, de *óptimo*",

É jurídica no seu modo funcional, pois produz efeitos jurídicos *concretos* de satisfação das finalidades de interesse público que são o objetivo primeiro da função administrativa. Ademais, as determinantes jurídicas dos princípios gerais fundamentais ("utilizados para resolução ponderada *de casos difíceis*" pelo juiz) *não dependem* de qualquer "*crise da legalidade estrita*"[55]. Afirmada hoje, face à inflação de regulamentos de origem vária, à frequência de programas normativos finais, ao planeamento económico e social ou a planos de ordenação do território de vários níveis e ao direito da regulação de setores especiais[56] por entidades administrativas independentes, com a *deslegalização* inerente. Ou mesmo perante a aplicação sistemática de normas emitidas por organizações supranacionais ou internacionais, da União Europeia à OMC, quando não de múltiplos *standards* científicos e técnicos de origem privada.

d) Consequência notória da aplicação dos princípios jurídicos fundamentais foi a de permitir *aumentar*, de modo significativo, a *capacidade de fiscalização jurisdicional* dos atos jurídicos da Administração no uso de discricionaridade concedida pela lei; tal é o efeito prático de maior relevo, o mais salientado, louvado e ampliado para garantia dos direitos dos cidadãos. Impõe-se sublinhar, todavia, que juridicidade *não equivale* a *justicialidade*. Em todo o caso, os princípios jurídicos gerais são instrumentos de garantia da

escreveu Rogério Soares, cf. nota 330, e p. 227: "em si mesma, *essa escolha*, a escolha da decisão ótima, diz respeito ao *mérito administrativo*... que corresponde a um espaço próprio da Administração, preenchido com as suas próprias valorações", num "domínio de *administratio*, de conveniência e de oportunidade"; sendo evidente, no mundo hiper-regulado de hoje e de vária informação superabundante, que, ali, a discricionaridade é uma «técnica» própria, com maior objetividade, com notou Giannini já em 1984).

[55] Cf. Vieira de Andrade, *Lições de Direito Administrativo*, pp.52-53

[56] Cf. Oliver Lepsius, "Regulierungsrecht in den USA: Vorläufer und Modell", in Hrsg von Michael Fehling und Mattihas Ruffert, *Regulierungsrecht*, Tübingen, Mohr Siebeck, 2010, p.3-75, p.73: "a contínua expansão das matérias objeto da regulação" com afirmação do Estado Regulador, "apesar de o conceito ter surgido para lidar com as falhas do mercado, fez com que se evoluísse da regulação dos setores económicos especiais para uma regulação geral, bem além deles, de matérias sociais, ecológicas ou ambientais e de todas as que sejam qualificadas de interesse público ou de interesse geral. O *direito administrativo da regulação legislado* tornou--se pedra de toque ou traço comum da prossecução de diferentes finalidades: a regulação de determinados setores da economia, no regular da livre concorrência e dos comportamentos anticoncorrenciais no mercado e, por fim, a garantia de padrões mínimos de socialidade e da ecologia e ambiente."; cf. Pedro Gonçalves, *Direito Administrativo*, cit., pp. 42-45, o Estado regulador e de garantia.

tutela jurisdicional efetiva[57] dos direitos do particular em matéria administrativa, conforme o art.268.º, n.ºs 4 e segs, da CRP. Um efeito jurídico potenciado, ainda, pela transformação de várias regras de boa administração ou de oportunidade de atuação em princípios jurídicos – máxime a *eficiência*[58] e economicidade (antes só acessível ao controlo de regularidade financeira do Tribunal de Contas) da boa administração; a proporcionalidade ("*prevalência ponderada* do *interesse público* da comunidade *sobre os* interesses *particulares* de indivíduos e grupos"), no sentido estrito de *equilíbrio* e de *medida* (não mensurável ou estimável de modo matemático); a razoabilidade da ponderação dos valores e interesses e do juízo técnico-valorativo sobre o caso; e outros novos, quais a precaução, a sustentabilidade e a justiça intergeracional. Os últimos e a razoabilidade são princípios *novíssimos* "que podem, *em determinadas situações*, designadamente quando associados ao dever de protecção de direitos (em especial de direitos, liberdades e garantias), alcançar *um relevo jurídico* como *padrões jurídico-normativos*"[59], afirma o Autor. Isto é, *podem tornar-se* jurídicos e vinculativos (não o são, em regra) da decisão administrativa discricionária de par com os princípios jurídicos fundamentais do CPA, nos art.3.º e segs.

2. A abertura normativa intencional e o âmbito da discricionaridade

Importante, para o Autor[60], é saber as vias ou modo de o legislador conceder à Administração, na norma legal, os poderes discricionários *de avaliação ou de decisão e escolha* jurídicas na situação concreta do interesse público. A fim de permitir uma opção pela melhor solução jurídica de satisfação desse interesse público específico (ainda que com fins secundários). Implicam eles a aplicação constitutiva da previsão legal e a concretização criadora do próprio fim; isto na medida em que os pressupostos de facto traçados na lei para a atuação jurídica requerida deixem abertos aspetos de relevo da decisão; ou porque foram delineados com falta de precisão e completude na previsão

[57] Vide, Vieira de Andrade, *Justiça Administrativa*, cit., pp. 151-153 e ss., pp. 188 e segs., pp. 198-199, a propósito da sentença condenatória.

[58] Cf. Vieira de Andrade, *O Dever da Fundamentação*, pp. 139-142, "a tendência é para conceber a eficiência administrativa dentro dos quadros da ordem jurídica".

[59] Cf. Vieira de Andrade, *A Justiça*, cit., p. 83, na nota 155.

[60] Vide Vieira de Andrade, *Lições de Direito Administrativo*, cit., pp. 56-62, e *O Dever da Fundamentação*, cit., pp. 72 e segs, pp. 255-256; e Pedro Gonçalves, *Direito Administrativo*, cit., pp. 206-209.

normativa hipotética, ou nela foram só esboçados. A interpretação da lei terá de permitir concluir que a norma legal remeteu para o poder próprio de *decisão autónoma* da Administração, na sua «reserva dos casos concretos». Pois a lei prevê o *poder dever* funcional de uso da discricionaridade, em promoção administrativa concreta do interesse público, sempre sujeito ao *princípio da competência* [61] da atuação pública.

a) O Autor, em síntese mais do que perfeita escreve: "na zona da discricionaridade (seja de decisão ou de avaliação) a atividade administrativa visa a aplicação da lei ao caso concreto, na procura da melhor solução, *orientada* pelo fim da norma (interesse público específico) e *regulada* por uma racionalidade jurídica (em obediência a princípios constitucionais de actuação e tendo em conta os direitos, liberdades e garantias dos cidadãos); implica sempre uma *complementação concreta* da *previsão normativa* (preenchimento de uma «lacuna intra-legal»), mesmo quando pondera interesses concorrentes, complementação que se exprime ou projecta nos "motivos" em que se fundamenta a escolha do conteúdo da decisão".[62]

Enuncia as vertentes *essenciais* do poder discricionário. Primeiro, a atividade *administrativa* discricionária é um específico *modo de aplicação da lei* ao caso concreto, fruto de *ponderação* cuidada dos interesses (públicos e privados) envolvidos na realização do fim legal e de antemão informado por uma racionalidade jurídica objetiva (ou intersubjetiva), que decorre da sua vinculação pelos princípios constitucionais e pelos direitos fundamentais de liberdade. Depois, o processo da decisão discricionária, indo da norma para o (em aproximação ao) caso e vice-versa, constitui *complementação concreta* da previsão normativa aberta – ao cometer à Administração o encargo de *preenchimento* da lacuna intralegal –, com a *escolha da melhor solução* jurídica e «oportuna» de satisfação do interesse público concretizado. Aquela, cujo conteúdo *decidido* é, aliás, justificado pelos motivos, critérios ou razões congruentes indicados na fundamentação. Ora, na complementação *concreta* da previsão normativa aberta, o agente administrativo usa conhecimentos jurídicos e muitos outros não jurídicos quer no tratamento dos *factos verificados*, quer no *juízo técnico valorativo* ou *valoração* expressos na apreciação *de conjunto* dos dados próprios do caso concreto; bem como na *avaliação con-*

[61] Cf. Fernanda Paula Oliveira e José Eduardo Figueiredo Dias, *Noções Fundamentais*, cit., p.138: a discricionaridade vista como "uma competência concedida pelo legislador à Administração. Daí a sua relação com o princípio da *lei-pressuposto* e com o princípio da competência".
[62] Cf. Vieira de Andrade, *Lições de Direito Administrativo*, cit., p. 61.

creta do preenchimento efetivo dos pressupostos de facto, por traduzirem o interesse público específico ou fim legal. Valoração e juízo técnico-valorativo que são muito próprios da função administrativa de *escolher* o efeito jurídico a produzir pela decisão discricionária; caso se conjuguem os pressupostos de facto com vários outros fatores substantivos ou de organização, de relevo para alcançar o fim legal,

Explana o Autor: "Há uma relação directa entre o fim e o conteúdo, que assume especial relevância na metodologia da formação da «vontade» administrativa» quando os actos envolvem *momentos discricionários de decisão*: a avaliação integrada das *considerações* e *valorações* em que se baseia o juízo de preenchimento no caso concreto dos pressupostos legais (e, portanto, da verificação do fim de interesse público em causa) projecta-se nos *argumentos* e *ponderações* que permitem a escolha administrativa da melhor solução para o interesse público, tal como foi concretizado, funcionando como *motivos* da decisão – a ponderação com vista à decisão implica um "vai -vem" argumentativo entre a hipótese e a estatuição normativa baseado nas circunstâncias do caso concreto".[63] A situação de facto *apurada* e a avaliação *valorativa* e *finalística* da hipótese legal feita em função do meio previsto (o pressuposto *de facto* normativo *aberto*, de início, é *completado* com pressupostos *adicionais* novos e necessários), *ambas* constituem o suporte da ponderação comparativa dos interesses. Uma "*ponderação axiológica de interesses contrapostos pelo órgão actuante*"[64], que tão característica é da discricionaridade. No procedimento da decisão discricionária ponderam-se os interesses públicos e privados, porventura conflituantes na situação a resolver, envolvidos ou tocados, de facto, pela solução jurídica ou medida administrativa a tomar. Isso, na medida exata (nem mais, nem menos) do seu peso relativo para a solução *eleita* pelo agente (com a composição prática, ordenação ou hierarquização dos interesses) e julgada adequada, apta e mais equilibrada no caso. Na conclusão de uma ponderação bem-sucedida dos *valores* e *interesses,* em causa, o agente identifica *a melhor* solução jurídica do seu ponto de vista *subjetivo* de decisor com *imparcialidade*. Por fim, ao decidir qual é a medida de intervenção administrativa *justa* e *adequada* ao caso concreto, o agente *fecha* o pressuposto de facto aberto, de início, na lei; contudo, só o faz *nessa* aplicação legal e por via do processo dessa decisão administrativa. A abertura normativa

[63] Cf. Vieira de Andrade, *Lições de Direito Administrativo*, cit., pp. 213-214.

[64] Cf. Fernanda Paula Oliveira, *A Discricionariedade de Planeamento*, cit., p.54.

permanece[65] na lei para ser preenchida de novo, em cada caso concreto de manifestação do interesse público.

b) Escolhe-se a solução jurídica *e* «técnica»[66] que, na *convicção jurídico--administrativa* de quem age, é a que melhor promove o interesse público específico[67], tal como situado na factualidade avaliada. Supõe ela a informação *completa* sobre os factos, o seu tratamento – por ex., técnico-científico "opinável" – e a *valoração integrada* das *considerações e argumentos* pertinentes para poder decidir, atenta a posição dos agentes administrativos como *peritos do interesse público*. Ao optar por decidir de certo modo, com a faculdade de determinar o conteúdo da medida a tomar (discricionaridade de decisão) ou possibilidade de escolher entre medidas alternativas determinadas na lei (discricionaridade de escolha), o agente emite o correspondente ato administrativo. Cujo conteúdo jurídico modelou, no uso do seu *espaço de opção* e conformação discricionárias[68] atribuído pela lei. Decide-se pela solução jurídica que, na *sua convicção* jurídica e técnica, ache mais *adaptada* às circunstâncias *concretas* do interesse público enquanto medida administrativa *mais capaz* de resolver *a necessidade* jurídica e a de *conveniência* da *ação* (mérito ou *valia* intrínseca), no âmbito da competência discricionária conferida.

[65] Cf. Barbosa de Melo, *Direito Administrativo*, cit., p.75; e Francisca Portocarrero, "Variações em Matéria de Discricionaridade", cit., p.655 e segs

[66] Vide Pedro Gonçalves, *Direito Administrativo*, cit., p. 208, aí estarão envolvidas "as capacidades particulares ou especiais dos agentes da Administração, baseadas na experiência, na perícia, na *expertise*, nos conhecimentos especializados, na formação e competência técnica ou até simplesmente na especial posição ou situação dos agentes administrativos decorrentes de estarem no terreno..."; e cf. Francisca Portocarrero, Variações em Matéria de Discricionaridade, cit., pp. 694-695 e nota 79.

[67] Na convicção jurídica e «técnico» administrativa formada no tratamento dos dados do caso concreto; cf. Fernanda Paula Oliveira e José Eduardo Figueiredo Dias, *Noções Fundamentais*, cit., p. 138: "a discricionariedade ... como uma concessão legislativa à Administração de um poder próprio na decisão de casos concretos (ou seja, um poder que lhe é concedido para que a Administração encontre aquela que considere ser a melhor solução para o caso concreto que, obviamente, só pode ser uma)".

[68] Cf. Jens-Peter Shneider, § 22 "Rechtsschutz im Regulierugsverwaltunsrecht in (hrsg) Michael Fehling e Mathias Ruffert, *Regulierungsrecht*, cit., pp1206 -1212; e Michael Fehling/ Matthias Ruffert, § 23 Perspektiven, na mesma obra, pp.1226- 1227, a discricionaridade *política* de entidades administrativas territoriais ou locais e a ponderação *política* de interesses, politico- administrativa com certeza.

Agente administrativo diferente, nessa situação, com as mesmas circunstâncias de facto e de direito poderá decidir de modo diverso *na escolha*, que é *subjetiva*, do conteúdo jurídico e de mérito do ato administrativo de satisfação do fim legal; *só que* também ele tem de estar convencido, por razões de facto e de direito, de estar a escolher a *melhor solução* jurídica do caso. Outros órgãos chegam a resultados jurídicos distintos na *mesma situação*, porque há apreciações *subjetivas* e *valorações* que obedecem ao *juízo próprio* nela *formado* por cada agente. Em termos jurídicos, a solução ótima ou medida administrativa *perfeita* não existem, sendo a correta escolhida «só uma» apenas para o agente no caso concreto. Ademais, o imperativo de otimização da realização do fim legal diz respeito ao *mérito* ou conveniência da medida escolhida. O agente administrativo deve, portanto, optar pela melhor solução jurídica *possível* e *realizável* – soluções persuasivas, plausíveis, racionais e razoáveis[69].

Posto isso, o legislador denota querer ver resolvidas ao nível concreto da Administração situações reais do interesse público difíceis de prever em abstrato, com precisão de contornos jurídicos que só na realidade ganham vida e a estimação dos aspetos funcionais da adequação. Delega, na lei, o poder funcional de decisão autónoma de tais situações em órgão administrativo competente, pois o poder *executivo* está *em melhores condições*[70] *funcionais, orgânicas* e *procedimentais* para aplicar, com justiça, e adaptar, com flexibilidade, o direito administrativo ao caso da vida. Além disso, tem legitimidade própria (*político*-administrativa e procedimental) para adotar as soluções jurídico-administrativas possíveis e permitidas nas circunstâncias *únicas* de cada caso, através de concretização constitutiva criadora da norma legal habilitante. Quando mais não fosse, o legislador delega competências decisórias na Administração pela sua maior proximidade à situação real concreta, carecida de solução jurídica «afeiçoada»[71].

[69] No mesmo sentido, vide Barbosa de Melo, *Direito Administrativo*, cit., pp. 75 e 80 e segs.

[70] Do ponto de vista da "adequação orgânica" para a decisão, "pois as medidas e decisões dos poderes devem ser adoptadas previamente pelos órgãos, que, segundo a sua organização, função, atribuição e procedimentos de actuação, estão em melhor posição para analisar os pressupostos, os juízos e os resultados indispensáveis a medidas ou decisões constitucionalmente ajustadas", cf. Gomes Canotilho/Vital Moreira, *Constituição*, cit., p. 209; sentido que sufragámos, cf. Maria Francisca Portocarrero, "Aferição judicial *ab extra* da legalidade do exercício discricionário – posição de princípio?, *CJA* n.º 66, 2007, p. 43 e segs, p. 52; e Pedro Gonçalves, *Direito Administrativo*, cit., p. 208 e n. 276.

[71] Cf. Pedro Gonçalves, Direito Administrativo, cit., p. 208.

c) A autonomia decisória é a de se optar[72] pela solução *legítima* – válida e oportuna – de *autoria* e *responsabilidade* próprias da Administração. A discricionaridade foi sempre aceite, na doutrina, em situações em que a norma fundamento da prática de atos administrativos *a* confere na *estatuição* legal; qual faculdade de determinar *o conteúdo* de efeitos jurídicos da decisão, com discricionaridade de *decisão* ou com discricionaridade de *escolha* até hoje usadas. Questão já problemática foi saber se a Administração tem poder discricionário onde a lei use (e abuse de) conceitos legais imprecisos, na definição dos pressupostos de facto e de direito da hipótese legal. É a questão conhecida, ao longo dos tempos debatida na história do poder discricionário[73], do âmbito da figura, a saber, da admissibilidade de a lei conceder poder discricionário por meio de conceitos legais imprecisos. A disposição lógico-formal da *abertura* normativa *intencional* da lei é *estrutural* ou *conceitual.* O legislador usa a estrutura lógico-formal, tradicional, de preceito de possibilidade na estatuição legal (com o *pode,* amiúde) para consentir à Administração a faculdade de *agir* e a *de decidir* com discricionaridade os efeitos jurídicos do ato administrativo. Ou então usa conceitos imprecisos de "*tipo*"[74] na hipótese legal, com a (*in*) definição dos pressupostos de facto que obriga ao seu preenchimento concreto pela autoridade administrativa; nisso, com liberdade *de juízo* ou espaço de *valoração* próprios da função administrativa, de apreciar e *avaliar* por decisão autónoma o grau de aproximação dos factos, verificados, ao conteúdo jurídico do conceito impreciso apurado no caso da vida; até poder decidir, destarte, da *consonância possível* entre os dois termos. Com o que ela complementa, de forma finalística, o pressuposto normativo aberto, através de junção cumulativa de pressupostos adicionais convergen-

[72] Um espaço de opção e conformação dos efeitos jurídicos a produzir; cf. Vieira de Andrade, "O Dever da Fundamentação", cit. pp. 146-147; cf. Pedro Gonçalves, *Direito Administrativo*, cit., pp. 222-224, "um poder de escolha do conteúdo de uma decisão fundado numa valoração própria da Administração: consiste sempre numa volição, num momento volitivo, que se segue a uma valoração, a um momento valorativo. Nisto se funda a premissa essencial da tese monista..."

[73] História que não pode ser desenvolvida aqui, embora o Autor a sintetize, pelo que remetemos para uma exposição detalhada por outros, cf. Fernanda Paula Oliveira, *A Discricionaridade de Planeamento*, cit., pp. 41-83; e por todos, cf. Fernanda Paula Oliveira e José Eduardo Figueiredo Dias, *Noções Fundamentais*, cit., pp. 138 -149.

[74] Como os designa e individualiza Vieira de Andrade, *Lições de Direito Administrativo*, cit., p.57, por se referirem ao tipo legal, que sublinha o consenso na doutrina quanto a que apenas neles, de modo específico, se coloca a questão *do espaço* discricionário.

tes. A *avaliação* pelo agente *dos dados do caso* concreto, em função da presciência mínima *ínsita* no conteúdo *impreciso* do conceito, tem de ser compatível com uma precisão jurídica e *material,* na norma, do conteúdo *prescritivo* do conceito impreciso para a situação concreta. Ou seja, a juridicidade do conteúdo dessa decisão autónoma é aferida pela sua compatibilidade com o fim legal específico, concretizado.

Aplicar norma legal de estrutura *conceitual* aberta requer *decisão autónoma* do agente, logo para verificar o preenchimento em concreto do tipo legal. Dito de outro modo, exige decisão autónoma do agente sobre o conteúdo *imputado* ao conceito impreciso *de tipo,* por concretização finalística, de modo a nele caber o facto pressuposto verificado; isto é, de forma a poder abranger-se tal facto, apurado, na precisão concreta do sentido *normativo* do conceito impreciso *de tipo.* Assim revelado este capaz de vincular o tratamento e a avaliação dos factos e, nisso, de vincular a concretização do fim legal. O ato administrativo de conteúdo discricionário, que *resolve* a questão normativa da pertinência aplicativa do conceito impreciso à factualidade dada, é da re*sponsabilidade própria* da Administração; *o* que se reflete *de modo direto* na *escolha* dos efeitos jurídicos do ato (decisão). Discricionaridade *de avaliação,* portanto, porque se *projeta* na escolha do conteúdo jurídico da decisão e depende da interpretação da lei de estrutura aberta. Vimos que aplicar a norma que o conceito impreciso *de tipo em si* sempre contém, com recurso a momentos de discricionaridade de decisão, depende de vários outros fatores: uns, *atinentes* à posição da Administração no contexto das funções estatais e de exercício de poder estadual; e outros, às características e condições próprias do agir e ao peculiar *modo de* decidir em proximidade e *interessado* na sorte do interesse público. Pois os conceitos imprecisos, verdadeiramente indeterminados de conteúdo, colocaram, como é sabido, desafios sérios ao princípio de legalidade; e hoje, em cada caso de aplicação, há que ver se os pesos da balança pendem para a competência geral do Juiz, de dizer o Direto e fiscalizar a ação administrativa, máxime a aplicação discricionária de prescrições legais de ação; ou se se inclinam, antes, no sentido da competência discricionária da Administração, do agir e decidir o modo de aplicação do direito.

Foram várias as teorias sustentadas sobre os conceitos imprecisos[75] como autorizando, ou não, discricionaridade; e nota-se a evolução na compreensão

[75] CF. Vieira de Andrade, *Lições de Direito Administrativo*, cit., pp.56-60, no que hoje releva.

e aplicação dos conceitos imprecisos *de tipo* ou que exigem avaliação valorativa e decisão administrativas autónomas, para posições moderadas hoje dominantes na doutrina e no controlo judicial. Este limita-se, assim sendo, ao controlo jurídico da *atendibilidade* e *razoabilidade* da medida administrativa tomada e ao de proporcionalidade e imparcialidade da e na decisão discricionária. Recorre ao bloco de legalidade (juridicidade) e aos limites jurídicos *externos d*a discricionaridade, para verificar a *validade* da decisão da Administração. Afrouxando a *vinculação* legal estrita *dos pressupostos de facto* do ato administrativo e, com isso, a *vinculação* forte da definição do *fim legal,* o controlo jurisdicional perde em densidade correspondente. Dogmas «sagrados» de admissão da existência de poder discricionário, e do seu exercício, pareceram algo abalados pela concessão legal de poderes discricionários. Contudo, a natureza das coisas e a realidade traduzida pelas teorias moderadas de admissão da discricionaridade de hipótese legal – via conceitos imprecisos *de tipo* discricionários – levaram à aceitação de *participação* do agente administrativo na concretização constitutiva do fim legal, orientada sempre pelos princípios jurídicos. Já os conceitos imprecisos da estatuição legal, caracterizadores da faculdade de ação e de escolha do conteúdo, foram, sem grandes objeções, ligados pelas doutrina e jurisprudência à opção discricionária de decisão.

d) Conceitos imprecisos de "*tipo*" discricionários da hipótese legal têm a *relevância* prática de conduzir à decisão jurídico-administrativa *semi – autónoma* sobre a finalidade legal, ao complementar o pressuposto de facto. A verdade é que a discricionaridade é sempre um problema de *tipos legais abertos* e de complementação administrativa da previsão normativa que os prevê. Assim, o agente administrativo – por desejo e necessidade de racionalizar o modo de se chegar *a uma* decisão *substantiva* e *correta*[76] de aplicação de conceito concessor de discricionaridade – cria um *programa* administrativo genérico quanto ao modo de *chegar* à decisão concreta; o qual *enquadra* com *norma* e critério *material* de complementação *o desenrolar* do processo de decisão discricionária do órgão competente. Isso, desde a habilitação legal e verificação dos factos pressupostos, até à aplicação e adaptação discricionárias da *estatuição* da lei à situação da vida. Tal *programa* de aplicação normativa e concreta pela decisão discricionária especifica os parâmetros gerais de

[76] Cf. Pedro Gonçalves, *Direito Administrativo,* cit., pp.234- 235, e segs., a exigência de um exercício *correto,* pela Administração, do seu poder discricionário.

ação, os critérios jurídicos e de boa administração *prévios* à solução; a *densificar,* de modo progressivo, no processo de aproximação *concreta* da previsão legal ao caso e deste à norma. Princípios jurídicos fundamentais, aplicáveis, orientam esse *programa* esboçado de ação e decisão, na densificação *concretizadora do tipo* e da *finalidade* legal e até ao concreto *do caso* a resolver. Eles oferecem, como é sabido, um critério material. Depois, são indicadas as razões *próprias* de quem age na justificação e nos motivos da fundamentação do ato administrativo. Uma fundamentação *suficiente* da concretização «criadora» da finalidade legal[77], na decisão discricionária *interessada* de satisfação do fim primário ou interesse público específico; tal como da ponderação de fins secundários na escolha ou determinação do meio a usar.

f) Contudo, os conceitos *imprecisos de "tipo"* da hipótese legal concessores de discricionaridade só o serão para o Autor se puderem ser vistos como "autorização normativa"[78] do seu exercício. Repetimos que o Juiz administrativo, ao fiscalizar a legalidade e *juridicidade* da atuação discricionária da Administração, exerce controlo apenas jurídico e não substitutivo. Desde logo, porque *não partilha,* de acordo com a lei, a responsabilidade própria do órgão administrativo (*nem de* resultado) *pela ação* administrativa *decidida* no caso *sub judice*; ou sequer, a responsabilidade pela *justeza* da decisão discricionária de aplicação da lei. A fiscalização judicial é, pois, *controlo,* enquanto *o administrar* é *função e ação* de realização do interesse público administrativo, com legalidade e mérito, por agente da administração. Contemporâneas da discricionaridade *de avaliação,* da hipótese legal, são a afirmação de *prerrogativas de avaliação* cometidas à autoridade administrativa, com efeito similar, e

[77] A discricionaridade implica, também, alguma concretização administrativa «criadora» do fim legal no procedimento da decisão, sobretudo na aplicação de normas administrativas que são *programas finais;* cf. Vieira de Andrade, *Lições de Direito Administrativo,* cit., pp.54-55, salienta que o exercício de poderes discricionários é vinculado, pelo menos, à finalidade legal. Mas "como a definição abstracta dos pressupostos se faz muitas vezes através de conceitos imprecisos, o agente administrativo *acaba por colaborar na concretização do fim legal* nas *circunstâncias* dos *casos concretos* – de tal modo que se pode dizer igualmente que a *vinculação* legal comporta *momentos discricionários.*"

[78] Cf. Jens-Peter Schneider, & 22 Rechtsschutz", cit., in M. Fehling e M. Ruffert, *Regulierungsrecht* cit., pp.1208-1212, a *normative Ermächtigungslehre,* teoria da *«autorização normativa»* do exercício da discricionaridade. Dominante na doutrina alemã, é a base de todos os *espaços de discricionaridade* que a Administração pode ter na aplicação do direito administrativo, em conceito amplo e tendencialmente unitário de discricionaridade.

a *delegação direta* do poder de última decisão[79] ao agente de antemão pela lei, por estarem muito relacionadas com a aplicação de conceitos imprecisos *de tipo* ou discricionários.

Tais manifestações jurídico-administrativas, mais recentes, de liberdade decisória condicionada *são englobadas, de par* com a discricionaridade clássica da estatuição legal, a de decisão e a de escolha, no *conceito muito amplo* de discrionaridade que o Autor propõe e sempre defendeu. É a afirmação fundamental da *conceção monista e unitária* de discricionaridade[80], em sentido amplo, na linha de Rogério Soares e que o Autor sempre adotou.

III. Funções da discricionaridade de ação administrativa e novas feições assumidas.

A discricionaridade não é "mal necessário" sublinha o Autor, como resulta do que precede, antes desempenha um "papel positivo *quer para* a realização do interesse público, *quer para* a proteção dos direitos e interesses dos particulares".[81] A diversidade das *funções* que podem, aí, ser servidas pela discricionaridade administrativa foi já salientada por M. Bullinger, que apontou uma função «*tática*» (adaptação aos factos, com flexibilidade e eficácia), uma função de *adaptação* (de *dispensa*, para desaplicação da lei em circunstâncias excecionais, permitindo maior justiça do caso concreto), uma função «*técnica*» (com soluções ditadas por saber especializado), uma função «*planeadora*» (de administração constitutiva, com planos e atos de conformação) e uma função «*gestora*» (de otimização económica da administração de prestação, do *management* das prestações públicas); e distinguindo-as de acordo com conteúdos discricionários objetivos.[82] Funções atribuídas, de modo idêntico, pelo Autor à discricionaridade administrativa, ao sublinhar o seu papel positivo na realização do interesse público e na proteção dos direitos ou interesses dos particulares. E é, de facto, o que de mais importante se pode verificar em ambas vertentes e passa na vida real da função admi-

[79] Cf. Vieira de Andrade, *Lições de Direito Administrativo*, cit. p.56, pp.60-61.

[80] Cf. Pedro Gonçalves, *Direito Administrativo*, cit., p.208 e segs, p.251 e segs, em exposição «completa», que sufragamos, sobre a discricionaridade administrativa; cf. Vieira de Andrade, *Lições de Direito Administrativo*, cit., p-56, p.60; cf. Francisca Portocarrero, "Variações em Matéria de Discricionaridade", cit., pp.693-695.

[81] Cf. Vieira de Andrade, Lições de Direito Administrativo, cit., p. 62.

[82] Cf. Francisca Portocarrero, "Variações em Matéria de Discricionaridade", cit.., pp. 694-695, e nota 80, onde acentuámos ter ela funções *típicas* a servir.

nistrativa, quando a Administração aplica as leis (em geral) e os princípios jurídicos fundamentais através de decisões autónomas de discricionaridade própria. No poder de escolha, que resulta de uma *indeterminação legal* estrutural ou conceitual e permite determinar efeitos jurídicos do ato, em atuação administrativa concreta.

Será de refletir, aliás, com proveito, sobre a relação de funções *típicas* a servir com a enorme amplitude e aumento dos espaços de discricionaridade, que hoje englobam discricionaridade *vária,* em todos os planos de atuação administrativa, ainda que ela tenha sido pensada no quadro do ato administrativo para casos concretos. Novas *feições* da discricionaridade *substantiva,* de *escolhas substantivas* relativas ao *conteúdo* da decisão e que exprimem *valorações próprias* da função administrativa (além das tradicionais) são acolhidas pelo Autor[83], dentro da conceção *unitária* e ampla de discricionaridade, *inclusiva* de todos *os espaços* de *decisão* administrativa.

São elas a discricionaridade *regulamentar* (concretização, com complementação, adaptação e implementação de leis específicas ou conjuntos normativos), a discricionaridade de *planeamento* (maior liberdade conformadora perante normas-fim, planificação criadora de segundo grau), a discricionaridade *conformadora ou reguladora* (típica da regulação económica de setores privados de interesse geral), a discricionaridade *implementadora* (na execução de programas ou diretivas político-estratégicas de governo) e, mesmo, a *simplificação tipificadora* (do direito fiscal, sobretudo, na criação de "tipos médios" de concretização de conceitos legais indeterminados). Um mundo, na realidade!

Mundo esse que é de explorar no Direito Administrativo presente e futuro, do qual o Autor é (foi sempre) um notável cultor e nele um *inovador* magnífico.

Coimbra, 2023

[83] Cf. Vieira de Andrade, *Lições de Direito Administrativo*, cit., pp. 64-65, sendo por nós usadas as suas próprias expressões, amiúde, aliás.

Da emergência constitucional à emergência administrativa

MIGUEL NOGUEIRA DE BRITO

1. Introdução – abandonar a exceção, assumir a emergência

Como cultor exímio de todas as áreas do direito público, o nosso homenageado não poderia deixar de ter dedicado a sua atenção também ao problema da emergência no âmbito do direito administrativo.

Fê-lo, desde logo, ao distinguir, entre os princípios substantivos fundamentais que disciplinam a atividade administrativa, o «princípio do estado de necessidade administrativo – um "contraprincípio", que fundamenta a dispensa da aplicação das disposições legais, sobretudo formais, em situações de exceção»[1].

Segundo Vieira de Andrade, o estado de necessidade administrativo distingue-se da mera urgência ao pressupor «a verificação de uma situação de perigo grave e excecional para interesses de grande relevo, que em regra é também urgente, mas não o é necessariamente». Nestas situações – que importaria não «confundir com as situações de exceção formalmente decretadas (o estado de sítio ou o estado de emergência)» –, a «consequência é a própria desprocedimentalização da atividade, que não tem de obedecer à legalidade formal e procedimental – os atos são válidos, ainda que ilegais, nos termos do artigo 3.º, n.º 2, do CPA (v. também, a propósito do processo executivo, o artigo 177.º, n.º 2)»[2].

Está aqui presente uma distinção da maior importância, isto é, a distinção entre estado de necessidade e situação de emergência formalmente decretada. No primeiro caso, há uma quebra da legalidade que não ocorre na segunda, em virtude de a mesma assentar num ato que declara a situação de emergência, de acordo com o disposto na Constituição ou na lei.

[1] Cf. José Carlos Vieira de Andrade, *Lições de Direito Administrativo*, 5.ª ed., Imprensa da Universidade de Coimbra, 2017, p. 54.
[2] Cf. José Carlos Vieira de Andrade, *Lições de Direito Administrativo*, cit., p. 192.

Num outro estudo, desta feita levado a cabo na área do direito constitucional, Vieira de Andrade recorre, pelo menos de modo implícito, à distinção entre «o recurso ao enquadramento excecional da suspensão de direitos e liberdades» e «a alternativa de utilização de medidas administrativas» com base em legitimação normativa adequada[3]. Trata-se uma distinção muito relevante, igualmente posta em evidência por Pedro Costa Gonçalves quando defendeu que «existe, legalmente estruturado, um "direito ordinário da emergência", que define os termos de decretamento de um "estado de emergência administrativa" (que se pode contrapor ao "estado de emergência constitucional")».

Mais ainda, de acordo com o entendimento do mesmo administrativista, e deixando de lado «a dúvida sobre se as permissões legais existentes para a adoção de medidas excecionais no quadro da declaração de calamidade ou de emergência de saúde pública autorizam, em especial, o decretamento administrativo de ingerências e restrições como o confinamento obrigatório, o dever geral de recolhimento ou a obrigação do uso de máscaras de proteção em locais públicos», estaria aqui «a resposta certa para sinalizar o início do processo de transição para o novo normal que se aproxima», que «deverá consistir precisamente em sair da emergência constitucional, definida e balizada por um direito de exceção, para uma emergência administrativa, definida por um direito ordinário (produzido segundo os canais normais de produção do direito)»[4].

Estará aqui em causa, com efeito, uma distinção entre um direito constitucional da suspensão dos direitos fundamentais, previsto e regulado primacialmente no artigo 19.º da Constituição, e um direito administrativo da restrição dos mesmos direitos, sujeito ao regime jurídico do artigo 18.º da Constituição.

Finalmente, o tema da emergência em direito público ganha ainda em ser perspetivado à luz de uma tendência consistente para, no contexto de

[3] Cf. José Carlos Vieira de Andrade, "A Defesa dos Direitos e das Liberdades em Estado de Emergência – Algumas Reflexões Livres", *Revista de Legislação e Jurisprudência*, Ano 150.º, n.º 4029, julho/agosto 2021, p. 317.

[4] Cf. Pedro Costa Gonçalves, "Nova Fase de Gestão da Epidemia: A Questão da (In)Suficiência Jurídica da Declaração Administrativa de Calamidade", jornal *Observador*, edição de 2 de maio de 2020, disponível em https://observador.pt/opiniao/nova-fase-de-gestao-da-epidemia-a-questao-da-insuficiencia-juridica-da-declaracao-administrativa-de-calamidade/, último acesso em 2 de dezembro de 2022.

numa sociedade de risco como é aquela em que vivemos, separar claramente a emergência da exceção, desvalorizando esta última como chave de compreensão daquela. A emergência surge assim como um fenómeno essencialmente regulável, não apenas num sentido reativo, mas sobretudo também preventivo e prospetivo; a exceção, pelo contrário, é tendencialmente encarada como espaço livre do direito cuja ocorrência determina a adoção das medidas necessárias à reposição da normalidade.

As reflexões subsequentes visam, pois, problematizar estas três distinções – a distinção entre necessidade e exceção, a distinção entre suspensão constitucional de direitos e a sua mera restrição legislativa e, por último, a distinção entre emergência e exceção – e, ao mesmo tempo, destacar outros tantos perigos que as mesmas encerram.

Em primeiro lugar, a distinção entre necessidade e exceção pode levar alguns autores a procurar na primeira um carácter mais restrito e objetivo na delimitação da sua aplicação que faltaria à segunda. Mas não é líquido que seja possível fazer assentar em bases seguras essa distinção, como veremos.

Em segundo lugar, a distinção entre dois modelos da emergência, um fundado na suspensão constitucional dos direitos fundamentais e outro na sua restrição legislativa alimenta-se da crença, no primeiro caso, da possibilidade de um rápido regresso ao *status quo ex ante* e, no segundo caso, de que a mera restrição de direitos com base em leis gerais permitiria uma maior salvaguarda destes últimos. Não é também certo que assim seja.

Não há dúvida, desde logo, que o regresso ao *status quo ex ante* é desejável, no sentido de uma condição em que não existiam restrições a direitos e liberdades e é esse, sem dúvida, o sentido último do regime constitucional da suspensão de direitos. O artigo 19.º da Constituição não deixa de o pressupor, ao mencionar, no seu n.º 4, o «pronto restabelecimento da normalidade constitucional». Mas não pode esquecer-se que esse regresso envolve também muitas vezes um regresso a uma condição que facilitou, ou mesmo induziu, a ocorrência da crise e vai certamente contribuir para que a mesma volte a ocorrer se não forem criadas condições para a impedir. Para além disso, nas sociedades de risco em que vivemos é duvidoso que exista um puro regresso ao *status quo ex ante*, pela simples razão de que é duvidosa a existência de uma situação "normal" suscetível de identificação à luz de características estáveis e de restauração *qua tale* depois da emergência.

Por outro lado, a distinção entre um modelo de suspensão e um modelo de restrição pode surgir como uma ilusão perante o facto de não existir uma diferenciação clara entre os instrumentos dogmáticos através dos quais as situações de suspensão e de restrição de direitos são submetidas ao controlo dos tribunais[5].

Para além disso, se o modelo constitucional da suspensão de direitos parece especialmente desajustado em face das emergências próprias da sociedade de risco em vivemos, o modelo da restrição de direitos é especialmente sensível à tendência para a normalização da exceção. Este é, sem dúvida, um dos mais graves problemas que afetam o atual direito da emergência, na medida em que esta não deve ser encarada como uma oportunidade para consagrar poderes do executivo que antes seriam impensáveis.

Finalmente, em terceiro lugar, a distinção entre emergência e exceção procura afastar o perigo da construção desta última como um espaço de anomia. A emergência não deve ser encarada como um lugar livre do direito, mas antes como um fenómeno complexo que requer uma gestão própria envolvendo o investimento de recursos substanciais, em termos de implementação de sistemas de aviso, medidas de mitigação apropriadas e táticas de resposta e recuperação[6].

Apesar de todas estas fragilidades, surge como inevitável o desenvolvimento de um novo direito administrativo da emergência, de algum modo substituindo o paradigma com base no qual a emergência tem sido pensada. O objetivo é questionar «a narrativa tradicional das emergências como exceções» e pôr em causa as suas dicotomias estritas entre tempos normais e tempos de exceção, poderes normais e poderes centralizados de exceção, política excecional e política de todos os dias. A fim de superar tais dicotomias, importa encarar as emergências «como processos, em vez de eventos momentâneos; como envolvendo uma pluralidade de agentes com competências de resposta, em vez de um executivo centralizado; como oportunidade para a produção de normas e para a mobilização institucional e jurídica,

[5] Nesse sentido, cf. Miguel Nogueira de Brito, "A Crescente Uniformização dos Modelos de Emergência Constitucional", in Carlos Blanco de Morais, Miguel Nogueira de Brito e Miguel Assis Raimundo (coords.), *Impacto da Pandemia da Covid-19 nas Estruturas do Direito Público*, São Paulo, Almedina, 2022, pp. 171 ss.

[6] Cf. Ronald W. Perry e E. L. (Henry) Quarantelli, "Introduction", in idem (orgs.), *What Is a Disaster? New Answers to Old Questions*, s. l., International Research Committee on Disasters, 2005, p. 20.

em vez de ocasiões para a suspensão do direito e da legalidade»[7]. Nesta aceção, a emergência é eminentemente regulável pelo direito.

Afirmar a necessidade de substituir o paradigma da emergência surge, em certo sentido, como motivo de perplexidade, sobretudo se tivermos presente que a modernidade nasceu precisamente sob o signo da crise, mais precisamente sob o signo do terramoto de Lisboa de 1755 e os debates filosóficos a que deu origem, caracterizados pelo reconhecimento da incapacidade de encontrar uma resposta no plano religioso para um acontecimento que se procurou assumidamente e em termos inovadores explicar no plano das ciências naturais[8]. A este propósito, afirma o sociólogo alemão Armin Nassehi que «as grandes narrativas da modernidade sempre foram narrativas de como lidar com crises. A narrativa racional pretendia vencer a desrazão que sempre foi encontrada nas pessoas empíricas; a narrativa da nação apareceu onde a sociedade teve que conciliar ordem e progresso após a grande revolução, mas experimentou por si mesma que bastava dar um nome a comunidades cada vez mais complexas e ingovernáveis para que comandos e promessas pudessem ser atendidos; a narrativa da liberdade é a mais difícil: ela realiza uma teodiceia do livre-arbítrio ao postular decisões livres por um lado, mas tornando-as possíveis em primeiro lugar com a necessidade de tomar a decisão certa»[9].

Ao mesmo tempo, segundo o mesmo autor, «quem quiser superar a crise fundamental da modernidade, que exclui a ideia clássica de soberania, mergulha a sociedade numa crise. É isto que liga as ditaduras do Séc. XX, a tradição militarista do Estado clássico-moderno desde o modelo de Vestefália do Séc. XVII, o colonialismo dos Séculos XIX e XX e porventura o fascínio pela execução política implacável da China do Séc. XXI. Trata-se, em todos os casos, de querer lidar com crises digitais através de soluções analógicas»[10].

[7] Cf. Karin Loevy, *Emergencies in Public Law: The Legal Politics of Containment*, Cambridge, Cambridge University Press, 2016, pp. 3 e 5.

[8] Cf. Armin Nassehi, "Der Ausnahmezustand als Normalfall. Modernität als Krise", Krisen lieben, *Kursbuch*, 170, Februar 2012, p. 34. Sobre a importância do terramoto de Lisboa e os debates a que deu origem no dealbar da modernidade, cf. Susan Neiman, *O Mal no Pensamento Moderno: Uma História Alternativa da Filosofia*, tradução de Vítor Matos, Lisboa, Gradiva, 2005, pp. 270 ss.; Mary del Priore, *O Mal sobre a Terra: História do Grande Terramoto de Lisboa*, Lisboa, Objectiva, 2020, pp. 247 ss.

[9] Cf. Armin Nassehi, "Der Ausnahmezustand als Normalfall. Modernität als Krise", *cit.*, p. 37.

[10] Cf. Armin Nassehi, "Der Ausnahmezustand als Normalfall. Modernität als Krise", *cit.*, pp. 42-43.

Por outro lado, como nota Tristan Barczak, apoiado no pensamento do sociólogo Ulrich Beck, o Estado moderno não deve chegar ao conflito final, mas deve usar procedimentos legais para evitar que o risco se realize, pois os riscos civilizacionais da atualidade, onde quer que surjam, «representam destruições de tal proporção que qualquer ação em resposta a elas se torna impossível e, deste modo, tais riscos, mesmo como conjeturas, como ameaças ao futuro, como prognósticos, têm e desenvolvem uma relevância prática para ações preventivas. O núcleo da consciência de risco não está no presente, mas no futuro»[11].

Neste contexto surge, sem dúvida, como surpreendente que se continue a conceber a exceção como um espaço vazio de direito, um mero pretexto para a reafirmação da ideia clássica da soberania como um poder essencialmente ilimitado. E, no entanto, é precisamente esse o sentido prevalecente do pensamento político e constitucional sobre a emergência: encarar esta última como um dos últimos redutos da soberania política enquanto *potesta legibus soluta*.

2. A distinção entre emergência e exceção – e o perigo da anomia jurídica

A primeira questão a tratar é, porventura, a mais relevante e deve ser afrontada com uma posição de partida forte e inequívoca: a ideia de que o direito público da emergência está assente no conceito de exceção, concebido como lugar vazio do direito, ou em que a política toma o lugar do direito, é uma ideia que deve considerar-se como definitivamente ultrapassada.

E, todavia, para os principais teorizadores da exceção, Carl Schmitt e Giorgio Agamben, esta é ainda pensada como um espaço de anomia, em que a norma jurídica cessa e a decisão política se afirma sem quaisquer constrangimentos de ordem jurídica. A aceitar-se este entendimento, dir-se-ia que «a construção do estado de emergência como uma negação imanente do direito significa a aceitação de um espaço livre do direito integrado na ordem jurídica e sobre cujo conteúdo decisório esta última permanece em silêncio. Isto é problemático, pois tal conceção não fornece qualquer carácter jurídico vin-

[11] Cf. Tristan Barczak, *Der nervöse Staat. Ausnahmezustand und Resilienz des Rechts in der Sicherheitsgesellschaft*, 2., unveränderte Auflage mit einem Supplementum, Tübingen, Mohr Siebeck, 2021, p. 354; Ulrich Beck, *Sociedade de Risco: Rumo a uma Outra Modernidade*, Tradução de Sebastião Nascimento, São Paulo, Editora 34, 2010, p. 40 (tradução ligeiramente modificada).

culativo para o ordenamento jurídico»[12]. É certo que se poderá invocar que as coisas são, para Schmitt, algo mais complexas, na medida em que o que pretende verdadeiramente sustentar é a anterioridade da decisão em relação à «estrutura normativa do direito e que, nessa medida, deverá poder desativar uma tal estrutura em caso de necessidade». Neste sentido, «o estado de exceção não é nem a presença nem a ausência de normas, mas um específico modo de as normas estarem presentes através da subtração e ausência ou, o que é o mesmo, um eclipse e uma retirada das normas como um modo paradoxal de elas se poderem fazer presentes»[13].

O pensamento de Schmitt sobre a relação entre norma e exceção caracteriza-se pela evolução desde um momento inicial em que a decisão assume importância na concretização da norma até à posição desenvolvida em *Teologia Política*, em que «o conjunto da ordem jurídica fica à disposição do decisor»[14]. Com efeito, segundo Schmitt, na situação excecional «a existência do Estado demonstra aqui a sua superioridade incontestável sobre a validade da norma jurídica. A decisão liberta-se de qualquer vínculo normativo e torna-se absoluta em sentido próprio»[15].

Uma relação semelhante entre exceção e norma é estabelecida no pensamento de Agamben. Para este último, «o estado de exceção não se define, seguindo o modelo ditatorial, como uma plenitude de poderes, um estado pleromático do direito, mas como um estado kenomático, um vazio e uma paragem do direito»[16]. A emergência surge integrada ao sistema jurídico, mas não deixa por isso de permanecer um espaço vazio do direito, um vácuo

[12] Cf. Jona Van Laak, "Permanenz des Ausnahmezustands? Eine Typologisierung im Spannungsfeld von Faktizität und Recht", in Annette Förster e Matthias Lemke (orgs.), *Die Grenzen der Demokratie: Gegenwartsdiagnosen zwischen Politik und Recht*, Wiesbaden, Springer, 2017, p. 13.

[13] Cf. Alexandre Franco de Sá, "Introdução", in Carl Schmitt, *O Conceito de Político*, Tradução, introdução e notas de Alexandre Franco de Sá, Lisboa, Edições 70, 2015, p. 9.

[14] Cf. Anna-Bettina Kaiser, *Ausnahmeverfassungsrecht*, Tübingen, Mohr Siebeck, 2020, p. 111. Sobre a evolução do pensamento de Schmitt no que toca à exceção, cf., ainda, Miguel Nogueira de Brito, "A Exceção no Pensamento Político e Jurídico de Carl Schmitt", in Carlos Blanco de Morais e Luís Pereira Coutinho (organizadores), *Carl Schmitt Revisitado*, Lisboa, ICJP, 2014, pp. 153-158.

[15] Cf. Carl Schmitt, *Politische Theologie. Vier Kapitel zur Lehre von der Souveränität*, 9.ª ed., Berlin, Duncker & Humblot, 2009 (1922), p. 18.

[16] Cf. Giorgio Agamben, *Estado de Exceção*, tradução de Miguel Freitas da Costa, Lisboa, Edições 70, 2010, p. 76.

jurídico. No pensamento de Agamben o estado de exceção é ainda concebido como um «estar fora e, todavia, pertencer»[17] que, na realidade, se reconduz, no caso de Schmitt, a uma «pseudo-inclusão» da exceção no direito[18]. Ora, ainda que Schmitt «quisesse fazer-nos crer no contrário com a afirmação de que a verdadeira exceção escapa *per se* à regulação normativa, o estado de emergência designa, em todo o caso, no estado constitucional uma condição jurídica, um instituto jurídico e um conceito jurídico»[19].

Ao mesmo tempo que parece adotar uma conceção da exceção como puro espaço de anomia, Schmitt distingue também entre um estado de exceção em sentido próprio e um estado de exceção impróprio que constitui uma das bases para superar aquela conceção. Em *Teologia Política*, e na verdade numa passagem imediatamente anterior àquela que acima foi transcrita, Schmitt afirma que «nem toda a medida extraordinária, nem toda a medida de emergência policial ou decreto de emergência é necessariamente uma exceção. O que caracteriza uma exceção é essencialmente a autoridade ilimitada, o que significa a suspensão de toda ordem existente. Em tal situação, o Estado permanece, enquanto a lei retrocede. Como a exceção é diferente da anarquia e do caos, uma ordem no sentido jurídico permanece, mesmo que não seja uma ordem jurídica»[20].

Se assim é, as catástrofes extremas subjacentes à exceção schmittiana em sentido próprio – isto é, aquelas em que a lei retrocede – devem ser desconsideradas, porque o direito público nada pode fazer para superá-las. Por essa razão, a análise de quaisquer disposições sobre emergências deve, segundo Kaiser, centrar-se na exceção em sentido impróprio, ou seja, naqueles fenómenos, correntes na modernidade, que os sociólogos designam como «acidentes normais»[21].

[17] Cf. Giorgio Agamben, *Estado de Exceção*, cit., p. 59.

[18] Cf. Anna-Bettina Kaiser, *Ausnahmeverfassungsrecht*, cit., pp. 122, 196.

[19] Cf. Tristan Barczak, *Der nervöse Staat*, cit., p. 73.

[20] Cf. Carl Schmitt, *Politische Theologie*, cit., p. 18.

[21] Cf. Anna-Bettina Kaiser, *Ausnahmeverfassungsrecht*, cit., p. 64; em sentido semelhante, afirma Steffen Augsberg, "'Denken vom Ausnahmezustand her'. Über die Unzulässigkeit der anormal Konstruktion und Destruktion des Normativen", in: Felix Arndt et al. (orgs.), *Freiheit – Sicherhei – Öffentlichkeit*, Baden-Baden, Nomos, 2009, p. 33, que «em síntese, pode atribuir-se uma função epistemológica, mas não normativa, à exceção em sentido próprio. A ciência jurídica, essencialmente orientada para a norma, não pode descrever o cenário do estado de exceção deliberadamente não-normativo ou mesmo contra-normativo com os seus conceitos (jurídicos), tal cenário está no seu ângulo morto». Em sentido semelhante, cf. Tris-

O termo «acidentes normais» foi cunhado pelo sociólogo norte-americano Charles Perrow num livro originariamente publicado em 1984 para caracterizar a inevitabilidade de acidentes em instalações industriais de elevada tecnologia e outros sistemas complexos. Segundo o autor, «a maioria dos sistemas de alto risco tem algumas características especiais, além dos seus perigos tóxicos, explosivos ou genéticos, que tornam os acidentes neles inevitáveis, até mesmo 'normais'. Isso tem que ver com a maneira como as falhas podem interagir e o sistema está interligado. É possível analisar essas características especiais e, ao fazê-lo, obter uma compreensão muito mais aperfeiçoada das razões pelas quais os acidentes ocorrem nesses sistemas e sempre ocorrerão»[22].

Assim, para Perrow, as características dos sistemas que utilizam tecnologias de elevado risco, como a complexidade interativa e acoplamento rígido – o que significa que as partes que falham não podem ser isoladas das outras partes – inevitavelmente produzirão um acidente. A singular expressão «acidente normal», ou «acidente de sistema» pretende, pois, sinalizar uma inevitabilidade. Todavia, está em causa uma «característica integral do sistema, não uma declaração de frequência. É normal as pessoas morrerem, mas só se morre uma vez. Os acidentes de sistema são incomuns, até raros; mas essa raridade não é tranquilizadora se esses acidentes puderem produzir catástrofes»[23]. Os acidentes tornam-se "normais" quando sistemas complexos, como centrais de energia nuclear, redes elétricas ou serviços nacionais de saúde, são estruturados, sem "amortecedores" e sem tempo para intervir, e por isso sem evitar que um colapso ocasional possa transformar-se incontrolavelmente numa catástrofe em grande escala. A única forma de lidar com estes acidentes normais consiste em compreender e gerir as tecnologias de alto-risco que estão envolvidas nos mesmos com o objetivo de minorar os seus efeitos negativos, o que envolve o dispêndio de recursos.

TAN BARCZAK, *Der nervöse Staat*, cit., pp. 72 ss. Cf. a crítica de STEFAN HAACK, "Der wiederentdeckte Ausnahmezustand. Eine Rezension zu Anna-Bettina Kaiser und Tristan Barczak", *Zeitschrift für Lebensrecht*, 31. Jahrgang, Heft 3, 2022, 348-349.

[22] Cf. CHARLES PERROW, *Normal Accidents: Living with High-Risk Technologies*, New York, s. l., Basic Books, 1984, p. 4.

[23] Cf. CHARLES PERROW, *ob. cit.*, p. 5; IDEM, *The Next Catastrophe: Reducing Our Vulnerabilities to Natural, Industrial, and Terrorist Disasters*, Princeton and Oxford, Princeton University Press, 2007, pp. 212 ss.; cf., ainda, ULRICH BECK, *Ecological Politics in an Age of Risk*, translated by Amos Weisz, Cambridge, Polity Press, 1995, p. 79.

Tendo presente este contexto, cabe referir que o aspeto que causa perplexidade no pensamento de Schmitt não consiste apenas em o mesmo mostrar consciência da distinção entre exceções em sentido impróprio e em sentido próprio e, todavia, concentrar nestas últimas toda a sua reflexão teórica. Mais do que isso, o que causa verdadeira perplexidade é o seu apego a um conceito de exceção como regressão do direito e afirmação da política em face da profunda consciência que já revelava da especificidade do moderno conceito de estado de exceção. Segundo as suas palavras, «O moderno estado de emergência ou necessidade deixou de ser uma questão meramente militar ou policial, mas um problema da constituição económica e social. Num estado moderno, industrialmente desenvolvido e até superdesenvolvido de serviços de interesse geral massificados, não pode esperar-se que ocorra uma crise perigosa no modo de vida e nos padrões de vida. Aqui tudo é concebido para funcionar sem perturbações. Quem tiver de esperar até que a situação perigosa surja direta e concretamente antes de poder agir de maneira puramente repressiva já está perdido»[24].

Igualmente motivo de perplexidade é a circunstância de todos os autores que se seguiram a Schmitt, e se dedicaram ao tema da exceção na perspetiva da política e do direito, terem mantido a preferência manifestada por este último pela exceção em sentido próprio, que parece de algum modo desajustada em relação às emergências específicas da sociedade de risco em que vivemos. Como a este propósito refere Karin Loevy, enquanto os cientistas que se ocupam dos desastres e das emergências estão profundamente

[24] Cf. Landesarchiv NRW, Nachlass Carl Schmitt, RW 265, publicado em Florian Meinel, "Diktatur der Besiegten? Ein Fragment Carl Schmitts zur Notstandsverfassung der Bundesrepublik", *Der Staat*, Vol. 52, No. 3, 2013, p. 472. No mesmo sentido, cf., ainda, Carl Schmitt, "Die staatsrechtliche Bedeutung der Notverordnung, insbesondere ihre Rechtsgültigkeit (1931)", in *Verfassungsrechtliche Aufsätze aus den Jahren 1924-1954. Materialen zu einer Verfassungslehre*, Dritte Auflage, Berlin, Duncker & Humblot, 1985, p. 261 (Schmitt parece aqui entender que a introdução de procedimentos legais de caducidade de direitos fundamentais e a possibilidade de declaração de inconstitucionalidade de partidos, expedientes consagrados na Lei Fundamental alemã, surgem como sucedâneos do estado de exceção clássico no contexto do «Estado administrativo dos serviços de interesse geral massificados»; sobre o assunto, cf. Anna-Bettina Kaiser, *Ausnahmeverfassungsrecht*, cit., p. 159); Ernst Forsthoff, "Die Bundersrepublik Deutschland. Umrisse einer Realanalyse", in *Rechtsstaat im Wandel. Verfassungsrechtliche Abhandlungen 1950-1964*, Sttutgart, Kohlhammer, 1964, pp. 210-211. Quer Schmitt quer Forsthoff parecem revelar consciência da realidade que Tristan Barczak designa através da expressão «estado de emergência antecipatório»: cf. Tristan Barczak, *Der nervöse Staat*, cit., pp. 353 ss.

empenhados em saber o que é um desastre e uma emergência – o que os torna fenómenos únicos a serem estudados e suscetíveis de generalizações – os teóricos do direito parecem quase completamente desinteressados desta questão, mostrando-se aparentemente satisfeitos «em supor que as emergências de direito público definem-se pela sua excecionalidade, pelo facto de suscitarem ensejo para o uso de poderes especiais e excecionais. Estão claramente muito mais interessados em manter a flexibilidade das instituições jurídicas – leis, instituições políticas, órgãos administrativos e funcionários – para lidar com o inesperado»[25].

Um exemplo desta atitude é precisamente, segundo Loevy, Carl Schmitt. No centro da análise deste último «não está uma emergência qualquer, mas uma emergência muito específica: de um tipo especial, que "não está codificado no ordenamento jurídico vigente, podendo, na melhor das hipóteses, ser caracterizado como caso de extremo perigo, perigo para a existência do Estado, ou algo semelhante". O objeto do seu estudo não é apenas uma situação de emergência, mas uma situação que "não pode ser circunscrita factualmente e conformada com uma lei preformada". É o derradeiro, radical outro – a exceção»[26].

Por que razão escolhe Schmitt este tipo específico – ou melhor, inespecífico e, na verdade, inespecificável – de emergência, a exceção propriamente dita? A resposta a esta questão encontra-se na perspetiva a partir da qual Schmitt encara toda a sociedade, isto é, a perspetiva da política. Só a exceção em sentido próprio permite a especificidade do político, centrada na distinção entre amigo e inimigo[27].

Na obra *Teologia Política*, Schmitt é, aliás, bem expressivo quanto à necessidade de afirmar a prevalência da política. Segundo afirma,

> «Hoje nada é mais moderno do que a luta contra o político. Financeiros americanos, técnicos industriais, socialistas marxistas e revolucionários anarcossindicalistas unem-se na reivindicação de que o domínio não objetivo da política sobre a objetividade da vida económica deve ser abolido. Deveria haver apenas tarefas organizacionais-técnicas e económico-sociológicas, mas não mais problemas

[25] Cf. Karin Loevy, *Emergencies in Public Law: The Legal Politics of Containment*, cit., pp. 65-66; idem, "What Is an Emergency: The Legal Politics of Defining the Un-Definable", *ILSA Journal of International and Comparative Law*, Vol. 22, No. 1, Fall 2015, p. 165.

[26] Cf. Karin Loevy, *Emergencies in Public Law: The Legal Politics of Containment*, cit., p. 66.

[27] Cf. Carl Schmitt, *O Conceito de Político*, cit., pp. 49 ss.

políticos. O pensamento de tipo económico e técnico hoje predominante não é capaz de perceber uma ideia política. O Estado moderno parece realmente ter-se tornado o que Max Weber vê nele: uma grande empresa»[28].

Carl Schmitt interessa-se, pois, pela exceção em termos quase instrumentais, isto é, como uma ocasião para afirmar a primazia da política em face do direito liberal[29]. O preço a pagar por esta estratégia consiste em perder de vista a especificidade da situação de emergência, em prol de uma conceção que a encara apenas como um meio para aumentar o poder do executivo e afirmar a prevalência da perspetiva da política na compreensão do Estado e da sociedade.

A especificidade de cada emergência – ataques terroristas, incêndios florestais e outras emergências climáticas, pandemias, etc. – e das medidas e meios adequados a fazer-lhe face é desvalorizada, ou mesmo obliterada, em prol da afirmação da unidade da política, através da exceção, e do seu inevitável corolário: lidar com uma situação de emergência envolve uma "guerra" contra o terror, contra os incêndios, contra os vírus, cujos efeitos mais visíveis são a tendência para a perpetuação deste estado bélico e o incremento dos poderes das entidades encarregadas de as travar em detrimento das liberda-

[28] Cf. Carl Schmitt, *Politische Theologie*, cit., pp. 68-69. Sobre esta visão do Estado segundo Weber, cf. Andreas Anter, *Max Weber's Theory of the Modern State: Origins, Structure and Significance*, translated by Keith Tribe, New York, Palgrave Macmillan, 2014, pp. 202 ss. Sobre a complexa relação entre Weber e Schmitt, que aqui não pode ser desenvolvida, cf. Miguel Nogueira de Brito, *A Constituição Constituinte: Ensaio sobre o Poder de Revisão da Constituição*, Coimbra, Coimbra Editora, 2000, pp. 383 ss.; Andreas Kalyvas, *Democracy and the Politics of the Extraordinary: Max Weber, Carl Schmitt, and Hannah Arendt*, Cambridge, Cambridge University Press, 2008, pp. 157-158; Pedro T. Magalhães, "A Contingent Affinity: Max Weber, Carl Schmitt, and the Challenge of Modern Politics", *Journal of the History of Ideas*, Volume 77, Number 2, April 2016, pp. 283-304. Veja-se ainda a proposta recente de Philip Manow, segundo a qual o próprio Schmitt, ao contrário do que sustenta uma influente persistente corrente de interpretação do seu pensamento, não advogava nenhuma teologia política, mas antes acusou Weber de ter criado uma a partir da sociologia (Philip Manow, *Nehmen, Teilen, Weiden. Carl Schmitts politische Öknomien*, Konstanz University Press, 2022, p. 70). Na perspetiva do presente trabalho, importa apenas salientar como em ambos os autores a política, entendida como a atividade fundadora de uma comunidade assente na existência de laços comuns, em que a própria vida está em jogo, se torna uma forma de redimir um aparelho de Estado submetido a uma lógica puramente instrumental.

[29] Cf. Montserrat Herrero, *The Political Discourse of Carl Schmitt: A Mystic of Order*, London and New York, Rowman & Littlefield International, 2015, p. 96.

des individuais. O facto de se tratar de uma "guerra" surge assim como mais importante do que as estratégias específicas adequadas para lidar com cada situação de crise e cujos antecedentes, e consequentes, excedem em muito o momento da respetiva ocorrência[30].

Mas não tem de ser assim. O ponto de partida para superar essa compreensão das emergências deve ser o reconhecimento de que «as instâncias centrais da sociedade desenvolvem lógicas internas inteiramente distintas, bem como condições de sucesso, teorias de reflexão, tipos de expectativas e funções, tornando-se por um lado mutuamente independentes, mas permanecendo, por outro lado, sempre num estado crítico, porque não se encontram ajustadas entre si». O resultado é certamente paradoxal: «por um lado, a perda de uma perspetiva central da sociedade; por outro lado, a necessidade de uma tal perspetiva»[31].

O sistema político pode, porventura, fornecer essa perspetiva central sem deixar de assumir o paradoxo. A teoria do estado de exceção pode ser certamente interpretada como uma reação contra a ordem liberal despolitizada que Schmitt lamentava e contra a qual procurava reagir. Mas, num nível mais profundo, a ideia de exceção também «pode ironicamente propor uma solução para salvaguardar essa ordem: uma conceção de política paradoxalmente limitada, cujo objetivo exclusivo é manter o seu funcionamento "mecânico" fundado na autonomia das ordens racionais»[32]. Nesta perspetiva, não se torna necessário deixar de admitir que «só o reconhecimento da complexa auto-organização da sociedade, dos efeitos paradoxais de todas as ações, da impossibilidade de intervir de forma diretiva no mecanismo da sociedade, só o reconhecimento da perda de uma perspetiva central, possibilita lidar com a reação da sociedade às intervenções»[33].

[30] Cf. a crítica do discurso da guerra na forma de lidar com as emergências, em especial as pandemias, em Alex de Waal, *New Pandemics, Old Politics: Two Hundred Years of War on Disease and Its Alternatives*, Cambridge, Polity Press, 2021, pp. 9-14, 212 ss.

[31] Cf. Armin Nassehi, "Der Ausnahmezustand als Normalfall. Modernität als Krise", *cit.*, pp. 38-39.

[32] Cf. Marie Goupy, "The State of Exception Theory of Carl Schmitt and the Ambivalent Criticism of Liberalism", *Zeitschrift für Politikwissenschaft*, Vol. 28, 2018, p. 406; Idem, *L'État d'Exception, ou l'Impuissance Autoritaire de l'État à l'Époque du Libéralisme*, Paris, CNRS Éditions, 2016, pp. 22-28, 228-233, 274-295.

[33] Cf. Armin Nassehi, "Der Ausnahmezustand als Normalfall. Modernität als Krise", *cit.*, p. 47.

O reconhecimento que acaba de ser mencionado não exige, todavia, a desvalorização da política, mas antes a sua reconceptualização. Saber em que termos deverá operar essa reconceptualização impõe, antes de mais, que se tenha presente a distinção fundamental entre "política" e "o político" que está no centro das mais importantes reflexões sobre o assunto. Esta última distinção não é teorizada enquanto tal no pensamento de Carl Schmitt, embora o mesmo esteja certamente marcado pelo «desejo de separar o que chamou de "o político" (*das Politische*) da mera política ou *policy* e resgatá-lo de uma perda potencial»[34].

Como é sabido, para Schmitt "o político", centrado na distinção entre amigo e inimigo, aponta para o antagonismo mais intenso e extremo como um aspeto inevitável da condição humana e que leva à distinção entre diferentes comunidades políticas. Mas também aqui é necessário distinguir entre o «primeiro principal objetivo de Schmitt, o de destacar o político como um domínio autónomo ao lado de outros»[35], e a sua formulação posterior de "o político", atrás aludida, em que este surge já como a forma mais intensa de uma relação que pode estar subjacente a qualquer domínio da vida social.

Alexandre Franco de Sá demonstra de forma exemplar esta «mudança da autonomia para a intensidade»[36] ao publicar uma edição de *O Conceito de Político* que evidencia as transformações no texto introduzidas no decurso das três primeiras edições da obra, em 1927, 1932 e 1933[37].

Em 1927 o que sobressai é o destaque dos critérios próprios do político «em relação aos diferentes âmbitos de coisas, relativamente autónomos, do pensar e do agir humanos, em particular em relação ao moral, ao estético, ao económico». Assim, «no âmbito da moral, as diferenciações últimas são bom e mau; no estético, belo e feio; no económico, útil e nocivo ou, por exemplo, rentável e não rentável». Já a «diferenciação especificamente política, à qual

[34] Cf. Samuel Moyn, "Concepts of the Political in Twentieth-Century European Thought", in Jens Meierhenrich e Oliver Simons (orgs.), *The Oxford Handbook of Carl Schmitt*, Oxford, Oxford University Press, 2016, p. 291. O desejo a que se refere Moyn é patente, por exemplo, em Carl Schmitt, *O Conceito de Político*, cit., p. 58.

[35] Cf. Samuel Moyn, "Concepts of the Political in Twentieth-Century European Thought", *cit.*, p. 299.

[36] Cf. Samuel Moyn, "Concepts of the Political in Twentieth-Century European Thought", *cit.*, p. 298.

[37] Cf. Alexandre Franco de Sá, "Introdução", in Carl Schmitt, *O Conceito de Político*, cit., pp. 15-16.

se podem reconduzir as ações e os motivos políticos, é a diferenciação entre *amigo* e *inimigo*».

Diferentemente, a partir de 1932 o que passa a sobressair é a intensidade da relação política: «O político pode extrair a sua força dos mais diferentes domínios da vida humana, de contraposições religiosas, económicas, morais e outras; não designa um âmbito de coisas próprio, mas apenas o grau de intensidade de uma associação ou dissociação de homens, cujos motivos podem ser de tipo religioso, nacional (em sentido étnico ou cultural), económico ou outro e operam para diferentes tempos, diferentes ligações e separações»[38].

A «mudança da autonomia para a intensidade» tem o seu contexto no desenvolvimento dos conceitos de Estado total e poder total[39], mas o que importa agora é salientar como uma compreensão adequada das emergências exige precisamente que se assuma a mudança inversa, desde a intensidade para a autonomia. Neste contexto, "o político" deve ser concebido não simplesmente como um domínio social autónomo, em face de outros, como Schmitt começou por salientar, mas o domínio da sociedade a que cabe em especial a salvaguarda, em situações de crise, da autonomia dos diversos domínios sociais, incluindo a economia, a educação e a ciência.

Nesta perspetiva, as medidas de emergência tomadas em situações de crise devem ser encaradas como meros instrumentos para "comprar tempo", isto é, instrumentos destinados a impedir o bloqueio dos diversos sistemas sociais, em especial, no caso da pandemia, os sistemas de saúde[40]. Ao mesmo tempo, esses instrumentos não podem deixar de ser articulados com outros, destinados a permitir a robustez da resposta própria desses sistemas, sem necessidade de intervenção do sistema político.

3. A distinção entre o modelo constitucional da suspensão e o modelo administrativo da restrição de direitos, liberdades e garantias – e o perigo da normalização da exceção

No contexto das medidas através das quais em Portugal se fez face à pandemia da doença COVID-19, vários autores salientaram a distinção, já ante-

[38] Cf. CARL SCHMITT, *O Conceito de Político*, cit., p. 71.

[39] Sobre estes, cf. ALEXANDRE FRANCO DE SÁ, "Soberania e Poder Total: Carl Schmitt e uma Reflexão sobre o Futuro", in *Metamorfose do Poder: Prolegómenos Schmittianos a Toda a Sociedade Futura*, Rio de Janeiro, Via Verita Editora, 2012, pp. 25-69.

[40] Cf. JOÃO COSTA, *Health as a Social System Luhmann's Theory Applied to Health Systems. An Introduction*, Bielefeld, transcript Verlag, 2023.

riormente aludida, entre as medidas adotadas no âmbito da declaração do estado de emergência ao abrigo do disposto no artigo 19.º da Constituição e as medidas adotadas ao abrigo do regime jurídico da proteção civil e da lei de bases da saúde, as quais devem ser confrontadas com o regime do artigo 18.º da Constituição. Compreende-se bem a diferença essencial entre os dois regimes da emergência.

Suspender os direitos, liberdades e garantias significa, na verdade, suspender o regime do artigo 18.º da Constituição[41], isto é, suspender um direito significa a possibilidade de o restringir para além dos limites previstos no artigo 18.º, n.º 3, da Constituição, atingindo, desde logo, a proibição de «diminuir a extensão e o alcance do conteúdo essencial dos preceitos constitucionais». Repare-se, todavia, que não é todo o regime da restrição que é posto em causa. O n.º 2 do artigo 18.º estabelece também que as restrições devem «limitar-se ao necessário para salvaguardar outros direitos ou interesses constitucionalmente protegidos». Ora, este limite às restrições corresponde ao princípio da proporcionalidade e este também vale para os casos de suspensão de direitos, nos termos do artigo 19.º, n.º 4. A medida da suspensão será, pois, em boa medida determinada pela aplicação do princípio da proporcionalidade, podendo envolver uma afetação do conteúdo essencial dos direitos afetados.

A permissão de afetar o conteúdo essencial dos direitos não é, no entanto, ilimitada. Com efeito, o artigo 19.º, n.º 6, estabelece que o estado de emergência «em nenhum caso pode afetar os direitos à vida, à integridade pessoal, à identidade pessoal, à capacidade civil e à cidadania, a não retroatividade da lei criminal, o direito de defesa dos arguidos e a liberdade de consciência e de religião». Tal não pode deixar de significar que as medidas tomadas em estado de emergência devem, em relação a estes direitos, para além de respeitar as exigências da proporcionalidade, respeitar também o respetivo conteúdo essencial. Em relação aos direitos enunciados no artigo 19.º, n.º 6, não há, pois, distinção entre suspensão e restrição, salvo eventualmente quanto ao carácter necessariamente geral e abstrato desta última.

Diversamente, fazer face às emergências através de um regime de restrições dos direitos significa aceitar que aquelas devem dar origem a medidas a ser aferidas à luz da Constituição em termos normais, isto é, em termos

[41] Cf. Gonçalo de Almeida Ribeiro, "Compreender o Estado de Exceção Constitucional", *Julgar*, n.º 44, 2021, pp. 142 e 147-149.

a que se submetem quaisquer normas restritivas de direitos, liberdades e garantias. É nestes termos que devem ser aferidas as medidas contidas na Lei de Bases da Proteção Civil, mas também o Decreto-Lei n.º 10-A/2020, de 13 de março, e a Lei n.º 81/2009, de 21 de agosto, que institui um sistema de vigilância em saúde pública, e a Lei n.º 95/2019, de 4 de setembro, que aprova a lei de bases da saúde.

É certamente compreensível a tentação de alternar sucessivamente estes dois regimes, recorrendo ao regime constitucional da suspensão em situações de maior pressão sobre o sistema nacional de saúde, ou outras estruturas particularmente afetadas por uma crise, e aplicando o regime das restrições quando aquela pressão abrandar. Em Portugal foi certamente este o caso entre 2020 e 2021, apesar da inadequação de algumas das medidas previstas na legislação ordinária. Todavia, os perigos maiores contra os quais cumpre advertir consistem na tentativa de legalizar medidas adotadas no âmbito da declaração do estado de emergência, ou, pior ainda, na tentativa de constitucionalizar, através de revisão da Constituição, medidas adotadas no âmbito do estado de emergência previsto no artigo 19.º.

Este último perigo traduzir-se-ia, por exemplo, numa revisão constitucional que alterasse o artigo 27.º da Constituição de forma a incluir, entre as diversas alíneas que no seu n.º 3 preveem exceções ao princípio formulado no n.º 2 – de acordo com o qual ninguém pode ser privado da liberdade a não ser na sequência de decisão judicial –, uma alínea que previsse a «separação de pessoa de doença contagiosa grave ou relativamente à qual exista fundado receio de propagação de doença ou infeção graves, determinada pela autoridade de saúde, por decisão fundamentada, pelo tempo estritamente necessário, em caso de emergência em saúde pública, nos termos da lei»[42]. O problema desta alteração constitucional consistiria, para além da intromissão administrativa nas liberdades individuais que legitimaria, em procurar constitucionalizar diretamente uma possível concretização da declaração de emergência prevista no artigo 19.º da Constituição, estabelecendo uma indesejável confusão entre os aludidos modelos da suspensão e da restrição. E daqui resultaria ainda a seguinte situação paradoxal: uma vez que o artigo

[42] Cf. "Revisão Constitucional: Socialistas Preocupados com 'Gravidade' de Proposta sobre Novas Regras de Confinamentos", jornal *Expresso*, 10 de novembro de 2022, disponível em https://expresso.pt/politica/2022-11-10-Revisao-Constitucional-socialistas-preocupados--com-gravidade-de-proposta-sobre-novas-regras-de-confinamentos-3eedc288, último acesso em 18 de dezembro de 2022.

27.º pode ser objeto do regime de suspensão de direitos previsto no artigo 19.º, a própria medida de «separação de pessoa» seria passível de suspensão, podendo em sua substituição ser decretada uma outra medida de alcance porventura mais intrusivo nas liberdades individuais. Estaríamos aqui confrontados com uma verdadeira escalada da exceção.

O perigo da coexistência entre um regime de suspensão de direitos e um regime de mera restrição consiste ainda na tentação de usar este último como uma forma de perpetuação do primeiro, para além dos estritos limites temporais a que se encontra sujeito. Isso é já de alguma forma visível na tentativa de usar a revisão como uma forma de internalizar no regime constitucional dos direitos fundamentais as situações de emergência. Uma forma mais comum de perpetuar, ou normalizar, o regime constitucional da suspensão de direitos consiste, porém, em usar a emergência como veículo para introduzir a "exceção" enquanto condição "normal" da ordem jurídica[43].

Um exemplo da situação descrita consiste na experiência francesa na sequência dos ataques terroristas de 13 de novembro de 2015 em Paris. Logo após estes ataques, o Governo francês declarou um estado de emergência nacional ao abrigo da *Loi n.º 55-385 du 3 avril 1955, relative à l'état d'urgence*, aprovada no contexto da situação insurrecional surgida em 1954 que viria a estar na origem da guerra da Argélia e na queda da IV República francesa[44]. Posteriormente, o estado de emergência inicial foi prorrogado seis vezes, com derrogações concomitantes declaradas pela França de várias das suas obrigações sob a Convenção Europeia de Direitos Humanos e o Pacto Internacional sobre Direitos Civis e Políticos. Finalmente, em 2017, o governo francês pôs formalmente termo ao estado de emergência, ao mesmo tempo

[43] Em ambos os casos, está também em causa aquilo que Christian Kreuder-Sonnen, no seu estudo sobre os poderes de emergência das organizações internacionais, designa como o "efeito de torniquete" (*ratchet effect*), isto é, a tendência das instituições para perpetuarem medidas de emergência anteriormente adotadas em novos contextos (cf. Christian Kreuder-Sonnen, "International Organizations' Emergency Powers: Ratchet or Rollback?", December 17, 2019, disponível em https://www.e-ir.info/2019/12/17/international-organizations-emergency-powers-ratchet-or-rollback/, último acesso em 12 de janeiro de 2023.

[44] Cf. Olivier Beaud e Cécile Guérin-Bargues, *L'État d'Urgence. Étude Constitutionnelle, Historique et Critique*, Issy-les-Molineaux, LGDJ, 2016, pp. 52 ss.; Stéphanie Hennette Vauchez, *La Démocratie en État d'Urgence: Quand l'Exception Devient Permanente*, Paris, Seuil, 2022, pp. 30-31.

que transformou em lei ordinária vários dos poderes que lhe haviam sido concedidos naquele enquadramento[45].

Não se trata agora de suspender a ordem jurídica, através da introdução de uma condição de anomia, mas antes de atuar através de uma "hipernomia", isto é, de um estado de emergência permanente enquanto «modo de governo intrínseca e intensivamente jurídico»[46]. Este modo de governo prevê o estado de emergência como «uma modalidade de aplicação do Estado de Direito». De acordo com esta modalidade, figuras que antes seriam consideradas ilegais, como imposições de isolamento, buscas administrativas, vigilância do espaço público por drones, etc., deixam de o ser e passam a estar previstas na lei[47]. A mera legalização não surge, todavia, como uma salvaguarda suficiente contra a exceção, podendo antes corresponder a um modo de a perpetuar.

A condição de "hipernomia" a que se fez referência é, porventura, a manifestação mais acabada do "Estado nervoso" de que nos fala Tristan Barczak, isto é, o Estado que «substitui a lógica da realidade pela lógica da possibilidade, que, por medo constante de perder o ponto crítico da ação, age mesmo na situação normal como se estivesse em estado de emergência, procurando constantemente fontes de perigo e inimigos potenciais, que elimina os perigos antes que eles surjam, que age por precaução em vez de esperar, que luta em vez de repelir, que joga a guerra na paz»[48]. O Estado nervoso é coevo de

[45] Cf. OREN GROSS, "The Normal Exception", in Mark A. Graber, Sanford Levinson, Mark Tushnet (eds.), *Constitutional Democracy in Crisis?*, Oxford, Oxford University Press, 2018, pp. 597-602; FIONNUALA NÍ AOLÁIN e OREN GROSS, "Liberté, Égalité, Fraternité ... Sécurité", *Just Security*, November 25, 2015, disponível em https://www.justsecurity.org/27812/emergency--powers-accumulate/, ultimo acesso em 19 de dezembro de 2022; OLIVIER BEAUD e CÉCILE GUÉRIN-BARGUES, *L'État d'Urgence. Étude Constitutionnelle, Historique et Critique*, cit., pp. 150-151; STÉPHANIE HENNETTE VAUCHEZ, *La Démocratie en État d'Urgence*, cit., pp. 33 ss.; STÉPHANIE HENNETTE VAUCHEZ, MARIA KALOGIROU, NICOLAS KLAUSSER, CÉDRIC ROULHAC, SERGE SLAMA e VINCENT SOUTY, "Ce que le Contentieux Administratif Révèle de l'État d'Urgence", *Cultures & Conflits*, n.º 112, hiver 2018; pp. 35-73; PASCAL MBONGO, "Die französischen Regelungen zum Ausnahmezustand. Eine Sondierung", in Matthias Lemke (org.), *Ausnahmezustand: Theoriegeschichte – Anwendungen – Perspektiven*, Wiesbaden, Springer, 2017, pp. 129-166; ANNA-BETTINA KAISER, *Ausnahmeverfassungsrecht*, cit., pp. 255-256; ALAN GREENE, *Permanent States of Emergency and the Rule of Law: Constitutions in an Age of Crisis*, Oxford, Hart, 2018, pp. 173-174; TRISTAN BARCZAK, *Der nervöse Staat*, cit., pp. 336 ss.

[46] Cf. STÉPHANIE HENNETTE VAUCHEZ, *La Démocratie en État d'Urgence*, cit., p. 42.

[47] Cf. STÉPHANIE HENNETTE VAUCHEZ, *La Démocratie en État d'Urgence*, cit., p. 51.

[48] Cf. TRISTAN BARCZAK, *Der nervöse Staat*, cit., p. 673.

uma transformação do estado de exceção, que progressivamente, a partir de um instituto jurídico-constitucional da exceção, se converte num instituto legislado permanente[49].

A alternativa a esta condição nervosa do Estado atual procura Barczak encontrá-la no conceito de resiliência. Segundo o autor, o conceito de resiliência «enquanto princípio orientador e termo chave para o desenvolvimento da arquitetura de segurança, é usado na medida em que descreve a base de uma política de segurança em rede e integradora na qual o Estado e a sociedade estão envolvidos e é orientado para objetivos específicos de proteção da população e infraestruturas críticas contra eventos catastróficos resultantes de erro técnico ou humano, pandemias, catástrofes naturais ou atos intencionais perpetrados por agentes com antecedentes criminosos ou terroristas. Neste contexto, a resiliência é formulada como um conceito-chave tanto de forma generalizada como numa área específica (por exemplo, na forma de "ciberresiliência")»[50]. Assim, a resiliência «sinaliza o potencial para restabelecer a vida quotidiana (estado normal) após uma rutura (estado de emergência), muitas vezes de forma diferente, mas sem realizar uma mudança de regime, ou seja, mantendo as estruturas e funções básicas do sistema. No entanto, a resiliência não tem apenas uma função reativa, mas também reflete a capacidade de um sistema vulnerável de fortalecer as suas defesas e imunizar-se contra ameaças futuras, podendo assim – também no âmbito jurídico – incluir medidas preventivas, preparatórias e cautelares»[51].

Ao Estado nervoso opõe-se, assim, o Estado resiliente, que procura reagir ao endurecimento das reações do executivo às situações de perigo com a criação de resistências de "stress", em especial através do órgão legislativo[52]. Deste modo, tal como no âmbito do Estado nervoso se desenvolve o estado de exceção antecipatório[53], também o Estado resiliente desenvolve defesas contra esse fenómeno, que visam assegurar que o mesmo é apenas tolerado

[49] Cf. Tristan Barczak, *Der nervöse Staat*, cit., p. 38.

[50] Cf. Tristan Barczak, *Der nervöse Staat*, cit., p. 607.

[51] Cf. Tristan Barczak, *Der nervöse Staat*, cit., p. 609.

[52] Cf. Tristan Barczak, *Der nervöse Staat*, cit., p. 617.

[53] Segundo Barczak, o estado de exceção antecipatório reúne cumulativamente cinco características: *(i)* o reconhecimento em antecipação da existência de perigos concretos; *(ii)* a autorização para a adoção de medidas capazes de interromper o curso causal dos acontecimentos; *(iii)* a defesa de uma ameaça não usual a um bem protegido; *(iv)* a autorização para intervir em liberdades fundamentais; *(v)* a prevenção de riscos pessoais no sentido de uma distinção amigo-inimigo (cf. Tristan Barczak, *Der nervöse Staat*, cit., p. 601).

por períodos de tempo limitados e no pressuposto do mais rapidamente possível restabelecimento da situação normal. Ao assunto voltar-se-á adiante (cf. *infra*, ponto 5).

4. A distinção entre o estado de necessidade e o estado de exceção – e o perigo da ilusão da objetividade

Finalmente, cabe ainda mencionar a distinção entre estado de necessidade administrativo e estado de exceção, seja este último declarado no âmbito do regime constitucional dos estados de sítio ou de emergência, previstos no artigo 19.º da Constituição, ou no âmbito dos regimes administrativos das situações de alerta, contingência e calamidade, previstas no artigo 8.º da Lei de Bases da Proteção Civil, aprovada pela Lei n.º 27/2006, de 3 de julho, alterada pela Lei Orgânica n.º 1/2011, de 30 de novembro, e pela Lei n.º 80/2015, de 3 de agosto.

Como bem nota a este propósito Vieira de Andrade, a exceção carece de uma declaração formal, enquanto o estado de necessidade a dispensa[54]. Neste sentido, a necessidade seria um estado compulsório exigindo uma atuação desconforme com procedimentos previstos na lei e possibilitando o controlo *ex post* dessa compulsoriedade, enquanto a exceção dependeria sempre da decisão de um agente. Mas será possível distinguir de forma significativa, para além destas bases, a exceção da necessidade? O constitucionalista italiano Gaetano Azzariti procurou sustentar que a fonte de legitimação das restrições aos direitos fundamentais introduzidas no tempo da pandemia não seria «um genérico e politicamente discutível *estado de exceção*», mas «um mais rigoroso e objetivo *estado de necessidade*»[55].

As características deste estado de necessidade seriam as seguintes: *(i)* a caracterização da pandemia como «uma situação limite, não repetível»; *(ii)* a recondução da atuação dos poderes públicos a um estado de necessidade que opera com referência aos órgãos de governo num lógica não dissímil daquela que se encontra prevista no artigo 54 do Código Penal italiano e que diz respeito «à não punibilidade de quem cometeu o facto por ter estado constrangido pela necessidade de salvar-se a si ou a outros de um dano grave à pessoa»; *(iii)* a inexistência na Constituição italiana de uma «geral cláusula emergencial que expressamente autorize o governo ou outro órgão público a

[54] Cf. José Carlos Vieira de Andrade, *Lições de Direito Administrativo*, cit., p. 192.

[55] Cf. Gaetano Azzariti, "Libertá e Diritti Dopo lo Stato di Necessità", in AA. VV., *Il Mondo Dopo la Fine del Mondo*, Bari-Roma, Laterza, 2020, p. 21.

operar em derrogação dos normativos vigentes», preferindo-se em vez disso um sistema que prevê a limitação das liberdades em termos gerais por via de uma reserva de lei estabelecida para o efeito; *(iv)* a impossibilidade de esperar pela aprovação de uma lei do Parlamento que definisse um quadro no qual fosse possível limitar a circulação dos cidadãos em resultado da pandemia, o que fez com que o governo assumisse a responsabilidade política de emitir decretos com base nos quais foram limitadas as liberdades individuais; *(v)* a exclusão da possibilidade «de utilizar a excecionalidade para realizar a difícil obra de reconstrução económica e social pós-pandémica»[56].

O autor não tem, pois, ilusões de que a prática constitucional foi muito diversa daquela que resultaria da Constituição: em vez de restrições às liberdades individuais através de leis gerais, o que ocorreu foi – em face de «um Parlamento paralisado e silente, incapaz de reunir por medo do contágio, por carências nas modalidades organizativas e, sobretudo, por falta de tempo»[57] – a drástica limitação dessas liberdades com base em atos de natureza administrativa. Nesta prática constitucional, aliás, se encontra certamente a razão que Azzariti invoca para encontrar no estado de necessidade «a fonte de legitimação da atividade *extra ordinem* desenvolvida pelo Governo»[58].

A construção de Gaetano Azzariti não consegue, todavia, superar as críticas dirigidas por Agamben ao conceito de estado de necessidade. Para além disso, a sua teorização do tratamento constitucional da pandemia em Itália é, na realidade, uma confirmação da emergência como a «hora do executivo»[59], correspondente na verdade à «hora da desparlamentarização»[60].

[56] Cf. Gaetano Azzariti, "Libertá e Diritti Dopo lo Stato di Necessità", *cit.*, pp. 14, 15, 16 e 18.
[57] Cf. Gaetano Azzariti, "Libertá e Diritti Dopo lo Stato di Necessità", *cit.*, p. 18.
[58] Cf. Gaetano Azzariti, "Libertá e Diritti Dopo lo Stato di Necessità", *cit.*, p. 18.
[59] Cf. Anna-Bettina Kaiser, *Ausnahmeverfassungsrecht*, cit., pp. 30, 243; Tristan Barczak, *Der nervöse Staat*, cit., pp. 691 ss: Idem, "Die „Stunde der Exekutive". Rechtliche Kritik einer politischen Vokabel", *Recht und Politik*, Vol. 56, Iss. 4, 2020, pp. 458–468; Idem, "La Pandémie :«Heure de l'exécutif»? Regard sur le Droit d'Exception de la République Fédérale d'Allemagne", *JP BLOG*, disponível em https://blog.juspoliticum.com/2020/11/19/la-pandemie-heure-de-lexecutif-regard-sur-le-droit-dexception-de-la-republique-federale-dallemagne-par-tristan-barczak/, último acesso em 28 de dezembro de 2022; Sonja Blum, Kathrin Loer, Renate Reiter e Annette Elisabeth Töller, "Politik und Verwaltung in der Corona-Krise", *dms – der moderne staat – Zeitschrift für Public Policy, Recht und Management*, 14. Jg., Heft 2/2021, pp. 255-257, https://doi.org/10.3224/dms.v14i2.16.
[60] Cf. Tristan Barczak, *Der nervöse Staat*, cit., p. 693.

Segundo Agamben, e sem prejuízo da sua desconsideração do estado de necessidade como causa de justificação e instituto de responsabilidade[61], «a aporia máxima, contra a qual naufraga em última instância toda a teoria do estado de necessidade, respeita à própria natureza da necessidade, que os autores continuam a pensar, mais ou menos conscientemente, como uma situação objetiva. Contra esta conceção ingénua, que pressupõe uma factualidade que ela própria pôs em questão, são fáceis as críticas dos juristas que mostram como a necessidade, longe de se apresentar como um dado objetivo, implica com toda a evidência um juízo subjetivo e que obviamente apenas são necessárias e excecionais aquelas circunstâncias que forem declaradas tais». Para o autor, «a tentativa de resolver o estado de exceção no estado de necessidade choca assim com outras tantas e mais graves aporias do fenómeno que deveria explicar. Não só a necessidade se reconduz em última instância a uma decisão, como decide sobre aquilo que é, na verdade, um indecidível de facto e direito»[62].

E a verdade é que não se encontra no conceito de necessidade o cumprimento da promessa de rigor e objetividade que Azziriti parece nele encontrar, a ponto de o usar como categoria distinta do estado de exceção. Repare-se que não está em causa a possibilidade, e a necessidade, de encontrar uma base objetiva para a definição da emergência, mas apenas que essa base possa ser fornecida pelo conceito de necessidade.

5. Reflexão final – a necessária articulação entre os regimes da suspensão e da restrição de direitos, liberdades e garantias num modelo misto de emergência

Como acima se viu, ao analisar as ideias de Tristan Barczak sobre o estado de exceção antecipatório, esta figura cria em especial o risco da normalização da exceção. A sua ocorrência manifesta, com efeito, uma aporia: o estado de exceção antecipatório é «composto por leis que, no interesse da preparação para um estado de emergência no plano fático, não exigem um estado de emergência declarado para autorizar medidas excecionais particularmente intensas em termos de consequências legais. Por outras palavras, o estado

[61] Este o aspeto que se tinha em mente na crítica aflorada em Miguel Nogueira de Brito, "A Exceção no Pensamento Político e Jurídico de Carl Schmitt", *cit.*, p. 166.

[62] Cf. Giorgio Agamben, *Estado de Exceção*, cit., pp. 51-52.

de exceção antecipatório visa prevenir o estado de exceção com os meios do próprio estado de exceção»[63].

A substituição de um direito de emergência constitucional por um direito de emergência de base legal tem, pois, de lidar com a aporia decorrente de se pretender usar as medidas da emergência para evitar a respetiva declaração formal, nos termos constitucionalmente previstos. São facilmente compreensíveis, sem dúvida, as razões de ser do recurso a um direito de emergência de base legal no âmbito do ordenamento jurídico-constitucional alemão. Como nota Barczak, tendo em vista o disposto nos artigos 35, secções 2 e 3, 80a, 87a e 91 da Lei Fundamental alemã, e ainda os respetivos artigos 115a–115l, sobre o designado estado de defesa, «as aspirações constitucionais de um "estado de emergência completo" podem ser consideradas como um fracasso, sem prejuízo de a exequibilidade prática da constituição da emergência nunca ter sido testada: os perigos e desafios existenciais do presente estão noutro lugar e não podem ser combatidos com este conjunto de instrumentos. Se era necessária uma prova disso mesmo, tal ficou claro de forma alarmante com a crise do Coronavírus que começou na primavera de 2020. As restrições de longo alcance à liberdade decretadas para combatê-la, desde ordens de quarentena em casos individuais, encerramento nacional de empresas privadas e instituições públicas, até proibições gerais de reunião e manifestação, bem como proibições de contacto e recolher obrigatório, tudo ocorreu para além da emergência do direito constitucional – e, portanto, muito longe da sua sede tradicional»[64]. Tais medidas vieram, assim, confirmar o instituto de um novo direito da emergência, que, ao contrário do designado estado de defesa da Lei Fundamental, não está na constituição, mas na lei.

Sucede, porém, que o direito de emergência de base legal é, na verdade, de um ponto de vista substancial, direito administrativo de polícia: o que aí está em causa, é a proteção, prevenção e precaução de perigos. Mas se assim é, o objetivo direto do direito de emergência administrativo, que corresponde à "legiferação" (*Vergesetzlichung*) do estado de emergência, consiste necessariamente em evitar a declaração do estado de emergência constitucional. Como a este propósito nota Barczak, o que assim se procura prevenir é a ocorrência da verdadeira emergência de direito constitucional. Para poder preveni-la de forma eficaz, «a legiferação deve prognosticar a ocorrência de

[63] Cf. Tristan Barczak, *Der nervöse Staat*, cit., p. 383.

[64] Cf. Tristan Barczak, *Der nervöse Staat*, cit., p. 290.

casos excecionais – o risco da emergência –, avaliar os seus efeitos e dispor de medidas eficazes para impedir a sua ocorrência. O traço característico da legiferação é o estado de emergência antecipatório. Trata-se do estado de emergência do moderno estado preventivo e precautório, ou seja, um estado da sociedade de segurança cuja lógica funcional assenta na antecipação de todas as possíveis situações de perigo e crise. Mesmo naqueles Estados que ainda seguem a clássica separação constitucional entre situações normais e excecionais, um regime paralelo e significativamente mais eficaz de gestão de crises é estabelecido com a legiferação antecipatória»[65].

A aporia consistente em usar os meios do estado de emergência sem o decretar formalmente ocorre de forma especialmente intensa num sistema como o português, precisamente caracterizado por ser um daqueles «Estados que ainda seguem a clássica separação constitucional entre situações normais e excecionais», segundo a afirmação já citada de Barczak. Como articular neste caso o estado de emergência administrativo de base legal com o estado de emergência previsto no artigo 19.º da Constituição? Como garantir, com efeito, que o estado de emergência administrativo não corresponde à banalização, por assim dizer, das medidas de emergência cuja aplicação o artigo 19.º rodeia de especiais cautelas e sujeita a estreitos limites temporais? Não significará o artigo 19.º uma reserva constitucional de emergência, no sentido de vedar ao legislador a criação de um regime que possa ser um sucedâneo de uma declaração de emergência na forma prevista na Constituição, com intervenção não só do Parlamento, mas também do Governo e do Presidente da República? É claro que o Governo e o Presidente da República intervêm em qualquer lei através, respetivamente, da referenda e da promulgação, mas o que o modelo da suspensão de direitos exige é uma intervenção muito mais substancial do que isso, através da exigência de que nenhuma emergência pode, em concreto, ser declarada sem a intervenção e anuência dos três órgãos, como decorre dos artigos 134.º, 138.º, 161.º, alínea l), 197.º, n.º 1, alínea f), da Constituição.

Ao que acaba de ser dito acresce ainda que a igual sujeição dos casos de suspensão e de restrição de direitos às exigências do princípio da proporcionalidade e a impossibilidade de caracterizar, hoje, a suspensão de direitos, liberdades e garantias como uma paralisação temporária da sua aplicação inviabilizam uma clara diferenciação entre medidas de suspensão de direitos e

[65] Cf. TRISTAN BARCZAK, *Der nervöse Staat*, cit., p. 349.

medidas da sua mera restrição. Sem dúvida que estas últimas devem ser menos intrusivas do que aquelas, mas não se vê como assegurar que uma concreta medida restritiva de um direito não possa igualmente revestir a forma de uma medida suspensiva. Repare-se que a distinção entre os dois tipos de afetação dos direitos também dificilmente se pode hoje situar no plano da tutela do «conteúdo essencial dos preceitos constitucionais» relativos aos direitos, liberdades e garantias, a que se reporta o artigo 18.º, n.º 3, da Constituição[66].

De um ponto de vista substancial, a diferença entre suspender e restringir direitos, liberdades e garantias parece reconduzir-se ao seguinte: a compressão de um direito ao abrigo do regime de suspensão previsto no artigo 19.º da Constituição é mais intensa na medida em que o período da sua imposição é mais curto e a sua declaração impõe o envolvimento direto do Presidente da República, do Parlamento e do Governo; diversamente, a medida da compressão de um direito ao abrigo do regime de restrição previsto no artigo 18.º da Constituição terá de ser comparativamente menos intensa, considerando, desde logo, a ausência da definição constitucional de um período máximo para a sua aplicação e a base legal da sua previsão.

É nesse ponto que merece destaque a proposta desenvolvida por Barczak para o direito alemão, no sentido de contrariar o "nervosismo" presente no estado de emergência antecipatório através da "resiliência" das estruturas constitucionais (sobre estes conceitos, cf. *supra*, ponto 3), preconizando, neste contexto uma revisão constitucional no sentido de introduzir na Lei Fundamental alemã um novo artigo 80b, com a epígrafe «Preparação legislativa» (*Gesetzbereitschaft*).

O propósito desta nova disposição constitucional seria o de possibilitar, no âmbito da ordem de segurança preventiva, uma demarcação clara entre a lei permanente e a lei apenas temporariamente aplicável para evitar o perigo de indiferenciação entre a lei de polícia normal e a lei de polícia excecio-

[66] Sobre as dificuldades do conceito equivalente de «essência dos direitos fundamentais» a que alude o artigo 19, secção 2, da Lei Fundamental alemã, cf. Anna-Bettina Kaiser, *Ausnahmeverfassungsrecht*, cit., pp. 238-241; sobre o assunto, cf. ainda, Stefan Haack, "Things Will Never Be the Same Again: How the Coronavirus Pandemic is Changing the Understanding of Fundamental Rights in Germany", *Bialystok Legal Studies / Białostockie Studia Prawnicze*, Vol. 27, no. 2, 2022, pp. 84-86. Este último autor observa com acerto que «se a situação de contágio tivesse permanecido por um longo período de tempo tão difícil quanto o foi no auge da primeira e da segunda ondas de contágio, a substância jurídica do Artigo 19 (2) da Lei Fundamental poderia ter-se tornado uma miragem e teria evaporado» (cf. *ob. cit.*, p. 86).

nal, de modo que determinadas disposições, competências, ou partes destas explicitamente prevejam que sua aplicação só é permitida de acordo com o disposto em tal disposição. A ideia seria, pois, a de introduzir na constituição uma *Junktim-Klausel* vinculando a aplicação da lei em concreto a uma expressa anuência do legislador nesse sentido[67]. Por outras palavras, a intervenção do legislador não ocorre apenas no momento da feitura da lei de emergência, mas também no momento da sua aplicação.

Facilmente se compreende o alcance desta proposta para o modelo misto de emergência consagrado no ordenamento português. Em face da dificuldade em destrinçar, na prática, medidas de suspensão e medidas de restrição de direitos, o mecanismo gizado por Barczak pode constituir um modelo útil para, também no contexto do ordenamento jurídico português, assegurar a legitimidade constitucional da legislação de emergência.

[67] Cf. Tristan Barczak, *Der nervöse Staat*, cit., pp. 649-650. Neste contexto, Barczak, *ob. cit.*, pp. 651-652, propõe a introdução, em sede de revisão constitucional, de uma disposição, que corresponderia ao artigo 80b, com o seguinte texto:

> «(1) Se uma lei estadual ou federal estabelecer que certas disposições legais só podem ser aplicadas de acordo com este artigo, a sua aplicação só será permitida se o Parlamento Federal declarar que a legislação em causa está em condições de ser aplicada e as disposições legais aplicáveis estiverem em vigor no momento dessa declaração.
> (2) 1 A situação de preparação legislativa é declarada a pedido do Governo Federal com o consentimento do Conselho Federal. 2 A declaração requer uma maioria de dois terços dos votos expressos no Parlamento Federal. 3 A declaração é anunciada no Diário Oficial Federal pelo Presidente da República Federal nos termos do artigo 82. Se a publicação não for possível em tempo útil, o anúncio é feito de outro modo; a publicação deve ocorrer no Diário Oficial Federal assim que as circunstâncias o permitirem.
> (3) 1 O Parlamento Federal pode, a qualquer momento, declarar cessada a existência de condições para a aplicação da lei por meio de uma resolução a ser promulgada pelo Presidente da República Federal. 2 O Conselho Federal pode exigir que o Parlamento Federal se pronuncie sobre o assunto. 3. A cessação da existência de condições para a aplicação da lei deve ser declarada imediatamente se os pressupostos desta deixarem de se verificar. 4 A declaração da cessação de condições para a aplicação da lei é feita por maioria dos votos expressos.
> (4) 1 A aplicação de disposições legais de acordo com o parágrafo 1 deve ser avaliada após a cessação da existência de condições para essa aplicação com o envolvimento de um ou mais especialistas científicos nomeados por consenso pelo Parlamento Federal. 2 Na investigação, devem ser incluídas a frequência e os efeitos das intervenções em direitos fundamentais associadas às disposições legais nos termos do parágrafo 1 e estas devem ser relacionados com a respetiva eficácia, que pode ser demonstrada com base nos factos, tendo em vista a prevenção de uma situação de emergência interna. 3 A seleção de especialistas deve levar em consideração o critério de avaliação previsto na secção 2. 4 O resultado da avaliação deve ser comunicado através de relatório ao Parlamento Federal alemão.»

Assim, poderia ser introduzida uma disposição na Constituição, em sede de revisão, permitindo alargar o horizonte temporal de aplicação de medidas de emergência e, assim, ultrapassar a dificuldade prática em distinguir de forma clara a suspensão e a restrição e garantindo ao direito administrativo da emergência bases constitucionais claras e seguras[68]. Enquanto o artigo 19.º regula as situações de emergência declaradas com base imediata na Constituição, a eventual nova disposição constitucional, destinada a constituir a base do direito administrativo da emergência, regularia as situações de emergência reguladas na lei e, como tal, sujeitas ao regime jurídico dos direitos, liberdades e garantais. A consequência clara de qualquer legislação de emergência que o Governo pretendesse aplicar à margem desta eventual disposição constitucional seria, neste caso, a inconstitucionalidade formal, que nenhum tribunal teria dificuldade em julgar.

Em qualquer caso, torna-se claro que entre o regime da suspensão de direitos e o regime da restrição de direitos não existe uma diferença qualitativa, antes estando em causa regimes de afetação dos direitos, liberdades e garantias que se inserem numa linha contínua, desde as afetações mais graves às menos lesivas para os cidadãos. Não pode excluir-se que no extremo dessa linha contínua esteja a completa abrogação temporária de direitos, mas isso não significa que o modelo da suspensão se identifique necessariamente com ela. A profundidade da intrusão nos direitos e liberdades pode ser ordenada desde uma interferência limitada nos direitos, sem atingir o seu núcleo subs-

[68] Neste contexto, poderia fazer sentido introduzir na Constituição um novo artigo 19.º-A, sob a epígrafe «Emergência administrativa» e com o seguinte texto:

> «1. Caso uma lei estabeleça que certas suas disposições destinadas a fazer face a situações de grave perigo atual ou eminente relacionadas com eventos catastróficos resultantes de erro técnico ou humano, pandemias, catástrofes naturais ou atos intencionais perpetrados por agentes com antecedentes criminosos ou terroristas só poderão ser aplicadas de acordo com o disposto no presente artigo, a sua aplicação só será permitida se o Presidente da República declarar que as disposições em causa estão em condições de ser aplicadas e as mesmas estiverem em vigor no momento dessa declaração.
> 2. A verificação de condições para aplicação das disposições legislativas a que se refere o número anterior é declarada pelo Presidente da República mediante autorização da Assembleia da República e após audição do Governo.
> 3. O Presidente da República pode, a qualquer momento, após audição do Governo, declarar cessada a existência de condições para a aplicação das disposições legislativas a que se refere o presente artigo.
> 4. A cessação da existência de condições para a aplicação das disposições legislativas deve ser declarada imediatamente se os pressupostos destas deixarem de se verificar.
> 5. As restrições aos direitos, liberdades e garantias introduzidas pelas disposições legislativas a que se refere o presente artigo são avaliadas à luz do disposto no artigo 18.º.»

tancial, a uma interferência que afete esse mesmo núcleo, ainda que salvaguardando determinados direitos, a, finalmente, uma suspensão verdadeira e própria do direito. Assim, a interferência limitada ocorre se, por exemplo, o direito, previsto no artigo 28.°, n.° 1, da Constituição, a ser presente ao juiz no prazo de 48 horas após a detenção, para efeitos de restituição à liberdade ou imposição de medida de coação adequada, sofrer uma intervenção no sentido de o referido prazo de 48 horas ser aumentado para três ou quatro dias. Por sua vez, a interferência que afete o núcleo dos direitos é bem ilustrada pelo artigo 19.°, n.° 6, da Constituição, nos termos do qual a declaração do estado de sítio ou do estado de emergência em nenhum caso pode afetar os direitos à vida, à integridade pessoal, à identidade pessoal, à capacidade civil e à cidadania, a não retroatividade da lei criminal, o direito de defesa dos arguidos e a liberdade de consciência e de religião. Finalmente, a suspensão verdadeira e própria de um direito, ou a sua abrogação temporária, é bem ilustrada pela situação dos presos da Baía de Guantánamo, tornando-se aí até difícil avaliar em que medida poderá estar em causa uma afetação meramente temporária do direito, ou a sua obliteração pura e simples[69].

Pensa-se que a previsão constitucional da nova emergência administrativa será o caminho mais adequado a conciliar o direito constitucional de emergência, claramente desadequado em face das crises das atuais sociedades de risco, com o direito administrativo de emergência, certamente mais apto a fornecer respostas à altura de tais crises. Ao mesmo tempo, será também este o caminho mais adequado a impedir a normalização da exceção nas mãos do poder executivo. Neste sentido, a moderna emergência não é, nem pode constitucionalmente ser, a hora do executivo, assumindo-se como um instituto em que a separação de poderes continua a ser efetiva.

[69] Cf. Christian Kreuder-Sonnen, *Emergency Powers of International Organizations: Between Normalization and Containment*, Oxford, Oxford University Press, 2019, pp. 35-36.

Administração Pública e direito privado – termos de uma relação conturbada*

BERNARDO AZEVEDO

A ideia que imediatamente avulta, quando nos detemos na utilização do direito privado pela Administração, é a de uma «*nova geografia do espaço jurídico*» (S. CASSESE), que, em lugar de ser dominado por uma distinção cortante e linear entre direito público e direito privado, passa a ser predominantemente pensado a partir de uma relação dialética e de recíproca compenetração entre estes dois «ordenamentos jurídicos parciais» (*Teilrechtsordnungen*), sobretudo na perspetiva, que é a que por ora mais nos importa, da sua aplicação à Administração, e isto independentemente de esta última se prevalecer do direito privado enquanto «*processo de organização*» ou, alternativamente, enquanto «*processo de ação*» (PEDRO COSTA GONÇALVES)[1].

O que intentaremos, de seguida, é dar conta da evolução da experiência positiva que conduziu à situação atual de uma profunda miscigenação ou imbricação entre direito público e direito privado na sua aplicação à con-

* O presente estudo, mais do que um «estudo de homenagem», pretende ser, a um tempo, «testemunho de amizade», sempre silenciosa, mas nem por isso menos sentida, e «testemunho de admiração», por um pensamento singular que concorreu, decisivamente, para estabilizar em bases dogmáticas sólidas o nosso direito administrativo (substantivo e processual).

[1] V., sobre esta ideia de uma «nova geografia do espaço jurídico», S, CASSESE, Diritto privato/diritto pubblico: tradizione, mito o realtà, in G. CONTE/G. FUSARO/A. SOMMA/V. ZENO ZENCOVICH, *Dialoghi con Guido Alpa*, 2018, p. 51-56 e, do mesmo Autor, New paths for administrative law: a manifesto, in *International Journal of Constitutional Law*, 2012, pp. 603-613, questionando, no quadro de um «direito administrativo em transição», se nos defrontamos com «o fim do direito administrativo» ou com um «novo direito administrativo».
Cfr., ainda, para a contraposição da utilização do direito privado pela Administração, alternativamente, como «processo de organização» ou como «processo de ação», PEDRO COSTA GONÇALVES, *Manual de Direito Administrativo*, vol. I, 2019 pp. 126-132 e 132-135, e, por fim, genericamente sobre a relação entre a Administração e o direito privado, nas plúrimas dimensões em que a mesma se desdobra, J. C. VIEIRA DE ANDRADE, *Lições de Direito Administrativo*, 2020, pp. 83-88.

formação da organização administrativa e, bem assim, à modelação das suas formas de atuação, que passa a ser caraterizada, em máximo grau, pela «*fragmentação das facti-species*» (G. ROSSI); e, muito especialmente, estabelecer os pressupostos de legitimidade e os limites à admissibilidade do recurso pela Administração ao direito privado, bem como os impactos daí resultantes em termos do regime jurídico aplicável a estas formas de organização e de atuação, caraterizadas pelo seu «duplo estatuto de base mista de direito privado e de direito público» (*gemischt privatrechtlich-öffentlichrechtliche Doppelstatus*), de que se serve a Administração, como «*função de governo da coletividade*» (V. CERULLI IRELLI), em ordem à prossecução do interesse público[2].

Antes, porém, de darmos conta das vicissitudes por que passou esta tormentosa relação da Administração com o direito privado, seja enquanto seu modo de organização, seja enquanto sua forma de atuação, importa sublinhar que, não obstante se poder sustentar que este dualismo direito público-direito privado encerra, na atualidade, um «*valor meramente heurístico ou evocativo*» (V. CERULLI IRELLI), certo é que temos para nós que em causa está um conceito em si mesmo plausível e praticamente relevante na perspetiva de uma adequada explicação das intercorrências que se estabelecem, em cada momento, entre Sociedade e Estado, Liberdade e Autoridade e, por fim, entre Autonomia Privada e Competência e, consequentemente, com vista à definição dos «modelos de regulação» (*Regelungsmodellen*) que se devem ter por mais ajustados a disciplinar as possíveis formas de articulação recíproca entre estes dois ordenamentos jurídicos parciais[3].

[2] V., sobre o conceito de «fragmentação das facti-species», G. ROSSI, Le fattispecie miste pubblico-private: chiave di lettura e questioni di metodo, in *www.ridiam.it*, 31 de janeiro de 2023, p. 5, em que é justamente acentuado que «em grande parte das facti-species elementos publicísticos e civilísticos são variamente compostos, devendo, nestes casos, utilizar-se o critério da prevalência: a disciplina geral (pública ou civilística) aplicável é aquela do perfil prevalente; os outros [perfis] assumem carácter taxativo ou residual».

[3] V., em ordem à afirmação de que não é, atualmente, possível proceder a uma identificação precisa e cientificamente válida das categorias de direito público e direito privado V. CERULLI IRELLI, Diritto pubblico e diritto privato nella pubblica amministrazione (profili generali e costituzionali), in *Rivista Italiana per le Scienze Giuridiche*, 2016, p. 260 e, para a afirmação da plausibilidade do dualismo público-privado enquanto conceito apto para nele ancorar dois modelos alternativos de regulação, E. SCHMIDT-AßMANN, "Quod ad statum rei Romanae spectat" – Riflessioni sulla distinzione tra diritto pubblico e diritto privato, in *Diritto Amministrativo* (*Dir. Amm.*), 2017, p. 628 e, também, em Öffentliches Recht und Privatrecht: Ihre Funktionen als wechselseitige Auffangordnungen. – Enleitende Problemskizze – in W. HOF-

Originariamente, cabe enfatizá-lo, a tendência apontava, claramente, no sentido do tratamento dos poderes públicos em plano equiparado ao dos cidadãos, desde que (e sempre que) os primeiros, na sua atuação, adotassem atos jurídicos, comportamentos e operações que, na sua substância, pudessem igualmente ser perfilhados por particulares ao abrigo da respetiva autonomia privada.

Ora, tal implicava, necessariamente, que os poderes públicos se achassem subordinados, na sua atividade não exorbitante do direito comum, ao direito privado e, bem assim, à jurisdição dos tribunais comuns.

Este princípio, que passava por uma submissão global da atuação dos poderes públicos ao direito comum, sempre que a mesma fosse fisiologicamente assimilável, na sua configuração, formal e material, às relações que os privados estabeleciam entre si, era tido como uma condição necessária para garantir o respeito pelos princípios e pelas regras enformadoras do Estado de Direito e, outrossim, como forma de assegurar a igualdade perante a Lei, uma vez que tal significava que a Administração não gozava de prerrogativas especiais, no sentido de privilégios, no seu confronto com os cidadãos e, consequentemente, que a sua atividade podia ser objeto de controlo pelos tribunais.

Contudo, este estado de coisas, que assentava na ideia da «vinculação ao direito privado da Administração» (*Privatrechtsbindung der Verwaltung*) – «o Fisco utiliza o direito privado» (*Fiskus iure privato utitur*) –, enquanto forma de garantir os direitos dos cidadão, reservando-lhes um tratamento paritário nas suas relações, especialmente de matriz patrimonial, com a Administração, foi gradualmente votado ao esquecimento e isto na medida em que, com o advento do Estado Constitucional, a utilização do direito privado pela Administração começou a ser progressivamente olhada como uma forma de a mesma se subtrair às suas *específicas obrigações de direito público*, designadamente as que para a mesma decorriam dos direitos fundamentais constitucionalmente reconhecidos, e, consequentemente, como uma inadmissível «fuga para o direito privado» (*Flucht ins Privatrecht*) ou, se preferirmos olhar o fenómeno em moldes especulares, como uma «fuga do direito administra-

FMANN-RIEM/ E. SCHMIDT-AßMANN, *Öffentliches Recht und Privatrecht als wechselseitige Auffangordnungen*, 1996, pp. 15 e 19.

tivo» (*huída del derecho administrativo*), que era, na sua essência, representada como uma autêntica fuga ao Direito[4].

É neste contexto que se dá a formação de um «*sistema orgânico de disciplina da administração pública (como ação e organização), fundado sobre princípios próprios, em tudo diferenciados daqueles de direito comum*» (V. CERULLI IRELLI).

Este «*sistema orgânico de direito administrativo*» projeta-se, antes do mais, ao nível da conformação dos serviços dirigidos ao exercício da função administrativa (organização administrativa), que é «*regulada por normas publicísticas que excluem a aplicação da disciplina organizativa de direito comum*» (V. CERULLI IRELLI).

Acresce, além disso, agora na perspetiva da «ação administrativa», que esta se «passa a desenvolver de acordo com o módulo do exercício do poder (como capacidade especial) que se carateriza pelas modalidades de ação (mediante um procedimento administrativo juridicamente relevante em todos os factos e nos atos nos quais se articula), pelos atos jurídicos produtivos de efeitos nos quais se exprime (atos administrativos), disciplinados pela direito público na sua estrutura e nos seus efeitos, e sujeitos ao controlo de órgãos especificamente predispostos para o efeito (como é o caso do Tribunal de Contas) e, em sede jurisdicional, do juiz administrativo» (V. CERULLI IRELLI).

No fundo, deste «*sistema orgânico de direito administrativo*» resulta para a Administração, seja na forma como se estrutura a sua organização, seja, igualmente, no modo como se articula o exercício da sua atuação, uma subordinação tendencialmente geral a normas de direito público, na sua condição de normas cogentes postas no interesse geral e que se identificam, justamente, pela sua qualidade de normas «atributivas de poderes, isto é, de uma capacidade especial imputada a determinados sujeitos, em virtude das quais são adotados, como resultado de procedimentos normativamente disciplinados, atos jurídicos (atos administrativos ou acordos de direito público) produtivos de efeitos típicos (isto é, normativamente pré-determinados, exceto nos limitados espaços deixados à conformação do sujeito), pontualmente de caráter imperativo, e sujeitos, em ordem à tutela de terceiros, à jurisdição do juiz administrativo» (V. CERULLI IRELLI).

[4] Cfr., para esta evolução, U. STELKENS, The Public-Private Law Divide – Annual Report – 2010 -Germany, in *Ius Publicum Network Review*, 2012, pp. 3-5, e, no mesmo sentido, J.P. SCHNEIDER, The Public-Private Law divide in Germany, in M. RUFFERT, *The Public-private Law Divide: Potential for Transformation*, 2009, pp. 86-88.

Bem se pode dizer que a experiência positiva da *«grande publicização»*, a que nos vimos referindo, é primacialmente marcada pelo princípio, na formulação lapidar de CAMMEO, de que *«o direito público é o direito comum, ordinário, para as relações entre o individuo e o Estado»*, que devem, nessa exata medida, *«presumir-se reguladas pelo direito público se não houver expressa e clara razão em contrário»*.

O que presenciamos é, pois, uma clara preferência aplicativa do direito administrativo por relação ao direito privado em tudo quanto diga respeito à organização e atuação da Administração e esta configuração em termos especificamente juspublicísticos de tudo quanto toca a Administração é extensiva mesmo àqueles domínios em que, quer do ponto de vista jurídico-organizatório, quer do ponto de vista jurídico-funcional, aquela se move em contextos, como é o caso, tipicamente, da atividade de empresa, da gestão de bens do respetivo domínio privado (disponível) ou, mesmo, dos negócios auxiliares (de direito privado), que não apresentam qualquer especificidade que justifique a sua subtração aos princípios e às regras do direito comum da empresa, da propriedade e dos contratos.

Sucede que também este período de forte dominância publicística, caracterizado por V. CERULLI IRELLI como experiência positiva da *«grande publicização»*, acabou por sair fortemente perturbado pelo movimento privatizador e liberalizador que teve lugar nos anos noventa do século passado e que acabou por se projetar, ainda que não sem sinais de signo contraditório (como é o caso, ostensivo, do direito dos contratos públicos, cuja adjudicação é feita radicar, mesmo quando em causa estão contratos de direito privado, em procedimentos de seleção concorrencial de matriz claramente administrativa), nos ordenamentos jurídicos da Europa continental, sob forte influxo do direito comunitário[5].

Na verdade, assistimos, desde logo:

(i) à «pluralização das figuras subjetivas conotadas pelo uso, cada vez mais frequente, de instrumentos típicos de direito privado;
(ii) à privatização – mediante a respetiva transformação em sociedades por ações, associações ou fundações – de pré-existentes sujeitos

[5] Cfr., sobre tudo quanto imediatamente antecede, em termos paradigmáticos, V. CERULLI IRELLI, (n. 3), pp. 251-275 (a que pertencem as expressões assinaladas em texto) e, do mesmo Autor, em moldes substancialmente idênticos, *L'Amministrazione "Costituzionalizatta" e il diritto pubblico della propietà e dell'impresa*, 2019, pp. 108-147.

públicos, que operavam sobretudo nos setores da economia; e, por fim,

(iii) à abertura da Administração Pública à colaboração com particulares no quadro do exercício de funções públicas, do fornecimento de bens e serviços e da gestão de serviços públicos».

Tal ficou a dever-se a razões de diversa ordem de transcendência, e que podem ser, sinteticamente, aglutinadas do modo que segue:

(i) «os instrumentos privatísticos são considerados mais flexíveis e, por virtude de não se acharem sujeitos aos condicionamentos resultantes das específicas regras de gestão da atividade administrativa, mais capazes de responder aos princípios da eficiência e da eficácia;
(ii) as exigências de saneamento das finanças públicas, tornadas cada vez mais prementes, constrangeram os entes públicos a admitir a sua incapacidade para prosseguir, por si sós, o interesse público;
(iii) as imposições do direito comunitário, com a abertura do mercado, conduziram ao necessário respeito pelos princípios da concorrência e da não discriminação; e, por fim,
(iv) a ideia, sempre difusa, de que o agir consensual é preferível àquele autoritativo» (F. SAITTA)[6].

Este não é, porém, um processo de privatização ou de liberalização completo e acabado, que se traduza, sem mais, num retorno, puro e simples, ao direito privado, mas, antes e em contrapartida, um processo que é fundamentalmente caracterizado pela insinuação de técnicas e de instrumentos privatísticos nos interstícios da organização e da atividade administrativa, por tal forma que, quer sob o plano estrutural da organização, quer sob o plano funcional da atividade, «institutos privatísticos e institutos publicísticos passam a conviver, transformando-se reciprocamente». (V. CERULLI IRELLI)[7].

Mais: este impulso reformador, que teve lugar na sequência das privatizações e das liberalizações operadas na década de noventa do século XX e

[6] V., nestes exatos termos, F. SAITTA, Strutture e strumenti privatistici dell'azione amministrativa, in *Diritto Amministrativo*, 2016, pp. 551.

[7] Cfr., por relação à convivência entre elementos publicísticos e privatísticos, que acaba por estar na génese de um «universo compósito», V. CERULLI IRELLI, (n. 3), p. 263.

que apontava no sentido de uma preferencial submissão da Administração Pública ao direito privado, foi imediatamente contrariado por uma «*ressaca publicística*» (F. SAITTA) ou, se preferirmos, por um «*revival panpublicístico*» (V. CERULLI IRELLI), que conduziu, em larga medida, por obra do legislador, depois completada pela jurisprudência, a uma «*republicização*» de figuras subjetivas e de formas de atuação que na sua vocação originária se apresentavam de feição marcadamente privatística.

Em síntese, bem se pode dizer que a «*onda privatizadora foi absorvida pela ressaca publicística*» (F. SAITTA), o que acabou por ter tradução, designadamente, nos seguintes fenómenos:

(i) «enfatização do caráter funcionalizado da atividade administrativa ainda que desenvolvida em forma privatística;
(ii) requalificação em termos publicísticos, frequentemente de forma indevida e simplista, de sujeitos privados investidos no exercício de atividades de relevância geral; e
(iii) individualização e isolamento de segmentos de relevância geral no interior da ação de tais sujeitos» (F. SAITTA)[8].

Em face desta fenomenologia marcada por movimentos pendulares, ainda que muitas das vezes perplexos, ambíguos e, mesmo, contraditórios, de publicização-privatização-republicização das estruturas e dos instrumentos de que se serve a Administração com vista à satisfação das «finalidades jurídico-públicas (função de bem comum)» [*öffentliche-rechtliche Zweckbestimmung (Gemeinwohlfunktion)*] a que se acha adstrita, o que importa é, pois, procurar uma resposta adequada, que, ponderando os múltiplos interesses em equação, permita encontrar o ponto de justo equilíbrio entre a «renúncia ao direito administrativo» (J. C. LAGUNA DE PAZ) e o «retorno do direito administrativo» (M. SÁNCHEZ MORON)[9].

No fundo, o que se impõe, em última instância, é uma avaliação, em termos racionais, da capacidade respetiva das duas disciplinas – direito público e direito privado – para produzir, na sua aplicação à Administração, a otimi-

[8] V., assim, F. SAITTA, (n. 6), p. 555 e V. CERULLI IRELLI, (n. 3), p. 256.

[9] Cfr., rigorosamente nestes termos, J. C. LAGUNA DE PAZ, La renuncia de la Administración Pública al Derecho Administrativo, in *Revista de Administración Pública (RAP)*, 1995, pp. 201-221 e M. SÁNCHEZ MÓRON, El retorno del Derecho Adminstrativo, in *Revista de Administración Pública (RAP)*, 2018, pp. 39-66.

zação dos respetivos resultados, o que leva implicada uma «revisão orgânica das atividades de administração e das correspetivas estruturas organizativas, em termos de serviço à coletividade»; sempre no pressuposto de que «o direito privado assegura uma administração mais fluída e mais rápida e relações jurídicas mais estáveis e que o direito público (administrativo) promove uma administração mais garantística dos interesses e das expetativas legítimas de terceiros» (V. CERULLI IRELLI), sobretudo, acrescentaríamos nós, no contexto de relações jurídicas multipolares (ou poligonais)[10].

Ora, o que nos propomos, imediatamente de seguida, é alinhar uma (ainda que necessariamente breve) reflexão sobre os aspetos fundamentais a considerar na aplicação do direito privado e/ou do direito administrativo às estruturas e instrumentos de que se prevalece a Administração em ordem à prossecução do interesse público, procurando, tanto quanto possível, definir os respetivos pressupostos de legitimidade, identificar os seus limites aplicativos e especificar o regime jurídico que se deve ter por aplicável, sempre que a Administração opte, seja na conformação da sua organização, seja na modelação da sua atuação, por formas de organização ou formas de atuação de direito privado.

A este propósito, afigura-se-nos determinante, como pressuposto irrenunciável das considerações que se seguem e horizonte da respetiva inteligibilidade, operar a distinção, particularmente cara à doutrina italiana, entre «*atividade administrativa de direito privado da Administração Pública*» e «*atividade privada da Administração Pública*» (V. CERULLI IRELLI), que, como facilmente se intui, vai intencionalmente dirigida a demarcar dois domínios, na sua essência qualitativamente bem diferenciados, em que podemos situar o exercício da atividade administrativa[11].

Com efeito, enquanto no primeiro caso – atividade privada da Administração – o que temos é uma atuação de direito privado da Administração na qualidade de sujeito do ordenamento e no exercício da sua capacidade geral de direito privado (art.º 160.º do Código Civil), que se desenvolve preferencialmente de acordo com o direito comum e mediante a utilização de módulos jurídico-privatísticos, seja do ponto de vista organizatório – módulo societário –, seja do ponto de vista funcional – módulo negocial –, e em que, justamente por isso, o direito privado se oferece, ao menos tendencialmente,

[10] V., assim, V. CERULLI IRELLI, (n. 39), p. 257.

[11] Cfr., nestes precisos moldes, V. CERULLI IRELLI, (n. 3), p. 270 e, em termos que se nos afiguram substancialmente idênticos, PEDRO COSTA GONÇALVES, (n. 1), pp. 126, 132 e 135.

como direito privado sem mais, uma vez que em causa está, fundamentalmente, «*um âmbito de gestão meramente patrimonial no qual não se exprime administração em sentido substancial*» (V. Cerulli Irelli), ainda que haja sempre espaço para ponderações de caráter finalístico, atenta a funcionalização da ação administrativa, genericamente considerada, à cura concreta de interesses da coletividade;

Já no segundo caso – atividade administrativa de direito privado da Administração – o que se nos oferece é uma atuação da Administração endereçada à consecução das suas específicas missões de interesse público e em que as formas jurídico-privadas de organização (Administração em formato jurídico-privado) e de ação (Administração em formato jurídico-negocial) são utilizadas como alternativas ao «módulo do exercício do poder» por entes públicos integrados na organização administrativa com vista ao exercício de funções tipicamente administrativas, na convicção de que o direito privado também pode servir a adequada prossecução do interesse público.

Ora, torna-se por demais óbvio que se não se suscitam problemas de maior, até do ponto de vista jurídico-constitucional, à utilização do direito privado pela Administração sempre que nos confrontamos com uma sua atuação de vocação primacialmente empresarial ou até mesmo de gestão patrimonial – atividade privada da Administração – e em que a mesma se apresenta como produtora de bens e serviços para o mercado, atuando num plano de paridade com os particulares (Administração paritária), podendo mesmo equacionar-se, até por imperativo do direito comunitário, em que medida tais atividades não devem ser preferencialmente desenvolvidas de acordo com módulos jurídico-privatísticos (*preferência aplicativa do direito privado*).

Ao invés, e em contrapartida, o mesmo já não sucede, declaradamente, quando o direito privado é mobilizado em alternativa ao módulo do exercício do poder pelas autoridades públicas com vista ao desenvolvimento da atividade administrativa em sentido substancial, em que, por virtude desta imanência do interesse público, e ainda que a sua aplicação possa ser conjeturada, o mesmo se há de apresentar sempre como um direito privado especial, vale por dizer, como um «direito privado modificado» (*modifiziertes Privatrecht*) ou, para sermos mais precisos, como «direito privado administrativo» (*Verwaltungsprivatrecht*)[12].

[12] V., sobre as diversas construções dogmáticas que, no espetro do direito germânico, procuraram acomodar esta relação de sobreposição e interpenetração entre direito administrativo

Impõe-se, agora, e tendo as considerações que antecedem como imediato parâmetro de referência, determinar os pressupostos de legitimidade do recurso pela Administração a formatos jurídico-organizatórios de direito privado, sendo certo que, em face dos dados jurídico-constitucionais relevantes, se pode afirmar que a Administração, no quadro da sua «discricionariedade de organização» (*Organisationsermessen*) e sob a modalidade de uma autêntica «prerrogativa de avaliação» (*Einschätzungsprärogative*) (J. OEBBECKE), dispõe, neste domínio, e salvo casos contados, de uma tendencial «liberdade de escolha organizatória» (*organisatorische Walfreiheit*») (D. EHLERS), que é feita radicar, no entanto, numa «decisão administrativa prévia» (J. C. VIEIRA DE ANDRADE), que deve obedecer a uma lógica estrita de «otimização da decisão» (*Entscheidungsoptimierung*) (R. PITSCHAS/K. SCHOPPA)[13].

Obviamente que tudo se passa de forma claramente distinta se olharmos as coisas à luz do direito comunitário, em que é bem visível uma linha de tendência que aponta manifestamente para a «*privatização do estatuto jurídico*» (S. NICINSKI) dos entes, ainda que com participação dominante dos poderes públicos, que atuam na esfera da economia e em contexto de mercado, e que pode, no limite, levar mesmo implicada uma «*reconstrução da legitimidade do operador público*» (S. NICINSKI), nas suas vestes de ator económico em cenário concorrencial de mercado[14].

De todo o modo, a atuação deste «princípio da liberdade de escolha organizatória» (*Prinzip der organisatorischen Walfreiheit*) (R. PITSCHAS/K. SCHOPPA) é, em qualquer caso, feita depender, independentemente de nos

e direito privado, J. C. LAGUNA DE PAZ, (n. 8), pp. 208-217 e, ainda, E. SCHMIDT-AßMANN, (n. 3), pp. 632-635.

[13] Cfr., sobre esta liberdade de escolha da Administração pelo que toca às suas formas de organização, respetivamente, pela ordem assinalada em texto, J. OEBBECKE Kommunalrechtliche Voraussetzungen der wirtschaftlichen Betätitung, in T. MANN/G. PÜTTNER, *Handbuch der Kommunalen Wissenschaft und Praxis*, 2010, p. 209, DIRK EHLERS, Die Wirschaftliche Betätigung der öffentlichen Hand in der Bundesrepublik Deutschland, in *Juristen Zeitung* (*JZ*), 1990, p. 1093, R. PITSCHAS/K. SCHOPPA, Rechtsformen kommunaler Unternehmenswirtschaft, in *Die Öffentliche Verwaltung* (*DÖV*), p. 472-475 e, por fim, pelo que toca ao princípio da decisão administrativa prévia, de que, em aplicação da teoria dos dois degraus (*Zweistufentheorie*), faz depender a opção pelo recurso a formas jurídico-privadas de organização, J. C. VIEIRA DE ANDRADE, *Lições de Direito Administrativo*, (n. 1), pp. 87-88.

[14] V., neste sentido, S. NICINSKI, La transformation des établissements publics industriels e commerciaux en sociétés, in *Revue Française de Droit Administratif* (*RFDA*), 2008, pp. 35-42.

acharmos defronte da atividade administrativa de direito privado da Administração Pública ou, em alternativa, da sua atividade puramente privada, sempre que a escolha recaia em estruturas organizatórias de matriz jurídico-privada, muito particularmente em empresas públicas em forma societária, de três exigências imediatamente dedutíveis da Constituição e que presidem ao exercício, condicionando-o, desta liberdade, de princípio, de «conformação organizatória das empresas públicas» (*Organisationsgestaltung öffentliche Unternehmen*)»:

- «Estas empresas servem o cumprimento de tarefas públicas – função instrumental» (*diese Unternehmen der Erfüllung öffentlicher Aufgaben dienen – Instrumentalfunktion*);
- «O poder público dispõe de suficientes prerrogativas de ingerência a fim de poder orientar a atividade destas empresas» (*die öffentliche Hand über ausreichende Ingerenzrechte verfügt, um diese Tätigkeit der Unternehmen steuern zu können*);
- «Todas as decisões essenciais das empresas são tomadas por titulares do poder de decisão democraticamente legitimados» (*alle wesentlichen Unternehmensentscheidungen von demokratisch legitimierten Entscheidungträgern getroffen werden*) (T. MANN).

Em bom rigor, o que se pretende com este enunciado de pressupostos em que é feita repousar a legitimação, numa perspetiva jurídico-constitucional, da constituição de entes em formato de direito privado por parte da Administração, é, desde logo, que tais entes se destinem exclusivamente ao «cumprimento de fins públicos (função instrumental)» (*Erfüllung öffentlicher Zwecke (Instrumentalfunktion*), além disso, e justamente para garantir que estes entes administrativos de direito privado se encontram especificamente adstritos ao desenvolvimento da tarefas públicas, impende sobre a Administração um verdadeiro «dever de dirigir/orientar e influenciar (dever de ingerência)» (*Verpflichtung zur Steuerung und Einwirkung – Ingerenzpflicht)*) a respetiva atuação em ordem à consecução das finalidades de interesse coletivo que determinaram a respetiva instituição e, por fim, importa, ainda, que cumpram com as «exigências do princípio democrático» (*Anforderungen des Demokratieprinzips*), mormente que os titulares dos respetivos órgãos sociais se inscrevam numa «cadeia de legitimação» (*Legitimationskette*) democrática, o que implica que a respetiva designação seja feita, de forma direta ou indireta, pelos titulares do poder político democraticamente eleitos (T. MANN)[15].

Além disso, e até na medida em que a escolha da forma de organização se precipita, não raro, no exercício de uma verdadeira «liberdade de escolha do regime» (*Regimewahlfreiheit*) (M. BURGI) jurídico que lhes é aplicável, tal opção dos poderes públicos pelo exercício da respetiva atividade mediante o recurso a entidades administrativas privadas é feita descansar numa «reserva de lei em sentido institucional ou organizatório» (*institutionellen (organisatorischen) Gesetzesvorbehalt*) (D. EHLERS/T. MANN), a ponto de nos podermos interrogar, atualmente, com fundadas razões, se, e em que medida, não está definitivamente comprometida a capacidade geral de direito privado da Administração enquanto sujeito do ordenamento, porquanto, mesmo para a participação no tráfego económico, a instituição de entidades administrativas não deixa de repousar numa norma de competência[16].

[15] Cfr., exatamente assim, aprofundando uma linha de construção dogmática largamente partilhada no quadro doutrinário germânico, e que se apresenta como igualmente válida (diríamos, até, por maioria de razão) para os entes de direito privado, detidos por entidades públicas, de substrato associativo ou fundacional, T. MANN, Der Staat als Aktionär – Öfentlich-rechtliche Besonderheiten in Deutschland, in S. KALSS/H. FLEISCHER/H.-U. VOGT, *Der Staat als Aktionär*, 2019, pp. 42-47.

[16] V., para a questão da «liberdade de escolha do regime», M. BURGI, Die Kontrolle öffentlicher Unternehmen in Deutschland, in ARNO SCHERZBERG/OSMAN CAN/ILYAS DOGAN, *Das Recht der öffentlichen Unternehmen und der öffentlich-rechtlichen Banken*, 2011, p. 48 e, para a «reserva de lei em sentido institucional ou organizatório», T. MANN, *Die öffentlich-rechtliche Gesellschaft (Zur Fortentwicklung des Rechtsformenspektrums für öffentliche Unternehmen)*, 2002, pp. 74-80 e D. EHLERS, *Empfiehlt es sich, das Recht der öffentlichen Unternehmen im Spannungsfeld von öffentlichem Auftrag und Wettbewerb national und gemeinschaftsrechtlich neu zu regeln?*, 2002, pp. E 46-E 48. Cfr., por fim, para a discussão, na doutrina italiana, da subsistência, ou não, de uma capacidade jurídica geral de direito privado da Administração, em face das sucessivas investidas do legislador, que culminaram com a aprovação do «*Testo unico in materia di società a partecipazione pubblica*» (Decreto Legislativo 19 de agosto 2016, n. 175) e de que parece resultar, nos termos dos n.os 1 e 2, do respetivo art.º 4.º, um duplo vínculo, de escopo e de objeto, à constituição de sociedades dominantemente participadas pelos poderes públicos, A. MAZZONI, Limiti legali alle partecipazioni societarie di enti pubblici e obblighi correlati di dismissione: misure contingenti o scelta di sistema, in C. IBBA/M. CHIARA MALAGUTI/A. MAZZONI, *Le Società "Pubbliche"*, 2011, pp. 57-108, bem como C. IBBA, Dall'ascesa al declino delle partecipazioni pubbliche, in *Il partenariato pubblico-privato – modelli e strumenti* (a cura di G. CERRINA FERRONI), 2011, pp. 87-98, que votam claramente no sentido de uma clara «mutação de orientação», por força da qual o «princípio ordenador na matéria deveria ser já não aquele da liberdade – *rectius*, da capacidade geral do ente público para assumir a qualidade de sócio (...) –, mas sim

Já pelo que se refere aos limites que conhece a constituição de entidades de direito privado – entidades administrativas privadas – pela Administração tendo por escopo a satisfação de necessidades coletivas, dúvidas não restam que a individualização de tais limites se encontra intimamente conexionada com o tipo de atividade exercida, isto é, se em equação está a pura atividade privada da Administração ou, ao invés, a sua atividade administrativa, ainda que desenvolvida sob a égide do direito privado.

Pelo que toca à primeira – atividade privada da Administração Pública –, a questão que sobretudo se suscita, e que se apresenta de resolução bastante problemática, até por força das coordenadas definidas pelo direito comunitário em tudo o que tange à intervenção dos poderes públicos na esfera da economia e do mercado, em particular em virtude da prevalência, neste domínio, do critério do «*investidor privado racional numa economia de mercado*» e da tendencial equiparação entre empresas públicas e empresas privadas, passa por determinar até que ponto as entidades jurídico-privadas em mão pública, sobretudo se em formato societário, têm de estar imperativamente vocacionadas, no sentido de instrumentalizadas, para o cumprimento de uma «finalidade orientada para o bem comum» (*gemeinwohlorienterte Zielsetzung*) (R. Wendt), que não se pode quedar, em caso algum, por uma simples intencionalidade de «maximização do lucro» (*Gewinnmaximierung*) (T. Mann), até porque o «fim lucrativo, enquanto tal, não representa um fim público» (*Gewinnerzielung als solche keinen öffentlichen Zweck darstellt*) (J. Oebbecke), ou se, em contrapartida, sob pena de o recurso ao módulo societário se volver numa «fórmula insincera» e, mais do que isso, em «*módulo organiza-*

aquele oposto da preclusão da utilização da forma societária, ressalvadas as limitadas exceções pré-determinadas por lei» (A. Mazzoni).
Em sentido contrário, porém, S. Valaguzza, Le società a partecipazione pubblica al cospetto della giurisdizione contabile, in *Rivista della Corte dei Conti* (www.rivistacorteconti.it), 2013, pp. 1-6 e, bem mais desenvolvidamente, *Società miste a partecipazione comunale (ammissibilità e ambiti)*, 2012, p. 52-157 e, para a revisitação do tema já à luz do Testo unico, A. Maltoni, Il testo unico sulle società a partecipazione pubblica e i limiti alla capacità di agire di diritto privato della P.A., in *Il Diritto Amministrativo in Trasformazione* (per approfondire) (*a cura* di Nino Longobardii), 2016, pp. 189-220.
Por fim, entre nós, identificando, a este propósito, um «*princípio da legalidade da criação de entidades privadas da Administração*», Pedro Costa Gonçalves, (n. 1), p. 131

tivo neutral» (M. Grazia Della Scala), as mesmas devem aspirar à máxima lucratividade enquanto sua finalidade inerente[17].

Ainda que a questão não se ofereça de simples resposta, tudo aponta no sentido de que se, por um lado, a presença dos poderes públicos no mercado e no tráfego económico não pode obedecer a uma simples pulsão de máxima rentabilização financeira das empresas com participação pública dominante, vale por dizer, de otimização da sua natural projeção lucrativa, devendo tal intervenção económica na esfera do mercado, de uma forma ou de outra, encontrar-se adstrita à consecução de finalidades orientadas para o bem comum; certo é, por outro lado, que, sob pena de irremediável neutralização e, mais do que isso, desnaturação do módulo societário, tais empresas, enquanto sociedades de mercado, devem, na sua atuação, ir finalizadas à produção de riqueza (lucro objetivo), ainda que o mesmo não tenha de ser necessariamente distribuído, sob a forma de dividendos, pelos sócios (lucro subjetivo), uma vez que, caso assim não seja, o que se estará a promover é, afinal, uma sibilina operação de mutação causal destas empresas, alcandorando o seu fim público de objeto social a sua causa social típica e degradando o seu imanente escopo de lucro (ainda que objetivo) à simples condição de interesse contingente e puramente eventual a prosseguir por estas entidades.

[17] V., de acordo com a primeira linha de entendimento, claramente prevalecente no espaço dogmático alemão, R. Wendt, Rechtschutz privater konkurrenten gegen wirtschaftliche Betätigungen der Gemeinden, p. 89; T. Mann, Kapitalgesellschaften, p. 212 e J. Oebbecke, Kommunalrechtliche Voraussetzungen der wirtschaftlichen Betätigung, p. 68, todos em T. Mann/G. Püttner, *Handbuch der Kommunalen Wissenschaft und Praxis*, 2010.
Em contrapartida, com argumentos que persuadem (independentemente de se partilharem ou não os respetivos pressupostos político-filosóficos de base), para a ideia de que não pode haver lugar, em caso algum, ao crepúsculo do escopo lucrativo nas sociedades participadas por entes públicos, sob pena de sua irremediável desnaturação, F. Goisis, Il problema della natura e della lucratività delle società in mano pubblica alla luce dei più recente sviluppi dell'ordenamento nazionale ed europeo, in *Il Diritto dell'Economia*, 2013, pp. 41-89 e, bem mais recentemente, reforçando este entendimento já depois da aprovação do *Testo unico in matéria di società a partecipazione pubblica*, igualmente F. Goisis, L'ente pubblico come investitore privato razionale: natura e lucratività delle società in mano pubblica nel nuovo Testo unico sulle partecipate, in *Il Diritto dell'Economia*, 2017, pp. 1-26.
Por fim, para a conceção das sociedades em mão pública como «módulo organizativo neutral» capazes, a um tempo, de prosseguir a finalidade lucrativa que lhe é conatural ou, em alternativa, o interesse público, M. Grazia Della Scala, Le società legali pubbliche, in *Diritto Amministrativo (Dir. Amm.)*, 2005, p. 409.

Tudo se passa em termos substancialmente distintos quando em causa está o desenvolvimento pela Administração da sua atividade administrativa de direito privado e aí, ainda que se transija com uma clara cisão entre «tarefa (atividade) estatal e modus (atividade empresarial)» [*Aufgabe (Statstätigkeit) und Modus (unternehmerische Betätigung)*] (M. BURGI), em que nem a tarefa compromete a natureza jurídico-privada da forma de organização perfilhada (caso a opção recaia por um dos tipos organizacionais predispostos pelo direito comum), nem o *modus* prejudica a matriz jurídico-pública da atividade desenvolvida, a verdade é que, até por uma questão de coerência sistémica, há que ter o cuidado de não fazer que essa escolha penda, sob pena de inadmissível «abuso ou perversão das formas jurídicas» (*Formenmißbrauch*), no sentido da adoção de formatos jurídico-organizatórios de direito privado, sempre que em equação esteja, exclusivamente, a realização de funções típica e substancialmente administrativas a que convenha, por definição, o módulo do exercício do poder[18].

No fundo, do que se trata é de obviar, em homenagem ao «*princípio da congruência entre a forma jurídica de uma entidade e o direito aplicável*» (PEDRO COSTA GONÇALVES) ou, o que vale por dizer o mesmo, com vista a assegurar o indefetível «*nexo de razoabilidade entre o escopo prosseguido e a organização incumbida da sua realização*» (F. MERUSI), a que tal opção mais não represente do que um mero artificio jurídico utilizado em ordem a proporcionar à Administração as vantagens da liberdade e os privilégios do poder, subtraindo-se, assim, por via do recurso a um invólucro (vazio) de direito privado, ilegitimamente, aos vínculos e aos controlos postos pelo direito administrativo[19].

Claro está que não se ignora, antes se pressupõe, que «a interferência do direito privado com a disciplina publicística é praticamente coeva à formação do sistema administrativo» (F. SAITTA) e que, justamente por essa razão, «a síntese perfeita entre estrutura e função, entre a natureza do sujeito e o regime da atividade, foi sempre mais ideal do que real, tal como, aliás, a rígida separação entre direito público e direito privado» (P. CHIRULLI); não obstante, e pese embora não subsistir qualquer contraste ontológico insa-

[18] Cfr., assim, M. BURGI, (n. 16), p. 52.

[19] V., para este princípio de necessária congruência entre a forma de organização utilizada e o regime de direito material que se deve ter por aplicável à respetiva organização e funcionamento internos e à sua atuação, PEDRO COSTA GONÇALVES, (n. 1), p. 138 e, bem assim, F. MERUSI, La privatizzazione per fondazione: tra pubblico e privato, in *Diritto Amministrativo (Dir. Amm.)*, 2004, pp. 456-457.

nável ou, se preferirmos, qualquer intrínseca inidoneidade estrutural dos módulos de direito privado para servir, em termos adequados, a prossecução do interesse público, certo é que tal fenómeno tem de ser necessariamente contido dentro dos limites do razoável, sendo por isso de repudiar as múltiplas tentativas que se traduzem na mobilização de formas jurídico-organizatórias especificamente de direito privado, como é tantas vezes o caso da instituição, por obra do próprio legislador, de «sociedades públicas legais», tendo por fim o cumprimento exclusivo de funções administrativas[20].

Até na medida em que tal exercício leva normalmente coenvolvido todo um arranjo institucional e substancial capaz, por um lado, de as sujeitar às regras e aos princípios especificamente associados ao exercício da função administrativa (*«direito privado administrativo»*) e, por outro, de ajustar a sua estrutura orgânica e funcional à consecução das finalidades de interesse coletivo a que vai endereçada a sua atuação (*«direito societário administrativo»*), o que temos, em derradeira instância, são *«sociedades-quase administração»* ou *«entes públicos em forma societária»*, que, atenta a sua sujeição à rigidez própria dos *«modelos organizativos publicísticos»* (V. Cerulli Irelli), pouco préstimo apresentam em ordem à pretendida flexibilização do exercício da atividade administrativa, uma vez que o direito privado só marginalmente se revela capaz de incidir na sua organização e nas correlativas modalidades de ação[21].

Ora, tal solução acaba por estar na génese de um fenómeno que apenas pode ser qualificado como anómalo, para não dizer mesmo patológico, porquanto, olhando à fisionomia específica destas entidades administrativas de direito privado, o que imediatamente sobressai é que de privado apenas preservam a forma, sendo, em tudo o mais, reguladas pelo direito público, o que significa que o desígnio que está por detrás da sua constituição é, a mais

[20] Cfr., assim, F. Saitta, (n. 6), p. 552 e, bem assim, P. Cirulli [*apud* F. Saitta, (n. 6), p. 552], *Autonomia pubblica e diritto privato nell'amministrazione. Dalla specialità del soggetto alla rilevanza della funzione*, 2005, p. 578.

[21] V., para esta distinção, muito comum na dogmática italiana, entre sociedades-empresa e sociedades administração ou quase-administração, designadamente, M. Clarich, Società di mercato e quasi-amministrazioni, in *Diritto Amministrativo (Dir. Amm.)*, 2009, pp. 253-265, depois retomado, no essencial, em Le società partecipate dallo Stato e dagli enti locali fra diritto pubblico e diritto privato, in *Le Società a partecipazione pubblica* (*a cura di* Fabrizio Guerrera), 2010, pp. 1-12, bem como, reassuntivamente, M. Grazia Della Scala, Le società a partecipazione statale – "società-imprese" ed enti pubblici in forma societária – profili di disciplina applicabile (Report Annuale -2013 – Italia), in *Ius Publicum Network Review*, 2013, pp. 1-60.

das vezes, uma simples fuga aos vínculos em matéria de despesa pública, de assunção de pessoal e de contratação pública que são postos por lei em ordem à tutela dos interesses da coletividade.

Em contrapartida, já faz todo o sentido que, em ordem a atuar esta sua vocação material para servir o interesse geral, a Administração Pública se sirva de formas jurídico-privadas de organização, mesmo quando em equação esteja a execução das suas específicas missões de interesse coletivo, conquanto as mesmas se prestem, com vantagem, a uma sua organização em forma jurídico-privada (*maxime*, empresarial), conforme sucede, tipicamente, com os serviços públicos de interesse económico geral, com a gestão de bens do respetivo domínio privado, com a atribuição de subvenções, com a utilização de equipamentos coletivos e, por fim, com os negócios auxiliares de direito privado (entretanto objeto de uma operação de completa *administrativização,* desde logo, por impulso do direito comunitário, e, no nosso caso, de forma ainda mais radical, por parte do legislador nacional, seja do ponto de vista dos procedimentos públicos de seleção concorrencial tendentes à respetiva adjudicação, seja na perspetiva do regime da sua execução, em especial das normas postas em ordem a regular a sua modificação e extinção).

Obviamente que, no contexto de um «*Estado cooperativo*» (E. SCHMIDT AßMANN), nada obsta, exceto nas situações em que tal possibilidade se ache expressamente afastada (leia-se, vedada) pela Constituição (ou, sendo caso disso, pelo próprio legislador ordinário), que o exercício da atividade administrativa em sentido estrito, mais do que devolvido a entidades administrativas de direito privado (*Administração Pública em forma privada*), seja, mesmo, delegado ou concessionado em sujeitos de direito privado *tout court* (*Administração Pública delegada ou concessionada*) (PEDRO COSTA GONÇALVES), que são, deste modo, convocados a participar no exercício da atividade administrativa, enquanto função de governo da coletividade, justamente nessa sua qualidade, isto é, na sua condição de pessoas coletivas de direito privado[22].

Tal quer necessariamente significar que, a este propósito, as questões que primariamente se levantam não têm que ver com a incorporação pela Administração Pública de estruturas de direito privado no seu seio,

[22] Cfr. sobre a ideia de Estado Cooperativo, em termos meramente alusivos, E. SCHMIDT-AßMANN, "*Quod ad statum rei Romanae spectat*" – Riflessioni sulla distinzione tra diritto pubblico e diritto privato, in *Diritto Amministrativo* (*Dir. Amm.*), 2017, p. 628 e para a distinção entre «Administração pública em forma privada» e «Administração Pública delegada ou concessionada», PEDRO COSTA GONÇALVES, (n. 1), pp. 128 e 137.

mas, antes e em alternativa, com o regime jurídico aplicável à atuação que, mediante um prévio ato de investidura pública, estas entidades de direito privado levam a cabo em prol da satisfação do bem comum (questão de que trataremos adiante) e isto porquanto estas últimas não integram, decididamente, a «*Administração Pública em sentido orgânico*», mas, tão só, numa sua aceção ampla, a «*Administração Pública em sentido funcional*» (Pedro Costa Gonçalves)[23].

Cabe, agora, que nos detenhamos sobre o regime jurídico aplicável à atuação (e também à organização) destas entidades de direito privado organicamente incorporadas na Administração Pública (*Administração Pública em forma privada*), mas, também, às entidades de direito privado em que é delegado ou concessionado o exercício de funções públicas administrativas (*Administração Pública em sentido funcional*), sobretudo sempre que a determinação da disciplina jurídica pública ou privada da sua organização e atuação não seja objeto de expressa regulação pelo legislador ou não vá nela já pressuposta.

Também aqui ganha especial acuidade a distinção entre «atividade privada da Administração Pública» e «atividade administrativa privada da Administração Pública», dado que se na primeira, em virtude de se achar fundamentalmente em causa uma intervenção económica dos poderes públicos, em contexto de mercado concorrencial, no exercício da sua "liberdade" de iniciativa económica pública, a aplicação do direito privado sai fundamentalmente intocada nas suas coordenadas vertebradoras; já na segunda, em razão de nos confrontarmos com a cura concreta de interesses coletivos, ainda que por via do recurso ao direito privado, no que esta tem de mais essencial, uma vez que nos movemos no quadro da concretização pela Administração das específicas missões de interesse público em que se acha investida pelo ordenamento, o que assistimos é a uma significativa infiltração de elementos publicísticos nas formas de atuação de direito privado selecionadas pela Administração em ordem à realização do bem comum, o que está, necessariamente, na génese da aplicação, pela mesma, de um direito privado modificado, *id est*, de um *direito privado administrativo*.

[23] V., igualmente, sobre estes conceitos, Pedro Costa Gonçalves, (n. 1), pp. 439-442 e, especialmente, pp. 733-744, bem como genericamente sobre os pressupostos de admissibilidade e os limites à «Administração Pública por privados» (*Öfentlich Verwaltung durch Private*), J. C. Vieira de Andrade, (n. 1), pp. 87-88.

Claro está que, mesmo quando nos situamos ao nível da intervenção na economia por parte dos poderes públicos, a ser atuada, preferencialmente, pela adoção do «*módulo societário*», devidamente articulada com a utilização do «*módulo negocial*», não deixa de ser ainda assim equacionável, por força da atuação de uma «cláusula de vinculação ao fim» (*Zweckbindungklausel*), que obriga a uma «programação finalística» (*Zweckprogrammierung*) da atividade destes entes administrativos privados capaz de garantir a «observância dos fins públicos» (*Wahrnehmung öffentlicher Zwecke*) (T. MANN) a que se encontram adstritos, não apenas uma modelação da sua organização de acordo com um «direito societário administrativo» (*Verwaltungsgesellschaftsrecht*), que «opera por via de uma não escrita sobreposição e modificação jurídico-pública do direito societário comum» (*ungeschriebene öffentlich-rechtliche Überlagerung und Modifikation des Gesellschaftsrechts eintritt*) (T. MANN), como, igualmente, a conformação da sua ação em obediência a um mínimo incomprimível de regras de direito administrativo, materializadas, designadamente, na sua vinculação aos princípios gerais da atividade administrativa, que acabam por dar expressão a uma sua sujeição, ainda que atenuada, a um *direito privado administrativo* (art.º 2.º, n.º 3, do Código do Procedimento Administrativo)[24].

Esta permeabilidade à penetração de vinculações jurídico-publicísticas é, contudo, substancialmente agravada quando nos confrontamos com a atividade administrativa privada da Administração e isto ainda que lhe convenha o respetivo exercício sob forma societária e mediante o emprego de formas de atuação de direito privado, conforme sucede, designadamente, com os serviços públicos económicos, com a gestão de bens do domínio privado da

[24] Cfr., sobre este postulado de vinculação dos entes privados em mão pública à necessária consecução de finalidades de bem comum, o que levaria inexoravelmente implicado, não apenas que cumprissem uma «função instrumental», mas, igualmente, que as disposições de direito societário comum, sempre que revestissem formato societário, tivessem de forçosamente ceder ante as exigências de interesse público associadas à respetiva criação, o que estaria na génese de um «direito societário administrativo» (*Verwaltungsgesellschaftsrecht*), que, ao invés do «direito privado administrativo» (*Verwaltungsprivatrecht*), que se caracteriza sobretudo como direito de sobreposição ou justaposição, operaria com força derrogatória da disciplina societária de direito comum, D. EHLERS, (n. 16), pp. E 33-E 37 e T. MANN, (n. 15), pp. 51-52, bem como, mais desenvolvidamente, do mesmo Autor, a propósito do direito societário administrativo na sua contraposição ao direito privado administrativo, Kritik am Konzept des Verwaltungsgesellschaftsrecht, in *Die Verwaltung*, 2002, pp. 463-489.

Administração, com a atribuição de subvenções ou, ainda, com a utilização de equipamentos coletivos.

Na verdade, não obstante a vocação imanente destes setores de atividade (administrativa) para obedecerem a uma gestão posta a cargo de estruturas organizativas de direito privado e por via do recurso preferencial a formas de atuação igualmente jurídico-privadas, não deixa, ainda assim, em virtude de em causa estar «*administração em sentido substancial*», de ser este um direito privado substancialmente modificado por força da sobreposição à disciplina pelo mesmo ditada das regras e princípios de direito administrativo que especificamente regulam estes domínios de atuação reservados à Administração, o que conduz, necessariamente, a que, também aqui, predomine a aplicação de um direito privado administrativo, só que, neste caso, em sentido reforçado.

Em contrapartida, sempre que em equação esteja o desempenho de tarefas públicas administrativas por particulares (ou, mesmo, por entidades administrativas de direito privado), que reclamam, em ordem à sua cabal prossecução, o emprego do «módulo do exercício do poder», recobra todo o seu vigor a «assimetria entre liberdade e competência (*Kompetenz*)» (E. Schmidt-Aßmann), devendo, nestes casos, e sem prejuízo da sujeição de segmentos isolados da atuação destas entidades ao direito privado, ser dada prevalência ao direito administrativo enquanto disciplina globalmente aplicável à componente da sua atividade traduzida no «*exercício de poderes públicos ou regulada de modo específico por disposições de direito administrativo*» (art.º 2.º, n.º 1, do Código do Procedimento Administrativo), na justa medida em que «no âmbito da Administração Pública não são configuráveis nem poderes de direito comum, nem, tão pouco, autonomia privada» (F. G. Scocca)[25].

[25] V., nestes termos, para a natural assimetria entre liberdade e competência, E. Schmidt-Aßmann, "*Quod ad statum rei Romanae spectat*" – Riflessioni sulla distinzione tra diritto pubblico e diritto privato, in *Diritto Amministrativo* (*Dir. Amm.*), 2017, p. 626, e isto na medida em que «enquanto o cidadão age no exercício das suas elementares liberdades, o Estado age, ao invés, no exercício das suas atribuições legais».
Por sua vez, para a afirmação, contundente, de que no âmbito da administração pública não subsistem poderes de direito comum, nem há, tão pouco, espaço para o exercício da autonomia privada, F. G. Scocca, Autorità e consenso, in *Diritto Amministrativo* (*Dir. Amm.*), 2002, pp. 431 e ss. e, especialmente, pp. 451 e ss.
A terminar, pelo que toca especificamente ao adequado alcance a emprestar ao disposto no art.º 2.º, n.º 1, do Código do Procedimento Administrativo, profusamente, Pedro Costa Gonçalves, (n. 1), pp. 139-143 e para a disposição, formulada em termos radicalmente dis-

Assim, e de harmonia com o *princípio de «liberdade de escolha limitada»* (J. C. Vieira de Andrade) das respetivas formas de organização (e, até certo ponto, de atuação) por parte da Administração, bem se pode afirmar que, sempre que a opção recaia sobre formas jurídico-privadas de organização ou, mesmo, sobre a delegação ou concessão do exercício de funções públicas administrativas em sujeitos de direito privado, o que imediatamente se impõe, seja no plano organizativo, seja no plano da respetiva atuação, em razão, justamente, de nos acharmos em presença de sujeitos privados, é *«a regra da privaticidade do direito aplicável por entidades de natureza privada»* (Pedro Costa Gonçalves)[26].

Contudo, e pese embora esta regra, não deixa, ainda assim, de se desenhar um formato de gradações múltiplas, que oscila, à imagem de um pêndulo, entre os polos de uma aplicação do direito privado no seu estado (quase) puro – atividade de empresa de entidades administrativas em formato societário –, até ao polo, oposto, de uma aplicação do direito administrativo no seu estado igualmente (quase) puro – desempenho de funções administrativas por sujeitos privados de acordo com o módulo do exercício do poder –, passando por momentos (ou estádios) intermédios de profunda miscigenação entre direito privado e direito administrativo, conforme sucede com o exercício, pela Administração, das suas missões públicas de matriz económico-patrimonial, em que se abre espaço para a articulação, com vantagem, entre módulo societário e módulo negocial, ainda que com respeito pelas disposições de direito administrativo que regulam de modo específico esses segmentos da atividade administrativa.

O que tudo converge no sentido de que, ultrapassada que está a «grande dicotomia» (N. Bobbio) entre direito público (administrativo) e direito pri-

tintos, mas cuja intencionalidade jurídico-normativa não se afasta substancialmente da subjacente ao art.º 2.º, n.º 1, do nosso Código do Procedimento Administrativo, da Lei do procedimento administrativo italiana, em cujo artigo 1-bis se determina que *«A Administração Pública, na adoção de atos de natureza não autoritativa, age de acordo com o direito privado, salvo se a lei dispuser diversamente»*, G. Napolitano, L'attività amministrativa e il diritto privato, in *Giornale di Diritto Amministrativo (GDA)*, 2005, pp. 481-487 e V. Cerulli Irelli, *L'Amministrazione "Costituzionalizatta" e il diritto pubblico della propietà e dell'impresa*, 2019, pp. 119-127.

[26] Cfr., respetivamente, sobre o princípio da liberdade de escolha limitada de que dispõe a Administração, no quadro da privatização formal das suas estruturas organizativas, J. C. Vieira de Andrade, (n. 1), p. 87, e sobre a regra da privaticidade do direito aplicável à organização, funcionamento e atuação de entidades de natureza jurídico-privada, Pedro Costa Gonçalves, (n. 1), p. 138.

vado, que emergem, na atualidade, na sua condição, fundamental, de «ordenamentos de interseção recíproca» (*wechselseitige Auffangordnungen*) (W. Hoffman-Riem/E. Schmidt-Aßmann), se mantém, contudo, e no essencial, válida a ideia de que «*Publicum ius est quod ad statum rei Romanae spectat, privatum quod ad singulorum utilitatem*», que permite, tomando por base este dualismo tendencial direito público-direito privado, e sempre de acordo com uma lógica de razoabilidade e de proporcionalidade, delinear esquemas de organização e regimes de atuação que se ajustem, em cada caso, às necessidades específicas de interesse público que à Administração incumbe prosseguir, na condição, que lhe é inerente, de instrumento ordenado a um princípio de função ou, o que vale por dizer o mesmo, na qualidade que lhe é privativa de «função de governo da coletividade»[27].

Ponto é, no entanto, que não se esqueça, em momento algum, a lúcida (e séria) advertência de G. OPPO, em particular num momento claramente marcado pelo avanço do direito administrativo, quer à escala dos ordenamentos jurídicos nacionais, quer, em certa medida, à própria escala do ordenamento jurídico comunitário:

[27] V., no sentido da superação desta «grande dicotomia», N. Bobbio, La grande dicotomia pubblico/privato, in *Stato, governo, società. Per una teoria generale della politica*, 1985, pp. 3 e ss [*apud* F. Saitta, (n. 6), p. 559]
Cfr., assim, E. Schmidt-Aßmann, Öffentliches Recht und Privatrecht: Ihre Funktionen als wechselseitige Auffangordnungen. – Enleitende Problemskizze e W. Hoffmann-Riem, Öffentliches Recht und Privatrecht als wechselseitige Auffangordnungen – Systematisierung und Entwicklungsperspektiven, in Hoffmann-Riem/ E. Schmidt-Aßmann, *Öffentliches Recht und Privatrecht als wechselseitige Auffangordnungen*, 1996, respetivamente, pp. 7-40 e 261-336, bem como, para uma reflexão crítica, Giacomo Delledonne, La distinzione tra Privatrecht e Öffentliches Recht nel dibattito Tedesco, in *Il declino della distinzione tra diritto pubblico e diritto privato* (a cura di G. A. Benacchio/M. Graziadei), 2015, antes de pp. 74-76, que acentua que não se trata, pelo que toca às relações que intercedem entre direito público e direito privado, de uma mais ou menos causal «cumulação» (*Kumulation*), mas, antes e ao invés, de uma «recíproca harmonização» (*wechselseitige Abstimmung*), que torna possível, de acordo com as circunstâncias e as necessidades em cada caso sentidas, a utilização dos efeitos substitutivos e complementares de cada um destes ordenamentos jurídicos parciais (*Teilrechtsordnung*)». V., por fim, para a expressão do *Corpus Iuris Civilis* usada em texto, E. Schmidt-Aßmann, "Quod ad statum rei Romanae spectat" – Riflessioni sulla distinzione tra diritto pubblico e diritto privato, in *Diritto Amministrativo* (*Dir. Amm.*), 2017, p. 625-626, explicitando que «o conceiro de *statum rei Romanae* significa aí *res publica*», no sentido, justamente, de que o «direito público se ocupa da *res publica*».

«O interesse público pode servir-se do direito privado, mas não pode pedir ao direito privado mais do que este lhe pode dar e deve aceitar do direito privado aquilo que lhe é essencial. Certo, a lei do Estado pode suprimir e modificar, numa ou noutra sede particular, aquilo que na sede própria imperativamente estabeleceu; mas um uso normativamente distorcido dos institutos mortifica o público e o privado, atenua as garantias, suscita questões de legitimidade constitucional e fere o prestígio do ordenamento jurídico»[28].

[28] Cfr., para as manifestações de avanço do direito administrativo no nosso ordenamento jurídico, seja por impulso direto e imediato do legislador, seja igualmente por construções, nem sempre ajustadas, da nossa jurisprudência, Pedro Costa Gonçalves, (n. 1), pp. 128-132, pp. 135-137 e pp. 142-143.
V., igualmente, mas agora pelo que respeita ao avanço do direito administrativo por imposição do direito comunitário, C. Chinchilla Marin, El derecho de la Unión Europea como freno a la huida del derecho administrativo, in *Revista de Administración Pública* (RAP), 2016, pp. 261-283, em que enfatiza sobretudo a noção de organismo de direito público no domínio da contratação pública e a conformação do sistema europeu de contas – SEC 2010 –, enquanto mecanismo destinado a garantir os objetivos comunitários de estabilidade orçamental e de sustentabilidade financeira, por via do contenção do défice orçamental e da redução da dívida pública, como instrumentos capazes de concorrer para circunscrever, dentro dos limites do aceitável, este fenómeno de «fuga do direito administrativo»
Cfr., por último, acentuando os cuidados que têm de ser forçosamente ponderados, sempre que os poderes públicos se servem de módulos privatísticos na sua organização e atuação, G. Oppo, Diritto privato e interessi pubblici, *Rivista di diritto civile*, 1994, pp. 25-41 (especialmente, para a expressão assinalada em texto, p. 41).

Os regulamentos administrativos no ordenamento jurídico administrativo português ou reflexões de um Hurão a partir de Vieira de Andrade

ANA RAQUEL GONÇALVES MONIZ

> Nous autres, bons sauvages, nous sommes des esprits simples: nous pensons que la justice est pour faite pour le justiciable, et que sa valeur se mesure en termes de vie quotidienne. (...)
>
> Si j'étais de votre nation, et si j'admirais, comme tous vous, votre grand Conseil (...), je ne cesserais, me semble-t-il, non de lui en chanter des louanges, mais de lui en dénoncer les faiblesses, pour l'inciter à se dépasser lui-même[1].

Nota prévia

O desenvolvimento da temática dos regulamentos administrativos sob a égide da alegoria traçada pela pena de Jean Rivero[2] com a finalidade de homenagear José Carlos Vieira de Andrade impõe uma explicitação inicial. Glosar, a (com) propósitos diversos, os textos que se centram na figura do Hurão, índio conhecedor do contencioso administrativo francês (mas francamente desiludido com algumas das suas debilidades) tem constituído uma predileção dos juristas, em particular dos juspublicistas[3]. Na verdade, a

[1] Rivero, «Le Huron au Palais-Royal ou réflexions naïves sur le recours pour excès de pouvoir», in: *Pages de Doctrine*, LGDJ, Paris, 1980, p. 334 (originalmente publicado in: *Dalloz*, 1962, chr. VI, 1962, pp. 37 e ss.).

[2] Rivero, «Le Huron...», cit., pp. 329 e ss.; Jean Rivero, «Nouveaux propos naïfs d'un Huron sur le contentieux administratif», in: *Etudes et Documents – Conseil d'Etat*, n.° 31, 1979-1980, pp. 27 e ss..

[3] Cf., *v. g.*, Harlow, «Review: La Huronne au Palais-Royal or a Naïve Perspective on Administrative Law», in: *Journal of Law and Society*, n.° 2, vol. 27, 2000, pp. 322 e ss.; Astresses, «The Return of the Huron, or Naïve Thoughts on the Handling of Article 267 TFEU by Constitutional Courts when Referring to the Court of Justice», in: *German Law Journal*, n.° 16, vol. 16,

expressividade do diálogo e a sua aptidão para uma aprendizagem maiêutica, acompanhada por uma certa reminiscência voltairiana (a recordar *Candide*) e por alguma ressonância do *bon sauvage* rousseaniano, bem como o seu relevo para a compreensão de um momento específico do estádio da evolução do Direito Administrativo sempre cativaram os autores para a revisitação das celebradas páginas.

No caso concreto, pretendemos recordar – e tentar manter-nos fiéis (pois que o ato de render preito e homenagem não está ineliminavelmente relacionado com a fidelidade?) a – três dimensões que sempre caracterizaram o pensamento e o magistério de Vieira de Andrade: a relação dialógica com os seus alunos/discípulos – e que determinou, na primeira aula de Mestrado de Direito Administrativo (no ano letivo 2001/2002), a distribuição e o comentário dos mencionados dois textos de Rivero; a construção de uma dogmática de rigor, mas com uma clara vocação para a resolução dos problemas jurídicos concretos; e o espírito de *barrister*, bem conhecido de quem mereceu a sua orientação, sempre em busca do argumento que faça estremecer os alicerces de qualquer tese ou posição... mas apenas com o objetivo de levar o orientando a transcender-se e a construir uma contra-argumentação consistente e refletida, capaz resistir aos embates das mais severas arguições.

I. Introdução

Tal como há algumas décadas, as/os jovens aprendizes continuam, à sombra de uma centenária faia-púrpura (o que vale por dizer, de uma vetusta torre...), a discutir os temas mais recentes de Direito Administrativo. A expansão de horizontes culturais e jurídicos levou a que descendentes dos índios ensinados pelo Hurão, dileto amigo além-mar de Jean Rivero, continuassem a aperfeiçoar o estudo deste ramo jurídico-dogmático, espraiando-se também pelas sedutoras areias do Direito Administrativo Comparado[4]. E eis que, ao

dezembro 2015, pp. 1701 e ss.; Jaafar, «Un Huron au Pays des Algorithmes», *Revue Pratique de la Prospective et de l'Innovation*, n.º 1, ano 4, maio 2020, pp. 6 e ss..

[4] Sem perder de vista que o estudo do Direito Administrativo Comparado não se reconduz à simples enumeração-descrição ou apreensão cognoscitiva de um sistema jurídico distinto da nacionalidade do respetivo autor (em suma, do estudo do direito estrangeiro) ou à mera justaposição de soluções pré-positivadas integrantes deste mesmo domínio jurídico-dogmático em determinado ordenamento, com abstração das raízes histórico-culturais e político-sociais. Cf. Fernando José Bronze, «O Direito, a Internacionalização e a Comparação de Sistemas Jurídicos (ou a Pessoalização como Tarefa Realizanda, a Universalização como Objectivo Utópico e a Relativização como Coordenada Metódica)», in: *Analogias*, Coimbra Editora,

som do piar de uma águia e da voz tranquila de um regato, se imagina que um Hurão decide encetar um conjunto de reflexões (já menos ingénuas que as do seu antepassado... mas igualmente perplexas) dirigidas ao Mestre de Coimbra, José Carlos Vieira de Andrade, a propósito da temática dos regulamentos administrativos no ordenamento jurídico administrativo português, considerando que cabe sempre ao jurista-comparatista proceder como um "visitante crítico de outras realidades normativas"[5]. Tendo na sua génese as perturbações que o impacto da voracidade do(s) tempo(s) impõem à evolução e ao desenvolvimento do Direito Administrativo – em particular, à temática das fontes –, tais reflexões (menos dialógicas e, por isso, mais solitárias, em jeito de solilóquio) orientam-se em torno de três questões essenciais: a noção de regulamento administrativo, a sua compreensão no horizonte do ordenamento jurídico administrativo (sem olvidar o específico relevo das autonomias normativas), e as (eventuais) perturbações do sentido do princípio da legalidade da Administração neste plano.

Trata-se de um conjunto de questões que se revestem de particular acuidade quando concatenadas com os *níveis ou blocos normativos da ordem jurídica da Administração* – a que se referia Vieira de Andrade[6] –, ou as *fontes do Direito Administrativo*, aqui compreendidas no duplo sentido de «fontes» de atribuição de competências e de parâmetros jurídicos de atuação da Administração Pública, e cujo elemento de conexão reside na circunstância de servirem de base ou estabelecerem vinculações para o desenrolar da atividade da Administração Pública.

Coimbra, 2012, p. 430, e «A Problemática da Reflexão Juscomparatística (Uma Rápida Visita, ou... Algumas Notas para o Roteiro de uma Peregrinação», in: *Analogias*, cit., p. 409; *v.* ainda Fromont, *Grands Systèmes de Droit Etrangers*, 8.ª ed., Dalloz, Paris, 2018, p. 2; distinguindo claramente entre o estudo do direito comparado e o estudo do direito estrangeiro, cf. ainda Oliveira Ascensão, *O Direito: Introdução e Teoria Geral*, 13.ª ed., Almedina, Coimbra, 2013, pp. 143 e s..).
Diversamente, a reflexão jurídica comparada constitui um método *a se*, o qual pressupõe antes uma "reflexão dialógico-analógica", porque simultaneamente determinada pela abertura dos dois *relata* comparados e pela busca de semelhanças no contexto das diferenças que pautam os sistemas jurídicos concretamente comparados por referência aos problemas específicos "trazidos-à-correspondência". Assim, Fernando José Bronze, «O Direito...», cit., p. 431, que seguimos de perto; *v.* também p. 450. Cf. ainda «A Problemática...», cit., p. 411.

[5] Fernando José Bronze, «A Problemática...», cit., p. 398, itálico no original.

[6] Vieira de Andrade, «O Ordenamento Jurídico Administrativo Português», in: *Contencioso Administrativo (Breve curso constituído por lições proferidas na Universidade do Minho por iniciativa da Associação Jurídica de Braga)*, Livraria Cruz, Braga, 1986, p. 48.

Neste cenário, a menção às fontes de competência e aos parâmetros de atuação administrativa não pode abstrair das delicadas temáticas atinentes o relacionamento entre os diversos escalões normativos, tarefa que aparece dificultada pela hipercomplexidade que pauta os atuais ordenamentos e que promove um autêntico «pensar em rede» (*Denken in Netzwerken*)[7]. A erosão da perspetiva tradicional, acompanhada do surgimento de novos esquemas regulativos, conduz a uma certa «relativização dos parâmetros jurídicos», hoje essencialmente marcados pelo seu carácter variável, aberto e opcional[8]. Daí que não ignoremos as críticas de que o modelo da pirâmide normativa padece, no seio de sistemas jurídicos que, ao lado das normas provenientes de fontes (*manifestandi*) nacionais (no interior das quais não se poderá recorrer, sem mais, a uma conceção piramidal do sistema), incluem necessariamente aquelas produzidas no horizonte europeu (e internacional). Com efeito, em consequência da fragmentação do poder do Estado com que hoje nos deparamos, assistimos a um correspetivo fenómeno de entrelaçamento de várias fontes normativas, a pressupor um exigente esforço de intelecção para compreender as relações existentes entre todas elas. Alude-se, neste sentido, a uma «interconexão de camadas jurídicas»[9], onde as expressões reinantes são «pluralização interna», «disformidade normativa e administrativa», «ordenamento compósito», «gradação do poder normativo», «normatividade(s) em rede», «internormatividade»[10].

[7] Hill, «Normsetzung und andere Formen exekutivischer Selbstprogrammierung», in: Hoffmann-Riem/Schmidt-Assmann/Vosskuhle (eds.), Andreas, *Grundlagen des Verwaltungsrechts*, 2.ª ed., vol. II, Beck, München, 2012, p. 1024.
[8] Cf. Bumke, *Relative Rechtswidrigkeit*, Mohr Siebeck, Tübingen, 2004, pp. 147 e 150.
[9] Ruffert, «Rechtsquellen und Rechtsschichten des Verwaltungsrechts», in: Hoffmann-Riem/Schmidt-Assmann/Vosskuhle (eds.), *Grundlagen des Verwaltungsrechts*, 2.ª ed., vol. I, Beck, München, 2012, p. 1100, referindo-se à *Vernetzung der Rechtsschichten*.
[10] Cassese, «Il Diritto Amministrativo Europeo Presenta Caratteri Originali?», in: *Rivista Trimestrale di Diritto Pubblico*, n.º 1, 2003, p. 49; João Loureiro, *Adeus ao Estado Social? A Segurança Social entre o Crocodilo da Economia e a Medusa da Ideologia dos Direitos Adquiridos*, Coimbra Editora, Coimbra, 2010, pp. 65 e s.. Precursoramente, Sandulli, *L'Attività Normativa della Pubblica Amministrazione*, Casa Editrice Dott. Eugenio Jovene, Napoli, 1970, p. 15 (aludindo, nas páginas subsequentes, a manifestações históricas de fenómenos análogos).

II. A expansão do "nível inferior do ordenamento jurídico administrativo"

Que o "nível inferior do ordenamento jurídico administrativo" se reconduz às "normas jurídicas editadas pela própria Administração, no exercício da função administrativa" decorria já do estudo seminal de Vieira de Andrade[11]. Tais normas identificavam-se, desde logo, com os regulamentos. A dupla dimensão que lhes surge associada, como fonte de Direito Administrativo e como forma de ação administrativa pressupunha, ontem como hoje, a sua perspetivação quer no horizonte do exercício do poder normativo público, quer no plano da sua mobilização enquanto critérios de decisão para a resolução administrativa dos casos concretos. Em causa está a inteleção de dois momentos fulcrais da vida do regulamento administrativo: *primo*, o seu nascimento, radicado num ato de produção normativa, consonante com a perspetivação do papel conformador das relações sociais cumprido pelo Estado e pela Administração, e com a conceção do direito enquanto meio de direção dos processos sociais[12]; *secundo*, a atuação em concreto do programa normativo que o regulamento consubstancia, o qual se materializa aquando da respetiva convocação para a solução dos casos integrados no seu âmbito problemático – o que exige uma clara definição das opções metodológicas em sede da realização administrativa do direito.

Algumas destas dimensões suscitam cada vez mais perplexidades. Na verdade, e sem descurar a relevante função dos regulamentos como um dos instrumentos de direção jurídica da Administração, o atual Direito Administrativo abraça outros instrumentos de intervenção pública, em congruência com a ideia segundo a qual o Estado (*hoc sensu*, a Administração Pública) hodierno(a) não é apenas aquele(a) que comanda, mas também o(a) que informa, influencia, incentiva ou fomenta[13]. Além disso, pulverizam-se os centros de produção das normas jurídicas, em especial, das dotadas de

[11] Vieira de ANDRADE, «O Ordenamento...», cit., p. 58.

[12] Cf. MELERO ALONSO, *Reglamentos y Disposiciones Administrativas: Análisis Teórico y Práctico*, Lex Nova, 2005, p. 84; *v.* ainda SCHUPPERT, «Verwaltungsrechtswissenschaft als Steuerungswissenschaft. Zur Steuerung des Verwaltungshandelns durch Verwaltungsrecht», in: HOFFMAN-RIEM/SCHMIDT-ASSMANN/SCHUPPERT (org.), *Reform des Allgemeinen Verwaltungsrechts*, Nomos, Baden-Baden, 1993, pp. 65 e ss., pp. 93 e ss..

[13] SCHMIDT-ASSMANN, «Cuestiones Fundamentales sobre la Reforma de la Teoria General del Derecho Administrativo. Necessidad de la Innovación y Presupuestos Metodológicos», in: J. BARNES (ed.), *Innovación y Reforma en el Derecho Administrativo*, Global Law Press, Sevilla, 2006, pp. 40 e s..

natureza regulamentar, dando origem ao que Vieira de Andrade, já em 1984, designava, de modo precursor, como uma *"pluralidade de ordenamentos jurídicos"*[14].

Em primeiro lugar, uma das refrações desta diversificação normativa encontramo-la no reconhecimento (hoje pacífico) de autonomias normativas. Reportamo-nos, em especial, aos regulamentos das entidades autónomas desprovidas de competência legislativa e, por excelência, aos regulamentos das autarquias locais. O âmbito de tal poder normativo encontra uma tradução particularmente intensa quando estão em causa os regulamentos autónomos, *i. e.*, os regulamentos independentes adotados por pessoas coletivas públicas da Administração autónoma, compostos por normas que estabelecem uma disciplina inicial sobre determinada matéria, que integra o conjunto de interesses próprios cuja prossecução está a cargo daquelas entidades, dotadas de órgãos com legitimidade democrática, e constituindo, portanto, o resultado de um poder de produção normativa primária[15]. A admissibilidade dos regulamentos autónomos traduz uma decorrência do cerne do princípio da descentralização e, em especial, da garantia constitucional da autonomia local[16], encontrando aí também o seu limite[17]. O reconhecimento

[14] Vieira de ANDRADE, «Autonomia Regulamentar e Reserva de Lei», in: *Estudos em Homenagem ao Prof. Doutor Afonso Rodrigues Queiró*, Boletim da Faculdade de Direito, Coimbra, 1984, p. 26.

[15] Repare-se, porém, num outro conceito mais amplo de regulamento autónomo mobilizado por Vieira de ANDRADE, «O Ordenamento...», cit., p. 66: "normas administrativas emitidas pelos entes públicos não-estaduais *no uso de poderes de produção normativa inicial ou primária*" (itálico no original). Como sublinha o nosso Professor (*Op.* cit., loc. cit., esp.[te] n. 59), esta definição engloba também regulamentos editados por entidades incluídas na Administração estadual indireta (e, tal como a avançada no texto, exclui os regulamentos executivos das autarquias locais, bem como de outras pessoas coletivas públicas integradas na Administração autónoma). Cf. ainda Vieira de ANDRADE, *Os Direitos Fundamentais na Constituição Portuguesa de 1976*, 6.ª ed., Almedina, Coimbra, 2019, p. 322, n. 782.
Para uma noção diversa de regulamento autónomo, cf. Vital MOREIRA, *Administração Autónoma e Associações Públicas*, Almedina, Coimbra, 1997, p. 186.

[16] Neste sentido, Vieira de ANDRADE, «Autonomia...», cit., esp.[te] pp. 19, 27 e ss., *O Dever da Fundamentação Expressa de Actos Administrativos*, Almedina, Coimbra, 2007, pp. 307, 368 e ss.. *V.* ainda Casalta NABAIS, «A Autonomia Local (Alguns Aspectos Gerais)», in: *Estudos em Homenagem ao Prof. Doutor Afonso Rodrigues Queiró*, vol. II, Boletim da Faculdade de Direito (número especial), Coimbra, 1993, pp. 185 e s., n. 167 (cf. também pp. 197 e ss.; sobre os níveis de autonomia normativa, cf. pp. 116 e s); F. Alves CORREIA, *O Plano Urbanístico e o Princípio da Igualdade*, Almedina, Coimbra, 1989, pp. 340 e s.; Sérvulo CORREIA, *Legalidade e Autonomia*

de poder regulamentar próprio às entidades da Administração autónoma, enquanto manifestação, por excelência, da autonomia (*proprio sensu*), representa, ademais, uma expressão da «descentralização regulativa»[18] que marca o nosso sistema jurídico; daí que, sem se obliterar que, também nestes casos, estamos diante de uma competência conferida pela lei (como acontece com qualquer competência dos órgãos administrativos), o legislador se encontre vinculado a reconhecer a tais entidades um (algum) poder normativo (desde logo, por força da previsão constitucional destes espaços de autonomia). Eis o que sucede, de modo paradigmático, com as autarquias locais, a favor das quais a Constituição consagrou uma «reserva de autonormação», uma zona de competência exclusiva, dirigida, no contexto do exercício de tarefas próprias e específicas e sob responsabilidade própria, à satisfação do círculo dos interesses das comunidades locais, de natureza limitada (por estes interesses) e derivada (enquanto decorrente de uma opção estadual soberana – que não do reconhecimento declarativo de uma autonomia originária de comunidades pré-estaduais –, em cumprimento de uma imposição constitucional)[19].

Todavia, a diversificação hodierna do leque de fontes vai muito para além das implicações decorrentes do reconhecimento jurídico-constitucional de autonomias normativas, conduzindo Vieira de Andrade (em parte, na senda de Afonso Queiró) a avançar para uma ampliação deste nível do ordenamento jurídico administrativo, no sentido de abranger igualmente "os *estatutos* das autarquias corporativas, as normas contidas em *convenções jurídicas* celebradas entre órgãos administrativos ou os *regimentos* dos órgãos colegiais"[20], assim como "os *planos* (e "documentos estratégicos") de gestão territorial e os *programas* de concursos, designadamente na contratação pública"[21].

Contratual nos Contratos Administrativos, Almedina, Coimbra, 1987, pp. 270 e ss.; Rui Medeiros, «Artigo 241.º», in: Jorge Miranda/Rui Medeiros, *Constituição Portuguesa Anotada*, tomo III, Coimbra Editora, Coimbra, 2007, p. 486, anotação II.b)ii).

[17] Cf. Vieira de Andrade, «O Ordenamento...», cit., p. 66.

[18] Gomes Canotilho, *Direito Constitucional e Teoria da Constituição*, 7.ª ed., Almedina, Coimbra, 2003, p. 704 (cf. ainda p. 843). *V.* também Sérvulo Correia, *Legalidade...*, cit., p. 272.

[19] Parafraseamos Vieira de Andrade, «Autonomia...», cit., pp. 19, 23 e 27 (*v.* também p. 21 (aludindo à "garantia de uma *reserva de normação*", itálico no original); Vieira de Andrade, «Distribuição pelos Municípios da Energia Eléctrica em Baixa Tensão», Separata da *Colectânea de Jurisprudência*, tomo I, ano XIV, 1989, pp. 17 e s., 20.

[20] Vieira de Andrade, «O Ordenamento...», cit., p. 58 (itálico no original).

[21] Vieira de Andrade, *Lições de Direito Administrativo*, 6.ª ed., Imprensa da Universidade de Coimbra, Coimbra, 2020, p. 143 (itálico no original).

Mas os problemas não se quedam por aqui. Daí que, e em segundo lugar, a emergência das entidades reguladoras independentes e, sobretudo, o alcance dos poderes normativos que se lhes encontram conferidos haja posto a descoberto a necessidade de acomodar as novas exigências do Estado-regulador no interior da principiologia de um Direito Administrativo erigido à luz do princípio do Estado de direito (em especial, na dimensão atinente à separação de poderes) e do princípio democrático. Sem prejuízo da impreterível subordinação da Administração (e, evidentemente, também da Administração independente) ao princípio da legalidade – em especial, no seu vetor habilitante, vertido no princípio da precedência da lei[22] –, a verdade é que vão proliferando os diplomas legislativos que conferem aos órgãos executivos das entidades reguladoras a competência para emanar os regulamentos necessários à prossecução das suas atribuições[23] – tal como parece decorrer, desde logo, da alínea *i)* do n.º 1 do artigo 21.º da *Lei-Quadro das Entidades Reguladoras* (LQER)[24], que incumbe o respetivo conselho de administração de aprovar "os regulamentos previstos nos estatutos e *os que sejam necessários ao desempenho das atribuições da entidade reguladora*" (itálico nosso). Assim, a lei acaba, muitas vezes, por consubstanciar (apenas) uma "fonte sobre a produ-

[22] Aspeto que Vieira de ANDRADE («Os Poderes Normativos e de Resolução de Litígios das Entidades Reguladoras Independentes», in: *Estudos de Homenagem a Mário Esteves de Oliveira*, Almedina, Coimbra, 2018, p. 143) sublinha enfaticamente.

[23] Particularmente nítida no sentido apontado em texto, cf., *v. g.*, a alínea *a)* do n.º 2 do artigo 9.º dos *Estatutos da ANACOM* (aprovados pelo Decreto-Lei n.º 39/2015, de 16 de março), que confere a esta entidade poder para elaborar regulamentos *quando estes se mostrem indispensáveis ao exercício das suas atribuições*. *V.* também artigo 10.º, n.º 1, *in fine*, da Lei n.º 16/2022, de 16 de agosto. Do mesmo modo, o artigo 17.º dos *Estatutos da Entidade Reguladora da Saúde* (aprovados pelo Decreto-Lei n.º 126/2014, de 22 de agosto) comete a esta autoridade, no exercício dos seus poderes de regulamentação, a emissão dos regulamentos *necessários ao cumprimento das suas atribuições* [cf. também artigo 40.º, n.º 1, alínea *e)*].

Apesar da concessão de discricionariedade normativa, nem sempre a lei contém uma habilitação tão genérica para a emissão regulamentar, adotando previsões mais circunstanciadas, que permitem a construção de uma tipologia de regulamentos: cf., a propósito do exercício do poder regulamentar pela Autoridade da Concorrência, Sérvulo CORREIA, «Artigo 66.º», in: Miguel GORJÃO-HENRIQUES (dir.), *Lei da Concorrência: Comentário Conimbricense*, 2.ª ed., Almedina, Coimbra, 2017, pp. 788 e s..

[24] Lei n.º 67/2013, de 28 de agosto, alterada pelas Leis n.os 12/2017, de 2 de maio, 71/2018, de 31 de dezembro, e 75-B/2020, de 31 de dezembro.

ção", encontrando-se a função de regulação normativa cometida verdadeiramente ao regulamento administrativo[25].

Destarte, e como, de modo muito ponderado, sublinha Vieira de Andrade[26], o *punctum crucis* – e, por conseguinte, o momento em que a previsão constitucional de entidades reguladoras (dotadas de um dos seus poderes mais típicos, como é o poder de emitir regulamentos com eficácia externa[27]), enquanto elementos integrantes da Administração Pública, se encontra com o princípio do Estado de direito – impõe uma atenção especial ao cumprimento das exigências de sentido do princípio da legalidade administrativa. Neste horizonte, e excluindo a possibilidade de intervenção primária nas matérias de reserva parlamentar, a questão reside em saber se se revela constitucionalmente admissível que as entidades reguladoras tenham poderes para emanar regulamentos independentes (enquanto regulamentos que executam ou concretizam a ordem jurídica existente). Fiel à defesa do princípio da legalidade administrativa, Vieira de Andrade[28] defende uma interpretação restritiva do citado preceito da LQER, entendendo que o mesmo, para permitir a observância do princípio da precedência da lei, exige uma concretização nos estatutos legais de cada entidade reguladora, ou, em termos mais gerais, em norma legal ou em norma de direito da União Europeia, que contenha uma habilitação específica e com um conteúdo determinável.

Em terceiro lugar, este "nível inferior do ordenamento jurídico administrativo" assumiu uma preponderância significativa durante a pandemia da COVID-19. Não se oblitera o facto de o estado de exceção constitucional

[25] Cf. Foà, *I Regolamenti delle Autorità Amministrative Indipendenti*, Giapplichelli Editore, Torino, 2002, pp. 106 e s.; entre nós, Pedro Gonçalves, *Regulação, Electricidade e Telecomunicações: Estudos de Direito Administrativo da Regulação*, Coimbra Editora, Coimbra, 2008, pp. 23 e s., 38. *V.* também Luís Guilherme Catarino, *Regulação e Supervisão dos Mercados de Instrumentos Financeiros*, Almedina, Coimbra, 2010, pp. 369 e ss..

[26] Vieira de Andrade, «Os Poderes...», cit., pp. 143 e s..

[27] A alocação do poder normativo a estas entidades serve, sobretudo, finalidades relacionadas com a especificidade das funções às mesmas cometidas, caracterizadas pela elevada tecnicidade e/ou especialidade, cuja disciplina não se situa ao alcance do legislador, nem mesmo quando este se identifica com o Governo. Neste sentido, o exercício do poder regulamentar com tal alcance pelas entidades reguladoras corresponde ao desempenho de uma «função normativa», traduzindo o cumprimento da obrigação jurídica de regular (também através de normas) os setores económicos que lhes estão confiados. Cf. Politi, «Regolamenti delle Autorità Amministrative Indipendenti», in: *Enciclopedia Giuridica*, Istituto della Enciclopedia Italiana Treccani, Roma, 2001, vol. XXVI, p. 4.

[28] Vieira de Andrade, «Os Poderes...», cit., pp. 145 e s..

contemplado na Constituição portuguesa não prever situações de emergência sanitária, em particular quando estas envolvem a limitação de direitos e liberdades por autoridades administrativas[29]. Contudo, também se não pode ignorar que tal instituto foi mobilizado neste contexto específico, havendo desvelado, em concreto, a importância assumida pelo regulamento administrativo num contexto de supremacia do Executivo... e a correspetiva necessidade de valorização da vinculação da atividade regulamentar aos princípios (e à Constituição). Ou, dizendo de outra forma, onde a ação normativa da Administração se revelar mais expansiva, aí assomam, com maior acuidade, as exigências de sentido pressupostas pelo princípio da juridicidade.

As preocupações decorrem da circunstância de a execução nacional da declaração do estado de emergência se encontrar cometida ao Governo (cf. artigo 17.º do *Regime do Estado de Sítio e do Estado de Emergência* – RESEE[30]), enquanto órgão superior da Administração Pública, e em congruência com a ideia segundo a qual o poder executivo se caracteriza por um exercício diuturno e detém os meios necessários para enfrentar as crises[31]. Repare-se ainda que a Constituição mobiliza a expressão "autoridades" (cf. artigo 19.º, n.º 8 – recuperado pelo artigo 19.º do RESEE) para designar as entidades competentes para adotarem as providências adequadas e necessárias ao pronto restabelecimento da ordem constitucional – o que, por sua vez, remete para a Administração[32] [naturalmente, sob a "direção" (*hoc sensu*) do Governo] um papel determinante não só na conformação das medidas, mas também na respetiva execução[33]. O facto de se impor um dever de informa-

[29] Como salientou já Vieira de Andrade, «A Defesa dos Direitos e das Liberdades em Estado de Emergência – Algumas Reflexões Livres», in: *Revista de Legislação e de Jurisprudência*, n.º 4029, ano 150.º, julho/agosto 2021, p. 316.

[30] Lei n.º 44/86, de 30 de setembro, alterada pelas Leis Orgânicas n.ºs 1/2011, de 30 de novembro, e 1/2012, de 5 de maio.

[31] Assim, Bacelar Gouveia, *Estado de Exceção no Direito Constitucional*, Almedina, Coimbra, 2020, p. 56.

[32] No contexto específico do estado de sítio/estado de emergência, cf. Bacelar Gouveia, *Estado...*, cit., p. 190.

[33] Atente-se em que existe ainda uma execução regional, que compete ao Representante da República, em cooperação com o governo regional, e de uma execução local, através dos comandantes operacionais distritais (cf. artigo 20.º, n.ºs 3 e 4, respetivamente, do RESEE). Ainda assim, quanto a este último aspeto (execução local), voltámos a encontrar o predomínio do Governo, havendo, *v.g.*, o artigo 7.º do Decreto n.º 2-B/2020, de 2 de abril, estabelecido a competência do Primeiro-Ministro para nomear as autoridades que coordenavam a execução da declaração do estado de emergência no território continental, a nível local – o que

ção ao Presidente da República e à Assembleia da República incidente sobre as medidas de execução não afasta o protagonismo governamental, mas enfatiza o relevo da responsabilização política deste órgão perante aqueloutros.

Assume, neste horizonte, uma importância não despicienda a figura do regulamento administrativo: eis a natureza jurídica que revestiram as normas (ou, pelo menos, a maioria delas) constantes dos diversos decretos governamentais[34] que concretizaram as várias declarações do estado de emergência emanadas pelo Presidente da República. Aquela forma de ação administrativa desempenhou aqui uma função de execução, volvendo-se em instrumento normativo imprescindível para atuar a disciplina jurídica decorrente da declaração presidencial do estado de exceção constitucional, ou, eventualmente, e dentro de estreitos limites, uma função de dinamização, consubstanciando-se como um «direito administrativo de complemento»[35]

sucedeu mediante a nomeação de cinco secretários de Estado, um por cada área NUTS II (cf., *v. g.*, o Despacho n.º 4235-B/2020, de 6 de abril, que procedeu à nomeação das autoridades que coordenam a execução da declaração do estado de emergência no território continental); idêntica situação se verificou, já na segunda vaga, ao abrigo da alínea *b)* do artigo 9.º e do artigo 15.º do Decreto n.º 8/2020, de 8 de novembro, concretizado através do Despacho n.º 11334/2020, de 18 de novembro. A criação destas estruturas não deixou de suscitar renovadas reflexões sobre a extinção dos governadores civis: abordando esta temática, *v.* José Duarte Coimbra/Marco Caldeira/Tiago Serrão, *Direito Administrativo da Emergência*, Almedina, Coimbra, 2020, p. 48.

Mesmo no que tange à Administração estadual indireta, o papel do Governo surge acentuado: com efeito, nos termos do artigo 21.º do RESEE, aquele detém o poder nomear comissários da sua livre escolha para assegurar o funcionamento de institutos públicos, empresas públicas e nacionalizadas e outras empresas de vital importância nessas circunstâncias.

[34] Cf. Decretos n.os 2-A/2020, de 20 de março, 2-B/2020, de 2 de abril, 2-C/2020, de 17 de abril, 2-D/2020, de 30 de abril, 8/2020, de 8 de novembro, 9/2020, de 21 de novembro, 11/2020, de 6 de dezembro, 11-A/2020, de 21 de dezembro, 2-A/2021, de 7 de janeiro, 3-A/2021, de 14 de janeiro, 3-B/2021, de 19 de janeiro, 3-C/2021, de 22 de janeiro, 3-D/2021, de 29 de janeiro, 3-E/2021, de 12 de fevereiro, 3-F/2021, de 26 de fevereiro, 4/2021, de 13 de março, 5/2021, de 28 de março, 6/2021, de 3 de abril, 6-A/2021, de 15 de abril, e 7/2021, de 17 de abril.

Questionando se esta terá sido a forma mais adequada, considerando o caráter restritivo da intervenção normativa e o relevo dos sacrifícios das liberdades, *v.* Reis Novais, «Direitos Fundamentais e Inconstitucionalidade em Situação de Crise – A Propósito da Epidemia COVID-19», in: *E-Pública – Revista Eletrónica de Direito Público*, n.º 1, vol. 7, abril 2020, p. 115.

[35] A doutrina alemã refere-se à existência de um *administratives Ergänzungsrecht*, para designar a específica relação entre lei e regulamento – expressão que, *mutatis mutandis*, adaptámos ao presente contexto. Cf. Scheuing, «Selbstbindungen der Verwaltung», in: *Veröffentlichungen der Vereinigung der Deutschen Staatsrechtslehrer*, n.º 40, Gruyter, Berlin/New York, 1982, pp.

da declaração do estado de emergência. Concebendo-se como mecanismo jurídico que desenvolve e completa aquele diploma, o regulamento veio encontrar na declaração do estado de emergência[36] e no RESEE a delineação da competência objetiva para a respetiva emissão, podendo a competência subjetiva (do Governo) reconduzir-se à norma geral constante da alínea *g)* do artigo 199.º da CRP em conjugação com o citado artigo 17.º do RESEE.

Não olvidamos os delicadíssimos problemas que, sob uma ótica jurídico-constitucional, se podem suscitar no que tange à delineação deste poder regulamentar, sobretudo em matéria reservada, e em especial, nas questões atinentes (às restrições) aos direitos, liberdades e garantias (designadamente, à liberdade pessoal, em consequência das diversas obrigações de confinamento ou isolamento impostas pelos referidos decretos governamentais, mas também constantes de algumas resoluções do Conselho de Ministros[37])[38]. A constitucionalidade de tais normas regulamentares pres-

158 e ss.; ROGMANN, *Die Bindungswirkung von Verwaltungsvorschriften*, Carl Heymanns Verlag, Köln/Berlin/Bonn/München, 1998., p. 48; OSSENBÜHL, «Vorrang und Vorbehalt des Gesetzes», in: ISENSEE/KIRCHHOF (Hrsg.), *Handbuch des Staatsrechts*, 3.ª ed., tomo V, C. F. Müller, Heidelberg, 2007, p. 217 (aludindo igualmente a um *Komplementärgewalt*, incluído dentro das «reservas da Administração»), e «Rechtsquellen und Rechtsbindungen der Verwaltung», in: ERICHSEN/EHLERS (dir.), *Allgemeines Verwaltungsrecht*, 12.ª ed., Walter de Gruyter, Berlin, 2002, pp. 155, 162 e s..

[36] Concebendo a declaração do estado de exceção como o fundamento jurídico da atribuição do poder regulamentar, *v.* Bacelar GOUVEIA, *Estado...*, cit., p. 192. *V.* também Jorge MIRANDA, «Constituição e Pandemia – Breve Nota», in: *Revista da Faculdade de Direito de Lisboa*, n.º 2, vol. LXVI, 2020, p. 58. Neste sentido, podemos acolher a ideia de que o desenvolvimento do estado de exceção convive com uma «normatividade partilhada» entre a declaração presidencial e os atos de regulamentação do Governo, talqualmente se encontra proposta por Pedro LOMBA, «Constituição, Estado de Emergência e Administração Sanitária: Alguns Problemas», in: *E-Pública – Revista Eletrónica de Direito Público*, n.º 1, vol. 7, abril 2020, pp. 31 e s..

[37] Cf., *v. g.*, os Acórdãos do Tribunal Constitucional n.os 424/2020, de 31 de julho, 687/2020, de 26 de novembro, 729/2020, de 10 de dezembro, 769/2020, de 21 de dezembro, 173/2021, de 24 de março, 87/2022, de 1 de fevereiro, 88/2022, de 1 de fevereiro, 89/2022, de 1 de fevereiro, 90/2022, de 1 de fevereiro, 334/2022, de 3 de maio, 336/2022, de 11 de maio, 351/2022, de 12 de maio, 352/2022, de 12 de maio, 353/2022, de 12 de maio, 464/2022 de 24 de junho, 465/2022 de 24 de junho, 466/2022, de 24 de junho, 489/2022, de 14 de julho, 490/2022, de 14 de julho, e 510/2022, de 14 de julho. *V.* ainda, a propósito da peculiar formulação do n.º 10 da Resolução do Conselho de Ministros n.º 40-A/2020, de 29 de maio (nos termos do qual o Conselho de Ministros resolve "*reforçar* que a desobediência e a resistência às ordens legítimas das entidades competentes, quando praticadas durante a vigência da situação de calamidade e em violação do disposto no regime anexo à presente resolução, constituem crime e são

supõe um juízo complexo que pondere (*a*) o grau de densidade normativa decorrente das normas habilitantes e (*b*) o grau de inovação das normas constantes do decreto de execução da declaração do estado de emergência, mas tendo necessariamente em consideração que, (*1*) nos termos da própria Lei Fundamental, aquela execução pertence, em primeira linha, ao Governo, (*2*) este detém poder regulamentar independente conferido diretamente pela Constituição, e (*3*) se admite a existência de normas regulamentares primárias em matéria reservada, desde que estas se circunscrevam a aspetos acessórios e, por conseguinte, as opções políticas fundamentais ou essenciais constem de ato legislativo (ou, no caso, da conjugação do RESEE e da declaração presidencial do estado de exceção).

Todavia, e a independentemente da declaração de um estado de exceção constitucional, a expansão do "nível inferior do ordenamento jurídico administrativo" continua a manifestar-se em situações críticas. Com efeito, no contexto de crises de saúde pública, o artigo 17.º da *Lei do sistema de vigilância em saúde pública*[39] confere poderes extensos ao membro do Governo responsável pela área da saúde. Ao contrário do que parece apontar a (já por si sugestiva, sob a nossa perspetiva interessada) epígrafe ("poder regulamentar excecional"), aquele preceito contempla medidas de exceção que não se reconduzem apenas à emissão de regulamentos, envolvendo uma habilitação genérica para a prática de atos administrativos que impliquem a restrição, a suspensão ou o encerramento de atividades, a separação de pessoas que não estejam doentes, meios de transporte ou mercadorias que tenham sido expostos, de forma a evitar a eventual disseminação da infeção ou contaminação. Tal significa, pois, que, ao abrigo deste preceito, pode o Governo adotar medidas (primárias?) restritivas de direitos fundamentais, atingindo, *v. g.*, a liberdade de deslocação, o direito de reunião ou a livre iniciativa económica privada(?)...

sancionadas nos termos da lei penal, sendo as respetivas penas agravadas em um terço, nos seus limites mínimo e máximo, nos termos do n.º 4 do artigo 6.º da Lei n.º 27/2006, de 3 de julho, na sua redação atual", itálico nosso), o Acórdão n.º 347/2022, de 12 de maio.

[38] Ou mesmo quanto a matéria criminal, como sucedeu nos casos subjacentes aos Acórdãos (com soluções nem sempre coincidentes) do Tribunal Constitucional n.ºs 352/2021, de 17 de maio, 921/2021, de 9 de dezembro, 193/2022, de 17 de março, 350/2022, de 12 de maio, 477/2022, de 5 de julho, 557/2022, de 20 de setembro 617/2022, de 22 de setembro, 619/2022, de 22 de setembro, e 678/2022, de 20 de outubro.

[39] Lei n.º 81/2009, de 21 de agosto.

III. O regulamento no contexto de um ordenamento jurídico administrativo sob o influxo do Direito da União Europeia

A pluralidade interna de sistemas normativos convive ainda com a vigência simultânea de outros ordenamentos nos territórios nacionais. A referência hodierna a um "espaço de Administração global"[40] leva à perspetivação de uma «nova forma de administrar», caracterizada pela intervenção de outros planos normativos, para além daqueles que se devem à elaboração dos órgãos internos dos Estados.

Não obstante o relevo atribuído ao nível internacional do ordenamento jurídico administrativo[41], a europeização (precisamente uma das tendências de desenvolvimento do Direito Administrativo no século XXI) possui reflexos na delineação do conjunto das «fontes de direito», enquanto elementos vinculadores do *agere* da Administração. Se a integração na União Europeia conduziu à criação de um autêntico Direito Administrativo Europeu, também não deixou de provocar uma penetração das normas europeias no horizonte das administrações nacionais dos respetivos Estados-membros. Ademais, a circunstância de, a partir do Tratado de Roma, se pretender criar uma ordem jurídica própria implica que será este desiderato, sucessivamente relembrado e aprofundado pela jurisprudência do Tribunal de Justiça, a orientar a questão da vinculação administrativa ao direito europeu – tal é o raciocínio também subjacente ao n.º 4 do artigo 8.º da Constituição.

Na verdade, as Administrações nacionais constituem hoje a base da *Verwaltungsverbund* europeia, dando corpo um "sistema de administração em rede"[42] e, nessa qualidade, consubstanciando instrumentos decisivos com «qualidade institucional suficiente»[43] para a implementação do direito da União (ou mesmo das políticas públicas europeias). Trata-se de uma conceção que se projeta, de imediato, no princípio da legalidade da Administração, agora dotado de uma abertura (não só jus-internacional, mas sobretudo) jus-europeia, com reflexos inelimináveis na temática dos regulamentos administrativos. Com efeito, o princípio da precedência de lei pode ser substituído por um princípio da precedência de atos de direito europeu, assis-

[40] Cf., *v. g.*, Harlow, «Law and Public Administration: Convergence and Symbiosis», in: *International Review of Administrative Sciences*, n.º 2, vol. 71, 2005, p. 288.

[41] Sobre o qual Vieira de Andrade («O Ordenamento...», cit., pp. 50 e ss.) já se debruçava.

[42] Vieira de Andrade, *Lições...*, cit., p. 27.

[43] Moreno Molina, *La Ejecución Administrativa del Derecho Comunitario*, Marcial Pons, Madrid, 1998, p. 49.

tindo-se, neste sentido, à substituição de atos legislativos nacionais por atos europeus dotados de aplicabilidade direta[44]. Quanto a esta matéria, cumpre, desde logo, salientar que os regulamentos da União Europeia, no quadro das fontes de direito europeu, possuem (com frequência) «nível legislativo» (*hoc sensu*)[45]. Ora, justamente porque dotado de aplicabilidade direta (ao contrário das diretivas), o regulamento europeu prescinde de qualquer ato de transposição para os ordenamentos jurídicos dos Estados-membros, embora tal não precluda que a sua «boa execução» necessite, em certos casos, de atuações administrativas nacionais – como sucederá, desde logo, com a emanação de regulamentos administrativos.

Assim se compreende a evolução da noção de regulamento decorrente da obra de Vieira de Andrade, que hoje se abre no sentido de aí incluir "quaisquer normas emanadas pelos órgãos ou autoridades competentes no exercício da função administrativa, com valor infra-legal («regulamentar») e destinadas, em regra, à aplicação das leis ou de *normas equiparadas* (designadamente, das *disposições normativas directamente aplicáveis da União Europeia*)"[46]. Esta conceção já conhece reflexos legislativos mais ou menos expressos: considere-se, *v. g.*, o n.º 2 do artigo 146.º do *Código do Procedimento Administrativo* (CPA), que estende a proibição de revogação global aos regulamentos necessários à execução de atos de Direito da União Europeia, não só reforçando, neste ponto, que a base para a emissão de regulamentos já não se restringe à lei nacional, mas também recordando que, quando a ausência de normas administrativas inviabilize a aplicação de normas europeias, fica o Estado português em situação de incumprimento da obrigação constante do n.º 3 do artigo 4.º do TUE, que fundamenta o princípio da cooperação ou lealdade, bem como a «cláusula de fidelidade», que constituem o arrimo da intervenção das Administrações nacionais na execução do direito europeu[47]. Pena é que o legislador português não tenha seguido a mesma linha de racio-

[44] *V.* também Vieira de Andrade, *Lições...*, cit., p. 51.

[45] Atente-se em que o *Tratado sobre o Funcionamento da União Europeia* (TFUE) qualifica, *inter alia*, os regulamentos como atos legislativos, quando adotados através de procedimentos legislativos, ordinário ou especial (cf. artigos 288.º, 2.º parágrafo, e 289.º, n.ºs 2 e 3, do TFUE).

[46] Vieira de Andrade, *Lições...*, cit., p. 143 (o último itálico é nosso).

[47] Eis o que, com base no artigo 10.º do Tratado de Roma (correspondente ao atual n.º 4 do artigo 3.º do TUE), emergia já de jurisprudência do Tribunal de Justiça: *v.* Acórdão «Deutsche Milchkontor GmbH *et alii*/República Federal da Alemanha», de 21.09.1983, Ps. 205 a 215/82, esp.te ponto 17.

cínio no momento em que desenhou as hipóteses de regulamentos devidos, quer no CPA (cf. artigo 137.º), quer no *Código de Processo nos Tribunais Administrativos* (cf. artigo 77.º)...

IV. A instabilidade do princípio da legalidade administrativa no âmbito dos regulamentos: as perplexidades resultantes da perspetiva jurisprudencial

Se um dos sintomas da crise do Direito Administrativo se pode reconduzir à instabilidade do princípio da legalidade – associada, em parte, à tendência para a "rarefação jurídica dos padrões normativos substanciais da atividade administrativa"[48] –, esta mesma ideia decorre das hesitações que se podem surpreender numa análise da jurisprudência, em especial, naqueles arestos que contendem com os reflexos daquele princípio no âmbito do exercício do poder regulamentar. Trata-se de um problema com contornos relevantes, pois que, como salienta Vieira de Andrade, a atividade jurisprudencial desempenha, no ordenamento português, um papel de não somenos importância na "determinação do sentido das normas" e na "revelação dos princípios de direito administrativo"; embora este ramo jurídico-dogmático não possua os contornos pretorianos típicos do sistema francês, as decisões dos tribunais contribuem decisivamente para a "compreensão, estabilização e evolução do ordenamento jurídico que regula a Administração Pública"[49].

Uma das hesitações encontradas respeita ao impacto sobre o Direito Administrativo que, também em virtude da centralidade conferida aos regulamentos, tiveram as medidas restritivas destinadas a debelar a pandemia da COVID-19, e a leitura que, a partir dessa realidade, a jurisprudência do Supremo Tribunal Administrativo retirou no sentido de sugerir a possibilidade de uma atenuação das exigências de sentido do princípio da legalidade administrativa, por referência à "internormatividade técnica" (em especial, à necessidade de implementação das recomendações da OMS)[50]. Embora se entenda como frutífero e estimulante[51] o reconhecimento da internormatividade e a convocação cruzada de experiências normativas diversas (internacional e supranacional), não podem aquelas consubstanciar argumentos (e, muito menos, bases jurídicas) para modificar a essência dos princípios

[48] Vieira de ANDRADE, *Lições...*, cit., p. 30.

[49] Vieira de ANDRADE, «O Ordenamento...», cit., p. 70.

[50] Cf. Acórdão do STA de 10.09.2020, P. 088/20.8BALSB, ponto 8.1.3..

[51] Talqualmente acentua Vieira de ANDRADE, «A Defesa...», cit., p. 321.

fundamentais que regem a Administração Pública – em particular, do princípio da legalidade administrativa. Na verdade, não se admitirá que a convocação abstrata do direito europeu ou do direito internacional (*hard law* ou *soft law*) venha diluir (ou mesmo dissipar) a específica conexão entre o princípio do Estado de direito e o princípio democrático – que constitui, a final, o *punctum saliens* do princípio da legalidade da Administração e, mais especificamente, da exigência de base legal para a atuação administrativa. Uma conceção diversa, que pretenda dar por cumprido o princípio da legalidade da Administração (em particular, os princípios da precedência de lei e, quando estão em causa direitos, liberdades e garantias, da reserva de lei) relativamente a determinada medida administrativa, através da mobilização de uma "internormatividade técnica", ou do confronto com soluções análogas adotadas em outros Estados-Membros da União Europeia, colide com o próprio texto constitucional. Evidentemente, e como se começou por salientar, esta perspetiva não desdenha a importância daqueles elementos no panorama da juridicidade, mas pretende conjuga-los com uma habilitação legal prévia[52] (tal como impõe o princípio da precedência de lei) – habilitação essa que, tratando-se de matéria reservada, há de constar de uma lei parlamentar (ou um decreto-lei autorizado), dotada de um grau de densidade normativa elevado, em virtude de àquela se encontrar constitucionalmente devolvida a respetiva normação primária (princípio da reserva de lei)[53].

Uma tal posição do Supremo Tribunal Administrativo convive, porém, e de modo paradoxal, com a adoção de soluções (por vezes) excessivamente restritivas por parte do Tribunal Constitucional[54], inviabilizando uma com-

[52] Desde logo, tratando-se de regulamento administrativo, o n.º 7 do artigo 112.º da Constituição obriga, como se sabe, à identificação da lei que confere a competência objetiva e subjetiva para a sua emissão – ou, sendo caso disso, do regulamento europeu ou da norma de direito internacional diretamente aplicável.

[53] *V.*, neste sentido, já Miguel Nogueira de Brito, «Anotação ao Acórdão do STA, 1.ª Secção, de 10 de setembro de 2020, proferido no Processo n.º 088/20.8BALSB», in: *Revista de Direito Administrativo*, n.º 10, janeiro/abril 2021, pp. 137 e s.. Numa perspetiva duvidosa (no sentido de que a resolução do problema dependeria de uma analítica), *v.* João Loureiro, «Bens, Males e (E)estados (In)constitucionais: Socialidade e Liberdade(s): Notas Sobre uma Pandemia», in: *Revista de Estudos Institucionais*, n.º 3, vol. 6, 2020, p. 802.

[54] Ou de alguma jurisprudência do Tribunal Constitucional. Na verdade, os problemas decorrentes da atenuação do princípio da legalidade não se circunscreveram aos momentos mais candentes da concretização de medidas de emergência sanitária. Também o imperativo da retoma económica após os efeitos devastadores dos sucessivos confinamentos motivou uma

preensão nítida, pelo menos através da via judicial, do sentido do princípio da legalidade (em particular, do princípio da reserva de lei) no ordenamento jurídico administrativo português. Considere-se, de forma paradigmática e pretendendo afirmar-se como o culminar da evolução jurisprudencial constitucional sobre a matéria, o Acórdão n.º 474/2021, onde se defende, para aferir da eventual violação do princípio da reserva de lei, que deve o intérprete proceder a um "teste", com os seguintes contornos: "se, perante a questão de saber qual o *regime material* relativo a um certo sector ou objeto incluído na matéria reservada, a resposta encontra-se *também* em instrumentos regulamentares, é certo que estes extravasam o universo restrito da «mera execução» ou «simples execução», invadindo a reserva de lei"[55]. Não obstante esta

tendência para o aligeiramento das exigências decorrentes do princípio da legalidade – agora pelo lado do Palácio Ratton. Eis o que sucedeu, *v. g.*, com o regime especial (constante do Decreto-Lei n.º 15/2021, de 23 de fevereiro) de expropriação e constituição de servidões administrativas para a execução de projetos integrados no *Programa de Estabilização Económica e Social* (PEES, aprovado pela Resolução do Conselho de Ministros n.º 41/2020, de 6 de junho), que remete a definição das intervenções às quais se aplique para despacho do membro do Governo responsável pelo setor de atividade sobre o qual recaiam. Uma tal possibilidade surgiu sufragada pelo Tribunal Constitucional, estribando-se numa argumentação que valoriza "a especificidade e a *anormalidade* do contexto histórico", que justificariam a "*abertura* ou *porosidade* do âmbito de aplicação do regime jurídico", em consonância com a própria indeterminação subjacente às medidas do PEES (elas próprias constantes... de uma resolução do Conselho de Ministros), pondo a tónica no facto de tal despacho representar, casuisticamente (*i. e.*, relativamente a cada intervenção), uma faculdade de escolha do objeto (ainda que discricionária) da expropriação, escolha essa sempre subordinada ao princípio da juridicidade; em último termo, mais do que representar uma integração do diploma (proibida pelo n.º 5 do artigo 112.º da CRP), a previsão legislativa configuraria a ultrapassagem da (mais corrente) "mecânica subsunção de determinados eventos a uma hipótese legal de contornos apriorística e rigidamente definidos". Cf. Acórdão n.º 695/2022, de 25 de outubro, esp.^{te} pontos 7.4. e 8.

Se conferirmos à questão um alcance mais amplo que o considerado pelo Tribunal Constitucional (e que decorre da Declaração de Voto do Conselheiro Afonso Patrão), temos que o despacho a que alude o Decreto-Lei n.º 15/2021 tanto pode consubstanciar um ato administrativo (identificando, caso a caso, cada a intervenção como integrada no PEES), como revestir natureza regulamentar (estabelecendo critérios que permitam a uma intervenção considerar-se como integrada no âmbito do PEES). Em qualquer das hipóteses, avança-se um passo significativo no sentido da deslegalização, remetendo, em matéria reservada, para uma ação administrativa (eventualmente, um regulamento) a identificação do objeto de medidas restritivas do direito de propriedade (desde logo, da expropriação).

[55] Acórdão n.º 474/2021, de 29 de junho, ponto 11.

posição de princípio, o Acórdão acrescenta pedagogicamente quatro fatores a ponderar para a "definição rigorosa dos limites que nessa matéria se impõem ao poder de *concretização regulamentar*" em matéria de direitos, liberdades e garantias, a saber: a identificação do objeto principal do diploma legal (de molde a avaliar se o mesmo se reconduz à matéria reservada ou se esta apenas é atingida perifericamente, a permitir um maior espaço de manobra ao regulamento neste último caso); a novidade política ou o caráter polémico do objeto da regulação (que encurtarão as possibilidades de abertura para o exercício do poder regulamentar); as qualidades procedimentais do tipo de regulamento em causa (parecendo apontar no sentido de favorecer a intervenção normativa da Administração quando estejam em causa decretos regulamentares, na medida em que sujeitos a promulgação presidencial e a referenda ministerial); e a necessidade de uma normação flexível, dotada de proximidade, mutabilidade e adaptabilidade (revelando o poder regulamentar, nesta hipótese, uma maior "adequação funcional")[56].

Compreendemos que a instabilidade jurisprudencial verificada no plano do princípio da legalidade administrativa não constitui senão o reflexo de um fenómeno mais geral, que consiste na já referida alteração do «paradigma da pirâmide» para o «paradigma da rede»[57]: de uma banda, assiste-se a uma progressiva desterritorialização do direito, cuja lógica de aplicação transcende o território dos Estados nacionais, revelando-se internamente fragmentária e desagregada, e externamente transnacional[58]; de outra banda, regista-se que o modelo monista foi substituído pelo modelo pluralista (que convive com a existência de uma multiplicidade de ordenamentos distintos internos aplicáveis, em simultâneo, ao mesmo concreto problema jurídico).

No contexto em que nos movemos, assumem especial relevo as posições ponderadas defendidas por Vieira de Andrade, quanto ao relacionamento entre atos legislativos (ou atos com valor legislativo) e regulamentos – que, sem prescindir de uma conceção sempre refrescada do Direito Administra-

[56] Acórdão n.º 474/2021, cit., ponto 12.

[57] *V.*, por excelência, Ost/Kerchove, *De la Pyramide au Réseau? Pour une Théorie Dialectique du Droit*, Publications des Facultés Universitaires Saint-Louis, Bruxelles, 2002.

[58] Cf. Ost/Kerchove, *De la Pyramide au Réseau?...*, cit., pp. 45 e ss., 130 e ss., e Sordi, «Il Principio di Legalità nel Diritto Amministrativo che Cambia. La Prospettiva Storica», in: *Diritto Amministrativo*, fasc. 1, 2008, p. 25, que seguimos de perto.

tivo, não escamoteia o relevo que o princípio da legalidade assume também quando nos deparamos com a atividade administrativa de normação.

Assim, e por um lado, o exercício do poder regulamentar (independentemente do respetivo titular) ocorre nos termos e com os limites resultantes da lei, exigindo-se a pré-existência de um ato com valor legislativo (aqui incluídos, como salientámos, os atos de Direito da União Europeia) que, no mínimo, defina os aspetos essenciais do domínio normativo em causa e delimite a competência normativa[59].

Por outro lado, conferindo uma interpretação razoável ao n.º 5 do artigo 112.º da CRP, Vieira de Andrade nunca excluiu, evidentemente, que, por regulamento administrativo se possam complementar atos legislativos ou proceder a uma interpretação das respetivas disposições por via geral e abstrata; diversamente, àquele preceito constitucional preside o propósito de "reagir contra os *abusos* a que conduziu a prática legislativa de remeter para despachos ministeriais a resolução de quaisquer dúvidas ou omissões suscitadas na aplicação da lei, já que os Ministros, a pretexto de interpretarem as normas ou integrarem as respectivas lacunas, criavam de facto soluções novas para além do espírito da lei, senão contra ele"[60].

Além disso, o princípio da reserva de lei não veda, em absoluto, intervenções normativas da Administração, admitindo-se o reconhecimento de uma função de *dinamização da ordem jurídica*[61] conferida aos regulamentos administrativos, também em matéria reservada – na senda da proposta de Vieira de Andrade[62], para quem, ainda quando a reserva não se circunscreve às bases ou ao regime geral, a mesma reveste caráter não integral ou total. Com efeito, a solução passará por distinguir, neste horizonte, entre *normação principal ou essencial* e *normação acessória ou periférica*, já que o problema da reserva de lei não prescinde da sua compreensão numa dimensão vertical enquanto reserva de função. Não se anunciando possível alicerçar constitucionalmente um conceito material de lei, torna-se, no entanto, viável a

[59] Vieira de ANDRADE, «Os Poderes...», cit., p. 145.

[60] Vieira de ANDRADE, «O Ordenamento...», cit., p. 63.

[61] Vieira de ANDRADE, «O Ordenamento...», cit., p. 66 (salientando que os regulamentos independentes visam "dinamizar a ordem jurídica"); procurando densificar o sentido desta função na esteira de Vieira de Andrade, *v.* Ana Raquel G. MONIZ, *A Recusa de Aplicação de Regulamentos pela Administração com Fundamento em Invalidade: Contributo para a Teoria dos Regulamentos*, Almedina, Coimbra, 2012, pp. 133 e ss.

[62] Vieira de ANDRADE, «Autonomia...», cit., pp. 9 e ss., 12 e ss..

defesa de um modelo tipológico[63] de distinção material entre as funções legislativa e administrativa, em termos que permitam uma intervenção primária regulamentar em matéria reservada sem atingir os aspetos essenciais ou fundamentais da mesma. Sem prejuízo de o sentido atribuível a cada uma das normas que preveem as matérias reservadas não se revelar igual em todas elas (nem mesmo quando as mesmas são literalmente idênticas), defende-se que tais "opções principais ou políticas primárias"[64] constituem o núcleo típico da função legislativa, exigindo do legislador uma aplicação especialmente rigorosa do princípio da determinabilidade das normas, com o efeito de reduzir, concomitantemente, a discricionariedade regulamentar.

Numa palavra, a admissibilidade de os regulamentos desempenharem, em matéria reservada, uma função de *dinamização da ordem jurídica* depende de o ordenamento dispor de densificação legislativa suficiente (esgotante da disciplina *principal*) que autorize a lei habilitante a limitar-se à mera definição da competência objetiva e subjetiva para a sua emissão[65]. Os regulamentos então emitidos não constituem o resultado de qualquer «cheque em branco» passado à Administração, mas o desenvolvimento de princípios ou normas gerais (os aspetos essenciais da disciplina jurídica em causa) fixados em legislação anterior. Quer dizer, e numa perspetiva que permita aferir da constitucionalidade quer da lei que opera a remissão, quer dos regulamentos nestes termos emitidos, mais do que perguntar qual o conteúdo da lei habilitante, o intérprete deverá perspetivar o ordenamento legislativo no seu todo e avaliar se o grau de intervenção legislativa na matéria se revelava (ou não) suficientemente denso para permitir uma intervenção regulamentar sobre a mesma.

E, como há muito vem salientando o nosso Professor, estas considerações continuarão a valer mesmo quando estejam em causa direitos, liberdades e garantias[66]. A reserva de lei impossibilita apenas que sejam deixados à

[63] Cf. Barbosa de Melo, *Sobre o Problema da Competência para Assentar*, polic., Coimbra, 1988, pp. 20 e ss.. Nesta linha, *v.* Vieira de Andrade, «Autonomia...», cit., p. 13; ou também Vieira de Andrade, *Lições...*, cit., p. 37.

[64] Vieira de Andrade, «Autonomia...», cit., p. 30.

[65] *V.*, por último, o Acórdão do Tribunal Constitucional n.º 83/2022, de 26 de janeiro, pontos 2.6.3.2. e 2.6.3.3..

[66] A este propósito assoma, com especial importância, a distinção entre os vários tipos de intervenção normativa, desde logo, no plano legislativo, destrinçando entre normas restritivas e normas conformadoras, ou, sob a ótica da atividade administrativa em causa, entre atividade protetora, regulamentadora ou limitadora dos direitos fundamentais. *V.* Vieira de Andrade,

Administração "espaços discricionários relevantes" – não no sentido de proibir qualquer intervenção administrativa (designadamente, normativa) em matéria reservada (desde logo, no âmbito dos direitos, liberdades e garantias), mas antes com o propósito de inviabilizar que, aí onde a lei apresente aberturas, não podem as entidades administrativas "reivindicar um espaço próprio de avaliação ou de decisão"[67]. Por este motivo, o princípio da legalidade não se pode traduzir num mecanismo que impeça o acesso direto da Administração à Constituição[68], considerando que àquela se devem cometer responsabilidades ativas no que tange à interpretação e implementação dos princípios e imperativos constitucionais[69]. Trata-se de uma conceção que, visando sublinhar o radical democrático e a legitimação do poder

Os Direitos..., cit., p. 324; cf. também Vieira de Andrade, «Contratação Colectiva e Benefícios Complementares de Segurança Social: O Problema da (In)constitucionalidade Material das Normas Limitadoras da Contratação Colectiva no Domínio da Segurança Social», in: *Scientia Iuridica*, n.º 290, tomo L, maio/agosto 2001, pp. 36 e s.. Sobre os vários tipos de intervenção normativa em matéria de direitos fundamentais (*maxime*, direitos, liberdades e garantias), *v.* Vieira de Andrade, *Os Direitos...*, cit., pp. 261 e ss..

[67] Vieira de Andrade, «O Papel do Ensino Privado na Actual Constituição Portuguesa», in: *Temas de Direito da Educação*, Almedina, Coimbra, 2006, p. 17.

[68] *V.* Vieira de Andrade, *Os Direitos...*, cit., pp. 220 e 323, enfatizando que, no exercício das suas missões, a Administração deve promover, proteger e concretizar os preceitos constitucionais consagradores de direitos, liberdades e garantias, não podendo o princípio da legalidade prejudicar a atividade administrativa de execução direta (vinculada, evidentemente) da Constituição.

[69] Recorde-se que o aspeto fulcral do designado «constitucionalismo administrativo» (sobre esta matéria, *v.* ainda Ana Raquel G. Moniz, «O *Administrative Constitutionalism*: Resgatar a Constituição para a Administração Pública», in: *Estudos em Homenagem ao Prof. Doutor José Joaquim Gomes Canotilho*, vol. IV, Boletim da Faculdade de Direito/Coimbra Editora, Coimbra, 2012, pp. 387 e ss., esp.te, quanto a regulamentos, pp. 410 e s.) não reside na afirmação da subordinação administrativa à Constituição (traduzida, entre nós, no horizonte dos direitos, liberdades e garantias, na vinculação da Administração, cuja atuação os tem sempre como limites, em especial, quando está em causa o exercício de poderes discricionários, também regulamentares), mas antes na autonomia da interpretação e da implementação administrativas da Constituição e no modo como estas duas tarefas se refletem na ideia do *government by Constitution*. Assim, Lee, «Race, Sex, and Rulemaking: Administrative Constitutionalism and the Workplace, 1960 to the Present», in: *Virginia Law Review*, vol. 96, 2010, pp. 801, 806 e s.; *v.* ainda Metzger, «Administrative Constitutionalism», in: *Texas Law Review*, vol. 91, 2013, pp. 1910 e ss..

administrativo[70], toca a dinâmica das relações entre poderes (poder constituinte e poderes constituídos, e, dentro destes, a triangularização poder legislativo, poder administrativo e poder judicial), das relações entre «fontes de direito» (Constituição e lei) mobilizadas pela Administração, e das relações entre ramos jurídico-dogmáticos (Direito Constitucional e Direito Administrativo).

V. Reflexões finais

O pluriordenamentalismo característico dos sistemas jurídicos da atualidade representou, desde cedo, uma nota predicativa dos estudos de Vieira de Andrade atinentes às fontes do Direito Administrativo. Esta pluralização abre caminho a perplexidades normativas, que exigem dos órgãos administrativos uma postura metodológica ativa, na tarefa da procura do critério de solução mais adequado à decisão do caso concreto e da determinação da normatividade aplicável, titulando um autêntico poder de «autotutela declarativa da normatividade»[71].

Encontrando-nos num cenário de complexidade de níveis normativos, a própria tentativa de dilucidação dos estalões normativos a que a Administração se encontra vinculada constitui uma tarefa compreensivelmente mais difícil do que seria se ainda nos deixássemos guiar por um modelo similar ao da pirâmide normativa: com efeito, as relações entre os referidos níveis normativos não se pautam hoje exclusiva ou primacialmente pelo princípio da hierarquia, interferindo aqui outras coordenadas como o princípio da competência e o instituto da prevalência (articulado ou não com o princípio da especialidade). Trata-se de uma consequência associada à emergência e consolidação do Estado administrativo contemporâneo, cuja arquitetura organizatória, embora com importante respaldo constitucional, corresponde, no

[70] Cf. FISHER/HARDING, «The Precautionary Principle and Administrative Constitutionalism: The Development of Frameworks for Applying the Precautionary Principle», in: FISHER/JONES/SCHOMBERG (eds.), *Implementing the Precautionary Principle: Perspectives and Prospectives*, Elgar, Cheltenham/Northampton, 2006, p. 116. *V.* também FISHER, «Food Safety Crises as Crises in Administrative Constitutionalism», in: *Health Matrix – Journal of Law Medicine*, vol. 20, 2010, pp. 60 e s..

[71] Cf. também Paulo OTERO, *Legalidade e Administração Pública: O Sentido da Vinculação Administrativa à Juridicidade*, Almedina, Coimbra, 2003, pp. 699, 701 e s., associando ainda a «inquietude metodológica complexa» das estruturas encarregues do exercício da função administrativa à «neofeudalização do complexo normativo». *V.* ainda CIMELLARO, «Il Principio di Legalità in Trasformazione», in: *Diritto e Società*, n.º 1, 2006, p. 130.

essencial, a um desenvolvimento potenciado pelo legislador, que, de modo crescente, vem confiando competências normativas (quase-legislativas) a certos órgãos administrativos[72]. Não se ignora, porém, que o incremento das competências normativas da Administração, quando associado ao reconhecimento de identificação ativa da juridicidade, pode significar, na prática, um aumento expressivo (ou mesmo exponencial) do âmbito do exercício do poder administrativo, pondo em xeque as exigências de sentido do princípio do Estado de direito e do princípio democrático[73].

A perspetivação hodierna da temática dos regulamentos encontra-se em ansiosa perturbação, porquanto este "nível inferior do ordenamento jurídico administrativo" encontra-se, progressivamente, a ocupar áreas cada vez mais sensíveis (desde logo, concernentes aos direitos, liberdades e garantias), havendo já assumido uma posição dominante em períodos de crise (consonante com a centralidade do Executivo que, entre nós, vem sendo predicativa desses momentos). Apenas uma sólida edificação do "ordenamento jurídico administrativo português", conjugada com uma compreensão normativa e problematizante do Direito Administrativo, que não abdique das suas raízes, mas também não se entrincheire solipsisticamente nelas, permitirá responder a tais desafios. Será esta uma das várias lições que Vieira de Andrade ensinará, para sempre, a todos os Hurões que conhecerem o privilégio de o ter como Mestre.

[72] Metzger («Administrative Constitutionalism», cit., pp. 1899 e s.) considera esta realidade como uma das dimensões de um (muito abrangente) «constitucionalismo administrativo», que envolve a construção (ou... a constituição) do Estado administrativo através de medidas (não só materiais, mas também) estruturais.

[73] Chamando a atenção para este risco, *v.* Bernstein, «The Perils of Administrative Constitutionalism: An American Perspective», in: *Journal of Commonwealth Law*, vol. 2, 2020, pp. 145 e s..

Procedimento Administrativo
Em particular, a sua função cognoscitiva

MARTA PORTOCARRERO*

I. Introdução

Bastaria referir a participação de José Carlos Vieira de Andrade na Comissão de revisão do Código de Procedimento Administrativo, cujo trabalho esteve na base da lei em vigor, para afirmarmos a ligação do tema ao aqui homenageado[1]. Mas numa obra que enjeita qualquer exclusividade da teoria das formas, da relação jurídica ou do procedimento, na dogmática administrativa (mas a sua compatibilização e complementaridade), por diversas vezes, a relevância do procedimento é, pelo Autor, expressamente afirmada, num tempo em que as leis se tornam "mais abertas" e as "(...) necessidades de eficiência administrativa, especialmente nas zonas de actividade caracterizadas pela grande diversificação e pelo alto grau de interdependência e de conflitualidade dos interesses públicos e privados em presença, reclamam uma atenção normativa particular para o modo como a Administração prepara e toma as suas decisões"[2]. O Autor salienta a função do procedimento na racionalização da atividade administrativa, independentemente da sua concreta configuração e do seu objetivo último, na medida em que o procedimento "(...) ganhou autonomia enquanto conjunto de pronúncias administrativas, que exprimem a colaboração de diversos órgãos e a composição de diferentes interesses públicos e privados, com vista à produção de um resultado jurídico unitário (que constitui a finalidade última de interesse público de todas essas pronún-

* *Professora Auxiliar, Universidade Católica Portuguesa, Faculdade de Direito, investigadora do CEID – Centro de Estudos e Investigação em Direito, Portugal.*

[1] Homenagem a que com muita honra nos associamos, também com o propósito de assim registar o nosso sentido agradecimento pelo tanto que aprendemos com o Senhor Prof. Doutor José Carlos Vieira de Andrade, bem como a grande admiração e estima que lhe temos.

[2] Vieira de Andrade, *O dever da fundamentação expressa de actos administrativos*, Coimbra, 1991, p. 185.

cias), podendo servir para a prática de um acto administrativo ou para outra manifestação jurídica, como um contrato ou um regulamento"[3].

Por outro lado, a atenção concedida à forma como é encontrada a decisão fez o Autor atentar nos denominados vícios funcionais, resultantes do desrespeito de "(...) padrões jurídicos, alguns deles considerados até agora meras regras de boa administração: a racionalidade, a justiça, a imparcialidade e a proporcionalidade"[4], vícios que se mostram agora, em nosso entender, de suma importância, num contexto que, trazendo alguma dificuldade no controlo do conteúdo das decisões administrativas, exige, por isso mesmo, uma atenção redobrada à legitimidade da forma de preparação da decisão. O que pretendemos realçar com este texto sobre o procedimento, em consequência e de forma sumária, é a importância elementar da função procedimental de obtenção de informação e conhecimento e de racionalização da realidade e respetiva delimitação, numa sociedade que se revela cada vez mais complexa.

E, a este propósito, temos necessariamente que atentar que o procedimento, como todo o Direito Administrativo, vai sofrer o impacto de transformações sociais como a globalização ou a digitalização, ou de tendências de evolução específicas do direito administrativo como a simplificação ou a privatização, como realça Vieira de Andrade em especial quanto o procedimento[5]. Ora, em particular, neste contexto, a simplificação e a digitalização/automatização dos procedimentos vão ter impacto significativo nessa que podemos chamar de função cognoscitiva, nessa dimensão *objetiva* do procedimento, e que não podemos ignorar[6].

II. A centralidade do procedimento na dogmática administrativa

Num artigo datado de 2021[7], onde se traça a história italiana do procedimento administrativo anterior à publicação da lei de procedimento de

[3] Vieira de Andrade, "Algumas reflexões a propósito da sobrevivência do conceito de "acto administrativo" no nosso tempo", in *Estudos em Homenagem ao Prof. Doutor Rogério Soares*, Coimbra 2001, p. 1204.

[4] Vieira de Andrade, *O dever de fundamentação...*, cit., p. 384.

[5] Cfr. Vieira de Andrade, *Lições de Direito Administrativo*, 4.ª ed., Coimbra 2015, p. 185.

[6] Aquelas duas tendências correspondem a uma agregação funcional de intervenções legislativas dispersas, e da respetiva teorização doutrinal, mas que não vão deixar de ter, de igual modo, os seus efeitos na cultura organizacional da Administração Pública.

[7] Guido Melis, "Per una storia del procedimento amministrativo prima della legge sul procedimento", *Rivista Trimestrale di Diritto Pubblico*, 2, 2021, pp. 571 e ss.

1990, começa por se perguntar quando nasce a palavra e o conceito de procedimento administrativo, reportando o começo do seu uso nos países "de direito administrativo", de acordo com M. Giannini, pelo fim do século XIX.

Sendo certo que o centramento da dogmática administrativa na figura do ato administrativo relegou o procedimento, durante algum tempo, para um plano secundário, não pode existir, porém, qualquer dúvida, que o seu estudo assume, hoje, uma relevância absolutamente central na teoria do Direito Administrativo. Para Javier Barnes, "o procedimento constitui, com efeito, uma peça básica do Direito Administrativo contemporâneo", correspondendo à "Administração Pública em ação"[8]. Também Schmidt-Assmann afirma que "o procedimento administrativo, por um lado, e os parâmetros que guiam a ação administrativa (tais como a proibição de discriminação, o princípio da proporcionalidade, da boa fé, ou a segurança jurídica e confiança legítima) por outro, constituem, considerados no seu conjunto, as duas ferramentas mais importantes para a ordenação da realidade administrativa"[9]. A importância do procedimento administrativo como lugar de concretização do interesse público é, na verdade, evidente do ponto de vista da dogmática e da ação administrativas[10].

Segundo Javier Barnes, a relevância fundamental do procedimento administrativo resulta de uma multiplicidade de razões, onde avulta o seu papel concretizador de reflexões do Estado de Direito na relação entre a Administração e os cidadãos; a sua importância como forma de controlo da atividade administrativa, em particular quando exista poder discricionário e, do mesmo passo, nessas mesmas situações, como instrumento legitimador da atividade administrativa e mecanismo de consenso com o cidadão; o seu

[8] Javier Barnes, "Reforma e innovación del procedimento administrativo", *in* Javier Barnes (coord), *La transformación del procedimento administrativo,* Sevilha 2008, p. 15. A. Sandulli, "Il procedimento", in Cassese (org.), Tratatto di Diritto Amministrativo, Tomo 2, 2.ª ed., Milão 2003, pp. 1036 e ss.

[9] Schmidt-Assmann, "Pluralidad de estructuras y funciones de los procedimentos administrativos en el derecho alemán, europeo e internacional", *in* Javier Barnes (coord), *La transformación del procedimento administrativo,* Sevilha 2008, p. 78. Cfr., também a este propósito, Paulo Otero, *Direito do Procedimento Administrativo,* vol. I, Coimbra 2016, pp. 32 e ss.

[10] Sobre o procedimento administrativo, para além das obras *infra* citadas, poderá ver-se, entre nós, as dissertações de João Loureiro, *O Procedimento Administrativo entre a Eficiência e a Garantia dos Particulares,* Coimbra 1995; Pedro Machete, *A audiência dos interessados no procedimento administrativo,* Lisboa 1996; Colaço Antunes, *O procedimento administrativo de avaliação de impacto ambiental,* Coimbra 1998.

valor no relacionamento interadministrativo mesmo para lá das fronteiras do Estado; a sua relevância na promoção prática da eficiência administrativa.[11]

De facto, é indubitável que um sistema baseado numa programação exaustiva da atividade administrativa por via legislativa, executado por uma Administração hierarquizada, reduzindo ao mínimo o espaço de valoração próprio da decisão pública administrativa, não valoriza o procedimento, colocando, pelo contrário, a respetiva resolução final como centro da dogmática administrativa, porque ato concretizador da determinação legislativa e possível objeto de controlo judicial. Esta matriz do Direito Administrativo não é, porém, capaz de se adaptar sempre à complexidade e volatilidade da realidade ou de explicar a "multiplicidade de modelos, instrumentos e estratégias (cooperação público-privada; cooperação interadministrativa transnacional; mecanismos de "soft law"; etc)"[12], que caracteriza o Direito Administrativo contemporâneo[13]. Vieira de Andrade refere-se também a uma "porosidade" estrutural das normas que regulam a atividade administrativa, que vai, na verdade, permitir à Administração complementar o quadro normativo no contexto da atividade procedimental, que procura destrinçar uma realidade complexa e concretizá-la[14]. A abertura ao procedimento tornou-se, por isso, uma necessidade, sendo certo que aquela diversidade teve certamente os seus reflexos no próprio conceito e regulação do procedimento[15] [16].

[11] Javier Barnes, "Reforma...", cit., pp. 16 e ss.

[12] Javier Barnes, "Reforma...", cit., p. 37.

[13] Mecanismos que podem surgir no contexto de um procedimento ou assumir um carácter extra-procedimental.

[14] Pode ler-se a pp. 367 da obra *O dever...*, cit., : "As dificuldades de prefiguração abstracta dessas situações levam o legislador a programar a intervenção administrativa em termos genéricos, de tal modo que a hipótese legal tem de ser concretizada em cada caso pelo agente (...)"; e mais à frente: "Os poderes discricionários, embora cada vez mais amplos (...) não resultam de habilitações puras, mas da existência de uma pluralidade de normas, de uma diversidade de interesses públicos e privados, e de uma multiplicidade de consequências concorrentes que tornam complexos os quadros de direito e de facto em que se toma a decisão. Abrem-se assim espaços de escolha dependentes de selecções de factos, de apreciações, de juízos de prognose e, sobretudo, de ponderações, onde se procuram soluções equilibradas de aplicação e de harmonização das opções legais" (p. 371). Cfr., também a propósito, Mário Aroso de Almeida, *O princípio da razoabilidade como parâmetro de atuação e controlo da Administração Pública*, 2.ª ed., 2022, p. 18.

[15] Como nos diz Vieira de Andrade, "O procedimento libertou-se do conceito de acto complexo", "Algumas...", cit., p. 1204. Sobre o conceito ver, também, Paulo Otero, *Direito...*, cit., pp. 44 ss.

[16] O desenho do procedimento vai condicionar a eficácia da atividade administrativa – ver,

III. As funções do procedimento

O decurso do *iter* procedimental apresenta uma dupla dimensão objetiva e subjetiva, de racionalização e coordenação do exercício da atividade administrativa[17] e de lugar de confluência de direitos e deveres de diferentes sujeitos; de concretização de uma função cognoscitiva da realidade dos factos e dos interesses relevantes para a tomada de decisão pública[18] em coordenação interadministrativa e de uma função de tutela subjetiva. Estas funções não deixam, aliás, de algum modo, de ser concretizações de preceitos constitucionais. Na verdade, princípios como a unidade de ação e eficácia da ação administrativa (art. 267.º/2 CRP)[19] e o direito à informação procedimental ou a uma tutela jurisdicional efetiva (art. 268.º CRP) vão nalguma medida ser concretizados na conformação legislativa do procedimento, mandato constitucional do legislador nos termos do art. 267.º/5 CRP[20].

No contexto do exercício do poder que caminha na direção da escolha do conteúdo da decisão, a procedimentalização da atividade administrativa realiza, portanto, vários objetivos, desde logo, "a eficiência, a coordenação e racionalização de tarefas complexas", mas também "a participação e a garan-

a propósito, Javier Barnes, "La colaboración interadministrativa a través del procedimento administrativo nacional", *in* Javier Barnes (coord), *La transformación del procedimento administrativo,* Sevilha 2008, p. 241.

"Quanto maior é a dimensão da dúvida que cobre a decisão, maior é a necessidade de a diminuir e, portanto, maior é a relevância do procedimento como meio de esclarecimento das incertezas retrospectivamente projectadas no procedimento de estabelecimento das bases da decisão" – David Duarte, *Procedimentalização, participação e fundamentação: para uma concretização do princípio da imparcialidade administrativa como parâmetro decisório,* Coimbra 1996, p. 94.

[17] "Os procedimentos administrativos constituem processos e operações ordenados racionalmente cujo objeto consiste em obter e processar informação (...) Representam um instrumento para assegurar a sujeição da acção administrativa a critérios de racionalidade" – Schmidt-Assmann, "Pluralidad ...", cit., p. 75.

[18] "(...) a Administração tem o dever de exercício dos seus poderes, um dever de função que não se satisfaz com puras manifestações de vontade, pressupondo uma determinação consciente, em entendimento responsável" (Vieira de Andrade, *O dever...,* cit., p. 377). Ver, a propósito, Sérvulo Correia, "Processo equitativo e o direito de participação procedimental", *Estudos em Homenagem Prof. Doutor Jorge Miranda,* IV, Coimbra 2012, pp. 411 e ss.(p. 414).

[19] Mais do que nunca, a unidade de ação administrativa assenta numa coordenação de ação (com grande relevância para os mecanismos procedimentais) e não numa unidade organizativa – ver, a propósito, Schmidt-Assmann, *La dogmática del derecho administrativo,* Sevilha 2021, p. 318.

[20] Ver, a propósito, David Duarte, *A norma de legalidade procedimental,* Coimbra 2006, pp. 404 e ss.

tia de interesses (públicos e privados)"[21]. Vamos centrar-nos na primeira dimensão.

IV. A função "cognoscitiva" do procedimento, em particular

1. Caracterização

Deve-se a Benvenuti a perceção do procedimento numa perspetiva substancial, como lugar da composição dos diversos interesses envolvidos no exercício da função, em lugar de uma perspetiva estrutural-formal que atende apenas a uma sucessão de atos que visam a tomada da decisão. O procedimento seria "a história de transformação do poder em ato", isto é, a "forma sensível da função" administrativa[22].

Deste modo, no contexto da relação jurídica procedimental, estabelecida entre os diversos intervenientes públicos e privados em razão de posições substantivas de que são titulares e que se transmutam em posições procedimentais[23], intenta-se conhecer a realidade, para decidir de modo eficiente e racional, conhecimento que deve alicerçar-se numa colaboração interadministrativa coordenada e que garanta, do mesmo passo, e em consequência, os direitos e interesses dos particulares interessados. "(F)inalidades que se combinam em proporções variáveis, conforme os tipos e as espécies procedimentais, sendo exponencialmente complexo naqueles casos em que se defrontam, para além de interesses privados conflituantes, interesses públicos contraditórios"[24].

Na perspetiva objetiva, que visa a eficiência e racionalização da atividade, é essencial que o órgão decisor conheça, por conseguinte, os factos constitutivos da realidade e os interesses a estes imanentes. Ora, essa função "cog-

[21] Vieira de Andrade, *Lições...*, cit., p. 187. Também para Schmidt-Assmann, os procedimentos servem, efetivamente, a eficiência da atividade administrativa, facilitando a cooperação interadministrativa, permitindo a conciliação de interesses, e assegurando a transparência da atividade. Para além disso, os procedimentos administrativos servem a garantia de direitos e a participação (cfr. "Pluralidad...", cit., p. 76).

[22] F. Benvenuti, "Funzione amministrativa, procedimento e processo", *Rivista Trismestrale di Diritto Púbblico,* 1952, pp. 118 e ss.

[23] Ver Mário Aroso de Almeida, *Teoria Geral do Direito Administrativo,* 10.ª ed., Coimbra 2022, p. 201.

[24] Vieira de Andrade, *Lições...*, cit., p. 184. Ver, a propósito, R. Steinberg, "Komplexe Verwaltungsverfahren zwischen Verwaltungseffizienz und Rechtsschutzauftrag", DÖV, 1982, pp. 619 e ss.

noscitiva" do procedimento, como lhe chama a doutrina italiana permite, assim, uma ação administrativa mais racional, mais objetiva, mais adaptada à realidade concreta[25].

A função cognoscitiva poderá ser entendida, como o próprio nome indica, como a serventia do procedimento para o conhecimento pela Administração dos factos e interesses relevantes na tomada da decisão. De um modo mais amplo pode abranger a própria concretização do interesse público quando este não esteja totalmente pré-determinado pela norma e, em consequência, deva ser revelado pelo confronto entre todos os interesses envolvidos. "Nesta perspectiva funcional (...) nota-se a necessidade de associar a estrutura do procedimento à realidade substancial subjacente, ou seja, às exigências da pertinente relevância dos termos da situação problemática real e da sua tradução adequada na construção do "problema administrativo", cujos termos não são fixados externamente mas devem encontrar gradualmente no próprio procedimento, através dos atos e operações em que este se compõe progressiva emersão e precisão"[26]. O conhecimento das circunstâncias de facto do contexto concreto é essencial para que a decisão seja capaz de prosseguir o interesse público "no concreto e não unicamente no plano teórico"[27], podendo diferenciar-se o momento de captação da realidade e de comprovação dessa mesma realidade, da ponderação e valoração de cada um dos factos e interesses. Ora, diferentes tipos de procedimento poderão valorar mais ou menos cada um destes momentos[28], valorando-se mais ou menos, em consequência, diferentes necessidades cognoscitivas.

[25] A atividade cognoscitiva das entidades administrativas corresponde à atividade"(...) que visa identificar e satisfazer as necessidades de natureza cognoscitiva das administrações que têm de possuir dados, informações e conhecimentos tecnico-científicos, seja para conhecer a realidade que administram e para orientar, sobre a base deste conhecimento, a decisão normativa ou administrativa geral, seja para aplicar na decisão administrativa concreta, com o fim de compor do melhor modo possível o interesse público no caso concreto" – M. Falcone, "Bisogni conoscitivi delle amministrazioni e principio di legalità: quale predeterminazione delle scelte conoscitive pubbliche?", *Rivista italiana di informatica e diritto*, 2/2022, pp. 55 e ss. Um dos primeiros autores a tratar do tema é F. Levi, *L'attività conoscitiva della Pubblica Amministrazione"*, Turim 1967.

[26] M. Protto, *Il rapporto amministrativo*, 2008, p. 101.

[27] S. Rossa, *Contributo allo studio delle funzioni amministrative digitali*, Cedam, 2021, p. 196.

[28] David Duarte exemplifica com a diferença entre o procedimento disciplinar, em que é essencial a prova de cada um dos factos e um procedimento que vise a elaboração de um plano urbanístico, em que avulta o momento de revelação e de ponderação de cada um dos interesses em jogo (cfr. *A norma...*, cit., p. 455).

A procura da informação no contexto da atividade procedimental é, portanto, uma obrigação da entidade pública[29]. Assim obriga, como salienta Vieira de Andrade, o próprio princípio da prossecução do interesse público, de que é decorrência o princípio do inquisitório[30]. A Administração não constitui um mero recetáculo de informações, tendo de as procurar ativamente e apreciar os dados recebidos. A atividade administrativa não pode ser vista como uma "mecânica aplicação das normas", mas exige "uma constante adaptação à realidade"[31].

A opção administrativa sobre o *se* e o *como* da decisão a tomar terá, então, de partir dos factos que constituem e conformam o problema administrativo a prover pela prática do ato. Os contornos do contexto são conhecidos "(...) no exercício de uma função cognoscitiva. Tal função encontra a própria legitimação na discricionariedade de que é dotada a Administração com vista a alcançar os próprios fins institucionais – precisamente a realização do interesse público -, mas a própria discricionariedade tem como antecedente lógico a aquisição e elaboração dos dados de facto, baseando-se ela própria sobre factos"[32].

Em suma, podemos diferenciar o que constitui uma atividade cognoscitiva de natureza aquisitiva dos dados objetivos de facto e dos próprios direitos e interesses protegidos de cada um dos atores procedimentais, e de natureza valorativa de ponderação sobre a respetiva relevância e valor relativo.

Essa função é, evidentemente, em grande medida, centrada no momento da instrução do procedimento.

2. O objeto da instrução e o responsável pela direção do procedimento

Ora, de um modo muito evidente, e atentando no nosso sistema jurídico em particular, o CPA de 2015 fez, para efeito da direção da instrução, relevar a figura do "responsável do procedimento", que durante essa (sub)fase "adquire e verifica os factos (c.d. verificação histórica) e os interesses envolvidos no procedimento (c.d. verificação crítica)"[33], devendo para esse efeito ter à sua disposição os meios materiais, jurídicos e humanos, que lhe permitam conhecer essa realidade, assim como promover a participação dos

[29] Pelo menos se não tiver existido uma privatização parcial do procedimento.

[30] Vieira de Andrade, *Lições...*, cit., p. 184.

[31] S. Rossa, *Contributo...*, cit., pp. 202 e 203.

[32] S. Rossa, *Contributo...*, cit., p. 205.

[33] S. Rossa, *Contributo...*, cit., p. 212. Ver A. Sandulli, "Il procedimento", cit., pp. 1125 e ss.

interessados (públicos ou privados) que de algum modo contribuam para a revelação do interesse público concretizado.

Esse conhecimento faz-se, desde logo, através da realização de atos instrutórios da Administração ou apresentados pelos interessados. O responsável rege-se, a este propósito, pelo princípio da adequação procedimental, hoje consagrado no art. 56.º CPA.

Uma questão extremamente interessante e complexa prende-se com os limites dessa atividade de instrução, isto é, perguntarmo-nos sobre os contornos exatos (e que se considerem suficientes) do objeto de indagação administrativa, à luz do princípio do inquisitório, no contexto de um procedimento concreto. Este constitui um problema jurídico de grande interesse e não totalmente resolvido legal ou doutrinalmente.

Se é certo que esse objeto pode estar bem delimitado pela formulação normativa de pressupostos simples que deverão ser preenchidos de modo quase automático, e em que a atividade instrutória se bastará na descoberta dos factos subsumíveis de modo imediato à hipótese normativa, a verdade é que a análise da realidade pode não ser tão evidente, e colocar-se em dúvida a certeza da verificação de determinados factos, do âmbito da indagação (que por hipótese não se pode limitar ao preenchimento ou não preenchimento dos pressupostos legalmente formulados), ou da própria concretização do interesse público quando o legislador tenha usado de enunciados de tal modo latos que deixe ao órgão decisor grande discricionariedade naquela concretização[34]. O procedimento torna-se, neste caso, instrumento de determinação da própria decisão[35]; constituindo um instrumento de direção da atividade[36]. Independentemente da discussão em torno da legitimidade desta última opção legislativa, para a qual muitos autores alertam[37], o

[34] Da prévia ponderação dos bens e interesses envolvidos realizada pelo legislador através de programas condicionais, passamos a programas finais em que a Administração terá de concretizar o interesse no caso concreto. "Diz-se, por isso, que em muitos domínios da atividade administrativa, vivemos *in the age of balancing*, num *Abwagungnstaat*, sob o paradigma da ponderação" (Mário Aroso de Almeida, *O princípio...*, cit., pp. 18 e 19).

[35] A Administração deve adotar "a melhor medida *através* do procedimento" – Javier Barnes, "Reforma...", cit., p. 47. Em particular, em procedimentos como os relativos à elaboração de planos urbanísticos, o procedimento constitui um "sistema para a resolução de conflitos ou a busca de soluções".

[36] Schmidt-Assmann, "Pluralidad...", cit., p. 78.

[37] Ver, a propósito, Paulo Otero, *Princípio da legalidade e Administração Pública. O sentido da vinculação administrativa à juridicidade*, Coimbra 2003, pp. 152 e ss.

que aqui nos interessa prende-se com os limites do investimento na procura da verdade material, se será possível um conhecimento absoluto da realidade, ou se, pelo contrário, a Administração deve decidir mesmo mantendo um grau de incerteza de facto sobre essa mesma realidade[38]. Haverá alguma medida certa para essa investigação?

Na verdade, atendendo à multiplicidade de interesses que compõem as atribuições públicas, será difícil estabelecer em abstrato o que pode ser o âmbito e o limite de um dever de investigação associado ao princípio da inquisitório[39]. Na verdade, este contém então uma vertente *de conhecimento* – a atividade cognoscitiva – que constitui a Administração no dever de conhecer e valorar os dados suficientes para a prática de um ato legal e fundado na melhor escolha para o interesse público. E a facilitação desse conhecimento advém de uma vertente *ordenadora* que atribui à Administração o poder de ir gerindo a sequência procedimental[40]. Esta vertente encontra hoje consagração expressa no artigo 56.º do CPA onde se afirma um princípio de adequação procedimental, como já vimos. Proclama este preceito o poder discricionário do responsável do procedimento para "na ausência de normas injuntivas" estruturar o procedimento, no respeito pelos princípios gerais da atividade administrativa, e em particular assegurando a participação, a eficiência, a economicidade e celeridade da preparação da decisão. A afirmação expressa destes interesses como orientadores do poder de conformação procedimental reforçam, desde logo, algo que parece evidente – o procedimento administrativo visa em primeira linha o interesse público e a tomada de uma decisão, servindo o princípio do inquisitório a prossecução desse interesse. Nesta medida, tomando na devida conta o quadro da ação administrativa, visa-se um esclarecimento sustentado da realidade, respeitando os direitos dos administrados e exigências de eficiência administrativa[41] [42].

[38] Diz-nos, a propósito, E. Casetta: "(...) o conhecimento total da realidade é praticamente irrealizável e juridicamente nem sempre possível, atendendo a que a administração, como se dirá, pode interferir com a esfera jurídica de outrem para procurar algum tipo de informação só quando o ordenamento o consente expressamente, mediante a atribuição de um poder típico" (*Manuale di Diritto Amministrativo*, 16.ª ed., Milão 2014, p. 419).

[39] Ver, a propósito, W. Berg, "Zur Untersuchungsmaxime im Verwaltungsverfahren", *Die Verwaltung*, 2/1976, pp. 161 e ss.

[40] Ver M. Esteves de Oliveira/P. Gonçalves/P. de Amorim, *Código de Procedimento Administrativo, comentado*, 2.ª edição (reimpressão), Coimbra 1999, pp. 307 e ss.

[41] Ver, a propósito, Schmidt-Assmann, "Pluralidad...", cit. p. 86.

[42] Em determinado tipo de procedimento (em particular respeitante a atividades perigosas) o

Mas "(U)ma medida administrativa tomada tardiamente pode revelar-se inútil, sem que isso possa ser compensado por uma maior profundidade da investigação"[43]. Neste contexto, o procedimento, em particular a instrução do procedimento, terá de ser capaz de se adaptar "às exigências proteiformes da vida"[44]. Podendo divisar-se áreas de atividade administrativa tão distintas, o procedimento vai necessariamente assumir contornos extremamente diversos (assim como o dever de investigação) e deverá ser capaz de fazer essa adaptação. Daí também a existência dos inúmeros procedimentos especiais, a que a regulação geral se aplica apenas a título subsidiário.

Na verdade, pode o próprio regime legal limitar o dever de investigação instrutória.

Olhando, por exemplo, para a questão da participação procedimental, é claro que esta pode revestir distintos moldes, que se estendem de um mero dever de colaboração ou participação procedimental, à necessidade de apresentação de documentos ou outros meios de prova. O artigo 116.º do CPA

estado da ciência pode nem sequer permitir o conhecimento conclusivo da realidade – ver F. López-Jurado Escriban, "Los procedimientos administrativos de gestión del riesgo" in Javier Barnes (coord.), *La transformación del procedimento administrativo*, Sevilha 2008, p. 173. "Nos contextos de risco, a relatividade dos conhecimentos empíricos dificulta a busca de uma estabilidade das expectativas, a que tradicionalmente aspira o Direito. É vã a pretensão nestes contextos de uma segurança jurídica que exclua a relatividade dos conhecimentos científicos com relevância jurídica. As regras para determinar a finalização da instrução são chamadas a desempenhar um importante papel em relação ao possível controlo de legalidade das decisões tomadas pelas Administrações Públicas em contextos de risco e em relação a possíveis exigências de carácter patrimonial que possam deduzir-se de decisões nesses contextos de que resultem danos" (Idem, p. 175). A opção procedimental centra-se nestes contextos em decisões provisórias, revisíveis, tornando o procedimento o lugar de "perpetuação" da relação.Em particular "(...) nos domínios de gestão de riscos em contexto de incerteza – pense-se no exemplo da segurança alimentar -, em que a Administração é chamada a tomar decisões sobre a adopção de medidas de prevenção e controlo de riscos que, partindo de uma avaliação técnico-científica, envolvem a formulação de juízos de verosimilhança e probabilidade sobre as perspectivas de evolução futura das situações sobre as quais lhe cumpre atuar" (Mário Aroso de Almeida, *O princípio...*, cit., p. 25).

[43] A propósito desta questão, num outro contexto, poderá ver-se Marta Portocarrero, *Contratos sobre o exercício de poderes públicos, transação e arbitragem. Ensaio sobre a disponibilidade e indisponibilidade do poder administrativo*, Porto 2015, pp. 239 e ss e autores alemães aí citados.

[44] Rogério E. Soares, "A propósito de um projecto legislativo: o chamado Código de Processo Administrativo Gracioso", *Revista de legislação e jurisprudência*, n.º 3694, pp. 14 e ss.;3695, pp. 40 e ss.; 3699, pp. 173 e ss.; 1983, p.176.

pretende reforçar "(...) a ideia de que a instrução é um dever oficioso determinado pelo princípio do inquisitório (artigo 58.º) e de que, apesar de o n.º 1 estabelecer a regra de que os interessados devem provar os factos por si alegados, a Administração não pode nunca furtar-se a proceder a todas as diligências possíveis e úteis para esclarecimento dos factos necessários à decisão e, com fundamento no mero incumprimento do *dever de iniciativa da prova* que recai sobre os interessados, decidir em sentido que lhes seja desfavorável"[45], ainda que, como resulta do artigo 119.º do CPA (n.º 3), *quando as informações, documentos ou atos solicitados ao interessado sejam necessários à apreciação do pedido por ele formulado, não deve ser dado seguimento ao procedimento,* quando este não os apresenta. Se o particular tem o monopólio da prova do facto, deve ter o ónus da sua prova. Neste caso, fica assim diminuído o dever de investigação do responsável.

Ademais, o artigo 117.º CPA alerta para a necessidade de o dever de investigação ser harmonizado com os direitos dos interessados, realçando-se aí o respeito pelos "segredos". Ora, esta é uma norma que não pode ser esquecida quando pensamos hoje no que configura a informação em rede. De facto, a interoperabilidade de bancos de dados pode tornar acessível às entidades públicas um conjunto de dados que eventualmente façam perigar valores e direitos fundamentais dos cidadãos[46]. A troca de informações baseadas em estruturas tecnológicas permite um cruzamento de informações e uma velocidade na sua partilha distinta do que acontecia até agora. Torna-se evidente a premência da questão dos limites dessa procura dos dados[47].

Pelo contrário, porém, o tipo de realidade, objeto de um determinado procedimento, pode exigir o estabelecimento de fluxos de comunicação e de informação constantes entre a Administração e todos os interessados, no sentido de assegurar uma concertação dos diferentes interesses envolvidos, tarefa que deve ser facilitada pela transparência e transmissão contí-

[45] A. Políbio Henriques, em anotação ao artigo 116.º do CPA, in Fausto de Quadros *et al.*, *Comentários à revisão do Código de Procedimento Administrativo,* Coimbra 2016, p. 244.

[46] O procedimento tem aqui um papel fundamental na regulação da comunicação interadministrativa da informação e da Administração com o cidadão, para além da comunicação entre diversos níveis de Administração – ver, a propósito, Ricardo G. Macho, "Procedimiento administrativo y sociedad de la información y del conocimiento, *in* Javier Barnes (coord.), *La transformación del procedimento administrativo,* Sevilha 2008, p. 197.

[47] Ver, ult.ob.cit., p. 189.

nua da informação[48]. Nalgumas situações pode até essa comunicação ter de existir para lá da tomada de decisão (v.g. autorização de comercialização de medicamentos).

Em suma, o objeto da instrução e o dever de investigação implícito no princípio do inquisitório assumem uma geometria variável, em razão da finalidade do procedimento e até mesmo do seu concreto desenvolvimento.

V. Fórmulas procedimentais potenciadoras do conhecimento e de uma melhor colaboração e coordenação interadministrativa no contexto da função cognoscitiva

1. A necessária plasticidade do procedimento

Deste modo, o procedimento vai refletir a complexidade, a natureza da realidade material que constitui o seu objeto – a relação jurídica procedimental estabelece-se entre os sujeitos (públicos e privados) que possam ser de algum modo afetados pela decisão final e a estrutura do procedimento é condicionada pela "estratégia de regulação" pretendida para aquela realidade. "Muitas das tendências apreciadas a nível nacional, regional e global na instituição do procedimento administrativo não se poderiam apreender por inteiro se não no contexto dos distintos modelos de regulação que servem e em que se inserem"[49].

As estratégias procedimentais deverão, por conseguinte, variar consoante o tipo de atividade envolvida e a abordagem que se pretende fazer a essa mesma realidade. Bastará para este efeito comparar uma configuração procedimental simples, mesmo que com intervenção pontual de outra autoridade administrativa através da emissão de um parecer, por exemplo, e um procedimento em relação ao qual "a lei não possa antecipar-se à realidade, nem predeterminar a solução a adotar em cada caso"[50] e em que o procedimento se torne o lugar determinante da própria concretização do interesse público. A colaboração interadministrativa[51] assume-se neste último cenário

[48] F. López-Jurado Escribano, "Los procedimentos ...", cit., pp. 170 e ss.

[49] Javier Barnes, "La colaboración interadministrativa a través del procedimento administrativo nacional", *in* Javier Barnes (coord.), *La trasformación...*, cit., pp. 238 e 239.

[50] Javier Barnes, "La colaboración...", cit., p. 241.

[51] É evidente que a colaboração interadministrativa não terá grande relevância se estivermos, por exemplo, a tratar de um ato autorizativo totalmente vinculado, da competência de um órgão determinado – cfr. neste sentido Javier Barnes, "La colaboración...", cit., p. 240.

fundamental (assim como a colaboração privada) e o fluxo de informação determinante para o alcance da solução.

Ora, para esse fluxo de informação parece hoje essencial o conceito de "Administração em rede"[52]. Na verdade, a organização baseada no princípio de hierarquia cede o passo a interconexões entre estruturas que podem abranger diversos níveis de Administração (até mesmo europeia), que funcionam num plano vertical e horizontal, assumindo o procedimento um papel fundamental nessas interconexões[53].

Dependendo do objeto do procedimento, pode até não estar previamente definido o âmbito de intervenção subjetiva administrativa, o qual pode variar em função do projeto concreto. Javier Barnes dá como exemplo o procedimento de avaliação estratégica ambiental, previsto na Diretiva 2001/42/CE, de 27 de junho, e entre nós no DL 232/2007, de 15 de junho. O procedimento aí previsto pressupõe a intervenção/consulta/ participação de todas as entidades públicas que tutelam interesses ambientais que possam ser afetadas pelo plano em preparação, mas sem as definir previamente. O procedimento concentra-se nessa colaboração interadministrativa e na participação privada como forma de direção da decisão, pela incapacidade de, previamente, o legislador dar a resposta aos interesses a considerar. Deste modo, não existe um centramento na decisão mas no processo /procedimento contínuo de intercâmbio de informação e de impactos – não se diz que solução, mas como a solução deverá ser encontrada[54].

Assim, a colaboração interadministrativa no plano procedimental pode ser alcançada por diversas formas e com diferentes graus de exigência nessa participação, que se poderá estender de uma mera colaboração técnica, à co-determinação da própria decisão, passando pela emissão de juízos avaliativos sem carácter decisório ou contínua apreciação da decisão em preparação. Poderá estar normativamente delimitada essa participação ou ser deixado ao

[52] Cfr. Paulo Otero, *Manual de Direito Administrativo*, Almedina 2013, pp. 499 e ss. P. Gonçalves, Manual de Direito Administrativo, Coimbra 2020, pp. 316 e ss.

[53] Javier Barnes, "La colaboración...", cit., p. 244. Esta relevância da atividade procedimental intradministrativa é, para Schmidt-Assmann, também visível, nomeadamente quando a lei procedimental contém regras sobre o auxílio administrativo ou o balcão único – cfr. *La dogmática...*, cit., p. 325.

[54] Javier Barnes, "La colaboración...,", cit., p. 250.

responsável do procedimento a respetiva determinação subjetiva, conforme a estratégia de regulação pretendida para aquela matéria.

Por outro lado, e mesmo em contextos de formas de colaboração mais simples como a emissão de informações técnicas ou obtenção de pareceres provenientes de outras estruturas administrativas, e que devam ser adquiridos para o procedimento de uma forma sequencial tradicional, pode existir, por força de uma pressão social e económica a necessidade de alterar a estratégia procedimental: na hipótese dessas intervenções procedimentais serem múltiplas, o procedimento pode alongar-se de modo incompatível com o tempo da sociedade e da economia.

Neste sentido, se começou a sentir nas últimas décadas do século passado uma intervenção do legislador no sentido de uma simplificação administrativa (e com ela de uma simplificação procedimental), visando a eliminação de ónus administrativos desnecessários e a aceleração dos procedimentos. Ora, esta é uma tendência que se mantém atualmente e que, de algum modo, pode ser potenciada pela digitalização da ação administrativa. Que impacto no procedimento e na sua função cognoscitiva?

2. O contributo da simplificação procedimental e da digitalização/automatização para a potenciação da função cognoscitiva do procedimento

2.1. Da simplificação procedimental

A tendência para a simplificação e aceleração de procedimentos pode ser perscrutada por intervenções legislativas várias, que visam em primeira linha esse objetivo.

A preocupação com a celeridade procedimental levou, no nosso sistema jurídico, a que o legislador encontrasse formas de superar a inércia das autoridades interpeladas à emissão de atos procedimentais, por exemplo. Assim aconteceu com a previsão dos números 5 e 6 do artigo 92.º do CPA. Estas previsões vão, no entanto, num sentido de desconsideração dos atos inicialmente previstos como necessários à tomada da decisão e, por consequência, dos interesses que estes visam proteger, ou, pelo menos, da posição das entidades que deveriam em primeira linha fazê-lo.

Também o encurtamento dos prazos procedimentais tem sido uma linha de evolução legislativa, bastando para o efeito pensar nas alterações introduzidas em 2020 ao CPA pela Lei 72/2020, de 16 de novembro, e que procedeu à redução do prazo geral para a conclusão de procedimentos para 60 dias (art. 128.º) e para emissão de pareceres (art. 92.º) por exemplo, solução que não se apresenta, no nosso entender, como o melhor "remédio" na aceleração dos procedimentos[55].

Existem, na verdade, outras formas de potenciar a celeridade procedimental. Estruturas procedimentais em estrela, ou, permitindo uma conferência entre todas as entidades envolvidas apresentam-se, na verdade, como instrumentos de aceleração dos procedimentos e de superação de dissensos, sem perder a especialidade que a intervenção de uma específica autoridade administrativa pode trazer na concretização do problema administrativo e da melhor solução para o caso concreto, tornando a informação mais transparente.

Uma dessas formas de estruturar de forma diversa o procedimento é a denominada conferência procedimental[56]. A conferência procedimental consiste, no regime do CPA, na realização de um conjunto de reuniões entre todas as entidades administrativas com poderes determinativos da decisão ou das decisões relativas a um projeto ou situação da vida (art. 77.° CPA). Uma das vantagens assinaladas à realização de uma conferência, para além da aceleração procedimental, é exatamente a de assegurar uma melhor coordenação entre as várias autoridades administrativas com poderes de decisão sobre um mesmo projeto, mesmo que o respetivo ato devesse ser emitido no contexto de um procedimento autónomo. Se bem que não expressamente previsto no CPA, o responsável pela direção do procedimento poderá, em nosso entender, lançar mão da conferência logo na fase de instrução, permitindo uma visão conjunta e coordenada também na fase de instrução do projeto (seja este de que tipo for) a desenvolver. É essa visão contextual, e não espartilhada em "silos" não comunicantes[57], que a conferência traz, que mais releva na questão que aqui tratamos. O diálogo, a abertura a uma outra perspetiva e à apreciação realizada por outra entidade, potencia a informa-

[55] Neste sentido, ver por exemplo o parecer da Associação Nacional de Municípios a propósito da proposta de lei 49/XIV/1, que esteve na base da Lei 72/2020, em www.parlamento.pt.

[56] Sobre a conferência procedimental antes da sua consagração no CPA, poderá ver-se Marta Portocarrero, *Modelos de simplificação administrativa,* Porto 2002 e "Procedimento Administrativo – aspetos estruturais", *Cadernos de Justiça Administrativa,* n.° 100, julho/agosto 2013, Braga: CEJUR – Centro de Estudos Jurídicos do Minho, pp. 80-86.

[57] Ver Miguel Prata Roque, "O princípio da mutabilidade das estruturas administrativas: extinção, fusão e reestruturação orgânicas", in Carla Amado Gomes, *et.al.* (coord.), *Organização Administrativa: novos actores, novos modelos,* Vol. I, Lisboa 2018, pp. 295 e ss.

ção sobre a realidade e o consenso atempado sobre a viabilidade ou não do projeto apresentado, de um modo coordenado e global.

O diploma de 2020 referido anteriormente, e que introduziu alterações ao CPA, estabeleceu, de igual modo, um regime transitório para as conferências procedimentais. Ainda que transitórias, não podemos deixar de criticar, em breve nota, as opções legislativas que, a nosso ver, seriam distorcivas da natureza jurídica do instituto da conferência, aproximando-a de um verdadeiro órgão colegial (v.g. art. 5.º/1 e 6.º/1)[58]. Ora, em nosso entender, uma das grandes mais-valias do regime jurídico consagrado no CPA a propósito das conferências foi o de as manter como um instituto jurídico procedimental, ganhando em flexibilidade da sua composição subjetiva e funcionamento e mantendo a especialidade de cada uma das entidades que nela participam. O regime de 2020, o qual, na verdade, teve uma aplicação limitada, apresentava-se ao arrepio desta opção legislativa.

Existiam, porém, soluções na lei de 2020 que poderiam ter sido adotadas a título definitivo. Referimo-nos, em particular, à obrigatoriedade de convocação das conferências nalgumas circunstâncias (art. 3.º L 72/2020). Tal solução constituiria um incentivo à utilização de um modelo que, a nosso ver, tem claras vantagens do ponto de vista da coordenação, colaboração e celeridade da ação administrativa, promovendo um conhecimento mais completo da realidade que a Administração tem de apreciar, com claro benefício da função cognoscitiva de que aqui tratamos.

Acresce que o recente contexto de crise sanitária vivido tornou usual a utilização de meios de comunicação à distância. Nunca como agora a concreta localização geográfica se revela indiferente para a realização de reuniões entre vários sujeitos. Deste modo, a previsão do CPA sobre a possibilidade de realização da conferência à distância (art. 79.º/4) pode hoje tornar-se algo essencial para potenciar a utilização deste modelo procedimental, permitindo que a separação física/geográfica não seja impeditiva da sua concretização.

Aqui chegados, não se pode deixar de reconhecer que a tendência para a utilização de meios digitais na configuração do procedimento será cada vez mais uma realidade. Que impacto sobre a sua função cognoscitiva?

[58] Ainda que os números seguintes de cada um destes artigos pareçam contradizer o disposto nos preceitos citados, numa redação que se revela, no mínimo, confusa.

2.2. Da digitalização

De facto, a digitalização quebra as possíveis barreiras físicas e geográficas nas relações entre os serviços públicos e os cidadãos, mas também nas relações interadministrativas.

E na verdade, a "(d)iscricionariedade na actividade instrutória, o princípio do inquisitório e a liberdade na adoção dos instrumentos instrutórios são tudo fatores que empurram a administração a desenvolver a função cognoscitiva, em particular a instrutória procedimental, com instrumentos digitais. As ICT podem catalisar o processo cognoscitivo, permitindo potenciar fortemente a função cognoscitiva."[59] Em suma, os instrumentos digitais podem ajudar a fazer o mesmo, mas melhor, permitindo uma maior completude da informação e que esta seja atual.

É assim indiscutível a crescente utilização de meios tecnológicos na geração e transmissão de informação. Ora, esse facto contribui para que o procedimento releve a sua capacidade de obtenção e processamento de informação[60].

O CPA de 2015 contém algumas normas sobre a digitalização dos procedimentos[61], "para assegurar maior rapidez e segurança, simplificando os procedimentos e tornando-os mais abertos e acessíveis"[62], sobretudo visando a relação administração/particulares, procurando garantir os seus direitos e interesses na intervenção digital[63].

Mas será também, porventura, importante pensar a montante e procurar analisar até que ponto pode intervir essa digitalização, ou até mesmo automatização, em que momentos procedimentais será mais eficiente e potenciadora da coordenação interadministrativa e da racionalização da ação e em que momentos poderá revelar-se um risco maior para os direitos dos interessados.

[59] S. Rossa, *Contributo...*, cit., p. 219.

[60] Ricardo G. Macho, "Procedimiento...", cit., p. 200.

[61] Sobre o procedimento eletrónico no CPA, ver Miguel Prata Roque, "O procedimento administrativo eletrónico", in Carla Amado Gomes *et. al.* (coord.), *Comentários ao novo Código de Procedimento Administrativo*, 2.ª ed., Lisboa 2015, pp. 377 e ss.

[62] Vieira de Andrade, "Algumas alterações recentes ao Código do Procedimento Administrativo Português", in Vieira de Andrade/Suzana Tavares da Silva (coord.), *As Reformas do Sector Público. Perspectiva ibérica no contexto pós-crise*, Coimbra 2017, p.104.

[63] Criticando o facto de o CPA se centrar na automatização eletrónica apenas do ponto de vista da comunicação entre a Administração Pública e os particulares e não como "uma nova forma de atuação administrativa", Miguel Prata Roque, "O procedimento...", cit., p. 382.

Com a digitalização, a informação procedimental irá passar, então, em grande medida, a basear-se em dados digitais, em vez dos tradicionais documentos em papel. O dado digital apresenta, evidentemente, vantagens do ponto de vista da velocidade da respetiva transmissão, sendo claramente mais "dinâmico"[64], permitindo, além do mais, uma sua fruição e reutilização ilimitada, mas sobretudo, a sua grande valia para a atividade cognoscitiva das entidades públicas, mesmo quando tratamos de procedimentos concretos, é a da possibilidade de agregação desses dados para gerar dados novos – a famosa Big Data Analisys[65]. Para muitos autores essa análise vai permitir uma atividade cognoscitiva mais rigorosa, mais aprofundada e mais célere do que a mera análise documental. E isso porque assim se permite uma análise "histórica" (pelo reporte de dados relativos ao passado); uma análise "atual" (mediante dados obtidos de modo quase imediato) e uma análise "preditiva" (pela projeção do que poderá ser a evolução futura pela agregação dos dados disponíveis)[66]. Veja-se, na verdade, as vantagens que uma análise nesta tríplice temporal poderá trazer na modelação da prestação de serviços públicos, como serviços de saúde, por exemplo. Mas mesmo reportando-nos a procedimentos administrativos tendentes à tomada de uma decisão individual e concreta (ou mesmo à emissão de normas) esta análise pode trazer dados determinantes para o exercício de poderes de valoração atribuídos a uma entidade administrativa. Neste contexto, a atividade instrutória procedimental pode tornar-se mais completa, contribuindo para a concretização de princípios como os da eficiência, bom andamento, imparcialidade[67].

Nesta medida, a digitalização do procedimento[68] e a utilização de ferramentas tecnológicas apresenta um impacto positivo em várias dimensões da

[64] S. Rossa, *Contributo...*, cit., p. 221.

[65] Sobre esta questão, poderá ver-se, por exemplo, *L'amministrazione pubblica con i big data: da Torino un dibattito sull'intelligenza artificial*, R. Cavallo Perin (coord.), Turim 2021, e a extensa bibliografia indicada em nota a pp. 221 de S. Rossa, *Contributo...*, cit.

[66] S. Rossa, *Contributo...*, cit., p. 224.

[67] S. Rossa, *Contributo...*, cit., p. 227.

[68] S. Rossa define a digitalização da Administração Pública como "(...) o processo (...) mediante o qual as administrações públicas agem, e organizam-se para agir, com o intuito de exercitar funções administrativas e prestar serviços públicos através das tecnologias de informação e comunicação, com o fim de atingir dois macro objetivos: por um lado princípios constitucionais (...) como o bom andamento e a imparcialidade (...) eficácia, eficiência e economia; por outro, concretizar a estratégia de *Open Government* dando atuação aos seus princípios da transparência, da participação e da colaboração" – *Contributo...*, cit., p. 59.

função cognoscitiva, visível em particular na fase de instrução do procedimento: potencia/agiliza a colaboração interadministrativa, quer pela facilitação do contacto "presencial à distância", quer pela velocidade e facilidade na partilha de documentos/dados entre entidades[69]; incrementa a informação disponível – pelo aumento dos dados disponíveis e de formação de dados novos pela agregação dos primeiros, de forma célere e estruturada. Nesta medida, a digitalização pode potenciar o conhecimento adquirível em sede procedimental. A captação dos factos pode ser facilitada e o conhecimento sobre estes aumentado.

Não se poderá, porém, perder de vista que o conhecimento assim adquirido não reveste sempre a mesma natureza. De facto, se pensarmos, por hipótese, em novos dados gerados de forma automatizada, estes revelam tendências, probabilidades estatísticas que não são necessariamente baseados numa realidade percetível, sobretudo se forem utilizadas formas de Inteligência Artificial (IA) com técnicas de autoaprendizagem[70] [71]. Por outro lado,

[69] O acesso à informação conservada em bancos de dados de outras entidades públicas levanta, de igual modo, preocupações sobre a qualidade desses dados, devendo uma entidade pública confiar na informação detida por outra entidade, uma questão que se começa a colocar – ver Enrico Carloni, "Qualità dei dati, big data e amministrazione pubblica", in R. Cavallo Perin (coord.), *L'amministrazione pubblica con i big data: da Torino un dibattito sull'intelligenza artificiale*, Turim 2021, p. 119 (v.g., a propósito, Acórdão TCAN de 18/12/2015 (P 02209/08.0BEPRT).

[70] Podemos explicar a ideia de "autoaprendizagem" por um "processo estatístico que começa com um conjunto de dados e que tenta criar a regra ou o procedimento que explica esses dados e que prevê os dados futuros. Esta abordagem – aprender a partir dos dados – contrasta com o antigo método de AI, em que os programadores se sentam com peritos da área para aprender as regras e os critérios usados para tomar decisões e traduzem essas regras em código de software" (*Preparing for the Future of Artificial Intelligence*, Outubro de 2016, p. 8, consultado em https://obamawhitehouse.archives.gov/sites/default/files/whitehouse_files/microsites/ostp/NSTC/preparing_for_the_future_of_ai.pdf, em 25 de outubro de 2021). Essa "aprendizagem" pode, de outra parte, ser "supervisionada" ou "não supervisionada", consoante sejam ou não introduzidas balizas nos dados a usar.

[71] Os riscos associados à utilização de ferramentas de IA, em particular de autoaprendizagem são evidentes e inúmeros: "(...) riscos para a proteção dos dados pessoais devido aos métodos massivos e invasivos de recolha e elaboração dos dados para produzir este tipo de conhecimento (...); a opacidade do funcionamento dos algoritmos na elaboração cognoscitiva; as distorções a que podem ser sujeitos os resultados das elaborações algorítmicas por causa de erros na fase de construção do dataset, de projeções do algoritmo ou – nos casos de sistemas de machine learning ou deep learning – durante a fase de aprendizagem autónoma do algoritmo, que possam levar a um conhecimento parcial ou falacioso da realidade e, portanto, a consequências discriminatórias ou a decisões injustas, fundada sobre uma base cognoscitiva

e em qualquer caso, a introdução de fórmulas algorítmicas vai necessariamente partir de uma generalização[72]. Deste modo, tem de ser questionado e analisado o grau legítimo de digitalização (mera digitalização/automatização da informação/automatização da decisão) dos procedimentos administrativos em função da realidade sobre que incidem e dos objetivos estratégicos da regulação[73]. Se uma automatização é, porventura, legítima no caso de um objeto instrutório bem delimitado e baseado em dados objetivos de apreensão e comprovação praticamente automática, o mesmo já não será possível dizer com tanta certeza quando tratamos de programas finalísticos, em que a própria concretização do interesse público é, de algum modo, remetida para o plano procedimental. Em nosso entender, a utilização de meios automatizados na geração de informação obriga a que se proceda, eventualmente, a uma diferenciação mais clara entre o momento da aquisição dos dados e o momento da ponderação dos interesses, do momento da verificação e o momento da avaliação e ponderação, com vista à tomada da decisão[74].

distorcida; por fim o risco de "captura" do decisor por parte dos resultados algorítmicos, isto é o risco de confiar largamente nos resultados das elaborações algorítmicas (...)" – M. Falcone, "Bisogni...", cit., p. 61 .

[72] Ora, será aqui importante chamar à colação os vícios do acto por ausência de ponderação, quando exista algum poder discricionário. Como nos diz David Duarte, esta "(...) também pode qualificar a ilegalidade derivada da realização de uma ponderação aparente, que é o que ocorre quando o decisor determina o sentido da decisão de acordo com uma posição de princípio aplicável a todos os actos do mesmo tipo (...) nos casos em que o decisor, por via de uma norma interna (ilegal) fica vinculado a adoptar uma única alternativa com base numa única condição exclusiva, preclusiva da avaliação de todos os restantes interesses que possam ser relevantes" – *Procedimentalização...*, cit., p. 457. A "norma" será aqui a prévia programação algorítmica.

[73] No contexto da contratação pública, por exemplo, o CCP adotou a "opção inovadora e ousada de impor, como *regra geral*, a utilização de plataformas eletrónicas no desenvolvimento e tramitação dos procedimentos de contratação pública", Pedro Gonçalves, "Eficiência e transparência na contratação pública: a contratação eletrónica", *in* Vieira de Andrade/Suzana Tavares da Silva (coord.), *As Reformas do Sector Público. Perspectiva ibérica no contexto pós-crise*, Coimbra 2017, p. 178. O autor realça o contributo desta opção na regulação procedimental para a concretização dos dois objetivos fundamentais da contratação pública: a eficiência na compra e a promoção da concorrência e igualdade de oportunidades entre os operadores económicos , em especial a pp. 185 e 186.

[74] Ver, a propósito, Francisco de Abreu Duarte e Rui Tavares Lanceiro, "Vulnerability and the Algorithmic Public Administration: administrative principles for a public administration of the futures", *Revista da Faculdade de Direito da Universidade de Lisboa*, 2021, 1, pp. 283 e ss. (p. 284)

Neste contexto, defende-se que seja sempre necessária a intervenção humana ("human-in-the-loop"), e em nosso entender, ela deverá existir sempre para a deteção de casos "fora da linha", mesmo no caso de programas condicionais[75]. De outra parte, quando se trate de juízos com fraca parametrização legal, em que o conhecimento em massa de dados passados e presentes poderá permitir uma melhor estimativa do futuro, caberá ao responsável do procedimento guiar a própria delimitação do objeto de instrução, colocando as questões necessárias à obtenção dos dados que permitam o preenchimento dos pressupostos e dos restantes motivos orientadores da tomada da decisão, mas mantendo o controlo da valoração dos dados assim obtidos, para evitar que a fase final do procedimento correspondente à tomada da decisão seja totalmente alheia à responsabilidade do órgão decisor[76]. Não deverá existir, portanto, uma exclusividade dos dados obtidos de modo automatizado.

Se assim considerarmos, a digitalização, e em particular a IA tornam-se um auxiliar precioso para soluções mais uniformes, mais fundamentadas, mais precisas. Os meios digitais são um instrumento de potenciação da função cognoscitiva do procedimento[77].

Deve haver consciência, porém, que a obtenção de informação através da aplicação automática de algoritmos pode diminuir a capacidade de controlo do conteúdo da decisão, mesmo procedendo àquela limitação acima

[75] Nomeadamente em 2.º grau de apreciação. Ver, a propósito, Daniele Marongiu, "L'intelligenza artificiale "istituzionale": limiti (attuali) e potenzialità", *ERDAL*, vol. 1, 2020, p. 52.

[76] Usar algoritmos "significa principalmente ter claro qual é a necessidade cognoscitiva da própria administração e, consequentemente, saber escolher que bancos de dados o algoritmo deve analisar e para que fins; significa saber construir os critérios de elaboração que o algoritmo deve utilizar na elaboração dos dados e, por fim, ter as competências mínimas para poder compreender e interpretar corretamente os resultados da análise algorítmica", Matteo Falcone, "La funzione conoscitiva nella rivoluzione dei dati", in R. Cavallo Perin (coord.), *L'amministrazione pubblica con i big data: da Torino un dibattito sull'intelligenza artificiale*, Turim 2021, p. 187. São evidentes as dificuldades dos serviços administrativos na gestão dos serviços informáticos, não só entre nós – ver, a propósito, Francesco Merloni, "Data analysis e capacità conoscitive delle pubbliche amministrazioni", in R. Cavallo Perin (coord.), *L'amministrazione pubblica con i big data: da Torino un dibattito sull'intelligenza artificiale*, Turim 2021, p. 112.

[77] Neste contexto, a utilização de dados históricos poderá até constituir fonte alternativa de informação, quando, por hipótese, o trâmite procedimental previsto na lei não é concretizado por falta de resposta da entidade consultada, por exemplo, em vez de uma omissão completa desse dado.

referida. Ora, neste contexto, o reforço de garantias procedimentais como as da transparência e de participação dos interessados privados e públicos parecem tornar-se cada vez mais importantes, na medida em que possam permitir um controlo externo, de sinalização de situações anómalas/ desrazoáveis, de deteção atempada de futuras decisões incongruentes, ilógicas, a que pode conduzir uma informação baseada apenas em critérios estatísticos e não em relações causa-efeito, como acontece com os dados gerados a partir de outros dados, ou com base em algoritmos conducentes a resultados errados do ponto de vista da captação da realidade sobre a qual se irá decidir (v.g. entre nós o último concurso de colocação de magistrados do Ministério Público[78] ou o que aconteceu noutros sistemas com a colocação de professores[79] ou até mesmo de estudantes no ensino superior).

Podemos talvez dizer que se pode assim detetar uma nova visibilidade dos vícios funcionais, de que tratava Vieira de Andrade, centrados no procedimento de formação e de obtenção dos dados de facto, da informação a ponderar, independentemente do conteúdo da decisão de ponderação, em particular quando a decisão venha a ser tomada com base em dados obtidos de forma automatizada sem que tenha existido qualquer crivo desses dados e estes se revelem desrazoáveis ou incongruentes – "violação de normas de atividade ou de função, que deve conduzir à invalidade do acto por decisão ilegítima"[80], desde logo, por défice do material de ponderação[81]. Ou mesmo até por violação do princípio da razoabilidade, se os dados valorados forem manifestamente desrazoáveis[82].

[78] Tal como noticiado – ver "Algoritmo lança caos no concurso de procuradores", Jornal de Notícias de 8 de julho de 2022.

[79] Caso "Buona Scuola", por diversas vezes citado, v.g. Cristina Cavallaro / Guido Smorto, "Decisione pubblica e responsabilitá dell' amministrazione nella società dell'algoritmo", *Federalismi.it*, setembro 2019, pp. 10 e ss.

[80] Vieira de Andrade, *O dever...*, cit., p. 384.

[81] "(...) quando o órgão responsável pela instrução, no domínio em que lhe assiste uma margem de discricionariedade instrutória, não efectua ou efectua finalisticamente de forma inadequada as opções instrutórias de modo a que a actividade de recolha de factos e interesses não chegue à compleição do material necessário para a ponderação (*Vollstandigkeit des Abwagungsmaterials*). E a incompleição do material de ponderação é uma categoria que se reporta, não à decisão, mas à preparação da decisão" – David Duarte, *Procedimentalização...*, cit., p. 459. Ver, a propósito, A. Sandulli, "Il procedimento", cit., pp. 1171 e ss.

[82] Admitindo aqui a relevância do princípio da razoabilidade numa vertente procedimental. Sobre o princípio da razoabilidade, ver Mário Aroso de Almeida, *O princípio...*, cit., *passim*.

A atenção devida aos princípios da atividade administrativa no exercício da função cognoscitiva pode ser ainda mais importante quando construções algorítmicas são usadas como forma de seleção de alocação de recursos de um modo mais eficiente, v.g. fiscalizações policiais; sanitárias; de deteção de fraude,.... [83]. Ora, nestas situações, se é evidente um aumento da eficiência administrativa, são também evidentes os riscos de violação de direitos dos cidadãos, como se tem comprovado em sistemas que ensaiaram já este tipo de projeto[84]. Nestes casos, mesmo que a decisão final do procedimento pareça legítima do ponto de vista do seu conteúdo, poderá o procedimento revelar de modo autónomo a violação de direitos dos cidadãos, por força da ponderação de dados ilegítimos.

VI. Breves conclusões

Num contexto de complexidade social crescente, em que o legislador regula a atividade administrativa através de programas finalísticos, o procedimento e a sua função cognoscitiva de captação da realidade e respetiva racionalização torna-se imprescindível para a concretização do interesse público em contexto.

O procedimento deverá ter, por isso, a plasticidade que permita a respetiva adaptação a diferentes estratégias de regulação consoante o objeto do procedimento.

Hoje, cada vez mais, o procedimento baseia-se em conexões interadministrativas, horizontais ou verticais, com diferentes graus de exigência participativa e trocas de informação e as fórmulas procedimentais devem ser adequadas a regular esta realidade.

Mecanismos de simplificação procedimental e os meios digitais podem facilitar essa regulação.

A simplificação procedimental não deve significar menos informação, dando-se por isso preferência a modelos procedimentais que garantam uma melhor coordenação administrativa e maior celeridade de ação, mas mantendo a contribuição específica de cada autoridade, como acontece com a conferência procedimental.

[83] Existem inúmeros projetos de ICT em curso para a deteção da fraude – cfr. Iniciativa Data Science – AMA.

[84] V.g. Elise Degrave, "The use of secrets algorithms to combat social fraud in Belgium", *ERDAL*,1/2020, pp. 167-177.

A digitalização e, em especial a automatização do procedimento, se bem que compreendam riscos evidentes, vão por regra potenciar a função cognoscitiva do procedimento, facilitando a troca de informação interadministrativa e incrementando os dados obtidos sobre a realidade em estudo. Importante será, porém, refletir em que tipo de procedimento pode essa automatização, em primeira linha, intervir e que se mantenha um olhar crítico sobre informação obtida de modo automatizado. O modelo procedimental deverá, porventura, diferenciar o momento da captação da informação e o da respetiva valoração que não poderá ser exclusivamente realizada por via automatizada. Não se pode esquecer que o procedimento de preparação da decisão pode revelar, só por si, a violação de princípios fundamentais da atividade administrativa.

Noções e funções do ato administrativo do nosso tempo

FILIPA URBANO CALVÃO*

O Direito Administrativo desenvolveu-se em torno do conceito de ato administrativo. Não obstante a recente relativização da sua relevância estrutural no conjunto da atividade da Administração Pública, em face do desenvolvimento das outras formas tradicionais de atuação (como sucede com o regulamento administrativo ou com o contrato) e da emergência de formas diferentes de ação (*v.g.*, os planos), o ato administrativo mantém um espaço destacado no desenvolvimento da função administrativa.

Independentemente de já não ser, nas palavras de Vieira de Andrade, «o *meio-regra* da atuação administrativa»[1] e de o estudo da atividade administrativa não se fazer hoje numa perspetiva ato-cêntrica[2], mesmo na abordagem dogmática a partir da relação jurídica administrativa o ato administrativo revela a sua vitalidade enquanto principal instrumento de conformação das relações jurídico-administrativas externas. Mantendo a capacidade de enformar uma parte substancial da ação administrativa, inclusive no contexto procedimental da determinação de produção de efeitos jurídicos bilaterais ou multilaterais, se o ato administrativo perdeu a centralidade no plano da

* Professora Associada da Universidade Católica Portuguesa, Faculdade de Direito; Centro de Estudos e Investigação em Direito, Portugal.

[1] José Carlos Vieira de Andrade, *Lições de Direito Administrativo*, 4.ª edição, Imprensa da Universidade de Coimbra, Coimbra 2015, p. 159.

[2] Como explica José Carlos Vieira de Andrade, «Algumas reflexões a propósito da sobrevivência do conceito de "acto administrativo" no nosso tempo», in *Estudos em Homenagem ao Prof. Doutor Rogério Soares, Studia Iuridica* 61, Coimbra 2001, pp. 1189-1220 (1203-1204), «[...] a concepção de acto administrativo como acto de autoridade não é incompatível com a concepção da relação jurídica, que inclui naturalmente o acto administrativo como um dos actos jurídicos mais importantes [...]». José Manuel Sérvulo Correia, «Acto administrativo e âmbito da jurisdição administrativa», in *Estudos em Homenagem ao Prof. Doutor Rogério Soares, Studia Iuridica* 61, Coimbra 2001, pp. 1157-1187 (1169), defende mesmo que «[c]om vértice no acto [administrativo], verifica-se uma interacção entre uma realidade procedimental e uma realidade substantiva: a partir do momento em que o acto administrativo cruza a relação jurídica administrativa, as duas realidades tornam-se indissociáveis».

tutela contenciosa dos direitos dos particulares perante a Administração – ante a multiplicação de aberturas de garantia de acesso a uma tutela jurisdicional efetiva –, ele continua a funcionar como principal referência, pelo seu conteúdo e funções, no desenho das normas de direito administrativo, com o reconhecimento de um «*regime material próprio* (substantivo e também procedimental)»[3].

Não pode, por tudo isto, surpreender que no tributo que a Academia presta a um nosso Mestre se considere o pensamento de José Carlos Vieira de Andrade sobre a noção e as funções do ato administrativo, que perpassa a sua obra, em boa parte fruto de um estudo preciso sobre elementos do ato administrativo ou sobre importantes aspetos de regime diretamente relacionados com as suas dimensões funcionais, e que teve ainda reflexo no Código do Procedimento Administrativo de 2015, pela sua participação na redação do respetivo anteprojeto. Considerando apenas o Direito Administrativo substantivo, destaca-se a tese de doutoramento intitulada *O dever de fundamentação expressa de actos administrativos*, bem como os vários, e sempre marcantes, artigos sobre a revisão e a validade do ato administrativo. O pensamento de Vieira de Andrade sobre o ato administrativo encontra-se especialmente vincado no seu estudo de homenagem ao cultor, entre nós, da noção restrita de ato administrativo, intitulado *Algumas reflexões a propósito da sobrevivência do conceito de "acto administrativo" no nosso tempo*, bem como nas suas *Lições de Direito Administrativo*.

As considerações que se seguem, conquanto, no essencial, não representem um contributo inovador para o estudo do tema, pretendem sublinhar a relevância e a vitalidade do ato administrativo no nosso tempo, um tempo que, também à Administração Pública, tem colocado novos e renovados desafios; e, estão, como o leitor atento facilmente reconhecerá, marcadas pelos ensinamentos que a redatora destas linhas teve o privilégio de colher da Escola de Coimbra e, em particular, de Vieira de Andrade. Não se estranhará, por isso, que este texto se apoie diretamente nos ensinamentos do homenageado.

I. As noções de ato administrativo

É consabido que a doutrina e a jurisprudência jus-administrativistas nacionais, por influência de Marcello Caetano, partiram de um conceito amplo de

[3] Vieira de Andrade, *Lições...*, cit., p. 162.

ato administrativo, que pretendia congregar o conjunto de atuações jurídicas concretas da Administração, manifestação do poder público, motivadas pela prossecução do interesse público, independentemente de ter ou não conteúdo regulador de uma situação jurídica e do cariz interno ou externo da sua eficácia[4]. Esta perspetiva, que bebia diretamente das conceções francesa e italiana à época, divergia do sentido com que foi inicialmente afirmado, por Otto Mayer (em finais do séc. XIX), o instituto do ato administrativo no ordenamento jurídico germânico, fortemente marcado pela sua funcionalização à sindicabilidade pelos tribunais do ato unilateral autoritário regulador de situações jurídicas externas – a conceção restrita de ato administrativo, consagrada ainda hoje naquele ordenamento jurídico, e que teve, entre nós, como defensor principal Rogério Soares[5].

O conceito restrito de ato administrativo, enquanto estatuição autoritária emanada por um órgão administrativo, no uso de poderes de Direito Administrativo, destinada a produzir efeitos externos, positivos ou negativos, ostentava, na perspetiva de Rogério Soares, a virtualidade teórica ou dogmática de congregar um conjunto homogéneo de atuações a que correspondesse um regime jurídico substantivo unitário e cumpria a função

[4] Cf. Marcello Caetano, *Manual de Direito Administrativo,* vol. I, 10.ª ed. (reimp.), Coimbra 1980, p. 428, que ainda assim admitia o afunilamento das atuações subsumíveis nesse conceito através da adição dos requisitos de definitividade e executoriedade (*Ibidem,* pp. 463-464). Propugnando também por uma noção ampla de ato administrativo, Vasco Pereira da Silva, *Em busca do acto administrativo perdido,* Almedina, Coimbra 1996, pp. 613-690, em especial, pp. 684-687. Defendendo não haver «motivos teóricos ou dogmáticos de relevo, quer do ponto de vista substantivo, quer do ponto de vista processual, que justifiquem a adopção de uma noção restritiva de ato administrativo», embora ainda sob a vigência do Código do Procedimento Administrativo de 1991 e, portanto, da noção vertida no artigo 120.º, v. Marcelo Rebelo de Sousa /André Salgado de Matos, *Direito Administrativo Geral – Actividade administrativa,* Tomo III, 2.ª ed., D. Quixote, Lisboa 2009, p. 86.

[5] Rogério E. Soares, *Direito Administrativo – Lições ao Curso Complementar de Ciências Jurídico-Políticas da Faculdade de Coimbra no ano de* 1977/78, Coimbra 1978, pp. 51 e ss.; e «O acto administrativo», in *Scientia Iuridica* n.º 223/228, 1990, pp. 25-35 (28-32). V. ainda, com a mesma conceção, Sérvulo Correia, *Lições de Direito Administrativo,* vol. I, Lisboa1982, pp. 288-290, e «Acto administrativo e âmbito...», cit., p. 1169; bem como Vieira de Andrade, «Algumas reflexões a propósito...», cit., pp. 1203-1211, embora admita a extensão do respetivo regime jurídico a outras formas jurídicas de atuação que não correspondam a este conceito restrito de ato administrativo (cf. *Lições...,* cit., p. 167). Neste sentido, conquanto numa revisão do seu pensamento, Diogo Freitas do Amaral, *Curso de Direito Administrativo* (colaboração de Pedro Machete e Lino Torgal), vol. II, 2.ª ed., Almedina, Coimbra 2011, pp. 249-252.

delimitadora do objeto de recurso contencioso, sem necessidade de mais requisitos ou qualificativos.

Progressivamente, a noção ampla de ato administrativo foi abandonada pela maioria da doutrina portuguesa[6], fruto do gradual reconhecimento do seu menor préstimo dogmático, por abranger um conjunto de pronúncias administrativas de cariz tão distinto, que não se pode fazer corresponder a um regime jurídico comum, nem sequer nos seus traços gerais[7]; a que não é estranha a opção entretanto vertida no Código do Procedimento Administrativo de 2015 (CPA), no seu artigo 148.º, de definir os atos administrativos, para efeitos do Código, como *decisões que, no exercício de poderes jurídico-administrativos, visem produzir efeitos jurídicos externos numa situação individual e concreta.*

Em causa está, pois, uma noção restrita de ato administrativo, de que se destaca o conteúdo decisório (imperativo) e a eficácia externa. Na perspetiva aqui seguida, o termo *decisão* significa a manifestação de poder público, unilateral, de dizer (a solução que resulta d)o Direito no caso concreto com força vinculativa, regulando ou conformando as relações jurídicas administrativas, através da determinação (ou definição e determinação) vinculativa de produção de efeitos jurídicos externos. Por conseguinte, o conceito de decisão não corresponde a uma mera expressão do «carácter voluntário, positivo, imaterial e unilateral do acto administrativo»[8], antes vinculando os destinatários, os demais afetados (positiva ou negativamente) e o próprio autor do ato.

Este conceito, originariamente pensado para caracterizar a atuação administrativa oitocentista, superou o desafio da Administração prestativa da segunda metade do século XX, tendo sido capaz de integrar os atos constitutivos de direitos, adaptou-se e, em boa medida, destacou-se no contexto da Administração regulatória ou orientadora de atividades privadas com direto relevo público, e articulou-se com outros modos de atuação administrativa (inclusive informais) quando estes se afirmaram tanto na lógica de concer-

[6] Para uma síntese dessa evolução, v., por todos, Mário Aroso de Almeida, *Teoria Geral do Direito Administrativo*, 10.ª ed., Almedina, Coimbra 2022, pp. 297-310.

[7] Refere apropriadamente Aroso de Almeida, *Teoria Geral...*, cit., p. 299, «[c]omo o artigo 148.º delimita o âmbito de aplicação desse regime, temos, por conseguinte, dificuldade em vislumbrar o sentido ou a utilidade de, para fins estritamente doutrinais, se conceber um conceito de ato administrativo diferente daquele que o CPA utiliza como critério de aplicabilidade do essencial do regime que corresponde à teoria geral do ato administrativo.»

[8] Como defendem Rebelo de Sousa/ Salgado de Matos, *Direito Administrativo...*, cit., p. 77.

tação do exercício do poder público, como na lógica de legitimação democrática, por via da abertura procedimental à participação dos interessados[9].

Conhecida a plasticidade do ato administrativo, que, mesmo no sentido estrito aqui assumido, é capaz de abranger diferentes tipos de determinações jurídicas administrativas para regular realidades as mais heterogéneas, adota-se o critério funcional seguido por Vieira de Andrade na delimitação da noção de ato administrativo, para, a partir das funções ou aptidões que, nas palavras do Autor, «ainda têm razão de ser nos actuais sistemas de administração executiva»[10], ajuizar da sua virtualidade para integrar novas formas ou modos de ação administrativa. Por outras palavras, pretende-se com esta incursão pelas funções do ato administrativo, testar a capacidade desta figura jurídica para corresponder ao desafio que a sociedade técnica de hoje, cada vez mais dependente da evolução tecnológica e exigente quanto à eficiência da resposta pública às suas necessidades, coloca à Administração Pública.

II. As funções do ato administrativo e a repercussão dos desafios do nosso tempo no plano funcional

1. As funções do ato administrativo

Considere-se, então, o conjunto de funções delimitado por Vieira de Andrade nos termos seguintes: a função definitória imperativa, a função tituladora ou executiva, a função estabilizadora e ainda as funções procedimental e impugnatória[11].

Como se referiu, na tarefa aqui proposta, importa analisar cada uma das referidas funções a fim de avaliar da aptidão, para enquadrar novas realida-

[9] Como destaca Peter Badura, «Das Verwaltungsverfahren», in Erichsen/ Martens (Hrsg.), *Allgemeines Verwaltungsrecht*, De Gruyter, Berlin 2002, p. 273, e, entre nós, Vieira de Andrade em «Algumas reflexões a propósito...», cit., em especial, pp. 1198, 1200, 1204-1205.

[10] *Lições de...*, cit., p. 162. Sobre o sistema de administração executiva, v., por todos, Afonso Rodrigues Queiró, *Lições de Direito Administrativo*, vol. I, Coimbra 1976, pp. 138-158.

[11] Cf. Vieira de Andrade, *Lições de...*, cit., pp. 162-165, e «Algumas reflexões a propósito...», cit., p. 1220 e p. 1211, nota 34, onde imputa ainda ao ato administrativo a capacidade de determinar o núcleo essencial da função administrativa, para o efeito de autonomizar esta função perante as demais funções estaduais, e a aptidão para garantir efeitos transnacionais às decisões administrativas, no contexto do Direito da União Europeia. Por seu turno, Rebelo de Sousa/ Salgado de Matos, *Direito Administrativo...*, cit., pp. 90-91, destacam ainda como função do ato administrativo a *função concretizadora* (das normas que integram o bloco de legalidade administrativa), ao lado das funções definitória, tituladora e estabilizadora.

des, do conceito de ato administrativo a que a doutrina maioritária chegou, e que se encontra hoje formalizado no artigo 148.º do CPA.

Assim, quando se considera o conceito legal de ato administrativo, sobressai o seu conteúdo decisório, o mesmo é dizer a *função definitória imperativa*, que, como ensina Vieira de Andrade, é cumprida por um «ato jurídico regulador, conformador ou concretizador das relações jurídicas externas vinculativo para a Administração, destinatários e terceiros – [...] cumprindo também, em determinadas situações, uma função *orientadora* de comportamentos». Ora, essa capacidade de *dizer o Direito* no caso concreto, de regular as relações jurídicas, inscrevendo efeitos jurídicos (de constituição, modificação ou extinção de posições jurídicas subjetivas) na esfera jurídica dos destinatários diretos ou de terceiros, corresponde à *marca* desta atuação jurídica unilateral da Administração Pública, distinguindo-a de simples atuações de facto ou de atos procedimentais meramente instrutórios ou auxiliares da decisão.

O conteúdo regulador está, pois, relacionado com a ideia de imperatividade, evidente no domínio de atos impositivos, mas também presente nos atos autorizativos e licenciadores, e até nas decisões atributivas de direitos a prestações sociais. Note-se que a imperatividade é expressão da força vinculativa da definição dos efeitos jurídicos contida no ato, manifestando-se na definição de efeitos jurídicos que vincula todos os sujeitos envolvidos numa dada relação jurídica, donde também o próprio autor do ato administrativo[12]. O ato administrativo traduz decisões ou escolhas (de satisfação do interesse público ou da sua salvaguarda) que têm, nas expressivas palavras de Aroso de Almeida, «[...] o alcance de vincularem a comunidade, como se por ela tivessem sido diretamente adoptadas [...], no sentido de que a todos compromete e vincula quanto à determinação do modo de prosseguir interesses que, por serem públicos, a todos pertencem»[13]. Por outras palavras, a imperatividade do ato administrativo resulta da vinculação à manifestação do interesse público que o ato administrativo concretiza numa dada situação ou relação jurídica.

Ainda assim, algumas formas de atuação administrativa representam um desafio concetual, como sucede com as pré-decisões (*v.g.*, os pareceres vin-

[12] Considerando que a imperatividade corresponde à autovinculação do próprio autor do ato, v. Guido Corso, *L'attività amministrativa*, G. Giappichelli, Torino 1999, pp. 176 e ss.

[13] *Teoria Geral...*, cit., p. 368. V. também Vieira de Andrade, «*Algumas reflexões a propósito...*», cit., p. 1198.

culantes[14]), por não projetarem imediatamente os seus efeitos sobre o destinatário do ato administrativo principal no procedimento.

Associadas à função definitória imperativa surgem as funções tituladora e estabilizadora. Com efeito, a *função tituladora ou executiva*, típica do sistema de administração executiva, exprime a ideia de imperatividade da decisão ou definição dos efeitos jurídicos no caso concreto (a autotutela declarativa, de que fala a doutrina italiana) «[...] e, sendo necessária, de executividade ("título executivo") ou mesmo, excepcionalmente, de executoriedade (quando seja admissível a execução coativa)»[15]. Nesse sentido, não pode também deixar de se afirmar num ato administrativo, pelo menos, a função tituladora.

Já a função estabilizadora – que, associada a uma ideia de proteção da confiança legítima dos destinatários do ato, mas sobretudo ao serviço da exigência de segurança jurídica ínsita ao princípio do Estado de Direito, reclama a consolidação dos efeitos jurídicos, dentro de um prazo determinado, como *caso decidido* – admite algumas exceções (como sucede no exemplo, avançado por Vieira de Andrade, de nulidade da decisão) ou postergações temporais, sem com isso, crê-se, se afetar a subsunção de certas decisões administrativas no conceito de ato administrativo[16]. Na verdade, as relações jurídicas administrativas prolongam-se no tempo, o que, se por um lado reclama a estabilidade das situações jurídicas subjetivas constituídas por ato administrativo, pode, por outro, implicar a revisão da decisão administrativa para a adequar a novas manifestações de interesse público. Esta é a razão por que atos precários, atos provisórios e atos com eficácia (resolutivamente) condicionada por certas circunstâncias ou pendente da evolução do interesse público não realizam na mesma medida ou com a mesma intensidade a função estabilizadora[17]. A este ponto se tornará.

[14] Sobre o tema, v. Daniel Castro Neves, *Os pareceres: a lei e o direito. O lugar da legalidade e da juridicidade na disciplina procedimental dos pareceres*, Universidade Católica Editora, Porto 2018, em especial, pp. 46-50.

[15] Vieira de Andrade, *Lições de...*, cit., p. 163.

[16] Aqui se incluirão os atos certificativos ou de verificação constitutiva, apesar do seu conteúdo declarativo – cf. Aroso de Almeida, *Teoria geral...*, cit., pp. 336-338; Rebelo de Sousa / Salgado de Matos, *Direito Administrativo...*, cit., pp. 97-98 e 109.

[17] Sobre o tema, pode ver-se Filipa Urbano Calvão, *Os atos precários e os atos provisórios no Direito Administrativo*, Universidade Católica Editora, Porto 1998; e *Cláusulas acessórias em direito administrativo. Da sua aposição aos actos administrativos e contratos administrativos sobre o exercício de pode-*

Outras dimensões funcionais do ato administrativo não se revelam, hoje, tão decisivas na arrumação dogmática da atuação administrativa, mas são ainda manifestação de uma vitalidade renovada da sua noção restrita. É o que sucede com a *função procedimental*, para cuja caracterização se recorre de novo aos ensinamentos de Vieira de Andrade: «[...] sendo o acto, como é, ou um *referente unitário* de colaborações e de participações ("acto principal"), ou, ainda que integrado num procedimento, uma pronúncia com efeitos externos próprios, *autónoma* relativamente a essa unidade»[18]. Essa força congregadora de atuações e diligências várias, dentro do serviço dirigido pelo órgão autor do ato ou em outros serviços da mesma ou de diferente pessoa coletiva pública, no contexto da relação jurídica procedimental, constitui um importante fator de estruturação do procedimento administrativo – conquanto, em alguma medida, os atos tradicionalmente designados por "destacáveis" (*v.g.*, os atos procedimentais de exclusão de concorrentes em procedimentos concursais, ou as decisões prévias e parciais[19]) não cumpram em pleno essa função, eles desempenham ainda um papel essencial no seio do procedimento, articulando-se com outras formas de atuação sucessivas.

Paralelamente, a *função impugnatória* assume hoje a relevância prática de abrir as portas à tutela efetiva das posições jurídicas subjetivas dos particulares, seja por via da impugnação administrativa dos atos administrativos, seja por via da sua impugnação contenciosa (sem prejuízo da possibilidade de reação administrativa e jurisdicional para suprir as omissões ilegais da Administração)[20]. Sendo, porém, discutível se todas as decisões administrativas individuais e concretas são suscetíveis de impugnação, em especial quando o efeito vinculativo da decisão se dirija exclusivamente a um outro órgão administrativo, ainda que de pessoa coletiva pública distinta daquela onde se integre o órgão autor do ato, esta função parece apresentar uma virtualidade dogmática menos significativa.

res públicos, Faculdade de Direito da Universidade de Coimbra, 2008 (inédito), pp. 18-29 e 138-145.

[18] Vieira de Andrade, *Lições de...*, cit., p. 163.

[19] Sobre estes atos, v. Pereira da Silva, *Em busca...*, cit., pp. 461-463; Filipa Calvão, *Os atos precários...*, cit., pp. 45-56.

[20] Sobre a relevância do ato administrativo na tutela jurisdicional efetiva, v. Vieira de Andrade, «Algumas reflexões a propósito...», cit., pp. 1212-1216, e Sérvulo Correia, «Acto administrativo e âmbito...», cit., *passim*.

2. Os desafios do nosso tempo: que repercussão nas funções do ato administrativo?

Do conjunto destas funções, a que se destaca como a função ou o efeito comum a todos os atos administrativos (de conteúdo regulador, passe a tautologia) é a função definitória imperativa. Esta é, pois, "a" função do ato administrativo que qualquer atuação administrativa, para merecer o respetivo regime jurídico, tem de ser capaz de realizar; razão por que o que caracteriza um ato administrativo é a sua aptidão ou força de definir de forma imperativa ou vinculativa efeitos jurídicos num caso concreto[21].

Seibert explica o efeito vinculativo (*Bindungswirkung*) como o resultado de o ato administrativo traduzir a concretização da lei e das normas jurídicas em geral, fazendo com que o seu autor, o destinatário e os terceiros interessados e outras autoridades administrativas tomem o ato administrativo como norma ou padrão, a ela se sentindo vinculados nas suas atuações e decisões[22]. O efeito vinculativo é expressão da capacidade da Administração Pública de desencadear efeitos jurídicos por ela escolhidos ou por lei impostos, aptidão que todos os atos administrativos eficazes, mesmo que vinculados à lei, possuem. E projeta-se sobre a própria entidade administrativa que emitiu o ato administrativo, bem como sobre outras entidades, sobretudo no contexto de procedimentos complexos, escalonados ou que estão numa relação de sucessão temporal.

Em consequência da função definitória imperativa, também acompanha o ato administrativo a função tituladora, no seu sentido estrito, que exclui a suposta característica da suscetibilidade de execução coerciva.

Mas o mesmo não pode ser afirmado quanto à função estabilizadora[23]. Esta função relaciona-se com a *força de caso decidido* do ato administrativo, que a doutrina vinha associando ao efeito vinculativo, sobretudo na vertente de (auto)vinculação do autor do ato[24].

[21] Qualificando-a como a força jurídica típica de todo o ato administrativo, v. Aroso de Almeida, *Teoria geral...*, *cit.*, p. 368.

[22] Max-Jürgen Seibert, *Die Bindungswirkung von Verwaltungsakten*, Nomos, Baden-Baden 1989, pp. 192 e ss. Sobre o desafio colocado no contexto das relações transnacionais à vinculatividade dos atos administrativos, v., por todos, Miguel Prata Roque, *A dimensão transnacional do Direito Administrativo*, AAFDL, Lisboa 2014.

[23] Sobre o tema, mais desenvolvidamente, pode ver-se Filipa Calvão, *Cláusulas acessórias...*, cit., pp.18-22.

[24] Ernst Forsthoff, *Lehrbuch des Verwaltungsrechts, I – Allgemeiner Teil*, C. Beck, München 1973, pp. 251-252, explica o efeito de caso julgado material com a ideia de obrigatoriedade do ato

Destacada pela Escola de Viena como característica do ato administrativo, em paralelo com os restantes poderes estaduais, sobretudo com a força de caso julgado das sentenças judiciais[25], a força de caso julgado material do ato administrativo foi inicialmente apresentada como manifestação concreta da supremacia da Administração Pública sobre os cidadãos, relacionando-se, deste modo, com a imperatividade daquele ato. Tal ideia, porém, não vingou, pelo menos com a amplitude inicialmente projetada, porque chocava com o princípio da revogabilidade dos atos administrativos. Na verdade, um dos elementos diferenciadores do ato administrativo em relação à sentença consistia na não vinculação da Administração ao conteúdo do ato administrativo[26]; ora, podendo os efeitos do ato ser postos em causa pelo seu autor (e, até há algumas décadas atrás, quase sem limites), não faria sentido sustentar-se a consolidação daqueles efeitos. E, na realidade, a vinculatividade do ato administrativo não se confunde com a estabilidade dos seus efeitos jurídicos.

É certo que a estabilidade, e a medida da estabilidade, do ato administrativo é definida em função do reconhecimento legal de poderes de revogação ou anulação do mesmo, e de eventuais causas de caducidade. Mas, como compreendeu Seibert, o efeito de vinculação é, na realidade, independente de tais poderes, afirmando-se mesmo que esteja temporalmente delimitado[27]. Sucede apenas que as circunstâncias previstas na lei que habilitam a Administração Pública a retirar (com fundamento na sua invalidade) ou fazer cessar (por razões de mérito) os efeitos dos atos administrativos fixam, ou permitem à Administração fixar, limites temporais ao efeito de vinculação[28].

e de duração desta.

[25] Cfr. Wilhelm Merk, *Deutsches Verwaltungsrecht*, I, Duncker & Humblot, Berlin 1962, pp. 211-212.

[26] Que Forsthoff, *Lehrbuch...*,cit., p. 255, explica com o diferente objeto das duas decisões: a decisão judicial incide, por regra, sobre uma situação passada e, por isso, invariável, enquanto a decisão administrativa atua sobre uma situação aberta ao futuro e, por isso, variável. Cfr. ainda Rogério Soares, *Direito administrativo...*, cit., pp. 223-224, e Freitas do Amaral, *Curso...*, cit., pp. 265-266.

[27] Seibert, *Die Bindungswirkung...*, cit., pp. 197-198.

[28] Sobre os limites temporais do efeito de vinculação, v. Seibert, *Die Bindungswirkung...*, cit., pp. 203 e ss.

Em suma, o efeito vinculativo do ato administrativo pode estar ou ser temporalmente delimitado, por força dos princípios da legalidade ou da prossecução do interesse público, mas existe sempre; ao contrário, o efeito de caso decidido apenas se verifica, grosso modo, quando as específicas circunstâncias de formação (procedimental, formal e substantiva) do ato administrativo não contradigam a lei ou os efeitos jurídicos definidos pelo ato sejam (e se mantenham) conformes com o interesse público.

Precisamente porque as relações jurídicas reguladas por ato administrativo se estendem no tempo, e o interesse público sofre, como se sabe, mutações, apresentando-se sob diferentes configurações a cada momento, os efeitos jurídicos (o conteúdo regulador) tendem a desatualizar-se, clamando pela sua revisitação. Tudo se reconduz, no essencial, à ideia ou princípio da atualidade do interesse público a que se referiu Orlando de Carvalho, pois «[...] a satisfação óptima [do interesse público] tem de ser à medida e à duração estrita da necessidade tal como esta se configura através do tempo e das circunstâncias»[29]. Razão por que se entende que ao ato administrativo não é hoje essencial a função estabilizadora, em especial no contexto de relações jurídicas que reclamam a flexibilização do seu conteúdo regulatório[30].

De facto, em tempos de incerteza[31], como é o nosso tempo, exige-se à Administração que a escolha dos efeitos jurídicos assente em juízos de prognose que avaliem o risco e salvaguardem, numa medida bastante, alterações de facto ou de ciência (conhecimento) supervenientes, o que resulta, por vezes, em atos administrativos com conteúdo condicional ou programático

[29] «Contrato administrativo e acto jurídico público», in *Escritos – Páginas de Direito I*, Almedina, Coimbra 1998, p. 224.

[30] Afirmando que o ato administrativo junta em si elementos de estabilidade e de flexibilidade, Peter Badura, «Das Verwaltungsverfahren», cit., pp. 273-275. Eberhard Schmidt-Aßmann, *Das allgemeine Verwaltungsrecht als Ordnungsidee. Grundlagen und Aufgaben der verwaltungsrechtlichen Systembildung*, Springer, Berlin Heidelberg 1998, pp. 261-262, afirma a complementariedade funcional da flexibilidade e da estabilidade do ato administrativo, com especial relevo no contexto da regulação de relações jurídicas duradouras.

[31] Sublinhando, no início deste século, que a ordem jurídica deixou de apresentar uma estrutura binária (sim/não; legalidade/ilegalidade), para deixar espaço para a ponderação e (re-)construção dos pressupostos que têm em conta o elemento de incerteza, Wolfgang Hoffmann-Riem, «Gesetz und Gesetzesvorbehalt im Umbruch. Zur Qualitäts-Gewärleistung durch Normen», in *Archiv des öffentlichen Rechts (AöR)*, 2005 (130), pp. 5-70 (24-25).

e, consequentemente, no enfraquecimento do seu efeito estabilizador e das posições jurídicas subjetivas dos seus destinatários[32] [33].

É neste quadro, em que os atos administrativos, num esforço de composição dos interesses públicos e privados em tensão, comportando a abertura para atualizações regulatórias, tendem a perder a força estabilizadora, e as funções definitória imperativa e tituladora se afirmam como a vocação típica do ato administrativo, que cabe considerar novos instrumentos que a evolução tecnológica vem disponibilizando. Não como mero meio facilitador da participação dos particulares no procedimento ou de agilização da comunicação das decisões administrativas, mas antes como um novo modo ou forma de decidir. E que podem ser tanto mais importantes quanto maior for a aptidão demonstrada para gerir o risco e a incerteza com menor margem de erro, com isso, permitindo recuperar ou reforçar a função estabilizadora das relações jurídicas administrativas. Vejamos.

III. A expansibilidade do ato administrativo em face da evolução tecnológica: o ato administrativo eletrónico

1. As novas realidades tecnológicas

Nas últimas décadas assistiu-se a um desenvolvimento acentuado da tecnologia com significativas repercussões no processamento da informação e na tomada de decisões, também no domínio da atividade administrativa. O

[32] Cfr. ainda José Eduardo Figueiredo Dias, *A reinvenção da autorização administrativa no Direito do Ambiente*, Coimbra Editora, Coimbra 2014, em especial, p. 726, onde destaca que «[a] grande adaptação no desenho do acto administrativo tem precisamente a ver com o equilíbrio entre liberdade e vinculação, entre estabilidade e flexibilidade, entre adaptação às flutuações do interesse público e a protecção do adquirido e da confiança [...]».

[33] Considerando que o ato administrativo é emitido sob reserva implícita de manutenção da situação de facto e de direito, Seibert, *Die Bindungswirkung...*, cit., pp. 225 e ss. (que, deste modo, explica a cessação da vinculação de outras autoridades administrativas nos procedimentos subsequentes, conexionados com o ato pressuposto). Entre nós, concluindo pelo poder de «revisão» do ato administrativo por alteração das circunstâncias, com base no paralelismo funcional entre ato e contrato e assim aplicando, por analogia, ao primeiro a teoria da imprevisão prevista para o contrato, Carla Amado Gomes, «Mudam-se os tempos, mudam-se os actos administrativos...Contributo para a construção de um regime de modificação do acto administrativo por alteração superveniente dos pressupostos», in *Estudos em Homenagem ao Professor Doutor Marcello Caetano no centenário do seu nascimento,* I, Coimbra Editora, Coimbra 2006, pp. 237 e ss., em especial pp. 247 e ss.; *Risco e modificação do acto autorizativo concretizador de deveres de protecção do ambiente*, AAFDL, Lisboa 2007.

aumento exponencial da capacidade computacional, tanto no plano estrito do armazenamento da informação (fenómeno designado por *Big Data*[34]), como da pesquisa e relacionamento da mesma (*Data mining*[35]), tem permitido acelerar a produção de decisões e, noutro plano, antecipar eventos sistémicos e comportamentos humanos – o que assume especial relevância em contextos de maior incerteza, onde a gestão do risco tem significativa projeção.

No âmbito da atividade administrativa, são indiscutíveis as vantagens da utilização destas tecnologias de Inteligência Artificial[36] para a eficiência nos processos decisórios. Hoffmann-Riem sintetiza-os assim: o alívio ou a diminuição do trabalho (com especial impacto na Administração Pública, marcada hoje pela escassez dos seus recursos), as possibilidades de aumento da rapidez decisória, da eficiência e da aptidão para tratar maiores quantidades de informação muito heterogénea – bem como de relacionar inclusive dados que não estão, *prima facie*, numa relação de causalidade – e ainda a suscetibilidade de melhor avaliação do impacto das decisões[37].

Na verdade, sem descurar a possibilidade de erro (e calando, nesta sede, as fundadas preocupações suscitadas pelo tratamento de dados pessoais dos cidadãos[38]), a análise estatística do conjunto de informação que a Administração Pública processa ou pode processar permite reduzir, com base em juízos probabilísticos, a incerteza quanto à evolução das situações a decidir. Com o que se conseguirá uma composição dos interesses públicos e privados (*rectius*, e das posições jurídicas subjetivas dos particulares) mais apta a

[34] Por todos, v. Viktor Mayer-Schönberger/ Kenneth Cukier, *Big Data. A Revolution That Will Transform How We Live, Work and Think,* John Murray, London 2013, pp. 12-13.

[35] Graham Greenleaf, «Abandon All Hope?» Foreword for Issue 37(2) of the UNSW Law Journal, on 'Communications Surveillance, Big Data and the Law', in *UNSW Law Journal* (2014) 37 (2), p. 636-642 consultado em http://papers.ssrn.com/sol3/papers.cfm?abstract_id=2490425, p. 640; Peter Schaar, *Überwachung total. Wie wir in Zukunft unseren Daten schützen,* Aufbau, Berlin 2014, p. 82.

[36] Para a explicação das tecnologias de IA e das suas vantagens, v. por todos, Arlindo Oliveira, *Inteligência Artificial,* Fundação Francisco Manuel dos Santos, Lisboa 2019.

[37] Wolfgang Hoffmann-Riem, «Digitale Disruption und Transformation. Herausforderungen für Recht und Rechtswissenschaft», in *Digitale Disruption und Recht. Workshop zu Ehren des 80. Geburtstags von Wolfgang Hoffmann-Riem* (Hrsg. Martin Eifert), Nomos, Baden-Baden 2020, pp. 143-195 (189).

[38] V., por exemplo, Ives Poullet, «About the E-Privacy Directive», in Serge Gutwirth/ Yves Poullet/ Paul De Hert (Ed.), *Data Protection in a Profiled World,* Springer, 2010, pp. 3-30 (pp. 5, 11-12 e 15).

acompanhar a evolução do interesse público e cunhada com um maior grau de estabilidade regulatória das relações jurídicas. Tal capacidade vem reforçada pelas novas tecnologias de autoaprendizagem (*Machine Learning*), com capacidade de decisão e de ação autónomas, libertadas de padrões humanamente pré-determinados para o relacionamento da informação e para a proposta ou tomada de decisão.

Deixando de lado a avaliação do impacto que a utilização destas tecnologias pela Administração pode ter nos direitos fundamentais dos particulares e, especialmente, no funcionamento das sociedades democráticas[39], importa aqui considerar estas realidades tecnológicas para determinar se se subsumem ainda no conceito de ato administrativo, com o fito último de compreender se, por isso, um juízo sobre a sua admissibilidade e conformidade deve ser construído a partir do regime procedimental e substantivo do ato administrativo (ainda que podendo justificar a previsão de normas ajustadas a eventuais especificidades, por direta ponderação do princípio da eficiência). Obviamente, uma análise da conformidade jurídica destes novos meios de atuação administrativa foge já ao propósito deste despretensioso texto, ficando reservada para outra sede.

Em suma, a questão que aqui importa considerar é se o ato administrativo mantém «[...] a capacidade que demonstrou nos últimos cento e cinquenta anos para se acomodar à evolução das tarefas da administração pública e às novas visões do direito administrativo»[40].

2. O ato administrativo eletrónico

O tema foi, entre nós, aflorado pela doutrina no final do século passado[41] e especialmente desenvolvido no estudo de Pedro Gonçalves, ainda que num tempo em que a automação do procedimento decisório não vinha acompanhada por máquinas com aptidão para ponderações autónomas de juízos humanos, portanto, com o grau de autonomia que hoje apresentam[42].

[39] Cf. Stefano Rodotà, «Identity between Web 2.0 and Web 3.0», in *Notizia di Politeia*, 2012, vol. 28, fasc. 3, pp. 4-11; Poullet, «About the E-Privacy...», cit., pp. 6-8.

[40] Rebelo de Sousa/ Salgado de Matos, *Direito Administrativo...*, cit., p. 88.

[41] V. Vieira de Andrade, *O dever da fundamentação expressa nos actos administrativos*, Almedina, Coimbra 1991, pp. 151-156, a propósito da automação das decisões em procedimentos em massa, e Pereira da Silva, *Em busca do...*, cit., pp. 481-489.

[42] «O acto administrativo informático (O direito administrativo português face à aplicação da informática na decisão administrativa)», in *Scientia Iuridica* n.ºs 265/267, 1997, pp. 47-95.

Os desafios jurídicos clássicos suscitados pela automatização das decisões administrativas foram já suficientemente discutidos na doutrina em termos que permitem a sua curta referenciação e o enfoque nas questões ainda ou agora pendentes.

Um primeiro argumento prende-se com a impossibilidade de descobrir uma conduta voluntária dirigida à produção dos efeitos jurídicos desenhados no procedimento eletrónico automatizado. A exigência de uma manifestação de vontade decorre da classificação dos factos jurídicos em sentido amplo, para neles diferenciar os atos jurídicos. A questão só releva quando se esteja a falar de decisões que sejam o resultado de um procedimento totalmente automatizado, sem uma intervenção final verificativa ou avaliativa do titular do órgão administrativo (ainda que meramente formal) – pois, neste último caso, fala-se antes de uma decisão tomada com apoio na tecnologia.

Segue-se aqui a visão doutrinária da tendencial irrelevância da vontade subjetiva ou psicológica do titular do órgão administrativo. Assim, a declaração de vontade que, na teoria geral do Direito, distingue os atos jurídicos dos factos jurídicos em sentido estrito, corresponde, no Direito Administrativo, à manifestação de uma *vontade funcional ou objetiva*, expressão da realização do fim heterodeterminado na lei e portanto fruto de uma racionalidade jurídica[43], que não precisa, portanto, de ser reconduzida, no final, à vontade do titular do órgão administrativo. De outro modo, dir-se-ia, não se poderá

Note-se que, embora o Autor refira, a pp. 54-55, a utilização de *expert systems* na transição da década de 80 para a década de 90, caracterizados por integrarem mecanismos capazes de, por via do relacionamento da informação disponibilizada e de inferências, produzir respostas às questões colocadas, tais sistemas parecem corresponder ainda a técnicas de codificação de regras decisórias a partir da aprendizagem ou conhecimento humano, as quais evoluíram, entretanto, para as técnicas de aprendizagem de máquina (*Machine Learning*).
Mais recentemente, o assunto foi aprofundado por Miguel Prata Roque em «Administração eletrónica e automatização: Contributos para uma reformulação da teoria geral das atuações administrativas», in *Estudos em Homenagem a Rui Machete*, Almedina, Coimbra 2015, pp. 755-795.

[43] Neste sentido, Vieira de Andrade, *Lições de...*, cit., pp. 130 e 170. Assim, a propósito da automatização das decisões administrativas, Niklas Luhmann, *Recht und Automation in der öffentlichen Verwaltung. Eine verwaltungswissenschaftliche Untersuchung*, Duncker & Humblot, Berlin 1966, p. 32, e, especificamente sobre os atos administrativos eletrónicos, Ulrich Stelkens, in P. Stelkens/ Bonk/ Sachs (Hrsg.), *Verwaltungsverfahrengesetz*, 9.ª ed, 2018, anotação ao §35a (Rn 28); Ariane Berger, «Der automatisierte Verwaltungsakt. Zu den Anforderungen an eine automatisierte Verwaltungsentscheidung am Beispiel des §35a VwVfG», in *NVwZ* 17/2018, pp. 1260-1264 (1262).

afirmar existir um ato administrativo eletrónico totalmente automatizado, porque se exigiria sempre uma qualquer manifestação do titular do órgão administrativo (bastando, porventura, uma ação inequívoca, como pressionar a tecla "enter" no equipamento informático) a assumir como seu – a homologar – uma proposta (ou projeto) de decisão produzida pela máquina[44].

Mas mesmo quem defenda a indispensabilidade da voluntariedade humana nos atos jurídicos da Administração encontra na *sua manifestação antecipada* o elemento que permite aí subsumir os atos administrativos eletrónicos[45]. Neste sentido, pronuncia-se Prata Roque, que detalha este processo de antecipação, distinguindo o momento da *antecipação cognitiva* do momento da *antecipação volitiva* do titular do órgão. A primeira, reporta-se ao «conhecimento dos factos, potenciais e futuros, que virão, mais tarde, a preencher as condições de aplicação do bloco de normatividade vigente», enquanto a segunda se traduz na aceitação de «emprestar a sua vontade a atuações administrativas futuras, mas previsíveis, em momento prévio à sua

[44] Este parece ser o entendimento de Pedro Gonçalves («O acto administrativo...», cit., pp. 68-70 e 74-75), que não dispensa uma imputação subjetiva da declaração à vontade do declarante, exigindo que «*o comportamento declarativo* tem de ter sido querido pelo titular do órgão», para o que não será suficiente a decisão prévia de recorrer a procedimento eletrónicos para a produção da decisão ou à elaboração do respetivo programa . Apesar de, a p. 76, afirmar que «o facto de existir um domínio do processo decisório através do programa informático é, para nós, condição suficiente (e necessária) para assegurar a legitimação democrática da decisão informática».

[45] Embora partindo de um conceito amplo de ato administrativo, Pereira da Silva, *Em busca de...*, cit., p. 483, e Rebelo de Sousa/ Salgado de Matos, *Direito Administrativo...*, cit., pp. 74-75, admitem que os atos administrativos informatizados não devem ser excluídos com o argumento de que não correspondem a uma conduta voluntária da Administração, uma vez que, nas palavras deste últimos, «[...] atrás de uma pronúncia informatizada existe necessariamente uma conduta humana voluntária manifestada na programação de um computador para que, perante determinados pressupostos que lhe sejam alimentados mediante condutas também elas voluntárias, seja segregada uma pronúncia com determinado conteúdo». No mesmo sentido, Prata Roque, *Administração Eletrónica...*, cit., pp. 761-763. Destacando também a imprescindibilidade de uma vontade psicológica dos titulares dos órgãos administrativos, não apenas nas decisões da Administração adotadas nas áreas de autonomia pública conferida por lei, mas também nas decisões vinculadas à lei, afirmando que mesmo aqui há «[...] algo mais do que uma mera "vontade dirigida pela lei"», v. Paulo Otero, *Direito do Procedimento Administrativo*, vol. I, Almedina, Coimbra 2016 (reimp.), pp. 462-479 (p. 476), para quem é possível autonomizar aí a conduta voluntária do titular do órgão – cf. Idem, *Manual de Direito Administrativo*, I, Almedina, Coimbra 2013, p. 485.

ocorrência, através de mecanismos eletrónicos ou mecânicos que permitem antecipar o preenchimento de vetores de aplicação automática»[46].

Na verdade, na imputação ao órgão administrativo titular da competência, do ato emitido através de um sistema eletrónico automatizado, destaca-se o *programa da decisão*, ou seja, o conjunto de proposições ou condições antecipadas pelo órgão para cada tipo de situação jurídica previsível e que é traduzido em vetores de aplicação automática. Esta programação é, pois, definida pelo órgão administrativo e, nesse sentido, traduz ainda o exercício de poderes jurídico-administrativos, manifestando a vontade orgânica de, verificada uma circunstância prevista, ser produzido um determinado efeito jurídico. Nessa medida, admite-se serem autonomizáveis, mas apenas *logicamente*, o momento de conhecimento ou identificação das circunstâncias fácticas relevantes para efeito de aplicação de uma norma e da produção de um efeito jurídico, e o momento da decisão de desencadear esse efeito sempre que a situação fáctica se verifique, pois, conforme a perspetiva que aqui se subscreve, ambos se manifestam na programação da decisão eletrónica.

Portanto, a vontade orgânica manifestada na definição da programação decisória é suficiente, dispensando outro tipo de intervenção do órgão por razões formais, que não parecem estar aqui substanciadas num reforço da tutela dos direitos dos particulares ou numa garantia de melhor prossecução do interesse público –o qual, em rigor, só sairia prejudicado com este formalismo, concretizador de uma "des-simplificação" da ação administrativa[47]. Aliás, como alguns têm sublinhado na doutrina alemã[48], a lei também dispensa o elemento volitivo humano para o reconhecimento do deferimento tácito, que tem sido visto como um ato administrativo[49].

O que nos conduz à determinação da natureza jurídica da programação da decisão eletrónica. A generalidade da doutrina inclina-se para considerar que os comandos ou instruções para o desenho do algoritmo (a programação eletrónica, que pressupõe a definição do programa pelo órgão administra-

[46] Prata Roque, *Administração Eletrónica...*, cit., p. 763.

[47] O que não é o mesmo que afastar a monitorização administrativa do processo eletrónico de produção da decisão.

[48] Neste sentido, Stelkens, in P. Stelkens/ Bonk/ Sachs (Hrsg.), *Verwaltungsverfahrengesetz*, cit., anotação ao §35a (Rn 28).

[49] Em sentido diferente, Rebelo de Sousa/ Salgado de Matos, *Direito Administrativo...*, cit., p. 75, adotam uma terceira via, sustentando que o deferimento tácito apenas está sujeito ao mesmo regime do ato administrativo.

tivo) correspondem à definição do quadro regulatório que se concretiza em cada aplicação ou emissão da decisão (o ato administrativo), constituindo, por isso, uma norma ou regulamento administrativo (interno)[50].

Importa, a este propósito, distinguir o tipo de decisões eletrónicas em função do espaço de ação que a lei deixe à Administração. Na verdade, a doutrina diferencia as situações que se reconduzem ao domínio da vinculação à lei, portanto, em que a lei determina o conjunto de hipóteses que justificam a produção de um efeito jurídico nela especificado, das situações em que a lei reconhece à Administração um espaço de autonomia decisória, seja na escolha dos efeitos jurídicos, seja na delimitação das circunstâncias de facto que podem motivar a sua produção.

No primeiro caso, a automatização do processo decisório, por via da programação eletrónica, assenta num algoritmo que corresponde a uma estruturação binária simples, em que à situação *X* corresponde o efeito *Y*, que integrará tantos silogismos quantas as variantes futuras antecipáveis.

Diferente é a hipótese de emissão de atos administrativos eletrónicos onde haja espaço de ponderação autónoma da Administração (ou discricionariedade). Geralmente por recurso ao método de tipificação, «[...] a Administração, a partir das situações "habituais", dos casos "normais", ou das pessoas "médias" sujeitas à aplicação de uma lei, constrói *tipos* estilizados, que utiliza na decisão. Desta maneira, a Administração consegue dar tratamento uniforme a séries de casos, diferentes entre si, mas que apresentam características típicas comuns»[51]. Esta forma de ação, de estandardização decisória, espelha ela própria um processo de autovinculação administrativa, pelo qual antecipadamente e, portanto, descurando eventuais pormenores factuais concretos, a Administração se vincula a aplicar um determinado efeito jurídico a certo tipo de circunstâncias concretas futuras ou prováveis, que

[50] Neste sentido, Peter Badura, «Das Verwaltungsverfahren», cit., pp. 277 e 505, no que parece ser acompanhado por Pereira da Silva, *Em busca...*, cit., p. 485. Também Pedro Gonçalves, «O acto administrativo...», cit., pp. 62 e ss. e 91, o qualifica como preceito administrativo ou regulamento interno. Mais recentemente, e especificamente a propósito de algoritmos de autoaprendizagem, Andrés Boix-Palop, «Algorithms as regulations: considering algorithms, when used by the Public Administration for decision-making, as legal norms in order to guarantee the proper adoptions of administrative decisions», in *European Review of Digital Administration & Law – Erdal*, 2020, v. 1, 1-2, June-December, pp. 75-99 (83-84), defende que os algoritmos são materialmente normas jurídicas administrativas (regulamentos), assim assegurando a sua sujeição às garantias já previstas no ordenamento jurídico.

[51] Vieira de Andrade, *O dever da fundamentação...*, cit., p. 151.

delimitou a partir dos pressupostos legais. Se, na perspetiva estrita de vinculação ao comando legal que lhe atribui o poder-dever de analisar e ponderar todas as circunstâncias concretas do caso, se poderia ver aqui o desrespeito pelo princípio da legalidade[52] (bem como do princípio da imparcialidade), a verdade é que tal autovinculação pode ainda ser entendida como manifestação ou expressão do princípio da juridicidade, na vertente dos princípios da igualdade e da boa administração.

Aliás, adianta-se que o reconhecimento deste espaço de automatização da decisão pode ter-se por admissível, na medida em que a Administração proceda, por aplicação dos princípios gerais de Direito Administrativo, à redução da discricionariedade a zero[53]. O que, de todo o modo, supõe, sob pena de desvirtuamento do sistema normativo e de atropelo da vontade

[52] Neste sentido, Afonso Queiró, *Lições...*, cit., pp. 448-449, a propósito da autovinculação regulamentar, invocando o fim da norma legal que quer a análise das circunstâncias concretas do caso.

[53] Neste sentido, Stelkens, in Stelkens/ Bonk/ Sachs, *Verwaltungsverfahrengesetz,* cit., anotação ao §35a (Rn 45-46), considerando que a (in)admissibilidade legal da automatização eletrónica de decisões discricionárias não está relacionada com o controlo jurisdicional mais limitado, antes depende da suscetibilidade de adotar trâmites que garantam a verificação e avaliação dos pressupostos reais e do seu peso no processo decisório. Entendimento que não é partilhado pela maioria da doutrina alemã, que rejeita tal possibilidade em face da letra do §35a da Lei do procedimento administrativo alemã – por todos, v. Annette Guckelberger, «E-Government: Ein Paradigmenwechsel in Verwaltung und Verwaltungsrecht?», in *Veröffentlichung der Vereinigung der Deutschen Staatsrechstslehrer* 78, 2018, pp. 235-288 (265-266), para quem nem mesmo os atos administrativos vinculados à lei são todos suscetíveis de automatização.
V. também Agustí Cerrilo i Martinez, «¿Son fiables las decisiones de las Administraciones públicas adoptadas por algoritmos?», in *European Review of Digital Administration & Law – Erdal,* 2020, v. 1, 1-2, June-December, pp. 17-36 (21-25), com abertura a reconhecer essa possibilidade sob aplicação do princípio da precaução.
Entre nós, Prata Roque, «Administração eletrónica...», cit., p. 768, nota 54, aceita a automatização eletrónica quanto à "discricionariedade optativa" e, quanto à "discricionariedade criativa", desde que, por via da programação eletrónica prévia, se possa antecipar todas as variantes possíveis de uma atuação futura. V. também Francisca Almeida, «Inteligência Artificial e Atividade administrativa: notas breves sobre automatização na emissão de atos administrativos», in *Revista de Direito Administrativo* 17, 2023, pp. 137-144 (141-142). Em sentido contrário ao exposto no texto pronunciaram-se, ainda em finais do século passado, Pereira da Silva, *Em busca de ...,* cit., p. 487, Pedro Gonçalves, «O acto administrativo...», cit., pp. 77-79 (embora o Autor, a p. 58, sublinhe que tal é possível do ponto de vista técnico, precisamente através da «(re)programação anulatória da discricionariedade»)e, mais recentemente, Paulo Otero, *Manual de Direito Administrativo,* cit., p. 485.

legislativa de remeter para uma apreciação da variedade de situações concretas a tarefa de encontrar a decisão adequada, a garantia de um tempo de maturação adequado até à programação da decisão eletrónica. Por outras palavras, essencial é que esse processo de tipificação ocorra após a aplicação da norma legal de competência durante um período significativo, suficiente para a apreensão da realidade pela Administração, que lhe permita formar uma *praxis* decisória e sistematizar as situações fácticas a que correspondem tipicamente determinados efeitos jurídicos.

Neste quadro, e independentemente do concreto espaço para a sua admissibilidade no ordenamento jurídico português, que, evidentemente, dependerá ainda da consideração de outras regras jurídicas e dos princípios gerais de Direito Administrativo, a conclusão é que o ato administrativo comporta ainda, em função das suas características, as decisões eletrónicas automatizadas da Administração Pública, aqui delimitadas às que assentam num esquema algorítmico determinístico (portanto, segundo esquemas condicionais), por serem ainda reconduzíveis à vontade orgânica e ao exercício de poderes públicos.

No plano funcional, é inegável que tais decisões contêm a definição de efeitos jurídicos no caso concreto e que, por provirem do órgão titular da competência pública que por esta via está a ser exercida, o qual assim prossegue ou salvaguarda o interesse público no caso concreto, se impõem ainda com a mesma marca de autoridade típica do ato administrativo. Paralelamente, a função tituladora é aqui cumprida, assim como a função de garantir a defesa dos direitos dos titulares, também no plano jurisdicional.

Já no que diz respeito à função de estabilização das relações jurídicas, esta assumirá, neste tipo de atos administrativos eletrónicos, uma relevância equivalente à que é assumida pelos atos administrativos não eletrónicos. Ou seja, quando em causa esteja a emissão de atos administrativos por aplicação de algoritmos determinísticos, a capacidade desses atos para acompanharem a evolução do interesse público é, em princípio, limitada, porque ou são execução direta da lei ou resultam de um equilíbrio entre os interesses públicos e privados em tensão já definitivamente fechado pela Administração, com base numa ponderação que a levou ao único resultado admissível.

De todo o modo, há que reconhecer, com Pereira da Silva[54], que «[...] foi a recondução das decisões automatizadas à figura do acto administrativo

[54] *Em busca de...*, cit., p. 488, ainda que o Autor parta de uma noção ampla de ato administrativo.

que simplificou a tarefa do seu tratamento e enquadramento jurídicos, desta forma contribuindo para facilitar e potenciar a automação da Administração Pública».

3. O desafio específico do recurso a tecnologias de autoaprendizagem e o conceito de ato administrativo

Bem distinta é a utilização das novas tecnologias de autoaprendizagem (*Machine Learning*), que, como se explicou supra, são desenhadas para relacionar informação de forma autónoma ou livre de padrões humanamente pré-determinados. Para o tema que aqui nos traz, interessa considerar as tecnologias de autoaprendizagem construídas para a tomada de decisão, com exclusão das tecnologias de redes neuronais profundas (*Deep Learning*), cuja utilização, pela sua intrínseca opacidade, deve, nesta fase da sua evolução, estar vedada à Administração Pública.

É este tipo de decisão eletrónica que revela a maior aptidão para lidar com situações de incerteza e de risco, por não depender estritamente da capacidade humana de relacionamento da informação e de previsão de condutas ou eventos futuros. As decisões que as tecnologias de autoaprendizagem, depois de treinadas para o efeito, são capazes de formular, assentes em juízos probabilísticos fundados na análise estatística da informação, podem em algumas áreas da atuação pública representar um contributo diferenciador na satisfação do interesse público e na composição ou harmonização do mesmo com os direitos dos particulares, dominando, pelo menos em maior medida quando comparadas com a decisão humana, a incerteza e o risco[55]. E especialmente talhadas para as normas legais assentes numa abordagem do risco, que remetem para a Administração Pública a sua avaliação e mitigação. Decisões eletrónicas assim tomadas podem significar um robustecimento da função estabilizadora das relações jurídicas administrativas, sem perder as demais funções definitória imperativa e tituladora, nem, em princípio, a função processual de garantia dos direitos dos particulares.

Mas o desafio está agora em perceber até que ponto se pode ainda fazer reconduzir o conteúdo decisório a um órgão administrativo (ou a um órgão titular do poder jurídico-administrativo), quando as instruções ou os comandos que a máquina dele recebeu – intermediados pela programação algo-

[55] Sobre o tema, cf. Antonio Barone, «Amministrazione del rischio e intelligenza artificiale», in *European Review of Digital Administration & Law – Erdal*, 2020, v. 1, 1-2, June-December, pp. 63-67.

rítmica realizada pelos técnicos – têm o sentido de lhe deixar espaço para ponderações autónomas, desde logo quanto aos critérios de relacionamento da informação.

Não sendo, *prima facie*, impossível assegurar essa recondução, até porque os algoritmos de autoaprendizagem podem ser limitados por certos parâmetros ou condicionados na sua ação pela delimitação de critérios[56] por parte do órgão administrativo, em conformidade com o quadro legal, reconhece-se que a ligação da decisão produzida eletronicamente à vontade orgânica é mais esbatida. Sendo o programa decisório menos exaustivo e preciso[57], ainda se poderá afirmar a vontade administrativa de produzir a decisão final, *rectius*, as decisões em concreto emitidas, enquanto vontade de encarregar o sistema algorítmico de escolher o efeito jurídico – numa espécie de delegação interna do exercício da competência decisória. Mas aqui, sim, exigências de formalização da imputação da decisão ao órgão administrativo são essenciais, para garantir a verificação e avaliação do conteúdo decisório, quanto mais não seja numa lógica de controlo extrínseco de eventual manifesta desproporcionalidade ou desrazoabilidade[58]. Por outras palavras, uma intervenção prévia mais frouxa do órgão administrativo tem, nestes programas algorítmicos, de ser compensada com a sua robusta intervenção ulterior, antes da prolação final da decisão. Porém, nessa medida, o resultado produzido não corresponderá a um ato administrativo totalmente automatizado[59], mais parecendo corresponder a uma proposta ou projeto de decisão, a que falta o efeito regulatório vinculativo característico daquele ato.

[56] Embora sobrem dúvidas quanto à exequibilidade da proibição de critérios de análise e relacionamento de informação, porque a sua definição assenta no conhecimento humano de variáveis que identificam, por exemplo, uma causa de discriminação e a tecnologia de autoaprendizagem pode encontrar outros padrões que a conduzem ao mesmo resultado discriminatório.

[57] Defendendo que sistemas de inteligência artificial de autoaprendizagem ou em constante aprendizagem ou melhoramento não podem ser qualificados como regulamentos administrativos, v. Annette Guckelberger, «E-Government...», cit., p. 271.

[58] Portanto, para o efeito de «um *juízo global de aceitabilidade*» do resultado, nas palavras de Aroso de Almeida, *Teoria geral...*, cit., p. 166. Defendendo que para respeitar o princípio da irrenunciabilidade e inalienabilidade da competência administrativa é necessário que a Administração Pública mantenha o domínio sobre o processo decisório com recurso a tecnologia de autoprendizagem, Francisca Almeida, «Inteligência...», cit., p. 141.

[59] Neste sentido, Annette Guckelberger, «E-Government...», cit., pp. 277-278.

Importa, porém, ter presente que esta apreciação está fortemente condicionada pelo estado atual do desenvolvimento tecnológico e que, tal como se procura, entretanto, encontrar soluções técnicas que permitam monitorizar os algoritmos de redes neuronais profundas, novos avanços poderão permitir a utilização das tecnologias de autoaprendizagem, com pleno aproveitamento das suas vantagens, porque sujeita a um efetivo domínio por parte da Administração Pública.

Caberá, de todo o modo, ao legislador nacional recuperar o atraso de que, objetivamente, parte[60], e definir com parâmetros exequíveis e eficazes a possibilidade da utilização de atos administrativos eletrónicos e de atos administrativos suportados em tecnologias de autoaprendizagem, prevendo um ajustado quadro garantístico das posições subjetivas dos particulares.

IV. Conclusão

Em jeito de síntese, pode afirmar-se que a noção de ato administrativo, tanto nas suas características como nas suas funções, continua a revelar-se ser o instrumento jurídico-administrativo de eleição para corresponder aos novos desafios do nosso tempo, em particular o de encontrar o regime jurídico adequado a enquadrar a utilização pela Administração de tecnologias de Inteligência Artificial para conformação concreta das relações jurídicas administrativas.

Nesse contexto, é certa a aptidão do ato administrativo para abarcar os conteúdos regulatórios encontrados com a utilização dessas tecnologias, quando o desenho do programa algorítmico obedeça à racionalidade jurídica condicional. Aqui os resultados são o reflexo da racionalidade normativa, correspondendo ao conteúdo decisório que o órgão competente determinou previamente, aquando da definição do esquema algorítmico.

Todavia, perante normas finalísticas aplicáveis a situações de incerteza, onde, portanto, mais se reclama a capacidade de antecipação para uma conformação eficiente das relações jurídicas e onde há maior necessidade de emparelhar a função definitória típica do ato administrativo com a função estabilizadora, os programas algorítmicos probabilísticos substituem a regulação orgânica e a sua racionalidade por uma regulação que ultrapassa a pró-

[60] Em crítica certeira ao CPA de 2015, por «persistir em lidar com a automatização eletrónica enquanto mero instrumento de comunicação entre a administração pública e os particulares, mas não como uma nova forma de atuação administrativa», v. Prata Roque, «Administração eletrónica...», cit., p. 788.

pria Administração autora dos programas. Com efeito, se estes programas são, pelo menos em algumas áreas de atuação, aptos a superar a Administração na eficiência das respostas concretas, também se revelam aptos a ultrapassá-la quanto à definição do resultado encontrado, uma vez que *ex ante,* no momento da definição deste tipo de programas, falta ao órgão competente a perceção dos conteúdos decisórios que vão em concreto ser produzidos. O que parece prejudicar o argumento da recondução à vontade orgânica de tais resultados. Repare-se que não é tanto o elemento da imputação formal ao órgão do conteúdo produzido que aqui está em crise (que ainda é suscetível de ser salvaguardado), mas o do domínio desse conteúdo pela Administração, não se podendo afirmar que ele corresponda à definição vinculativa, desde logo para o seu autor, de uma situação ou de uma relação jurídica.

Donde, no atual estado de evolução tecnológica, se afigurar que o processo decisório com recurso a técnicas de autoaprendizagem apenas permite descobrir no resultado produzido um projeto ou proposta de decisão que não cumpre a vocação funcional típica do ato administrativo (a função definitória vinculativa) e, por isso, não constitui um ato administrativo.

Invalidade dos atos administrativos e a busca por um regime de invalidade mista em matéria urbanística: a nulidade ainda é essa desconhecida?

FERNANDA PAULA OLIVEIRA*

Razão de Ordem

O tema da invalidades dos atos administrativos foi uma constante no pensamento e nos escritos de Vieira de Andrade. Relembramos, como mais impressivos, o texto publicado no *Dicionário Jurídico da Administração Pública*, Vol. VII, 1996, intitulado "Validade (do acto administrativo)"; o texto publicado nos *Cadernos de Justiça Administrativa*, n.º 43, janeiro-fevereiro de 2004, com o titulo "Nulidade e anulabilidade dos actos administrativos" e o texto "A nulidade administrativa, essa desconhecida", publicado na *Revista de Legislação e de Jurisprudência*, Ano 138.º, e, também nos *Estudos em Homenagem ao Prof. Doutor Freitas do Amaral*, 2010, 766 ss.

O relevo destes escritos está não só na exposição e análise neles feitos do regime da invalidade dos atos administrativos e da sua evolução no ordenamento jurídico português, mas também, e sobretudo, no facto de neles encontrarmos uma apreciação critica (e um questionar) destes regimes, indispensável para a sua evolução. Damos aqui particular relevo ao texto "Nulidade essa desconhecida..." onde encontramos uma reflexão muito pertinente do regime deste tipo de invalidade: embora o regime da nulidade tenha já hoje evoluído, o texto permanece ainda muito atual, uma vez que continuamos a ter um regime de nulidade bastante radical que não dá resposta adequada (e justa) a todas as situações.

Esta atualidade é particularmente evidente no âmbito do urbanismo, que se apresenta, não raras vezes, como um dos domínios da atuação administrativa que permite testar (qual laboratório de experimentação) a adequação do regime de muitas das figuras e dos institutos clássicos do direito

* Faculdade de Direito, Univ Coimbra; IJ, Univ Coimbra.

administrativo, de que é exemplo, a validade/invalidade dos atos administrativo. Com efeito, uma das especificidades deste domínio de atuação administrativa é, como se vem aludindo, a existência de um regime especial de nulidade dos atos administrativos – referimo-nos, particularmente, aos atos administrativos de gestão urbanística que conferem aos respetivos destinatários a faculdade de realização de operações urbanísticas –, especialidade essa que, no entanto, se traduz tão somente numa limitação temporal (que nem sequer é para todos os casos) para a declaração de nulidade (ao contrário da regra geral de que a nulidade pode ser conhecida e declarada a todo o tempo). Esta especialidade de regime parece-nos bastante insuficiente para dar resposta às exigências que o urbanismo e o direito que o regula colocam; o texto de Vieira de Andrade "Nulidade essa desconhecida..." embora contenha um conjunto de reflexões a propósito do regime da nulidade de atos administrativos em geral (que, no entanto, não foi totalmente acolhido pela lei), fornece-nos uma série de considerações que bem poderão fundamentar a construção de um regime de nulidade mais adequado a este domínio de atuação administrativa, que tanta falta tem feito.

O presente texto tem, precisamente, como objetivo, apresentar uma proposta de construção de um regime especial de nulidade (um regime de invalidade misto) para os atos administrativos de gestão urbanística a partir das reflexões feitas por Vieira de Andrade naquele seu impressivo texto sobre a nulidade administrativa.

Eis o percurso que aqui seguiremos. Iniciaremos com uma breve exposição do regime geral da validade/invalidade dos atos administrativos, que consta atualmente do Código do Procedimento Administrativo (I.), procurando, num segundo momento, apontar os traços essenciais do que deveria ser um regime misto de invalidade dos atos de gestão urbanística (II.).

I. Da validade/ invalidade em geral dos atos administrativos

1. Considerações preliminares

i. O conceito de ato administrativo

Sendo o tema central do presente texto a invalidade do ato administrativo, interessa, desde logo, delimitar o conceito de ato administrativo que aqui releva, sabendo-se que se trata de uma forma típica de atividade da Administração que já não tem, atualmente, a função central que lhe foi reconhecida durante anos, nem no contexto geral da atuação administrativa (uma vez que assumem crescente relevo outras formas de atuação, designadamente regulamentos e contratos administrativos), nem na dogmática administrativa (onde passaram a assumir protagonismo o procedimento e a relação jurídica administrativa), nem no âmbito da garantia dos interessados (já que a garantia jurisdicional efetiva dos particulares perante a Administração é atualmente *plena*, não estando *limitada à mera impugnação de atos administrativos*). Porém, se bem que adaptado a novas realidades, o ato administrativo pode continuar a ter um papel relevante em sistemas como o nosso, de administração executiva, o que justifica que se continue a procurar por um conceito de ato administrativo (substantivo) que abranja apenas, mas todos, os atos principais da administração em relação aos quais se continua a justificar a existência de um regime substancial próprio tendencialmente unitário, global e coerente, quer do ponto de vista *procedimental* (com o estabelecimento de especiais cautelas, designadamente do ponto de vista da participação dos interessados), quer da perspetiva da *força jurídica* de que são dotados (obrigatória e executiva), quer da *especial estabilidade* de que gozam (força de caso decidido, limites à revogação, etc.).

Para todos estes efeitos, o conceito de ato administrativo que importa é o que consta do artigo 148.º do Código do Procedimento Administrativo (CPA), que o define como "*as decisões que, no exercício de poderes jurídico-administrativos, visem produzir efeitos jurídicos externos numa situação individual e concreta*", noção que acrescenta, à que constava do CPA de 1991 (artigo 120.º) a exigência de que os efeitos produzidos pelo ato administrativo sejam externos[2].

Partimos, assim, para efeitos do presente texto, de um conceito de ato administrativo como o ato de *direito público, jurídico*, de *autoridade, concreto* e *externo*, que engloba todos e apenas os atos principais da Administração, isto é, as decisões administrativas às quais a lei reconhece força jurídica para a definição estável (favorável ou desfavorável) da esfera jurídica dos particulares ou outros destinatários.

[2] Com esta definição não se resolvem todos os problemas em torno do conceito de ato administrativo: para além das divergências interpretativas que pode suscitar, nunca um conceito de tão grande relevo poderia ficar absolutamente pacificado com uma definição dada pelo legislador. Provavelmente, por tal razão, o legislador foi extremamente cauteloso, mencionando no artigo 120.º do CPA de 1991 que tal definição era apenas a entendida "*Para efeitos da presente lei*". Cautelas que se mantêm no novo Código, cujo artigo 148.º estatui "*Para efeitos do disposto no presente Código, consideram-se atos administrativos...*".

E é igualmente a estas decisões que se aplica um regime próprio de invalidade, regime que também recebe acolhimento no Código do Procedimento Administrativo (Secção III, do Capítulo II, do Título IV). Antes de nos referirmos a este regime, precisemos os conceitos de validade e de invalidade.

***ii.* Validade *versus* invalidade do ato administrativo**

A validade pode ser definida como a qualidade do ato administrativo que se constitui em conformidade com as normas jurídicas fundamentais que o regulam, tornando-o *apto* à produção estável dos seus efeitos jurídicos[3].

De entre tais normas, constam, desde logo, *regras não jurídicas*, isto é, *regras de boa administração* cujo não cumprimento ou violação pode determinar uma *invalidade por vícios de mérito*. Este tipo de invalidade, como se sabe, não pode ser conhecida por um tribunal, mas pode ser objeto de apreciação por parte da Administração no âmbito dos seus poderes de revisão.

Mais importante é a conformidade do ato administrativo com o *bloco da juridicidade* (normas legais e princípios jurídicos, preceitos constitucionais de aplicabilidade direta, preceitos regulamentares, etc.): a sua violação corresponde à *antijuridicidade* do ato administrativo que continua, entre nós, a ser designada por *"ilegalidade"* (*vícios de "legalidade" ou de juridicidade*), em consonância com os termos em que o princípio da legalidade está previsto no artigo 3.º do CPA.

De notar que nem todos as desconformidades com as normas que regem a atuação administrativa se traduzem necessariamente em *vícios invalidantes* (sejam estes, de mérito ou de "legalidade"), sendo possível encontrarmos *vícios não invalidantes,* o que sucede quando a ordem jurídica encara o incumprimento de certas normas como destituído de relevo. Estamos, nestes casos, perante as designadas *irregularidades do ato administrativo,* ou

[3] José Carlos Vieira de Andrade, "Validade (do acto administrativo)", in *Dicionário Jurídico da Administração Pública,* vol. VII, pp. 581 e ss.
Validade não se confunde com eficácia: o ato válido é aquele que está *apto a produzir os efeitos jurídicos para que tende,* por estar em conformidade com as normas que o regem (diz respeito a momentos intrínsecos do ato), o que não quer dizer que os esteja a produzir; a eficácia é a *produção efetiva* de tais efeitos (diz respeito a circunstâncias extrínsecas a esse mesmo ato, isto é, à sua operatividade).

seja, vícios que não relevam para efeitos de validade, ainda que possam ter relevo para outros efeitos (v.g. de responsabilidade civil ou disciplinar)[4].

Interessam-nos aqui, naturalmente, considerando o tema central do presente texto, os vícios invalidantes, isto é, geradores de invalidade.

2. Invalidade dos atos administrativos

i. Tipos de invalidade: nulidade, anulabilidade e outros tipos de invalidade

Os vícios do ato administrativo (isto é, as desconformidades do ato com as normas que o regem) não têm, todos eles, consequências idênticas. Para além dos *vícios não invalidantes* (as irregularidades), a lei distingue dois tipos fundamentais de *invalidade* às quais se aplicam regimes diferenciados: a *nulidade* e a *anulabilidade.*

É possível, também, encontrarmos *invalidades mistas,* às quais se aplicam, por força da lei, regimes especiais (diferentes dos regimes gerais da nulidade ou da anulabilidade).

Coloca-se, ainda, a questão de saber se a *inexistência,* como forma de invalidade, continua a ter lugar na teoria das invalidades do ato administrativo, já que o Código do Procedimento Administrativo deixou de lhe fazer referência. A este propósito Vieira de Andrade admite a possibilidade de a *inexistência* ser considerada uma forma de invalidade do ato administrativo para efeitos de impugnação (ato administrativo inexistente, que se não deve confundir com inexistência de ato administrativo[5]), desde que o legislador expressamente a preveja (expressa qualificação legal), o que pode suceder em casos de "*invalidades particularmente graves de decisões aparentemente imputáveis à Administração ou que esta pretenda fazer valer como tal*"[6]. Resta saber

[4] Como veremos, o contrário também é admitido: vícios (formais, procedimentais ou substantivos) que gerando a invalidade do ato, não conduzem lógica ou necessariamente à sua anulação. Estaremos em face da irrelevância ou da inoperância invalidante desse vicio, solução que tem atualmente expressa consagração legal (artigo 163.º, n.º 5).

[5] A *inexistência de ato administrativo* verifica-se em todas as situações em que não há sequer ato – há inércia ou silêncio, o ato não está ainda procedimentalmente constituído – ou há um ato que não é um ato administrativo – não é uma decisão, ou é um ato privado da Administração ou de um privado não detentor de poderes públicos. Em qualquer dos casos, falta uma decisão formalmente imputável a um ente com poderes administrativos. José Carlos Vieira de Andrade, *Lições de Direito Administrativo,* Imprensa da Universidade de Coimbra, 5.ª ed. 2017, p. 220.

[6] José Carlos Vieira de Andrade, *Lições de Direito Administrativo, cit.,* p. 220.

que especificidades de regime tem esta forma de invalidade por comparação com o regime, já especialmente radical, da nulidade, aspeto a que voltaremos mais adiante.

No direito administrativo português, a anulabilidade é o tipo de invalidade regra, o que está em consonância com o *sistema de administração executiva* e com as ideias de *estabilidade das relações jurídicas* constituídas à sua sombra e de *autoridade do ato administrativo*, sendo a nulidade um tipo excecional de invalidade reservada, em princípio, para os vícios mais graves, tendo, por isso, consequências mais radicais. Com efeito, um regime tão *severo* e *radical* como aquele que sempre esteve consagrado para a nulidade só pode ter a sua explicação aceitando-se que na sua origem se encontra um vício que abala profundamente a estrutura do ato e que, por isso, implica a exclusão da sua produtividade jurídica, como veremos.

Sendo a anulabilidade a invalidade regra, torna-se importante determinar em que circunstâncias é que um ato pode estar ferido de um vício conducente à sua nulidade, dado que a anulabilidade será a consequência de um vício invalidante nos restantes casos. (artigo 163.º do CPA).

ii. O princípio da taxatividade das causas de nulidade dos atos administrativos

Tradicionalmente (antes dos CPA de 1991), a nulidade apenas operava nas situações expressamente previstas pela lei (*nulidades por determinação da lei*), sendo, por isso, relativamente simples identificar as situações de nulidade do ato administrativo.

A partir da entrada em vigor do CPA de 1991, para além da previsão da nulidade nas situações "(...) *para as quais a lei comine expressamente essa forma de invalidade*" (nulidades por determinação da lei), passou a cominar-se com nulidade também aquelas situações em que ao ato administrativo "*(...) falte qualquer dos seus elementos essenciais* (...)", com o que se passaram a admitir o que a doutrina veio de denominar de *nulidades por natureza* (n.º 1 do seu artigo 133.º)[7].

Com a admissão das nulidades quando "*falte um elemento essencial*" ao ato administrativo, a lei deixou de reservar ao legislador a identificação de todos

[7] Isto não significa que uma nulidade por determinação da lei não o fosse também por natureza. Efetivamente, a maior parte, para não dizer a totalidade, das nulidades qualificadas pelo legislador no artigo 133.º, n.º 2 do CPA de 1991 também o eram por natureza, por "*falta de um elemento essencial*", no sentido que a doutrina vinha entendendo esta expressão: como situações de vícios particularmente graves e evidentes.

os vícios geradores de nulidade, remetendo para a jurisprudência e para a doutrina a tarefa de determinar, em cada caso, o que seria *um elemento essencial de um ato administrativo*, situação que não deixou, ao longo dos anos, de criar incertezas quanto às situações que podiam aí ser integradas.

A doutrina vinha defendendo que os *elementos essenciais* do ato administrativo cuja falta geraria a sua nulidade eram todos aqueles que se ligassem a momentos ou a *aspetos legalmente decisivos e importantes* de cada *tipo específico* de ato administrativo e cuja falta geraria um vício *anormal* ou *especialmente grave* ou um vício normal resultante de uma *anormal má-fé* ou *intenção dolosa* da Administração. O critério a utilizar para o efeito seria, pois, o da *gravidade*, temperado ou complementado por um critério de *evidência dos vícios* nos casos não resolvidos na lei[8]. Era o que sucedia, por exemplo – como se veio reconhecendo –, quando os factos atestados numa verificação constitutiva fossem falsos ou nas situações de carência de poder que resultasse de não existir qualquer norma jurídica que atribuísse a uma qualquer autoridade (administrativa ou não) competência para criar o efeito pretendido pelo autor do ato.

Estas *nulidades por "falta de um elemento essencial"* valiam como uma *válvula de escape* que permitia enquadrar no regime da nulidade (um regime particularmente severo) situações consideradas de especial e evidente gravidade que o legislador não tivesse qualificado como geradoras de nulidade, quantas vezes por não as ter conseguido prever de forma antecipada (situações de verdadeira lacuna legal).

O novo Código do Procedimento Administrativo entrado em vigor em 2015 veio alterar esta situação. Assim, e como expressamente se refere no preâmbulo do Decreto-Lei n.º 4/2015 que aprovou o novo CPA, por razões de certeza e segurança, passou a determinar-se que a nulidade pressupõe a respetiva cominação legal expressa, (eliminando-se, deste modo, a categoria

[8] Alguma doutrina defendia que os critérios da gravidade e evidência podiam não ser suficientes para determinar a nulidade, porque a gravidade do vício podia não ter correspondência na gravidade da lesão causada pelo ato administrativo ilegal. Neste sentido cfr. André Salgado Matos, "Algumas observações críticas acerca dos atuais quadros legais e doutrinais da invalidade do acto administrativo", *in Cadernos de Justiça Administrativa*, n.º 82, julho/a de 2010, p. 55 e ss. Por sua vez, Vieira de Andrade entendia que critério da evidência não seria decisivo para a qualificação do desvalor do ato como nulidade, mas para efeitos do respetivo regime (sobretudo no que respeita à declaração administrativa de nulidade e ao seu conhecimento pelos interessados). José Carlos Vieira de Andrade, "A nulidade administrativa, essa desconhecida...", *cit.* p. 772.

das nulidades por falta de um elemento essencial geradora, como se afirma nesse preâmbulo, de dúvidas de interpretação)[9]. Com esta solução, um ato administrativo apenas será nulo se a lei assim expressamente o determinar. Terão, deste modo, de estar legalmente tipificadas quer a *causa da nulidade* (vicio invalidante) quer a respetiva *consequência* (nulidade), tipificação legal que tanto pode resultar do próprio Código do Procedimento Administrativo como de uma lei especial.[10]

Em consequência, o CPA alargou os casos de nulidade expressamente nele previstos, integrando situações que a doutrina e a jurisprudência vinham já reconhecendo como tal. Assim, para além da enumeração que já constava do n.º 2 do artigo 133.º do CPA de 1991, o n.º 2 do artigo 161.º do atual Código considera ainda nulos os *atos cujo fim seja a prossecução de um interesse privado* [alínea e)], os *atos certificativos de factos inverídicos ou inexistentes* [alínea j)], os *atos que criem obrigações pecuniárias sem base legal* [alínea k)] e os *atos praticados, salvo estado de necessidade, com preterição total do procedimento legalmente exigido* [alínea l)][11].

Esta solução, se compreensível numa lógica de certeza e de segurança jurídicas, não parece adequada a dar resposta às exigências de um Direito Administrativo da atualidade, que deve estar preparado para resolver as complexas exigências de uma realidade em constante mudança[12].

[9] Cfr. Mário Aroso de Almeida. *Teoria Geral do Direito Administrativo,* Coimbra, Almedina, 9.º edição, p. 382-385.

[10] Licinio Lopes Martins, "A invalidade do acto administrativos no novo Código do Procedimento Administrativo: as alterações relevantes", in: AAVV., *Comentários ao Novo Código do Procedimento Administrativo,* coord. Carla Amado Gomes et. all., Lisboa, AAFDL Editora, 2.ª edição, 2015, vol. II, p. 886.

[11] Outras causas de nulidade já identificadas pelo CPA de 1991 viram o seu âmbito de abrangência ser definido com maior precisão: o caso dos atos cujo objeto ou *conteúdo* seja impossível, ininteligível ou constitua ou *seja determinado pela prática de um crime* [alínea c)], atos praticados *sob coação física ou sob coação moral* [alínea f)]. Sobre cada uma das novas causas de nulidade e da precisão de outras já anteriormente previstas, cfr. por todos, Licinio Lopes Martins, "A invalidade do acto administrativos no novo Código do Procedimento Administrativo", *cit.* pp. 891-899 e a bibliografa aí indicada. Refira-se, ainda, a eliminação da lista das nulidades, por comparação com o CPA de 1991, dos "*atos consequentes de atos administrativos anteriormente anulados ou revogados, desde que não houvesse contrainteressados com interesse legítimo na manutenção do ato consequente*", solução que a jurisprudência vinha considerando como desproporcionada, nomeadamente se com isso se atingissem direitos dos particulares.

[12] Licinio Lopes Martins, "A invalidade do acto administrativos no novo Código do Procedimento Administrativo", *cit.* p. 806.

É certo que se pode sempre, por lei avulsa, identificar novas causas de nulidade, o que aliás tem acontecido em alguns setores da atuação administrativa: pense-se no direito do urbanismo onde vigoram uma multiplicidade de regimes legais que expressamente preveem *novas causas nulidade*, a ponto de se afirmar que neste setor de atividade administrativa a situação regra é a nulidade e a situação excecional a anulabilidade[13]. Refira-se, apenas a título de exemplo, as nulidades dos atos de licenciamento urbanístico previstas no Regime Jurídico da Urbanização e da Edificação (artigo 68.º), nos regimes jurídicos da Reserva Ecológica Nacional (artigo 27.º) e da Reserva Agrícola Nacional (artigo 38.º), e, mais recentemente, no Sistema de Gestão Integrada de Fogos Rurais (artigo 77.º).

Para além da questão, que legitimamente se pode colocar, de saber se todas as causas de nulidade identificadas em legislação avulsa devem ter esta consequência jurídica – isto se assumirmos que, atendendo ao seu regime radical, este tipo de invalidade deveria ficar reservado para situações especialmente graves que coloquem em causa "valores comunitários e substantivos importantes"[14] –, esta dispersão das causas de nulidade não deixa de

[13] André Salgado MATOS refere-se, a este propósito, a uma inversão setorial do sistema da invalidade do ato administrativo cfr. "Algumas observações críticas acerca dos atuais quadros legais e doutrinais da invalidade do acto administrativo", cit. p. 59.

[14] Se é certo que a existência de um vício grave deve ser o que está na base da identificação de uma situação como geradora de nulidade – e neste sentido parece ter andado bem o legislador do CPA de 2015 já que as situações aí expressamente identificadas (tal como já sucedida com o CPA de 1991) correspondem, efetivamente, a patologias graves dos atos administrativos –, o mesmo não pode certamente dizer-se de muitas leis avulsas que, por vezes, condenam ao regime da nulidade atos administrativos com vícios que estão longe de obedecer a tal critério. Em muitas situações, com efeito, a nulidade (legal) não tem subjacente uma qualificação necessária ou natural, que se impõe em face da particular gravidade de uma infração cometida pela autoridade administrativa, convertendo-se, antes numa qualificação contingente, variável em função da "táctica" legislativa. É o que sucede frequentemente no âmbito do direito do urbanismo: se na maior parte das vezes está em causa a salvaguarda de valores essenciais à vida em comunidade (de que são exemplo os valores ambientais, a segurança de pessoas e bens contra perigos, etc.), noutros casos tal não acontece (o caso, por exemplo, da violação de uma opção discricionária de planeamento que num momento é uma – exigindo a prática de um ato administrativo com um determinado conteúdo –, mas que, num momento posterior, pode ser outra – admitindo a prática de um ato de gestão urbanística antes não permitido). Justamente, por, em certos casos, a determinação da nulidade pelo legislador ter passado a resultar de opções inspiradas em fatores alheios à gravidade estrutural do vício, é possível (e tem acontecido) que uma infração que se comina hoje com uma nulidade possa amanhã deixar de conduzir a esse resultado. Se, para efeitos do respetivo regime, nada distingue atual-

afetar o caráter estruturante do Código do Procedimento Administrativo: embora o mesmo tenha aplicação supletiva, deveria ser nele, dado o seu carater estruturante na ordem jurídica administrativa, designadamente em matéria de invalidade do ato administrativo, que deveriam estar enumeradas a maioria das causas de nulidade; o carater taxativo destas causas implicará, no caso de serem detetadas novas situações que a justifiquem, ou que este Código seja alterado, o que não abona em nome da estabilidade que devia marcar a sua vigência, ou que sejam aprovados diplomas avulsos, que também não concorre para o papel central que o CPA deveria assumir neste domínio.

Na linha do que afirma (e exemplifica) Licinio Martins – ao identificar situações que, claramente deveriam gerar a nulidade, mas que a ela apenas poderão ser reconduzidas se forem subsumíveis numa das causas expressas de nulidade tipificadas no CPA (ou numa lei especial) –, também nós já fomos confrontadas com o exercício, nem sempre fácil e por vezes "forçado", de reconduzir situações de vícios particularmente graves e evidentes às hipóteses expressamente previstas no CPA[15].

Estamos, por isso, alinhadas com aqueles que são favoráveis a que o CPA tivesse mantido uma "cláusula geral" de nulidade, ainda que formulada em termos distintos e menos dúbios do que a constante do CPA de 1991, que pudesse funcionar "*como um último recurso para resolver eventuais lacunas legais*

mente estas nulidades das restantes, a verdade é que a circunstância que lhes está subjacente pode legitimar a criação de *invalidades mistas* (com regimes especiais) ou, quando tal não suceda, pode justificar que, na apreciação de cada caso, o aplicador tenha em conta a natureza do vício que origina a nulidade para daí retirar consequências jurídicas, designadamente em termos de eventual aproveitamento do ato praticado ou de um acolhimento mais generoso da manutenção dos efeitos de facto decorrentes de atos nulos, designadamente pela sua jurisdicização. Neste sentido cfr. Pedro Costa Gonçalves e Fernanda Paula Oliveira, "A Nulidade dos Actos Administrativos de Gestão Urbanística", in. *Revista do Centro de Estudos de Direito do Ordenamento, do Urbanismo e do Ambiente*, n.º 3, Ano II_1.99, Coimbra Editora p. 20. Marcelo Rebelo de Sousa e André Salgado Matos, referem que nem sempre as situações legalmente qualificadas como de nulidade estão associadas à gravidade do vício (*Direito Administrativo Geral. Actividade Administrativa,* Tomo III, Lisboa, Dom Quixote, 2007, pp. 46-47).

[15] Cfr. Fernanda Paula Oliveira e Dulce Lopes, "A nulidade da declaração extemporânea de nulidade de atos de gestão urbanística: não é um lapso, é mesmo uma situação da vida!" *in Questões Atuais de Direito Local*, n.º 33, janeiro/março 2022, pp. 47 a 57

relativamente a situações em que se justifique ou venha a justificar-se a sanção da nulidade"[16].

2. Regime jurídico das invalidades

i. O regime da nulidade

O regime da nulidade sempre foi um regime radical, o qual, embora criticado amplamente pela doutrina, se mantém ainda no seu essencial[17].

Com efeito, o n.º 1 do artigo 162.º do atual CPA (tal como o artigo 134.º do Código de 1991) determina que o ato nulo *não produz quaisquer efeitos jurídicos independentemente da declaração de nulidade* (n.º 1 do artigo 162.º do CPA). A total improdutividade do ato nulo deve, porém, ser entendida com as devidas ressalvas: sendo impotente para, no plano jurídico, produzir os efeitos típicos pretendidos pela autoridade administrativa que o praticou, o ato administrativo nulo não corresponde, porém, a um *não-ato administrativo* ou a um *ato administrativo inexistente,* já que, apesar de tudo, ele tem autonomia jurídica própria, podendo ser objeto de um procedimento administrativo ou de um processo judicial, independentemente de a Administração (ou outrem) estar a tirar efeitos dele. Deste modo, não pode deixar de se interpretar com alguma prudência a proposição de que o ato nulo não produz quaisquer efeitos jurídicos; na verdade, o rigor dogmático dela não tem total correspondência na realidade em virtude da posição de supremacia jurídica da Administração face os particulares, que lhe permite ir procedendo na prática como se o ato não fosse nulo[18].

O princípio da improdutividade jurídica dos efeitos típicos do ato não elimina, portanto, toda a sua produtividade, já que não se trata apenas de uma *aparência de ato administrativo.* Isto é particularmente evidente em certos setores da atuação administrativa como no âmbito atuação urbanística, quando se trate de atos administrativos que investem o particular no poder de realizar operações urbanísticas; é que, ao abrigo deles, mesmo que nulos, tais operações podem consolidar-se efetivamente, alterando, quantas vezes de forma muito expressiva, a realidade material (e territorial) existente: são

[16] Licinio Lopes Martins, "A invalidade do acto administrativos no novo Código do Procedimento Administrativo", *cit.* p. 889.

[17] Nesta critica assume relevo a posição de Vieira de Andrade in "*A nulidade essa desconhecida...*"

[18] Cfr. Esteves de Oliveira/Pedro Gonçalves/Pacheco de Amorim, *Código do Procedimento Administrativo Comentado,* 1997, p. 639

obras de urbanização que se materializam e obras de construção que se edificam e se consolidam, passando a ser utilizadas pelos titulares das respetivas licenças ou por terceiros.

Por isso, como se vem acentuando, o ato nulo pode ser objeto de uma providência cautelar da suspensão da eficácia do ato [alínea a) do n.º 2 do artigo 112.º do CPTA] e de eventual responsabilidade civil extracontratual da Administração (v.g. o artigo 70.º do RJUE)[19].

Assim, ainda que sem produzir efeitos jurídicos típicos, o ato nulo pode comandar ou provocar a produção de *efeitos materiais* mediante a criação de situações de facto que só podem considerar-se-lhe *imputadas*, isto é, que devem considerar-se produzidas ou criadas *ao abrigo do ato*, que, no entanto, é nulo, negando a *total improdutividade dos atos nulos*[20]. A forma como o *direito trata* (ou deve tratar) *estes efeitos materiais produzidos por ou ao abrigo de atos administrativos nulos* – sobretudo, quando esses efeitos materiais se consubstanciam na criação de situações de facto que se estabilizam na vida real do administrado, o qual, em muitos casos, se limita a confiar na autoridade que normalmente reconhece aos atos da Administração pública, agindo *em conformidade com eles*, no *ambiente de confiança* que a autoridade que o praticou normalmente proporciona – remete-nos para um outro aspeto do regime da nulidade, que corresponde à permissão, por parte da lei, de serem atribuídos *certos efeitos jurídicos a situações de facto decorrentes de atos nulos* (os designados efeitos putativos destes atos), que se apresenta como uma das formas de compensar a radicalidade das consequências da nulidade[21]. Acentue-se, a este propósito, que o novo Código do Procedimento Administrativo, comparativamente com o n.º 3 do artigo 134.º do Código anterior, apresenta uma leitura mais amiga da ponderação principiológica, afastando a ideia de que o que está em causa é uma pura relevância do tempo como facto jurídico-administrativo no quadro tradicional da prescrição aquisitiva. Com efeito,

[19] Licinio Lopes Martins, "A invalidade do acto administrativos no novo Código do Procedimento Administrativo", *cit.* p. 900.

[20] À possibilidade de um ato nulo produzir efeitos "como se fora legal" referia-se Marcello Caetano, *Manual de Direito Administrativo*, I, 1986, p. 517.

[21] Cfr. José Carlos Vieira de Andrade, *Validade (do acto administrativo)*, *cit.* p. 590. O mesmo Autor referia, noutro local, a propósito da previsão do artigo 134.º/3, que ela "*não é suficiente para conferir flexibilidade ao regime, dado que constitui, em abstracto, uma mera faculdade sem titular definido e se limita às hipóteses de decurso do tempo, associado a princípios gerais de direito*" – cfr. *A "Revisão" dos Actos Administrativos no Direito Português*, in Separata de Legislação, INA, n.º 9/10, 1994.

o decurso do tempo surge agora como apenas mais um dos elementos da ponderação a efetuar (cfr. n.º 3 do artigo 161.º). A este propósito importa realçar duas notas.

A primeira, a de que estando em causa um ato favorável para o destinatário, o *órgão administrativo* que venha a declarar a sua nulidade, *deve ponderar*, nessa decisão (ou também ponderar), a possível existência de situações de facto merecedoras de "atribuição de efeitos jurídicos[22]. Por sua vez, e como afirma Vieira de Andrade, quanto se coloque ao juiz, no âmbito de uma ação judicial, "*o problema do reconhecimento jurídico da situação de facto decorrente do ato nulo*" ele "*não pode alegar que a sua tarefa é meramente hermenêutica, que só visa aplicar uma solução previamente definida na lei...*". Com efeito, o juiz "*não se limita a conhecer, decide a solução do caso concreto e é juridicamente responsável por ela, devendo, para além de evitar injustiças extremas e situações de impraticabilidade* (...), *respeitar a proibição do excesso, pois só atendendo aos efeitos reais da decisão se alcança a paz social que a justiça almeja*".[23]

A segunda nota é a de que, como já defendíamos à luz do CPA de 1991, não está aqui em causa um princípio que faça recordar uma espécie de *usucapião*[24], afastando, desse modo, a sua tutela para as situações de facto decorrentes do ato nulo recentes, já que o CPA, mesmo continuando a referir-se "ao decurso do tempo" não formula quaisquer exigências quando à duração do tempo decorrido. Determinante é, antes, que o tempo decorrido tenha sido suficiente para que a situação de facto se consolide. Quando isso se

[22] Licinio Martins, com quem concordamos integralmente, refere que, quanto a justiça material das situações de facto o justificar, a "possibilidade" de proteção que consta do n.º 3 do artigo 162.º do CPA se converte em efetiva proteção, a significar a existência de um *dever de ponderação* (que não significa, necessariamente, um dever de atribuição de efeitos jurídicos às referidas situações de facto). Licinio Lopes Martins, "A invalidade do acto administrativos no novo Código do Procedimento Administrativo", *cit.*, pp. 905-906.

[23] José Carlos Vieira de Andrade, "A nulidade administrativa, essa desconhecida", *cit.*, p. 781. De acordo com este Autor, o facto de as nulidades serem avaliadas em sentenças meramente declarativas não impossibilita que o tribunal possa (e deva) ter em consideração as consequências decorrentes não só da sentença, mas também da sua execução, designadamente quando opera sobre atos que já ocorreram há algum tempo, e em que a aparente eficácia do acto nulo originou a consolidação de expectativas cujo grau de legitimidade o tribunal tem de ponderar na decisão.

[24] Cfr. Pedro Gonçalves e Fernanda Paula Oliveira "O Regime da Nulidade dos Actos Administrativos que Investem o Particular no Poder de Realizar Operações Urbanísticas", *in Revista do Centro de Estudos de Direito do Ordenamento, do Urbanismo e do Ambiente*, n.º 4, Ano II_2.99, Coimbra Editora, p. 25-26.

verifica, isto é, quando o tempo que mediou entre o momento da prática do ato administrativo nulo e aquele em que se pretende retirar consequências da nulidade for suficiente para se verificar a *consolidação* de todos os efeitos práticos que àquele são imputáveis, deve ser reconhecida a existência de um *interesse atendível* no sentido da respetiva *conservação*.[25]

Assim o afirma Vieira de ANDRADE, ao referir que o tempo representa aqui o fator e a prova da *estabilidade* e há de, por isso, entender-se como um *tempo razoável* para a geração, nas circunstâncias concretas, da confiança digna de proteção, ou o *tempo suficiente* para fundar o juízo de excesso[26].

Outro aspeto do regime da nulidade é o de que esta pode *ser feita valer a todo o tempo*, com exceção, agora expressamente admitida, do estabelecimento de prazos para o efeito (tratando-se, nestes casos, de invalidades mistas).[27]

Outra das caraterísticas tradicionais da nulidade prendia-se com a possibilidade de ela *ser declarada por qualquer órgão administrativo* ou *por qualquer tribunal* (artigo 134.º do CPA de 1991). Não era, contudo, aceitável que qualquer órgão administrativo ou qualquer tribunal pudessem declarar, com força obrigatória geral, a nulidade de um ato administrativo: se todas as autoridades podiam *conhecer* tal nulidade e *não aplicar o ato*, só os órgãos administrativos com poderes de controlo no caso e os tribunais administrativos podiam produzir a referida declaração de nulidade. Dando razão a esta crítica o n.º 2 do artigo 162.º do atual Código determina agora que a nulidade pode ser conhecida por qualquer autoridade, mas apenas pode ser "*declarada pelos tribunais administrativos ou pelos órgãos administrativos competentes para a anulação*", o que significa a existência de uma reserva legal do poder de

[25] A raiz dos interesses que aqui estão presentes – estabilidade, conservação, firmeza, consistência, segurança das relações jurídicas – é idêntica à natureza dos interesses tutelados pelo instituto da usucapião, merecendo igual tutela. Idem p. 26.

[26] José Carlos Vieira de ANDRADE, "A nulidade administrativa, essa desconhecida", *cit.*, p. 781. Concordamos, porém, com Mário Aroso de Almeida, para quem o decurso do tempo não pode deixar de se considerar um fator relevante: não faria, de facto, sentido reconhecer tais efeitos numa situação em que, caso o ato fosse anulável, ainda poderia ser anulado. Cfr. *Teoria Geral do Direito Administrativo, cit.* p. 387-388

[27] Como exemplo desta situação, temos o caso da nulidades urbanísticas previstas no artigo 68.º do Regime Jurídico da Urbanização e Edificação cujo regime contém, entre outras, a particularidade de esta invalidade apenas poder ser invocada, em certas circunstâncias, no prazo de 10 anos. Dadas, porém, as dúvidas que este normativo tem suscitado, a ele voltaremos mais adiante.

declarar a nulidade apenas (e só) aos *órgãos competentes para a anulação* e uma tendencial reserva de jurisdição *aos Tribunais Administrativos para a declarar*[28].

Outra caraterística típica da nulidade sempre foi a da insusceptibilidade da sua sanação: nos termos do artigo 137.° do CPA (versão de 1991), os atos nulos eram *insuscetíveis de ratificação, reforma ou conversão.* Se esta insusceptibilidade de convalidação de atos nulos era compreensível, como a doutrina vinha afirmando, quando a Administração se apresentava aos particulares como uma "administração agressiva", já se tornava, porém, desadequada em face de uma administração de prestações, apresentando-se, na maioria das vezes, como violadora dos princípios da proteção da boa-fé e da confiança dos cidadãos, sempre que estivessem em causa decisões que lhe fossem favoráveis.

Pretendendo dar resposta a esta crítica, o artigo 164.°, n.° 2 do novo Código vem agora admitir expressamente a *reforma* e a *conversão* de atos nulos, assim alargando o princípio do aproveitamento dos atos administrativos aos atos com este tipo de invalidade. Enquanto a reforma tem particular relevo para *atos administrativos divisíveis*[29]- permitindo aproveitar a parte do ato não afetada pela nulidade –, a conversão permite o aproveitamento dos segmentos válidos de um ato administrativo para, com base neles compor um ato administrativo diferente, cujos efeitos são admitidos por lei (por exemplo, conversão de uma licença definitiva numa licença precária).

Retira-se, do que foi dito nas linhas precedentes, que ainda que o regime da nulidade tenha evoluído no sentido de "minorar" a sua tradicional radi-

[28] Licinio Lopes Martins, "A invalidade do acto administrativos no novo Código do Procedimento Administrativo", *cit.*, p. 901. Esta tendencial (e não exclusiva) reserva aos tribunais administrativos para declarar a nulidade de atos administrativos resulta de continuarem a existir situações em que tal declaração cabe a outra ordem de tribunais (o caso de atos administrativos sancionatórios no domínio das contraordenações ou do ilícito de mera ordenação social). Licinio Lopes Martins, "A invalidade do acto administrativos no novo Código do Procedimento Administrativo", *cit.* p. 902-903

[29] O exemplo de um loteamento urbano ou de uma autorização de utilização passada para a totalidade do edifício constituído em regime propriedade horizontal que integra em si a autorização de utilização para cada fração autónoma que o compõem. A jurisprudência vinha já defendendo esta solução, ao admitir a possibilidade de declaração parcial da nulidade de um ato administrativo de gestão urbanística, permitindo operar a sua redução com o aproveitamento do ato na parte não ferida da nulidade. Esta possibilidade parece ter sido admitida de forma genérica quer pelo tribunal de primeira instância quer pelo tribunal de recurso no caso dos "Jardins do Mondego" em Coimbra. Cfr. o nosso, *Nulidades Urbanísticas, Casos e Coisas*, Coimbra, Almedina, 2011, pp. 49 e ss e pp. 125 e ss.

calidade, mantém-se, contudo, como um regime excessivamente rígido, permanecendo, assim, as críticas que a doutrina lhe vinha apontando.

Era o caso, precisamente, de Vieira de Andrade para quem "*talvez não devesse admitir-se a declaração de nulidade de atos favoráveis a todo o tempo, mas apenas num prazo razoável contado do conhecimento do vício dentro de um limite máximo, e medido também em função da boa-fé do particular beneficiado. (...) tal como deveria recusar-se ou limitar-se em certas hipóteses a competência administrativa para a declaração de nulidade, designadamente, quando não é evidente a existência desse tipo de invalidade ou, relativamente a determinados vícios, quando estes sejam inteiramente imputáveis ao órgão administrativo – devendo exigir-se então a declaração por via judicial.*"[30]

Críticas reiteradas pelo mesmo Autor mais recentemente, afirmando ainda que "*o regime de improdutividade* total *e de invocação* perpétua *da nulidade não deixa de ser especialmente rígido, sendo suscetível de afetar desrazoavelmente interesses dignos de proteção jurídica*"[31].

André Salgado Matos vai ainda mais longe ao considerar ser a própria distinção binária entre nulidade e anulabilidade que deve ser objeto de ponderação, pois leva a que as soluções para as situações da vida não se apresentem frequentemente como as mais adequadas do ponto de vista da justiça material. Para este autor "*A estabilidade, que deveria ser o valor ordenado à preservação de interesses específicos converte-se num valor em si na anulabilidade e é completamente postergado na nulidade. (...) Em ambas, a justiça material recua perante a (impropriamente chamada) justiça do sistema*"[32].

Na mesma linha, outros autores apelam para a necessidade de mitigar/limitar o rigor do regime da nulidade: nos casos, por exemplo, em que se está perante situações prolongadas no tempo, a que se aliam fatores de estabilidade das relações sociais, de proteção da confiança, da boa-fé, da igualdade e até do não locupletamento da Administração. Por estas razões continua a impor-se aos operadores jurídicos, não obstante as recentes alterações legis-

[30] Cfr. José Carlos Vieira de ANDRADE, "A nulidade administrativa, essa desconhecida", cit. p. 783.

[31] Cfr. José Carlos Vieira de ANDRADE, comentário ao artigo 162.º do CPA, in. Fausto de Quadros et all., *Comentários à revisão do Código do Procedimento Administrativo, cit.*, p. 328.

[32] Cfr. André Salgado MATOS, "Algumas observações críticas acerca dos atuais quadros legais e doutrinais da invalidade do ato administrativo", *cit.*, p. 55 e ss.

lativas, colmatar a injustiça que derivaria da aplicação estrita do princípio da legalidade e da "absolutidade" do ato nulo[33].

ii. O regime da anulabilidade

Sendo a anulabilidade a sanção jurídica para os vícios menos graves (reservada, precisamente, para os atos administrativos praticados com ofensa dos princípios ou outras normas jurídicas aplicáveis, *para cuja violação se não preveja outra sanção*), compreende-se que ela tenha consequências menos radicais do que as que decorrem da nulidade.

Assim, o ato anulável *produz efeitos até ser anulado* (se bem que a anulação do ato tenha, em regra, *eficácia retroativa*, eliminando, em geral, os efeitos entretanto produzidos pelo ato, que, nesse sentido, têm de ser considerados provisórios) – cfr. n.º 2 do artigo 163.º.

Por seu turno, na medida em que o ato anulável produz efeitos, ele pode *ser executado, mesmo coativamente*, se possuir força executória.

Mais, os atos anuláveis podem ser impugnados perante os tribunais administrativos competentes ou perante a própria Administração *dentro dos prazos legalmente estabelecidos*, prazos esses que são agora, diferentes consoante esteja em causa uma anulação administrativa ou uma anulação judicial: perante os tribunais o *prazo* cuja queda torna o ato inopugnável é, nos termos do artigo 58.º do CPTA, de três meses para os particulares e de um ano para o Ministério Público; no caso de anulação por parte da Administração, tal prazo encontra-se previsto no artigo 168.º do CPA e pode ir para além do prazo da impugnação judicial. Nos termos deste artigo, estando em causa um *ato administrativo que ainda não tenha sido objeto de impugnação judicial*, o mesmo pode ser objeto de anulação administrativa no prazo de seis meses a contar da data do *conhecimento pelo órgão competente da causa de invalidade*, ou, nos casos de invalidade resultante de erro do agente, *desde o momento da cessação do erro*. De qualquer modo existe um limite máximo para que esta anulação ocorra, que são cinco anos a contar da respetiva emissão. Excecionam-se os atos constitutivos de direitos, que só podem ser objeto de anulação administrativa dentro do prazo de um ano a contar da data da respetiva prática

[33] Vide, neste sentido, Marcelo Rebelo de Sousa, "Regime jurídico do ato administrativo", *Cadernos de Ciência e Legislação*, INA, n.º 9/10, 1994, págs. 165 e ss. e Mário Esteves de Oliveira, Pedro Gonçalves e Pacheco de Amorim, *Código de Procedimento Administrativo, cit.*, comentário ao artigo 133.º.

(n.º 2 do artigo 168.º) ou no prazo de cinco anos nas hipóteses referidas no n.º 4 do artigo 168.º[34].

Existem assim, no que à anulação administrativa de atos não impugnados judicialmente diz respeito, dois prazos que correm em paralelo: um que se conta do *momento do conhecimento* da causa de invalidade ou da cessação do erro (e que é de seis meses) e outro, que se conta da prática do ato (e que se apresenta como o prazo máximo para a referida anulação) e que é de cinco anos para os atos administrativos em geral (n.º 1 do artigo 168.º) ou de um ano para o caso de atos constitutivos de direitos (n.º 2 do artigo 168.º) exceto, quanto a estes, nas hipóteses referidas no n.º 4 do mesmo artigo, que é de cinco anos[35].

Ainda quanto ao prazo, tratando-se de ato tenha sido objeto de impugnação jurisdicional, a anulação administrativa só pode ter lugar até ao encerramento da discussão.

Para além das características anteriormente referidas, o novo CPA veio inovadoramente determinar que o efeito anulatório não se produz quando o conteúdo do ato anulável não possa ser outro, por o ato ser de conteúdo vinculado ou a apreciação do caso concreto permitir identificar apenas uma

[34] Embora tal não resulte de forma expressa destes n.ºs 2 e 4, consideramos que deve valer em relação aos atos constitutivos de direitos, para além deste prazo máximo de um ou cinco anos a *contar da prática do ato*, também o prazo de seis meses a que se refere o n.º 1 deste artigo; caso contrário estar-se-ia a instituir para os atos constitutivos de direitos um regime mais gravoso do que para os restantes, quando se pretende, precisamente, criar maiores restrições à anulação destes. Não faria, de facto, sentido que se a Administração praticasse um ato constitutivo de direitos e se apercebesse de uma determinada ilegalidade logo no dia seguinte, o pudesse anular 10 ou 11 meses depois o que, em situação similar face a atos não constitutivos de direitos lhe estaria vedado. Quanto aos casos de atos constitutivos de direitos previstos no n.º 4 do artigo 168.º, as próprias situações elencadas evidenciam razões adicionais que comprovam que seria um absurdo que a Administração pudesse adiar a anulação até ao limite dos cinco anos independentemente de ter conhecido o vício em momento muito anterior. Para mais desenvolvimentos sobre as situações que caba no n.º 4 do artigo 168.º. Licinio Lopes Martins, "A invalidade do acto administrativos no novo Código do Procedimento Administrativo", *cit.*, pp. 913-914

[35] Ou seja, e de modo mais simplista, a Administração só pode anular um ato administrativo no prazo de seis meses a partir da data do conhecimento da ilegalidade ou da cessação do erro, desde que não tenha decorrido o prazo máximo de um ou cinco anos (consoante os casos) contados desde a prática do ato. Seguimos aqui, com quem concordamos, Alexandre Sousa Pinheiro, Tiago Serrão, Marco Caldeira e José Duarte Coimbra, *Questões Fundamentais para Aplicação do CPA*, cit., p. 265 a 268.

solução como legalmente possível; quando o fim visado pela exigência procedimental ou formal preterida tenha sido alcançado por outra via; ou quando se comprove, sem margem para dúvidas, que, mesmo sem o vício, o ato teria sido praticado com o mesmo conteúdo (n.º 5 do artigo 163.º). Trata-se de uma norma que, no seu essencial, acolhe a jurisprudência administrativa do aproveitamento do ato administrativo (ou da economia dos atos públicos, a pressupor uma inoperância dos vícios e uma desvalorização da teoria das formas)[36].

ii. A inexistência como tipo de invalidade

O n.º 1 do artigo 137.º e a alínea a) do n.º 1 do artigo 139.º do CPA de 1991 faziam uma referência expressa à *inexistência do ato administrativo*. Com o atual código tal já não sucede, mas esta referência ainda surge na legislação processual: o CPTA não deixa de aludir a esta figura jurídica, prevendo o pedido de declaração de inexistência de ato administrativo ao longo do seu articulado ao lado do pedido de declaração de nulidade. É isso que se passa em relação ao princípio da tutela jurisdicional efetiva [alínea a) do n.º 2 do artigo 2.º].

A inexistência aparece-nos aqui referida àquelas situações de *patologia* ou de *vícios* dos atos administrativos que assumem uma gravidade tal que terão de ficar sujeitos a um regime ainda mais radical que o da própria nulidade. Em termos práticos, as situações de inexistência são, como referimos antes, apenas aquelas que estejam como tal *expressa e especificamente previstas na lei,* não tendo os atos por ela afetados *sequer efeitos putativos,* podendo a inexistência *ser declarada a todo o tempo em qualquer ordem de tribunais* e não sendo, naturalmente, suscetíveis de reforma ou conversão[37].

II. Em busca de um regime de invalidade mista em matéria urbanística

Como referimos *supra,* no domínio do direito do urbanismo (e do ordenamento do território) existe uma multiplicidade de regimes legais que expressamente preveem *novas causas nulidade,* a ponto de se afirmar existir

[36] Para mais desenvolvimentos sobre estas situações cfr. Licinio Lopes Martins, "A invalidade do acto administrativos no novo Código do Procedimento Administrativo, *cit.*, p. 283-323 e Mário Aroso de Almeida. *Teoria Geral do Direito Administrativo, cit.*, pp. 389 a 399.

[37] Marcelo Rebelo de Sousa e André Salgado Matos acrescentam a estas caraterísticas a de que as decisões jurisdicionais que as aplicam não gozam do efeito de caso julgado (*Direito Administrativo Geral. Actividade Administrativa, cit.* p. 44)

neste domínio uma inversão setorial do sistema da invalidade do ato administrativo já que de situação excecional, a nulidade se transforma em regra.

Esta solução não se tem revelado a mais adequada por vários motivos que têm sido devidamente assinalados pela doutrina.

Em primeiro lugar porque, neste domínio, os atos administrativos potencialmente infratores de disposições normativas são, na esmagadora maioria dos casos, atos permissivos de condutas jurídico privadas (atos administrativos de gestão urbanística de efeitos permissivos), frequentemente relacionados direitos fundamentais, como é caso do direito à livre iniciativa económica – pense-se na construção de um pavilhão industrial ou a concretização de um loteamento para a instalação de atividades económicas ou para zonas empresariais destinadas para estas atividades, cuja instalação envolve, por regra, avultados investimentos por parte dos particulares/empresários – ou do direito à habitação – pense-se no licenciamento de um edifício para habitação coletiva cujas frações autónomas são, depois da sua conclusão, transacionadas, nelas passando a residir várias famílias.

Em segundo lugar, e como resulta do que acabámos de escrever, quase todas as atividades permitidas por estes atos administrativos traduzem-se em operações com projeção imediata na realidade exterior, envolvendo consequências fáticas potencialmente irreversíveis (são obras de urbanização que se concretizam e estão em funcionamento; são edifícios que se erigem e são transacionados no mercado e estão a ser usados para as utilizações para eles previstos).

Mais, muito frequentemente tais atos são praticados tendo por base quadros normativos complexos e dotados de elevada tecnicidade e procedimentos em que tipicamente intervêm diversas entidades incumbidas da proteção de interesses públicos em presença, criando um clima de confiança nas decisões tomadas[38].

Sabendo-se que nestes domínios existem, por regra, valores e interesses comunitários relevantes – por exemplo, ligados ao correto ordenamento do

[38] Cfr. André Salgado Matos, "Algumas observações críticas acerca dos atuais quadros legais e doutrinais da invalidade do ato administrativo", *cit.*, p. 59. Também Vieira de Andrade considera o regime da nulidade excessivamente radical, não respondendo de forma adequada a atos constitutivos de direitos e interesses legalmente protegidos que exigem a produtividade e, até, a estabilidade da situação de facto originada pelo ato. Refere ainda, este Autor, a necessidade de proteger a boa-fé e a confiança dos cidadãos quando estejam em causa decisões que lhe sejam favoráveis. Cfr. "Nulidade, essa desconhecida..." *cit.* p. 776.

território e ao ambiente (no caso da REN) ou à salvaguarda de pessoas e bens contra riscos de incêndio (no caso das condicionantes à construção do SGIFR) –, justifica-se que a violação de certas normas gere nulidade. Porém a existência de importantes interesses particulares que aqui também se alinham, justificaria que fosse criado um regime especial de invalidade que atendesse às especificidades destes atos administrativos e fosse sensível a uma exigência acrescida no sentido da sua conservação, ligada a razões evidentes de segurança jurídica assentes no facto de se tratar de situações que se consolid(ar)am[39]. Por isso já Vieira de Andrade defendia que a tensão ente interesses vitais para a comunidade e para os particulares, "*implica soluções específicas, capazes de assegurar um equilíbrio razoável*"[40].

É certo que a exigência da previsão de um regime especial tem hoje menos relevo do que tinha antes do CPA de 2015, dado que o regime geral da nulidade é já, atualmente, como vimos, mais flexível ou menos radical. Pense-se na possibilidade de reforma e de conversão de atos nulos ou na possibilidade de, com maior flexibilidade, dotar de efeitos jurídicos as situações de facto decorrentes de atos nulos. E pense-se na expressa admissão de regimes especiais de prazos de invocação da nulidade.

Porém, estas soluções não respondem a todas as exigências que decorrem das especificidades dos atos administrativos de gestão urbanísticas, tendo havido uma total desatenção por parte do legislador em relação a tais especificidades. Esta desatenção manifesta-se, desde logo, na introdução, no diploma que aprova o novo CPA, de uma norma transitória que parece impedir que se aplique a atos nulos que tenham sido praticados em momento anterior à sua entrada em vigor as novidades que em matéria de nulidade foram introduzidas neste Código[41], opção que, relativamente aos atos de gestão urbanística, desconsidera a necessidade de dar resposta a um

[39] A inexistência de um regime especial de nulidade tem exigido dos operadores jurídicos um esforço acrescido na procura de soluções que, respondendo a um interesse de justiça, evitem as consequências perniciosas da solução radical de proceder à destruição dos efeitos provocados pelo ato nulo (a demolição das operações urbanísticas realizadas ao abrigo de atos dotados desta forma de invalidade). Sobre algumas dessas soluções cfr. Pedro Gonçalves e Fernanda Paula Oliveira "*O regime da nulidade dos actos administrativos de gestão urbanística que investem o particular no poder de realizar operações urbanísticas, cit.*

[40] Cfr. "Nulidade, essa desconhecida..." *cit.* p. 789.

[41] Cfr. artigo 8.º, n.º 1, do Decreto-Lei n.º 4/2015, de 7 de janeiro, e, na doutrina, Alexandre Sousa Pinheiro *et al.*, *Questões Fundamentais para a Aplicação do CPA*, Coimbra, Almedina, 2016, pp. 48 e ss.

conjunto amplo de situações há muito consolidadas, que não encontravam forma de estabilização no regime anterior e que hoje poderiam muito bem encontrá-la nos institutos da reforma e da conversão, permitindo aos órgãos municipais aproveitar, por exemplo, atos anteriores nos quais a invalidade fosse puramente parcial.

Sem prejuízo deste facto, temos defendido uma interpretação daquela norma transitória que permita uma sua aplicação a situações urbanísticas anteriores ao novo CPA[42].

De todo o modo, considerámos que deveria o legislador ponderar, quando estão em causa atos administrativos de gestão urbanística que conferem aos particulares o direito de realizarem (e concretizarem) operações urbanísticas, a admissibilidade da *ratificação* de atos nulos[43]. De facto, não se compreende que, na maior parte das vezes, cessada a causa de invalidade que determinou a nulidade do ato de gestão urbanística, este não possa ser aproveitado sem necessidade de se desencadear um moroso procedimento de legalização que, as mais das vezes, apenas tem uma única finalidade, que é a preservação da situação exatamente nos termos em que foi inicialmente licenciada[44].

Em boa verdade, a única especificidade que foi introduzida em matéria de nulidades urbanística foi a prevista no artigo 69.º, n.º 4 do Regime Jurídico da Urbanização e Edificação, que se apresenta como um desvio à regra geral da declaração de nulidade a todo o tempo prevista no n.º 2 do artigo 161.º do CPA.

[42] Aliás, no que se refere à possibilidade de a nulidade ser declarada ou reconhecida a todo o tempo, é hoje assente na doutrina e na jurisprudência que este regime se aplica a atos praticados antes da entrada em vigor da Lei 60/2007 (que previu inovadoramente este regime), contando-se os 10 anos, para estes atos, desde a entrada em vigor daquela Lei, isto é, desde 3 de março de 2008 (para os restantes, contam-se desde a data da prática do ato).

[43] Sobre a figura da ratificação (que se distingue da renovação sanatória) vide Mario Aroso de Almeida, "Para o estudo da figura da ratificação dos atos administrativos", in *Estudo em Homenagem ao Professor Doutor Fernando Alves Correia*, Coimbra, Almedina, 2023.

[44] Em sentido equivalente cfr. João Pacheco de Amorim, "Actos de gestão urbanística nulos... que nulos deixar(i)am de ser à luz do plano revisto (Parecer Jurídico), in. *Revista Jurídica do Urbanismo e do Ambiente*, n.º 29/30, janeiro/dezembro, 2008, pp. 170-171. Concordamos, deste modo, com aquela doutrina que já vem defendendo que nestas situações é absolutamente desprovida de interesse público a declaração de nulidade em nome de um formalismo que o direito do urbanismo e os mais elementares princípios da atuação administrativa, designadamente o princípio da proporcionalidade, não podem consentir.

Porém, para além de este regime especial apenas valer para as situações de nulidade previstas no artigo 68.º do RJUE – deixando de fora todas as restantes situações de nulidade (bem como, no caso das situações do artigo 68.º, as que se refiram a monumentos nacionais e respetiva zona de proteção) –, o mesmo apenas se aplica à declaração de nulidade do "*órgão que emitiu o ato ou deliberação*" e à ação interposta pelo "*Ministério Público*", sem prejuízo de o âmbito material da norma não ser idêntico em ambos os casos[45]. Este regime especial não se aplica, assim, às situações em que são outras entidades (contrainteressados ou defensores de interesses difusos), que visam procurar a tutela jurisdicional para reagir da prática de atos nulos: para estas entidades, continua a valer o regime geral da nulidade invocável a todo o tempo, de onde resulta, afinal, poder a mesma causa de nulidade (prevista no artigo 68.º) ser invocada a todo o tempo ou não consoante o interessado em atuar contra o ato ferido deste tipo de invalidade.

Ainda a este propósito, e agora no que concerne ao Ministério Público, sempre considerámos que o prazo de 10 anos é o limite para que este possa interpor a ação de declaração de nulidade, mesmo que os factos cheguem ao seu conhecimento ou lhe sejam participados no limite do prazo de dez anos: não obstante a deficiente construção da norma, que parece apontar para a ausência de um prazo se os factos forem participados ao Ministério Público dentro do prazo de 10 anos, ainda que o seja no último dia deste, esta norma não pode ser lida desta forma, sob pena de se tornar flagrantemente desprovida de sentido. A solução que apontámos (do limite inultrapassável de 10 anos para a interposição da ação) é, de facto, a única solução que está em consonância com os interesses que o legislador pretendeu salvaguardar

[45] De facto, aquela disposição incorpora dois segmentos normativos distintos, tendo cada um deles autonomia relativamente ao outro: o primeiro "*A possibilidade de o órgão que emitiu o ato ou deliberação declarar a nulidade caduca no prazo de 10 anos,*"; o segundo "*caducando também o direito de propor a ação prevista no n.º 1 se os factos que determinaram a nulidade não forem participados ao Ministério Público nesse prazo*". Admitindo que a parte final da norma "*exceto relativamente a monumentos nacionais e respetiva zona de proteção*" se aplica da mesma forma àqueles dois segmentos normativos, tal não faz esquecer que se trata de duas hipóteses distintas: a primeira refere-se aos poderes de autotutela urbanística do órgão que praticou o ato; a segunda refere-se aos poderes de tutela da legalidade urbanística que impendem sobre o Ministério Público e que necessariamente se dirigem à atuação do órgão que praticou o ato. Todavia, nesta segunda situação, o autor do ato assume uma posição passiva (de Réu) e não ativa (de órgão declarante). Cfr. Fernanda Paula Oliveira e Dulce Lopes, "A nulidade da declaração extemporânea de nulidade de atos de gestão urbanística...", *cit.*, p. 48.

com o disposto no n.º 4 do artigo 69.º, que se prendem essencialmente com a necessidade de garantir a *estabilidade* e a *segurança* das relações jurídicas que se fazem sentir especialmente nesta matéria.

Deste modo, ainda que a redação do n.º 4 do artigo 69.º seja equívoca, não vemos como se pode concluir da sua leitura que tal artigo apenas limita o prazo para as participações serem apresentadas ao Ministério Público já que, se assim fosse, não se compreenderia o sentido da expressão "*caducando também o direito de propor a ação prevista no n.º 1*".[46]

Note-se, no que ao regime previsto no n.º 4 do artigo 69.º diz respeito, que embora o legislador esteja alinhado com Vieira de Andrade, quando este defende que se deve regular de forma mais restritiva a declaração de nulidade pela administração, a lei não acolhe na totalidade as suas propostas, concretamente a de que tal limitação deveria ocorrer também quando o vício gerador de nulidade não é evidente (por, por exemplo, a decisão ter sido tomada com base em avaliações técnicas de elevada complexidade cuja integral compreensão não está ao alcance de um destinatário normal) e os vícios geradores de nulidade sejam inteiramente imputáveis ao órgão administrativo (designadamente quando esta situação se configura como um intolerável *venire contra factum proprium* inadmissível em face da obrigação de atuação de acordo com as regras da boa-fé ou nas situações de alteração de conceção do interesse público em face das circunstâncias). Como defende Vieira de Andrade, nestes casos, apenas deveria ser possível a declaração judicial de nulidade.

Naturalmente que não é fácil a construção de um regime especial de nulidade, devendo ter-se presente que este regime especial (misto) não pode corresponder apenas a uma sobreposição das caraterísticas típicas da nulidade e da anulabilidade, até porque elas se apresentam frequentemente como contraditórias, não podendo, por isso, simplesmente ser "misturadas". Por exemplo, é claramente contraditório afirmar-se que a nulidade apenas pode ser arguida dentro de determinados prazos e simultaneamente assumir-se que o ato nulo não produz efeitos jurídicos independentemente da declaração de nulidade[47].

[46] Ou seja, ainda que o legislador se refira aos dez anos para a apresentação de tais participações, indica claramente a consequência que resulta da ultrapassagem desse prazo: a caducidade "*do direito de interpor a ação*".

[47] Neste sentido cfr. André Salgado Matos para quem, fixar um prazo para a declaração de nulidade, não pode pressupor que o ato é ineficaz: ou o ato administrativo produz efeitos ou

A resolução desta contradição é fundamental para que se perceba exatamente qual a diferença, em termos de efeitos, entre *um ato nulo cuja nulidade já não pode ser invocada* (declarada ou conhecida) e um ato *nulo que, tendo sido objeto de declaração de nulidade, produz efeitos putativos,* distinção que se revela essencial para determinar em que situação fica a esfera jurídica do particular (do ponto de vista dos seus direitos) num caso e no outro. Importa, aqui, particularmente, determinar se, tendo decorrido o prazo (de dez anos), o *ius aedificandi* que decorre do ato nulo se incorpora ou não, de forma estável, na esfera jurídica do interessado (assumindo, como tem sido abundantemente assumido na doutrina administrativa e na jurisprudência dos nossos tribunais, que se trata de direito que acresce à esfera jurídica do particular e que passa a integrar o conteúdo do seu direito de propriedade por força da licença administrativa).

Com efeito, terá, no que diz respeito a este particular aspeto, de se procurar uma solução que coloque, nestes casos, o interessado numa situação que, não sendo totalmente equiparável, seja pelo menos próxima à que decorre dos atos feridos de vícios geradores de anulabilidade em relação aos quais já tenha decorrido o prazo para a sua anulação. Assim, estando previsto um regime especial que impede que a nulidade possa ser declarada a todo o momento, terá de se aceitar que até essa declaração de nulidade o ato produz efeitos que se podem caraterizar como *precários*; e que, passado o prazo legalmente estabelecido, tais efeitos *se estabilizarão na ordem jurídica.*

Portanto, se o direito de construir conferido ao particular decorre de uma licença nula que se estabilizou – precisamente porque dela não se pode reagir – então esse direito passa a existir como parte integrante do direito de propriedade do interessado; caso contrário a previsão de tal regime misto de nulidade deixaria de fazer qualquer sentido.

E não se diga que assim não poderia ser por, como vimos, este regime especial de nulidade ter apenas dois destinatários (o autor do ato e o Ministério público), não se estendendo a terceiros contrainteressados. Isto porque o que releva do ponto de vista da estabilização do ato é a possibilidade de a situação de nulidade que o afetava não poder ser oposta a quem tem poderes de tutela objetiva da legalidade urbanística. O que significa essencialmente, que as entidades com maiores responsabilidades quanto à ocupa-

não o produz. Cfr. "Algumas observações críticas acerca dos atuais quadros legais e doutrinais da invalidade do ato administrativo", *cit.*, p.67.

ção territorial ficam impedidas legalmente de colocar em causa, no mínimo, a subsistência do ato e dos direitos que dele decorrem (não podendo, desde logo, demolir a construção), a sua utilização (não podendo recusar-se a emitir atos de autorização de utilização ou fazendo cessar a utilização do mesmo), ou atos de conservação e alteração, sobretudo aqueles que melhorem a edificação.

Esclareça-se que o que referimos não se deve confundir com o reconhecimento de efeitos putativos a um ato nulo (o que pode, e na maior parte das vezes deve, ser reconhecido em ações que sejam intentadas por contrainteressados), uma vez que os efeitos a que nos referimos resultam diretamente da impossibilidade de se reagir contra a situação de nulidade e não com uma ponderação, feita em concreto, sobre a situação de nulidade que ainda pode ser invocada e declarada e a situação de facto que, dadas as suas caraterísticas, deve poder ser mantida, se efetivamente concretizada.

Assim sendo, não temos dúvidas em afirmar, como já o defendemos, que nas situações em que a nulidade já não pode ser declarada, há efeitos jurídicos que decorrem da licença emitida, que subsistem enquanto tal (o direito de construir concretizado nos termos que dela constam e de adaptar a edificação erigida, quando adequado, bem como a de a utilizar nos termos licenciados). Portanto, uma licença emitida e cuja nulidade já não pode ser declarada mantém os seus efeitos jurídicos, a que as entidades públicas não podem obstar, o que significa que conferem uma facultade urbanística que acresce do conteúdo essencial do direito de propriedade[48].

Se assim não fosse, o regime especial de nulidade criado pelo legislador não teria qualquer efeito útil, por dele não decorrer – como foi por ele pressuposto – nenhuma garantia do proprietário contra a inação de quem tem especiais responsabilidades de tutela da legalidade urbanística.

Tendo em consideração tudo quanto foi referido nas linhas precedentes, terminamos este texto, enunciamos, de forma breve, dadas as suas limitações editoriais, alguns dos aspetos que consideramos deveriam ser ponderados na construção jurídica de um regime misto de invalidade dos atos administrativos de gestão urbanística. Tomamos, para o efeito, como referencial, o pen-

[48] Por isso, como já defendemos, quando o autor do ato declara a nulidade decorrido o prazo limite que tinha para o fazer, tal declaração de nulidade será, ela própria, nula por afetar o conteúdo essencial do direito de propriedade [alínea d) do n.º 2 do artigo 161.º do CPA]. Cfr. Fernanda Paula Oliveira e Dulce Lopes, "A nulidade da declaração extemporânea de nulidade de atos de gestão urbanística...", *cit.*

samento de Vieira de Andrade (referido este à nulidade em geral, mas que, não tendo sido adotado com tal amplitude no CPA, deveria, no mínimo, ser ponderado na construção de um regime especial para os atos administrativos no domínio urbanístico). Assim, na nossa opinião, tal regime deveria:

- Ser claro quanto à aplicação do CPA (que já contém um regime mais temperado de nulidade) a atos administrativos de gestão urbanística nulos praticados antes da sua entrada em vigor, permitindo que tais atos pudessem ser o objeto de reforma e conversão e pudessem beneficiar de um regime de efeitos putativos mais flexível.
- Admitir, em matéria de sanação, a possibilidade de ratificação destes atos em certas situações.
- Alargar o regime especial previsto no artigo 69.º, n.º 4 do RJUE a outras situações que não apenas as previstas no artigo 68.º, já que também nelas existe uma confiança dos particulares que apela para a estabilidade das situações jurídicas definidas por aqueles atos administrativos (eventualmente definindo prazos diferenciados em função dos interesses públicos e privados em presença); ponderar também o alargamento desta previsão para lá da declaração administrativa de nulidade a da ação pública, aproveitando, ainda para tornar a norma mais clara quanto à sua aplicação ao Ministério Público.
- Admitir uma limitação da competência administrativa para a declaração de nulidade em casos em que a existência desse tipo de invalidade não é evidente ou, relativamente a vícios inteiramente imputáveis ao órgão administrativo e o interessado está de boa-fé (nestes casos a nulidade apenas deveria poder ser declarada judicialmente);
- Prever expressamente que a declaração administrativa da nulidade fora do prazo configura, ela própria, uma nulidade;
- Esclarecer quais os efeitos dos atos administrativos nulos após o decurso do prazo de caducidade para a declaração da nulidade.

A revisão do ato administrativo

RODRIGO ESTEVES DE OLIVEIRA

I. Equilíbrios e harmonias na revisão do ato administrativo

Com uma dedicação preferencial aos temas clássicos do direito administrativo, àqueles que moldam a teoria geral desse direito, a revisão do ato administrativo não escapou ao olhar profundo e penetrante de Vieira de Andrade[1].

Aliás, pode dizer-se que Vieira de Andrade procedeu a uma revisão da matéria da revisão do ato administrativo, mostrando que o modo muito organizado e estruturado como ela vinha sendo entendida durante muito tempo, sobretudo, por influência de Diogo Freitas do Amaral,[2] e apareceu depois regulada no Código do Procedimento Administrativo de 1991, não dava resposta adequada a um tema crítico do direito administrativo.

O motivo para essa inadequação estava no facto, como explicava, de a revisão dos atos administrativos ser "*um daqueles domínios do direito público em que estão tipicamente em jogo valores e interesses contrapostos, que necessitam de ser harmonizados*", opondo-se, de um lado, a "*defesa da legalidade*", na hipótese da anulação, e a "*necessidade de realização adequada e eficiente do interesse público*", no caso da revogação, e, do outro lado, em regra, "*a estabilidade dos actos administrativos e, eventualmente, a proteção da confiança de particulares interessados nessa estabilidade*". Tratando-se, "*de ambos os lados, de valores e interesses protegidos pela ordem jurídica, torna-se necessário assegurar uma ponderação equilibrada entre eles, ponderação que exige uma certa maleabilidade das regras legislativas aplicáveis*", para se atingirem melhores resultados "*numa perspetiva de justiça material*"[3].

[1] Foram vários os artigos que dedicou ao tema, a saber, "Revogação do acto administrativo", em *Direito e Justiça*, vol. 6, 1992, p. 53 e ss, "A «revisão» dos actos administrativos no direito português", em *Legislação*, n.º 9/10, 1994, p. 185 e ss., "Anotação a Acórdão do Supremo Tribunal Administrativo de 20 de outubro de 2004", em *Revista de Legislação e de Jurisprudência*, n.º 3934, pp. 50 e ss., "A anulação administrativa de actos no Código do Procedimento Administrativo revisto", em *Liber Amicorum Fausto de Quadros*, 2016, vol. I, Almedina, pp. 829 e ss., e "A anulação administrativa de atos entre a revogação e a anulação judicial", em *Revista de Direito Administrativo*, 2022, n.º 15, pp. 5 e ss.

[2] Desde as suas lições policopiadas de Direito Administrativo de 1985, vol. III.

[3] "A «revisão»", cit., p. 193.

É sabido que as dicotomias jurídicas fortemente estruturadas (estamos agora a pensar na revogação e na anulação administrativas) apresentam uma enorme vantagem, permitindo a todos apreender facilmente o que distingue e o que une duas figuras ou institutos do Direito e, logo, conhecer os respetivos regimes legais: são fonte de certeza e segurança, fornecendo ao intérprete pautas claras de solução para os casos da vida, com o que saem também a ganhar, em capacidade de antecipação e previsão, todos os interessados na relação jurídica em causa.

No entanto, se pode haver domínios onde a segurança e certeza (a previsibilidade) são valores prevalecentes (como, por exemplo, em muitas situações do direito processual ou procedimental), o confronto de interesses no domínio da revisão do ato administrativo de que falava Vieira de Andrade exige uma resposta centrada essencialmente no valor da justiça material, na procura de soluções de equilíbrio e harmonia.

Admitimos que isso não fosse de exigir ao legislador de 1991, para quem as preocupações com a clareza e simplicidade da revolução procedimental que então se fazia no direito da Administração Pública portuguesa eram (terão sido) as predominantes. O legislador do Código de 2015, porém, podendo aproveitar a experiência prática jurisprudencial e os ensinamentos doutrinais entretanto enriquecidos, aproveitou a oportunidade e introduziu inovações substanciais no regime jurídico da figura da revisão do ato administrativo.

Pode ou não concordar-se com todas as soluções agora trazidas a tantos aspetos do regime anterior (para alguns, o Código terá ficado aquém do que seria esperado, para outros, terá ido longe demais), mas a verdade é que alguns dos mais problemáticos casos (por omissão ou por ação) do Código de 1991 em matéria de revisão do ato administrativo foram tratados, tendo-se dado um passo em frente na modernização e sofisticação do direito administrativo nacional.

Falta apenas dizer, antes de começar, que o propósito deste artigo não é analisar em extensão o regime da revogação e anulação administrativas ou determo-nos mais demoradamente num ou noutro aspeto do seu regime, mas mostrar como é que 18 ponderadas e serenas páginas revelaram tão bem as fragilidades do regime legal de 1991 e acabaram por ter um impacto tão significativo na reforma de um instituto clássico como o da "revogação" do ato administrativo. Referimo-nos ao artigo "A «revisão» dos actos administrativos no direito português", que Vieira de Andrade escreveu em 1994. A escolha explica-se pelo profundo rigor analítico, mas também por ter sido um dos textos que mais nos marcou éramos ainda neófitos nestas coisas, numa altura em que o nosso paradigma era aquele regime estruturado e rígido que constava do CPA. Esse "edíficio" foi sendo "desconstruído" à medida da leitura, "tijolo" a "tijolo"...

II. O conceito de "revisão do ato administrativo"

II.1. Um conceito de base procedimental

O primeiro aspeto em que a lição de Vieira de Andrade contribuiu para o regime da revisão do ato administrativo foi ter avançado com o próprio conceito de "revisão".

Não o fez logo no seu artigo de 1992, mas dois anos depois veio propor que se utilizasse o termo "revisão do ato administrativo" em sentido amplo, "*designando qualquer procedimento administrativo (secundário ou de 2.º grau), oficioso ou na sequência de uma impugnação administrativa, que implique a reapreciação negativa ou divergente de um ato administrativo anterior, podendo ter como resultado a declaração de nulidade, a anulação, a revogação, a modificação (alteração ou reforma), a substituição e, porventura ainda, por extensão, a mera retificação desse ato*"[4].

Trata-se, como se vê, de um conceito muito amplo, abrangendo tanto os casos em que essa reapreciação negativa ou divergente se funda em considerações de interesse público, como os casos em que essa reapreciação se baseia em considerações de legalidade. Apesar dessa latitude, a operatividade do conceito assenta no facto de concentrar em si todos os procedimentos administrativos que tendem à prática de um ato que projeta os seus efeitos sobre um ato anterior (ou sobre uma situação regulada por ato anterior), ou porque são intencionalmente abertos com vista à prática de um ato administrativo secundário (de um ato sobre um ato), seja para o eliminar (retroativamente ou não), seja para o sanar ou convalidar, ou porque, mesmo não incidindo sobre um ato, têm um efeito prático equivalente, substituindo-o ou modificando-o[5].

O que, além de ser um avanço em termos de refinamento conceitual, facilita o estudo unitário da figura, não tanto, talvez, em termos de regime substantivo, considerando que a "revisão" alberga institutos muito diferen-

[4] "A «revisão»", cit., p. 185.

[5] É essa a razão que justifica o disposto no artigo 173º/1 do CPA.

tes, mas em termos de regime procedimental (*regime dos procedimentos administrativos secundários*)[6].

II.2. Os "atos" secundários em matéria regulamentar

Esse é, aliás, um ponto (o dos procedimentos administrativos secundários) em que se revela bem a maior densidade da disciplina do ato administrativo, no confronto com a dos regulamentos administrativos.

As figuras "secundárias" previstas no CPA em matéria de regulamentos são, naturalmente, distintas das que foram objeto de regulação a propósito do ato administrativo, encontrando-se na lei a *declaração administrativa de invalidade* (artigo 144.º) – e não declaração de ilegalidade, como se usa na lei processual – e a *revogação* (artigo 146.º), havendo também uma referência à *interpretação, modificação* e *suspensão* de regulamentos (artigo 142.º/1). No artigo 147.º/1, na secção dedicada à impugnação dos regulamentos, são também essas as figuras referidas.

É verdade que o CPTA se reporta também à caducidade dos regulamentos (artigo 145.º), mas – mesmo se isso não é legalmente inadmissível, muitas vezes, até, por razões de certeza e segurança jurídicas – não se prevê aí, enquanto ato secundário, a declaração administrativa de caducidade de regulamentos.

[6] Como Vieira de Andrade refere, o conceito de revisão é também usado noutros contextos administrativos.
Desde logo, no quadro da revisão dos atos tributários (artigo 78.º da Lei Geral Tributária), que é, ou se tornou, por força da jurisprudência tributária, um instituto de fronteiras pouco nítidas e com um alcance, em matéria de tutela dos direitos dos contribuintes (e outros sujeitos fiscais), possivelmente bem mais alargado do que aquele que estava na origem do pensamento legislativo.
Em segundo lugar, também se utiliza "*o termo «revisão» contraposto ao de «reexame» para designar a intensidade dos poderes da autoridade competente para conhecer de um recurso administrativo consoante esta disponha (reexame), ou não (revisão) de competência dispositiva (originariamente ou por efeito devolutivo do recurso) relativamente ao acto recorrido*" (Vieira de Andrade, "A «revisão»", cit., p. 186).
Alguma doutrina também se refere à revisão do ato administrativo enquanto terceiro género, a par da anulação e revogação. É o caso de Carla Amado Gomes, para quem a revisão do ato administrativo "*pode coincidir com uma alteração do conteúdo do acto em razão de factores técnicos, ou com uma modificação do acto ditada por alteração das circunstâncias, de facto ou de Direito*" ("A revogação do acto administrativo: uma noção pequena", em *Comentários ao Código do Procedimento Administrativo*, org. por Carla Amado Gomes | Ana Fernanda Neves | Tiago Serrão, vol. II, AAFDL, 2020, p. 693).

Além de se tratar de figuras que não são normalmente objeto de estudo na doutrina, a maior diferença que existe entre os atos secundários sobre regulamentos, em comparação com os atos sobre atos administrativos, é a disciplina mais exígua que o legislador lhes dedica. O CPA de 2015, note-se, não deixou de introduzir relevantes alterações no regime dos regulamentos, mas admitimos que talvez pudesse ter ido um pouco mais longe no plano estritamente procedimental dos atos secundários regulamentares. Há, também é verdade, várias razões para essa disciplina não ser tão densa, destacando-se duas delas: fazendo parte do bloco da normatividade, os regulamentos comungam, em alguns aspetos, do regime das leis, designadamente, uma certa liberdade de revisão das ponderações feitas em dado momento; também por causa disso (pertencerem ao bloco da normatividade), os regulamentos, em regra, só projetam os seus efeitos sobre a esfera jurídica das pessoas por via de atos administrativos de aplicação.

O *regime da declaração de invalidade dos regulamentos*, por exemplo, é, em larga medida, decalcado do regime da declaração de ilegalidade com força obrigatória geral (em especial, artigos 74.º e 76.º do CPTA), preocupando-se o legislador com a referência ao prazo (ou falta dele) e aos efeitos dessa declaração administrativa, não havendo regras sobre a sua disciplina enquanto ato secundário[7]. E o mesmo sucede com o *regime da revogação dos regulamentos*, que contém apenas duas normas típicas de um procedimento (ou ato) secundário: "*os regulamentos podem ser revogados pelos órgãos competentes para a respetiva emissão*" (artigo 146.º/1, tal como vale para a respetiva interpretação, modificação ou suspensão, nos termos do artigo 141.º/1), seguindo-se depois duas normas sobre os condicionalismos materiais a essa revogação, terminando o preceito em causa por estabelecer que "*os regulamentos revogatórios devem fazer menção expressa das normas revogadas*".

Numa futura alteração do CPA, talvez possa haver oportunidade para densificar um pouco mais a matéria, por exemplo, sobre a conveniência, ou não, de haver, para certas situações, uma nota justificativa fundamentada em alguns regulamentos secundários, sobre o regime da impugnaçao dos regulamentos e, sobretudo, a participação aí dos eventuais "contrainteressados" (matéria não coberta pela remissão do artigo 147.º/3 do CPA) e sobre o controvertido princípio do paralelismo das formalidades.

[7] A não ser quando se afirma no artigo 144.º/1 que a invalidade do regulamento pode ser "declarada pelos órgãos administrativos competentes", o que é escasso.

II.3. Os atos administrativos secundários: tipologia e ajustes

No que respeita aos atos administrativos secundários, o CPA prevê expressamente, além da declaração de nulidade, da anulação administrativa e da revogação, a ratificação, reforma e conversão (artigo 164.º), a retificação (artigo 174.º) e a suspensão (artigo 189.º/2), além da alteração e da substituição, que, não sendo atos secundários, deles se aproximam do ponto de vista prático e respetivos efeitos, ao ponto de comungarem do mesmo regime (artigo 173.º)[8].

Considerando que a suspensão é regulada apenas como uma medida provisória dos procedimentos impugnatórios e que a retificação tem uma natureza específica, parece-nos que o legislador poderia ter sido um pouco mais claro quanto às figuras da alteração e substituição dos atos administrativos.

Desde logo, porque, ao contrário da ratificação, reforma e conversão, que só podem ter por objeto atos administrativos inválidos (*rectius*, só podem ter como fundamento a invalidade do ato administrativo a que se reportam), a alteração e substituição podem recair sobre situações reguladas por atos válidos ou inválidos (é dizer, podem fundar-se tanto em juízos de invalidade, como em juízos de conveniência ou oportunidade).

Ora, se é assim, então o legislador do CPA de 2015 nem sempre foi coerente com uma das principais novidades por ele trazidas a esta matéria, a saber, a autonomização da anulação administrativa face à revogação. Com efeito, dispõe-se no artigo 173.º que, "salvo disposição especial, *são aplicáveis à alteração e substituição dos atos administrativos as normas reguladoras da revogação*", quando deveria dizer-se que são aplicáveis as normas reguladoras da revogação ou da anulação, consoante o fundamento da alteração e substituição seja a inconveniência ou inoportunidade de um ato administrativo ou a sua ilegalidade ou, talvez mais corretamente, consoante a situação sobre que

[8] Como se sabe, ao contrário do que se passa com a revogação ou anulação – que, na pureza dos conceitos, se limitam a fazer cessar, a primeira, ou a destruir, a segunda, os efeitos de um ato administrativo anterior, "criando" (ex nunc ou ex tunc) um vazio jurídico (salvo quando haja efeito repristinatório) –, no caso da substituição ou alteração pratica-se um novo ato dispositivo, conformador de uma relação jurídica entre a Administração Pública e terceiros, que fica a vigorar (desde o passado ou para o futuro) com disciplina (parcial ou totalmente) diferente da alterada ou substituída. É este o traço comum dos atos administrativos de alteração de atos administrativos.

recai o ato modificativo ou substitutivo esteja regulada por um anterior ato válido ou por um ato anulável.

Aliás, problema similar parece também verificar-se no quadro dos atos administrativos de sanação ou convalidação. Na verdade, prevê-se no artigo 164.°/1 que "*são aplicáveis à ratificação, reforma e conversão dos atos administrativos as normas que regulam a competência para a anulação administrativa dos atos inválidos e a sua tempestividade*". Ora, considerando que, com o CPA de 2015, os atos nulos também podem ser objeto de reforma ou conversão (artigo 164.°/2), fica por saber se o legislador queria realmente aplicar à reforma ou conversão dos atos nulos o regime e, sobretudo, os prazos da anulação administrativa. Não é impossível, mas não seria uma solução adequada, designadamente, quanto aos atos nulos (potencialmente) constitutivos de direitos, e, além disso, não estaria de acordo com a teoria geral dos atos administrativos de sanação.

Assim, no quadro da sanação de atos anuláveis, o princípio é o de que o órgão competente pode sanar enquanto puder anular. No quadro da sanação de atos nulos, o princípio deve ser o mesmo, ou seja, se o órgão competente pode, salvo preceito legal em contrário, declarar a nulidade do ato administrativo a todo o tempo, também pode proceder à sua reforma ou conversão a todo o tempo.

Possivelmente, o legislador preocupou-se, no n.° 1 do artigo 164.°, em substituir a fórmula "revogação dos atos inválidos", que se encontrava no artigo 137.°/2 do CPA de 1991, pela expressão "anulação administrativa dos atos inválidos" (em rigor, bastaria "anulação administrativa", uma vez que esta é sempre de "atos inválidos"), mas ter-se-á esquecido de que ele mesmo passou a prever, no número 2 do artigo 164.°, a admissibilidade da reforma ou conversão dos atos nulos – que era antes vedada (artigo 137.°/1 do CPA de 1991) –, não tendo procedido, no n.° 1, ao ajustamento necessário a essa nova realidade.

III. A autonomia da anulação (administrativa)

III.1. Revogação e anulação: traços distintivos

A questão, em termos sumários, é a seguinte: a *anulação administrativa* constitui, como no preâmbulo do DL n.° 4/2015 se sugere, uma figura com autonomia jurídica suficiente (em face da *revogação*) para justificar ter-se deixado cair a figura da *revogação anulatória* do CPA de 1991, que era tradicional entre nós, como uma espécie do género revogação?

Em 1992, já Vieira de Andrade propunha que o Código as separasse, "*não apenas, nem fundamentalmente, por uma questão conceitual ou de asseio formal, para satisfazer puras preocupações analíticas ou alguns interesses doutrinários, mas porque a circunstância de estas duas figuras aparecerem tratadas em conjunto poderá eventualmente causar na prática alguns problemas, alguma perturbação*"[9] – tema a que voltou em 1994, indicando de forma mais detalhada os segmentos relevantes dessa distinção e as razões por que deviam elas (revogação anulatória e revogação propriamente dita) ser tratadas autonomamente.

Em primeiro lugar, dizia, a "*revogação propriamente dita é um acto que se dirige a fazer cessar os efeitos doutro acto, por se entender que não é conveniente para o interesse público manter esses efeitos produzidos anteriormente; a revogação anulatória ou anulação, é um acto através do qual se pretende destruir os efeitos de um acto anterior, mas com fundamento na sua ilegalidade, ou, pelo menos, num vício que o torna ilegítimo e, por isso inválido*"[10]. Assim, a revogação e a anulação administrativa distinguem-se, desde logo, quanto aos respetivos **fundamentos**. Mas também por isso elas diferenciam-se quanto à **função**, "*porque naquela está em causa o exercício de uma actividade da administração ativa, enquanto nesta se cumpre uma função de controlo*"[11].

Por outras palavras, a Administração Pública aparece em cada uma dessas situações em vestes diferentes e a prosseguir fins distintos. No caso da revogação, ela aparece como responsável ou titular do interesse público administrativo, como uma entidade a quem cabe assegurar de forma atualizada a realização concreta das necessidades ou interesses públicos postos pela lei a seu cargo – ou seja, como a entidade a que se refere o artigo 266.º/1 da CRP, quando dispõe que "*a Administração Pública visa a prossecução do interesse público*". No caso da anulação administrativa, ela surge como a entidade a que se refere o n.º 2 desse preceito, ao dispor que deve atuar "*em subordinação à Constituição e à lei*", cabendo-lhe, portanto, retirar ou destruir os atos que haja praticado ilegalmente, não tanto para servir qualquer interesse público, embora ele esteja implicado na questão, mas para servir a realização dos comandos legislativos, aos quais está subordinada.

Daí decorre outra diferença em matéria de **competência**: "*o poder de revogação pertence a quem possa legalmente praticar o acto, ou seja, integra a competência dispositiva, enquanto pode ser competente para anular um acto quem quer que tenha*

[9] "A revogação", cit., p. 55.
[10] "A «revisão»", cit., p. 190.
[11] "A «revisão»", cit., p. 190.

um poder de controlo, uma competência de fiscalização, na maior parte dos casos, além do autor potencial, o titular de um poder de superintendência ou de tutela"[12].

Em quarto lugar, o **objeto (mediato)** também é distinto nas duas figuras: "*enquanto são suscetíveis de anulação administrativa quaisquer actos, à revogação propriamente dita estão sujeitos apenas alguns tipos de actos, os que produzem efeitos atuais ou potenciais (não caducados nem esgotados), designadamente, os actos com eficácia duradoura (ou actos de eficácia instantânea, mas ainda não executados) e apenas aqueles que impliquem o exercício de poderes discricionários*"[13].

Por último, também os **efeitos** de uma e de outra figura são diversos. "*Os efeitos de uma revogação são, em princípio, efeitos para o futuro, «ex nunc», embora possam em certos casos ser retrotraídos a um momento anterior, enquanto que os efeitos naturais da revogação anulatória se produzem «ex tunc", reportando-se ao momento da prática do acto anulado (ou ao da existência do vício)*"[14].

Fundamentos distintos, funções diferentes, competências diversas, objetos próprios, efeitos diferenciados, mostram que os atos administrativos de revogação e de anulação administrativa são figuras distantes, justificando a autonomização jurídica e conceitual da segunda.

III.2. A receção legal da autonomia da anulação administrativa

E foi essa a maior novidade terminológica que trouxe o CPA de 2015, que passou, no artigo 165.º, a distinguir a revogação ("*ato administrativo que determina a cessação dos efeitos de outro ato, por razões de mérito, conveniência ou oportunidade*") da anulação administrativa ("*ato administrativo que determina a destruição dos efeitos de outro ato, com fundamento em invalidade*").

Compreendem-se, com clareza, as definições legais, embora, se se quisesse reduzir à sua expressão mínima, poderia dizer-se que a revogação é o ato administrativo que determina a extinção dos efeitos de outro ato por razões de mérito, enquanto a anulação administrativa é o ato administrativo que determina a extinção dos efeitos de outro ato com fundamento em invalidade. Uma revogação não o deixa de ser mesmo se for retroativa (artigo 171.º/1), assim como uma anulação não o deixa de ser mesmo se feita para o futuro [artigo 171.º/3 e artigo 168.º/4, alínea b)]. Aquilo que, em rigor e na substância, as define e separa não são tanto os seus efeitos típicos, mas os seus fundamentos.

[12] "A «revisão»", cit., pp. 190 e 191.

[13] A «revisão»", cit., p. 191.

[14] A «revisão»", cit., p. 191.

Acresce que não é necessário que o ato administrativo revogatório contenha uma determinação expressa sobre a "cessação" dos efeitos do ato anterior, assim como não é necessário que o ato administrativo anulatório contenha uma declaração explícita sobre a "destruição" dos efeitos do ato anulado. Esses efeitos produzem-se *ex lege*. Mas já é necessário, em ambos os casos, que seja percetível qual o fundamento para a revisão do ato administrativo, se a sua invalidade, se a sua inconveniência ou inoportunidade, pois só isso permite saber se estamos perante uma anulação ou revogação.

Em rigor, é esse distinto fundamento que está na base de todas as outras diferenças. Aquele é a causa, estas são as consequências.[15]

Como também é aquele que explica por que se trata de figuras de "mundos" diferentes. De um lado, está a reapreciação negativa com fundamento em razões de interesse público, que assenta em *juízos tipicamente administrativos* sobre a conveniência e oportunidade da manutenção tal qual dos efeitos de um ato administrativo. De outro lado, temos a reapreciação divergente com fundamento em razões de legalidade, que assenta em *juízos jurídicos* sobre a invalidade de um ato administrativo[16].

A revisão do ato administrativo com base em razões de interesse público só está ao alcance da Administração Pública, ninguém concorre com ela, e os seus juízos, que se traduzem em valorações próprias do exercício da função administrativa, são, em princípio, insindicáveis, salvo por ela mesma (com a exceção da violação de algum segmento vinculado, como sucede com os condicionalismos do artigo 167.º, ou de um limite interno da discricionariedade). Aqui, a Administração Pública é "senhora e rainha" e é sua a "última palavra". A revogação dos atos administrativos corresponde a um domínio tendencialmente reservado da Administração Pública.

A revisão do ato administrativo com base em razões de legalidade é uma realidade substancialmente diversa: assenta em juízos de natureza jurídica, de um órgão que é aplicador do Direito e que está especialmente subordinado ao Direito, mas cujo veredito é passível de censura judicial plena, sendo ao órgão judicial que compete a "última palavra" na matéria. Trata-se ainda de *função administrativa*, não se confundindo com a anulação judicial (é dizer, não se distinguindo desta apenas pelo segmento orgânico) – uma vez que ela, para Vieira de Andrade, "*não tem uma intencionalidade última axiológia,*

[15] Assim, Robin de Andrade, "O regime da revogação e da anulação administrativa no projeto do novo CPA", CJA, nº 100, 2013, p. 71.

[16] Não é por isso correto dizer que os atos administrativos podem ser anulados com funda-

mas estratégica, não procura exclusivamente o justo, mas o útil"[17] –, mas a verdade é que, ainda assim, estará tão distante da revogação de um ato administrativo quanto da anulação judicial[18].

IV. A anulação administrativa

IV.1. Os prazos gerais da anulação administrativa

(i) Vieira de Andrade criticou diversas vezes a associação automática que havia, em matéria de prazos, entre a (possibilidade de) anulação do ato administrativo pela Administração Pública e a respetiva impugnação judicial. Nas suas palavras, o regime anterior (de 1991) estabelecia "*a proibição total ou a admissibilidade livre da anulação administrativa («revogação anulatória»), conforme tenha decorrido, ou não, o prazo de recurso contencioso*", tendo-se optado, por isso, "*por uma pura solução temporal, de total precariedade do ato até um certo momento, e de estabilidade absoluta a partir daí, sem considerar aspetos substanciais relevantes que recomendariam porventura diferenciações de regime*"[19].

O tema dos prazos foi justamente um dos que conheceu alterações mais relevantes, havendo agora, em substituição do rígido artigo 141.° do CPA de 1991, um sistema diferenciado de soluções, com prazos distintos para situações distintas.

Começando pelo prazo geral, dispõe-se no artigo 168.°/1 que "*os atos administrativos podem ser objeto de anulação administrativa no prazo de seis meses, a contar da data do conhecimento pelo órgão competente da causa de invalidade, ou, nos casos de invalidade resultante de erro do agente, desde o momento da cessação do erro, em qualquer dos casos desde que não tenham decorrido cinco anos, a contar da respetiva emissão*".

mento em invalidade ou revogados com fundamento por outras razões que não a sua invalidade, ou seja, com base em qualquer aspeto do ato administrativo que não se prenda com a violação invalidante de normas e princípios jurídicos. Um ato administrativo só pode ser revogado com base em considerações objetivas de interesse público, cabendo à Administração Pública demonstrar que, por reponderação do interesse público ou em virtude de novas circunstâncias, que surgiram mais tarde ou que só mais tarde foram ponderadas, se revela inconveniente para uma adequada realização atual do interesse público (por que ela seja responsável) a manutenção dos efeitos do ato em causa.

[17] "A anulação administrativa de atos entre a revogação e a anulação judicial", cit., p. 7.

[18] Sobre as diferenças entre a anulação administrativa e a anulação judicial, ver Vieira de Andrade, "A anulação administrativa de atos entre a revogação e a anulação judicial", cit., p. 8 e ss.

[19] "A «revisão»", cit., pp. 193 e 194.

Como se vê, resulta da lei que os atos podem ser administrativamente anulados mesmo quando já estejam esgotados os prazos da impugnação judicial pelos interessados (3 meses) e até mesmo, eventualmente, pelo próprio Ministério Público (1 ano).

De qualquer forma, não pode dizer-se que o prazo geral de anulação de atos administrativos (não constitutivos de direitos, porque para esses vale o subsequente n.º 2) tenha sido necessariamente alargado, como era proposto por Vieira de Andrade[20], uma vez que, no CPA de 1991, esse prazo era sempre de 1 ano, havendo agora um prazo limite bem mais extenso (5 anos), mas que só funciona nesses termos (como limite), uma vez que o prazo dentro do qual a Administração Pública pode anular o ato é de 6 meses a contar do conhecimento da invalidade.

O prazo de 5 anos conta-se, diz a lei, da "emissão" do ato, que é uma expressão pouco utilizada, parecendo que o legislador se está a reportar à (data da) respetiva prática, à (data da) tomada da decisão administrativa.

Por sua vez, o prazo de 6 meses conta-se desde o momento (desde a data) da cessação do erro, *quando a invalidade seja imputável ao agente*, ou seja, quando estivesse na sua esfera normal de controlo evitar a invalidade em causa (erro na interpretação da lei, falta de cumprimento de uma formalidade, incompetência, falta de solicitação de um parecer obrigatório, etc.), ou desde a data do conhecimento pelo órgão competente para as restantes causas de invalidade (por exemplo, inconstitucionalidade da lei ou deficiente instrução do processo por parte do interessado). Se houver duas ou mais causas de invalidade, aplica-se a cada uma delas o regime que lhe caiba.

(ii) Embora se compreenda a solução, o facto de se reportar o prazo para a prática de um ato administrativo anulatório ao momento (ou à data) em que o órgão competente deixou de estar em erro ou em que teve conhecimento da invalidade poderia abrir a porta a dúvidas e controvérsias complexas e difíceis de resolver.

Serão frequentes, na verdade, os casos em que não existem certezas, nem provas firmes – ainda por cima, sendo vários (em abstrato, pelo menos) os órgãos competentes para decidir da anulação –, sobre a data da cessação do erro ou do conhecimento da causa de invalidade, podendo, portanto, haver

[20] "A «revisão»", cit., pp. 195.

dúvidas sobre o exercício tempestivo ou extemporâneo dessa competência e sobre a validade do ato administrativo anulatório praticado ao abrigo dela.

Considerando que se trata de uma matéria crítica, a melhor opção passa pelo recurso a *fatores ou dados objetivos*, que comprovadamente permitissem ao agente deixar de estar em erro ou conhecer a causa de invalidade. Desde que ele tenha tido a possibilidade de conhecer a existência da causa de invalidade, o prazo de 6 meses começa a contar, independentemente da data em que ele tenha tomado efetivo conhecimento dela.

Assim, se o interessado, na sua pronúncia em sede de audiência prévia, invocou um certo erro de direito (deficiente interpretação da lei revelada no projeto de decisão), mas o ato foi praticado com base na interpretação dos serviços, deve entender-se que o órgão tomou conhecimento da causa de invalidade na data da prática do ato, mesmo que, depois disso, ele tenha solicitado um parecer jurídico externo sobre o caso, que só lhe chegou às mãos meses depois. Entender que ele apenas teria tomado conhecimento da invalidade com a análise do parecer seria abrir as portas às maiores dúvidas (e até manipulações) numa matéria sensível.

O que conta, portanto, é a data em que ele foi confrontado, pela primeira vez, *de forma procedimentalmente relevante*, com a questão da invalidade (numa pronúncia em sede de audiência prévia, num parecer junto pelo interessado, numa reclamação, etc.)[21].

Por outro lado, e como consequência disso, deve valer aqui uma ideia de *conhecimento institucional*, digamos assim, e não necessariamente um conhecimento subjetivo por parte da pessoa titular (ou das pessoas titulares) do órgão competente para a anulação do ato[22].

[21] Neste sentido, André Folque, *Notas sobre a revisão do ato administrativo no novo Código*, Coimbra, p. 72, Alexandre Sousa Pinheiro | Tiago Serrão | Marco Caldeira | José Duarte Coimbra, *Questões Fundamentais para a Aplicação do CPA*, Almedina, 2016, p. 270 e 271, e Aroso de Almeida, em *Comentários à revisão do Código do Procedimento Administrativo*, AA. VV., 2022, p. 382.

[22] Considerando que o poder de anulação cabe (ou pode caber) a vários órgãos, como estabelecido no artigo 169.º, não é seguro se pode haver para cada um deles diferentes prazos, se porventura tomaram conhecimento da causa de invalidade em momentos diferentes, ou se o prazo se conta desde o momento em que o primeiro de entre esses vários órgãos tomou conhecimento de tal causa, não se abrindo novo prazo para os restantes órgãos competentes. Parece-nos ser mais defensável a primeira opção, salvo abuso da Administração Pública para prolongar artificalmente o prazo.

Em muitas situações, o órgão com competência para a prática do ato administrativo decide com base em propostas dos serviços, não tendo acesso (ou podendo não ter acesso) a tudo quando foi discutido no procedimento. É verdade que o responsável pela direção do procedimento deve elaborar um relatório, do qual consta, entre outras coisas, o resumo do conteúdo do procedimento (artigo 126.º do CPA), onde podem vir descritas as razões de facto ou de direito invocadas pelo interessado no sentido da ilegalidade do projeto de decisão, hipótese em que o órgão competente para a prática do ato poderá tomar conhecimento pessoal dessas potenciais causas de invalidade. No entanto, mesmo quando isso não aconteça, mesmo quando o órgão competente para a prática do ato não toma conhecimento dessas causas de invalidade (ou porque o relatório foi mal elaborado ou porque ele comprovadamente não o leu, etc.), parece-nos que o que releva é o facto de esses dados terem chegado ao conhecimento institucional da Administração Pública, dos serviços do órgão competente, em "requerimento" ou documento a ele dirigido.

Naturalmente, esse "requerimento" só será relevante para fazer iniciar o prazo se for dirigido ao *órgão competente* (se o Ministro da Economia é o órgão competente para decidir, mas o "requerimento" é apresentado nos serviços do Ministério das Infraestruturas, o prazo não começa a contar)[23].

IV.2. Os prazos da anulação dos atos constitutivos de direitos

[23] Note-se, porém, que o referido prazo de 6 meses não é, em rigor, de 6 meses. Ele deve ser contado em dias úteis. É o que resulta, *a contrario*, do artigo 87.º, alínea d), do CPA, onde se estabelece que, "na contagem dos prazos legalmente fixados em mais de seis meses, incluem-se os sábados, domingos e feriados". Como o prazo do artigo 168.º/1 não é superior a 6 meses, não se incluem nele os sábados, domingos e feriados. É, para nós, uma solução estranha, introduzida no CPA de 1991 em 1996 – infelizmente mantida pelo CPA de 2015 –, e para a qual não encontramos explicação suficiente.
É verdade que, se o prazo procedimental em meses se contar de forma diferente de um prazo procedimental em dias, 1 mês será diferente de 30 dias (chamando a atenção para este facto, Carlos Carvalho, "O Procedimento Administrativo – Tramitação e Formalidades. Algumas Questões e Reflexões a Propósito da Revisão do CPA", *CJA*, n.º 100, p.105).
No entanto, essa é a consequência normal se se fixar os prazos em meses ou em dias. Os prazos em meses devem contar-se em meses (se o prazo começa a contar no dia 2 de janeiro, termina no dia 2 de julho). Foi sempre essa a forma de contagem de tais prazos, como resulta da regra posta no artigo 279.º, alínea c), do Código Civil: "*o prazo fixado em semanas, meses ou anos, a contar de certa data, termina às 24 horas do dia que corresponda, dentro da última semana, mês ou ano, a essa data; mas, se no último mês não existir dia correspondente, o prazo finda no último dia desse mês*".

No caso dos "*atos constitutivos de direitos*" (com o sentido que lhes dá o artigo 167.º/3), eles só podem, salvo nas hipóteses dos números 3 e 4, "*ser objeto de anulação administrativa dentro do prazo de um ano, a contar da data da respetiva emissão*" (artigo 168.º/2). O que vale aqui, portanto, como também na hipótese do n.º 1, é a data da emissão (da prática do ato administrativo, se ele for expresso, ou da sua formação, no caso dos atos tácitos positivos), não a data da sua notificação, publicação, começo de execução ou qualquer outro evento similar.

Não é perfeitamente claro se, na anulação dos atos constitutivos de direitos, vale apenas um prazo (o de 1 ano) ou se valem dois, aplicando-se-lhes também o prazo de 6 meses, referido no artigo 168.º/1, a contar da data do conhecimento pelo órgão competente da causa de invalidade, ou, nos casos de invalidade resultante de erro do agente, desde o momento da cessação do erro.

Dir-se-ia, por um lado, que a tutela da confiança de que seriam eventualmente merecedores os destinatários desses atos já estaria coberta pelo estabelecimento de um prazo limite muito inferior ao que se aplica aos atos desfavoráveis (ou aos atos favoráveis, mas não constitutivos de direitos), que é de 5 anos. No entanto, não deixaria de causar estranheza o facto de o legislador querer estender até um ano (a contar da data da respetiva emissão) o prazo para anulação administrativa de atos constitutivos de direitos, enquanto os outros atos só poderiam ser anulados no prazo de 6 meses. E, mesmo que esse semestre só se conte a partir do conhecimento da causa de invalidade destes últimos atos, a verdade é que se abriria a porta, em termos

Com a estranha solução do artigo 87.º, alínea d) – que, atendendo à letra da lei, não se aplicará aos prazos procedimentais fixados em semanas, embora –, torna-se necessário converter em dias os prazos estabelecidos em 6 ou menos meses.
Para tornar tudo ainda mais estranho, não há um modo único de conversão, sendo possíveis, pelo menos, duas hipóteses, cujos resultados não são coincidentes: ou se conta inicialmente o prazo em meses e, depois, contam-se quantos dias não úteis há nesse calendário, para os fazer acrescer aos dias úteis desse mesmo calendário, ou converte-se logo o prazo de 6 meses em 180 dias úteis (assim, Acórdão do Tribunal Central Administrativo Sul de 05.07.2017, p. 10240/13).
Como quer que seja, um prazo de 6 meses contado em dias úteis corresponde a mais do que 260 dias, superior, portanto, a 8 meses.
Sobre esta matéria, ver, por todos, Luís Verde de Sousa, "Breves notas sobre prazos procedimentais", em *Comentários ao Código do Procedimento Administrativo*, org. por Carla Amado Gomes | Ana Fernanda Neves | Tiago Serrão, vol. II, 6.ª edição, AAFDL, 2023, p. 42 e ss.

teóricos (mas também em termos práticos), para que o prazo de anulação de atos constitutivos de direitos fosse menos garantístico que o estabelecido para a anulação de atos desfavoráveis (ou favoráveis, mas não constitutivos de direitos). A melhor solução, portanto, é a de se aplicar também à anulação dos atos constitutivos de direitos a primeira parte do artigo 168.º/1 – proposição que vale também para as hipóteses do artigo 168.º/4[24], mas com dúvidas, porém, no caso da alínea a).

IV.3. Dois casos especiais de anulação

(i) A anulação de atos obtidos através de artifício fraudulento

A propósito da anulação administrativa, Vieira de Andrade colocava no seu artigo uma primeira questão concreta: (i) "*por que não admitir a anulação, para além do prazo de recurso, [...] de um acto favorável, quando o particular esteja de má fé (a ilegalidade pode até resultar de dolo, de corrupção ou de coacção que não produza a nulidade) ou por outra razão não tenha confiança (na estabilidade do acto) merecedora de protecção jurídica?*"[25]

A proposta era equilibrada (os atos constitutivos de direitos não são objeto de tutela a se, mas apenas em função da proteção de que é normalmente merecedor o respetivo beneficiário), mas o legislador não a acolheu por inteiro, tendo optado "apenas" por estabelecer, no artigo 168.º/4, alínea a), que "*os atos constitutivos de direitos podem ser objeto de anulação administrativa no prazo de cinco anos, a contar da data da respetiva emissão [...] quando o respetivo beneficiário tenha utilizado artifício fraudulento com vista à obtenção da sua prática*".

A razão para o "artifício fraudulento" funcionar como fator de extensão do prazo legal reside justamente no comportamento censurável do beneficiário do ato, em ele deixar de ser merecedor da tutela da estabilidade e de proteção da confiança que estão na base da instituição de um prazo-regra mais exíguo de anulação administrativa para os atos constitutivos de direitos[26].

[24] No sentido de que o prazo de 6 meses se aplica às hipóteses do n.º 2 e 4 do artigo 168.º, ver Alexandre Sousa Pinheiro | Tiago Serrão | Marco Caldeira | José Duarte Coimbra, *Questões Fundamentais*, cit. p. 266, e Aroso de Almeida, em *Comentários*, cit., p. 383.

[25] "A «revisão»", cit., p. 195.

[26] Um exemplo de "artifício fraudulento" encontra-se no Acórdão do TCA Sul de 01.06.2022 (p. 335/21.9), em que o interessado omitiu à entidade pública, no requerimento apresentado (relativo à transmissão de umas licenças administrativas), a situação jurídica do estabelecimento em causa, que tinha sido atribuído à sua ex-mulher na sentença de partilha de bens.

Não é claro se a utilização pelo beneficiário de estratagemas "fraudulentos", adotados com intenção de enganar, determina também a invalidade do ato administrativo praticado ou se é apenas fator de prolongamento do prazo limite de sua anulação administrativa. Julgamos que a utilização de tais artifícios é, só por si, causa de invalidade de atos que, de outro modo, não tivesse sido enganada, a Administração não praticaria (ou não praticaria nos mesmos termos).

Por outro lado, esta previsão legal prescinde da ocorrência da prática de um crime [que, aliás, se existir, é motivo de nulidade do ato, nos termos da alínea c) do artigo 161.°/2 do CPA]: o que é necessário e suficiente para que funcione a hipótese aqui em causa é a existência de uma burla, de um comportamento astucioso ou fraudulento do beneficiário do ato, que pode até ser por omissão, através da ocultação, dissimulação ou sonegação intencional de informações que se sabia serem determinantes para a formação da vontade da Administração Pública. Do que se trata, portanto, é de juízos administrativos sobre o comportamento do beneficiário do ato, não sendo a Administração Pública chamada, como é evidente, a formular juízos sobre a qualificação jurídico-penal de tal conduta.

A dúvida que temos é se, neste específico caso, deve considerar-se aplicável o prazo de 6 meses do artigo 168.°/1. A lógica subjacente ao preceito aponta nesse sentido, mas a especial censura do comportamento do beneficiário do ato talvez justificasse outra solução. É verdade que o prazo de 6 meses a contar do conhecimento do artifício ainda é um prazo considerável – além de que este será normalmente um caso em que a Administração só terá conhecimento disso algum tempo depois da prática do ato –, mas, nos pratos da balança, parece-nos pesar mais a conduta censurável do interessado do que a eventual negligência dela em atuar mais prontamente. Para uma menor rapidez da Administração, de funcionamento burocrático, pode haver alguma desculpa; para o beneficiário do ato, por ter utilizado, com dolo, um artifício fraudulento, não.

(ii) A anulação de atos constitutivos de direitos e a boa fé

No artigo que serve de base a estas nossas considerações, Vieira de Andrade perguntava também se, por razões de justiça material, não deveria proteger-se "*melhor a confiança do particular de boa-fé, mesmo antes de decorrido o prazo de recurso – que, lembre-se, é de um ano –, limitando os poderes de anulação administrativa e impondo uma ponderação entre os seus «direitos» e a legalidade ou o interesse público (até porque são diferentes as causas de ilegalidade e pode mesmo haver, sem ilegalidade, má fé latente na pretensão administrativa de anulação)?*"[27]

Digamos que a esta interpelação, o legislador do CPA respondeu, não só limitando o prazo limite da anulação deste tipo de atos, mas também em sede de tutela secundária, ou seja, não impediu a anulação do ato mesmo quando se trate de uma ilegalidade menor e o interessado esteja de boa fé, mas abriu a porta a uma indemnização pelos danos que ele tenha sofrido.

Assim, dispõe-se no artigo 168.º/6 que "*a anulação administrativa de atos constitutivos de direitos constitui os beneficiários que desconhecessem sem culpa a existência da invalidade e tenham auferido, tirado partido ou feito uso da posição de vantagem em que o ato os colocava, no direito de serem indemnizados pelos danos anormais que sofram em consequência da anulação*"[28].

A intenção do legislador é, portanto, tutelar os beneficiários de boa fé (é dizer, que desconhecessem sem culpa a invalidade do ato) que, confiando na decisão da Administração Pública, fundaram nela esforços, compromissos ou investimentos pessoais ou patrimoniais e veem agora, por causa da respetiva anulação administrativa, frustrar-se total ou parcialmente o investimento feito (o chamado "*investimento da confiança*"). Se o beneficiário do ato constitutivo inválido ainda não tiver realizado, antes da anulação, qualquer investimento ou compromisso, com o intuito de beneficiar efetivamente das vantagens do ato, não lhe assiste direito à indemnização.

A lei cinge esta indemnização, como já fizera no caso do artigo 167.º/5, aos *beneficiários* desses atos, àqueles a quem a vantagem respetiva é atribuída ou reconhecida, não às demais pessoas que porventura obtivessem indiretamente algum proveito da atividade levada a cabo, ao abrigo desses atos, pelos seus beneficiários. Não significa que essas pessoas não possam ter direito a uma indemnização, mas ela resolve-se em primeiro linha no quadro da relação com o beneficiário ou, eventualmente, no quadro da responsabilidade administrativa por ato lícito.

A lei limita este direito à indemnização aos caos em que existam danos anormais, ou seja, danos especialmente graves ou intensos (analisados à luz da situação concreta do beneficiário).

[27] "A «revisão»", cit., p. 195.

[28] A norma, como se vê, só vale para os atos constitutivos de direitos (no sentido dado pelo artigo 167.º/3).

IV.4. A anulação administrativa e o processo administrativo

(i) Como se sabe, durante muito tempo vigorou a regra de que os atos administrativos inválidos que tivessem sido judicialmente impugnados poderiam ser objeto de anulação (de revogação anulatória) "*até à resposta da entidade recorrida*" (artigo 141.º/1 do CPA de 1991).

Vieira de Andrade considerava pouco adequada esta solução: "*se o processo administrativo se prolonga, pelas razões mais variadas, às vezes por muitos anos, por que não admitir que o órgão administrativo competente possa anular o ato – designadamente na hipótese de atos desfavoráveis –, em momento posterior à resposta, se só então chegou à conclusão de que o ato era realmente ilegal? Note-se que o órgão competente para a anulação não é necessariamente a autoridade recorrida que respondeu, acrescendo que o órgão autor do ato, para além dos casos em que possa mudar de opinião, pode também mudar de titular. Também não se pode dizer que o tribunal ou o processo ficam prejudicados na sua dignidade, porque os motivos da anulação tardia serão, em princípio, sérios e, de qualquer modo, há-de valer aqui o princípio do dispositivo ou da autoresponsabilidade das partes*"[29].

Para quem não considerasse que ela já decorria da lei processual (artigo 64.º do CPTA), o CPA de 2015 trouxe uma nova solução, prevendo-se agora que, "*quando o ato tenha sido objeto de impugnação jurisdicional, a anulação administrativa só pode ter lugar até ao encerramento da discussão*" (artigo 168.º/3). Apesar do tom restritivo ou limitativo, a norma alarga, por referência ao direito anterior, as possibilidades temporais da anulação do ato administrativo.

Na verdade, se não tiver ocorrido antes, a Administração Pública tomará conhecimento das causas de invalidade do ato na altura em que for citada para contestar. Ora, numa ação administrativa de impugnação do ato administrativo, o encerramento da instância ocorrerá certamente bem mais de 6 meses depois desse momento[30]. Por outro lado, mesmo que a Administração já conhecesse a causa da invalidade do ato antes (por exemplo, desde a respetiva prática), a impugnação judicial (que terá quase sempre lugar antes de decorrido esse prazo de 6 meses) funcionará como causa legal de substituição *ex lege* do prazo de anulação administrativa, passando a valer o momento do "encerramento da instância"[31].

[29] "A «revisão»", cit., p. 195 e 196.

[30] A proposição poderá já não ser tão certa quando estejam em causa processos principais urgentes.

[31] No sentido de que a regra do artigo 168.º/3 afasta os prazos, quaisquer que sejam, dos respetivos n.ºs 1, 2 e 4, Alexandre Sousa Pinheiro | Tiago Serrão | Marco Caldeira | José Duarte

(ii) O legislador cingiu a previsão da norma deste artigo 168.°/3 aos casos em que os atos administrativos tenham sido objeto de "*impugnação judicial*", o que abrange, naturalmente, qualquer processo impugnatório (do CPTA ou de lei avulsa), como a ação administrativa de impugnação de atos administrativos, o contencioso eleitoral, o contencioso pré-contratual e o contencioso dos procedimentos de massa.

Mas a mesma solução deve valer para os processos que, embora não tenham carácter impugnatório, visem ou possam ter como resultado a eliminação do ato administrativo. Acontece isso, por exemplo, no quadro da intimação para proteção de direitos, liberdades e garantias, que pode ser utilizada em reação à prática de um ato administrativo. Como acontece também no contexto da ação administrativa de condenação à prática do ato administrativo devido, que, embora não tenha como objeto a impugnação do eventual indeferimento (ou ato similar), pode levar à sua eliminação (como se refere no artigo 66.°/2 do CPTA, "*ainda que a prática do ato devido tenha sido expressamente recusada, o objeto do processo é a pretensão do interessado e não o ato de indeferimento, cuja eliminação da ordem jurídica resulta diretamente da pronúncia condenatória*") – devendo esta solução estender-se às hipóteses em que se deduzam pedidos de condenação à prática de ato devido contra atos administrativos de conteúdo positivo [artigo 66.°/3 e artigo 67.°/1, alínea c), do CPTA].

Por este mesmo motivo, a solução do artigo 168.°/3 não abragerá os processos judiciais em que se ponha em causa a validade de atos administrativos, mas que não têm natureza impugnatória, logo, de cujas sentenças não resulta a eliminação do ato lesivo, como sucede, por exemplo, nas ações administrativas de responsabilidade civil da Administração Pública pela prática de atos administrativos ilícitos (nas quais a invalidade, *rectius*, ilicitude do ato administrativo lesivo, integra a respetiva causa de pedir).

IV.5. A anulação administrativa oficiosa e os prazos de impugnação administrativa

O alargamento dos prazos de anulação administrativa poderia levar a entender que os interessados passariam a dispor de um maior prazo (igual a esses) para requerer a sua anulação aos órgãos competentes, mesmo que já tivesse expirado o prazo legal dos procedimentos administrativos impugnatórios (reclamação e recurso ou recursos).

Coimbra, *Questões Fundamentais*, cit., p. 275, e Aroso de Almeida, em *Comentários*, cit., p. 382.

Para evitar essas dúvidas – e também para afastar a solução que vale em matéria de revisão dos atos tributários –, o legislador dispôs, em norma avisada, que o facto de o ato administrativo se "*ter tornado inimpugnável pela via judicial*" preclude essa possibilidade, só se admitindo, naturalmente, a sua anulação administrativa oficiosa, por iniciativa constitutiva da Administração Pública[32].

Assim, passado o prazo de impugnação judicial do ato administrativo, e não sendo já possível a reclamação e os recursos administrativos que contra ele pudesse o interessado deduzir (o prazo da reclamação é, em regra, de 15 dias; o do recurso hierárquico necessário é de 30 dias; o do recurso hierárquico facultativo é igual ao prazo de impugnação judicial; o dos recursos administrativos especiais é o dos recursos hierárquicos que for aplicável), isso significa que o "requerimento" ou "pedido" ou "petição" queviesse a ser apresentado não constituem o órgão competente no dever de decidir e que, portanto, não se reabre novamente a via judicial. A Administração Pública, note-se, pode decidir pela anulação do ato na sequência desse pedido, mas, se o fizer, será sempre por sua iniciativa oficiosa, sem que o interessado possa usar as vias judiciais para obter esse efeito ou resultado se ela "decidir" não fazer nada ou se pronunciar no sentido da bondade (legal) do ato em causa[33/34].

Há só um aspeto, no artigo 168.º/3, que pode suscitar algumas dúvidas. É que o legislador reporta-se à inimpugnabilidade judicial do ato administrativo, sem mais, e isso, como se sabe, só sucede, em regra, no prazo de 1 ano[35], que é o prazo de que dispõe o Ministério Público. O ato pode ter-se tornado insuscetível de impugnação judicial pelos "interessados", mas continua, portanto, a ser passível de impugnação. Será, então, que, dentro desse prazo (bem mais alargado do que aquele de que gozam os interessados, *rectius*, as pessoas com legitimidade), podem elas requerer a anulação do ato

[32] Como se vê, é uma norma que assenta no cenário contrário ao do artigo 168.º/3, que respeita a atos que já foram (tempestivamente) objeto de uma ação administrativa de impugnação.

[33] Matéria que tem ligação ao tema (controvertido) do dever de anulação dos atos ilegais pela Administração Pública.

[34] Assim, Alexandre Sousa Pinheiro | Tiago Serrão | Marco Caldeira | José Duarte Coimbra, *Questões Fundamentais*, cit., p. 275, e Aroso de Almeida, em *Comentários*, cit., p. 382.

[35] Como se sabe, nos processos principais urgentes, esse prazo pode ser bem mais curto (contencioso pré-contratual, etc.).

administrativo, em termos de constituir a Administração Pública no dever de decidir, com potencial reabertura da via judicial?

A resposta parece-nos ser negativa. A ideia do legislador, com a norma do artigo 168.º/3, terá sido a de deixar incólumes os prazos legais de impugnação (judicial e) administrativa – que, se prevalecesse o referido entendimento, sido objeto de uma profunda alteração (para mais) –, pelo que deve entender-se que, quando ele se reportou à inimpugnabilidade do ato, era na perspetiva dos interessados[36].

V. A revogação de atos constitutivos de direitos

V.1. A taxatividade do elenco legal

A revogação dos atos administrativos constitutivos de direitos é uma das matérias em que mais tensamente se confrontam os interesses públicos – de permanente adequação da atividade administrativa à sua prossecução eficiente – e os interesses dos beneficiários na manutenção ou estabilidade dos seus direitos adquiridos.

A doutrina, na senda de preocupações inicialmente manifestadas por autores como Vieira de Andrade, já vinha anunciando as suas dúvidas quanto a algumas soluções legislativas postas nesta matéria no CPA de 1991, sendo que a mais complicada respeitava à questão de saber se, em situações de premência administrativa, se justificava deixar os interesses públicos envolvidos em atos constitutivos de vantagem reféns (além da vontade ou consentimento deles), também, da taxatividade da norma em que se alinhavam os casos de revogabilidade desses atos.

É que o legislador não tinha incluído nesta sede, ao contrário do que fez em outros lugares (lei processual, lei dos contratos administrativos, lei da expropriação, etc.), uma cláusula geral de prevalência de razões imperativas de interesse público – ou, sem qualquer qualificação, de prevalência de razões de interesse público – em detrimento de direitos reconhecidos e consolidados dos particulares interessados (sem prejuízo da devida indemnização).

Questão e preocupações, essas, que ainda subsistem hoje face ao novo Código, havendo quem entenda que a Administração deve poder revogar, mesmo sem o consentimento do interessado, os atos constitutivos de direitos cuja permanência afete "*a sua percepção sobre a melhor forma de prosseguir*" o

[36] Ver, neste sentido, Aroso de Almeida, em *Comentários*, cit., pp. 356 e 357.

interesse público com eles conflituante, assumindo-se, no entanto, com isso, o dever de "*oferecer compensação adequada*" ao titular do direito sacrificado[37].

Independentemente da bondade dessa solução, a verdade é que ela redundaria, bem vistas as coisas, em considerar-se vigente uma cláusula de revogabilidade dos atos administrativos constitutivos de direitos por motivos de interesse público (uma cláusula geral de "expropriabilidade" dos direitos outorgados por ato administrativo), com a consequente exclusão do carácter taxativo do elenco legal – que o legislador quis ("*os atos constitutivos de direitos só podem ser revogados...*", afirma-se no artigo 167.°/2).

V.2. A redefinição de ato constitutivo de direitos

Houve, na matéria da revogação de atos administrativos, algumas alterações relevantes. Uma delas respeita à definição dos atos constitutivos de direitos.

No artigo 140.° do CPA de 1991, estabelecia-se que "*os actos administrativos que sejam válidos são livremente revogáveis, excepto* [...] *quando forem constitutivos de direitos ou de interesses legalmente protegidos*".

Vieira de Andrade criticava esta solução por várias razões. Uma das críticas centrava-se no conceito de "atos constitutivos de interesses legalmente protegidos": "*se a expressão «actos constitutivos de direitos» era já um conceito de difícil concretização em face do ordenamento anterior, a doutrina e a jurisprudência vão ter dificuldades acrescidas em determinar o que é um acto constitutivo de interesses legalmente protegidos. Desde logo, porque não se vê bem como um acto administrativo possa visar directamente a constituição de um tal interesse*[38]*, depois, porque tal expressão poderá ser interpretada em termos de alargar de forma incomportável o conjunto dos actos insuscetíveis de revogação: pensa-se, por exemplo, em actos favoráveis precários, que não são considerados como constitutivos de direitos, ou, em geral, nas licenças e concessões, quando os direitos constituídos a favor do particular funcionam relativamente â Administração como interesses legítimos, precisamente porque estão «enfraquecidos» em face do poder de revogação desta, ainda que com obrigação de indemnização*"[39]. E dizia que o "*Código ganharia em ser mais claro neste aspecto:*

[37] É o caso, por exemplo, de Carla Amado Gomes, em "A revogação do acto administrativo: uma noção pequena", cit., pp. 701 e 701.

[38] Como refere Mário Aroso de Almeida (*Teoria Geral*, cit., p. 450), a "*ambígua*" figura dos atos constitutivos de interesses legalmente protegidos não conseguiu, "*ao longo dos vinte anos de vigência do artigo,* [...] *ser identificada pela jurisprudência*".

[39] "A «revisão»", cit., p. 197.

não lhe sendo exigível que fornecesse uma definição de acto constitutivo de direitos, seria bom que não desse ensejo a novos problemas de aplicação"[40].

O legislador do novo CPA foi sensível a este tema e arrumou a matéria, tendo passado a dispor-se que, para efeitos de revogação e anulação, se consideram "*constitutivos de direitos os atos administrativos que atribuam ou reconheçam situações jurídicas de vantagem ou eliminem ou limitem deveres, ónus, encargos ou sujeições, salvo quando a sua precariedade decorra da lei ou da natureza do ato*" (artigo 167.º/3).[41] Assim, os atos "constitutivos de interesses legalmente protegidos" passam a ser revogáveis nos termos gerais e excluem-se também da cláusula geral de irrevogabilidade os atos precários, que, embora sejam atos favoráveis, não atribuem direitos consolidados.

V.3. A revogação dos atos administrativos que "não poderiam ter sido praticados"

Ainda a propósito do artigo 140.º do CPA de 1991, Vieira de Andrade considerava que ele revelava "*uma intenção decididamente garantística, tendo optado por soluções que privilegiam a estabilidade jurídica das posições jurídicas dos particulares – uma opção que, contendo aberturas limitadas à diversidade das situações concretas, tende a desvalorizar o interesse público e a menosprezar a dinâmica própria da actividade administrativa*". E, em concreto, observava poder acontecer "*que, por alteração da situação de facto (ou até alteração não imperativa da situação de direito) ou por mudança fundamentada das concepções da Administração, o interesse público torne conveniente, ou até imperiosa, a revogação de um acto favorável*", questionando se, nesse caso, não seria de "*admitir, uma vez mais, a ponderação entre o interesse público e o privado, permitindo a revogação, em regra com indemnização, por exemplo, quando o interesse público seja especialmente forte e não houver razão para proteger a confiança do particular na manutenção da situação constituída (note-se que o particular pode até estar de má-fé, pois que esta não implica necessariamente a ilegalidade do acto)*"[42].

A lei não foi tão longe quanto Vieira de Andrade (e outra doutrina) preconizava como possível e desejável neste aspeto, mas passou a prever-se no CPA uma solução de aproximação ao tema, um primeiro passo.

[40] "A «revisão»", cit., p. 197 e 198.

[41] Pode ver-se uma crítica à definição legal em Robin de Andrade, "O regime da revogação e da anulação administrativa", cit., 75.

[42] "A «revisão»", cit., p. 196 e 197.

Assim, estabelece-se na lei que os atos constitutivos de direitos podem ser revogados "*com fundamento na superveniência de conhecimentos técnicos e científicos ou em alteração objetiva das circunstâncias de facto, em face das quais, num ou noutro caso, não poderiam ter sido praticados*" [artigo 167.º/2, alínea c)].

Como se vê, embora se dê alguma cobertura às preocupações de quem pugnava pela revogabilidade de atos administrativos constitutivos de direitos por razões de interesse público, a norma fica aquém disso. Não são quaisquer razões (mesmo que imperativas) de interesse público que legitimam a revogação de atos administrativos. Para tanto, é necessário que (i) o ato administrativo, por causa de conhecimentos técnicos ou científicos supervenientes, tenha deixado, do ponto de vista económico ou funcional, de servir adequadamente o interesse público determinante (um dos interesses públicos determinantes) da sua prática, (ii) ou que o ato, por causa da alteração objetiva das circunstâncias de facto que levaram a praticá-lo (ou a praticá-lo com determinado conteúdo), já não corresponda mais aos pressupostos ou circunstâncias de facto atualmente existentes, deixando também de servir adequadamente o interesse público. Em qualquer caso, é necessário que o ato revogado, face a tais conhecimentos ou alterações e atendendo à lei aplicável ao tempo da sua prática, não pudesse ter sido então validamente adotado.

O legislador terá, assim, considerado pouco adequado, em homenagem à proteção da confiança dos interessados e à tendencial estabilidade dos atos constitutivos de direitos, abrir as portas da sua revogabilidade com maior abertura, circunscrevendo de forma apertada os pressupostos dessa revogação. Olhando apenas para a fórmula da lei, a Administração não dispõe, portanto, do poder de, revistas as conceções e ponderações que a tinham levado à prática de um certo ato administrativo constitutivo de direitos, o revogar de maneira a melhor adequar a sua atuação à prossecução atualizada do interesse público.

É verdade que, olhando para outros lugares do nosso sistema, pode não ser imediatamente compreensível por que motivo um contrato administrativo[43], no qual a Administração Pública compromete a sua palavra e que também é um ato jurídico constitutivo de direitos, pode ser objeto de resolução por motivos de interesse público (ou com fundamento em alteração anormal

[43] Não todos os contratos administrativos, é verdade, mas, ao menos, os contratos em função dos quais se começou a desenhar, no direito francês, o próprio conceito de contrato administrativo (ditos de colaboração subordinada).

das circunstâncias) e um ato administrativo só possa ser revogado em condições mais exigentes, mas, ao que parece, o legislador, em ponderação de todos os interesses relevantes, não quis dar esse passo no Código, deixando para leis avulsas a consagração de uma diferente solução.

Note-se, por outro lado, que está sempre em causa, nesta hipótese do artigo 167.º/2, alínea c), um juízo que se reporta à (in)adequação do ato a um determinado interesse público, ou seja, a um juízo típico em sede de revogação – a norma não é mobilizável, portanto, quando, à luz da lei específica aplicável, o ato se tenha tornado supervenientemente inválido ou tenha caducado.[44]

Assim, para funcionar a hipótese da lei, é necessário que se trate de conhecimentos técnicos ou científicos ou de circunstâncias de facto objetivamente supervenientes à prática do ato administrativo. Nesses conhecimentos e nessas circunstâncias incluem-se todos os dados que respeitem aos pressupostos ou aos motivos *determinantes* da prática ou do conteúdo do ato revogado, sem os quais o mesmo não poderia ter sido praticado à data em que o foi – cabendo no conceito de "circunstâncias de facto" todos os pressupostos de natureza económica, financeira, urbanística, ambiental, etc., que fossem relevantes no quadro normativo então aplicável.

Como se vê, não releva para estes efeitos uma nova ponderação feita pelo órgão competente relativamente aos dados de interesse público já existentes à data da prática do ato administrativo. É por isso que o legislador se reporta à alteração *objetiva* das circunstâncias de facto.

Por outro lado, é requisito legal desta revogação o de que, por força dos conhecimentos ou das circunstâncias supervenientes, se tenham deixado de se verificar pressupostos (ou motivos) dos quais, à data do ato revogado, a lei fazia depender vinculadamente a sua prática válida. Com efeito, a lei exige que da tal superveniência de conhecimentos técnicos ou científicos ou da alteração das circunstâncias de facto se possa afirmar que aquele ato "não poderia ter sido praticado" (que é diferente de se dizer que "não teria sido praticado") à luz da lei que constituiu a sua habilitação legal[45].

[44] Assim, Aroso de Almeida, *Teoria Geral*, cit., p. 452, e *Comentários*, cit., pp. 366 e 367.

[45] No entanto, e se isso não for contrário ao interesse público atual, julgamos que, no caso de alteração de circunstâncias ou da superveniência de conhecimentos incompatíveis com a manutenção tal qual do ato, a Administração Pública deverá, em nome dos princípios da proteção da confiança e da proporcionalidade, optar por uma nova regulamentação da situação em que se encontrava o beneficiário, alterando ou substituindo o ato administrativo.

Há, portanto, que separar dois juízos: por um lado, as "superveniências" têm de ser tais que o ato administrativo não pudesse ter sido praticado ao abrigo daquela que foi então a sua lei habilitante; por outro lado, como tempus regit actum (ou seja, como o ato não se torna em princípio inválido hoje por causa das referidas "superveniências"), cabe à Administração Pública decidir, em face das transformações entretanto ocorridas e em função dos juízos administrativos de valor que ela considere prevalecentes, se o ato deve ou não ser revogado. O primeiro juízo releva para efeitos do preenchimento, ou não, dos requisitos da revogação ao abrigo desta alínea c) do artigo 167.º. O segundo releva para efeitos do exercício, ou não, do poder de revogação.[46]

De acordo com o artigo 167.º/4, as revogações de atos administrativos constitutivos de direitos com este fundamento só podem ter lugar no prazo de um ano a contar do conhecimento, pelo órgão competente, da alteração objetiva das circunstâncias ou da superveniência de conhecimentos técnicos e científicos. A lei permite, porém, que o prazo de um ano seja estendido por não mais de dois anos, "*por razões fundamentadas*"[47]. Presume-se que essa fundamentação se relaciona com factos que demonstrem a insuficiência do prazo inicial para determinar *se* e *em que medida* os novos conhecimentos ou circunstâncias pedem a revogação do anterior ato administrativo ou para definir que solução alternativa à do ato anterior tais conhecimentos ou circunstâncias pedem (no contexto da *alteração* ou *substituição* a que se refere o artigo 173.º do Código).

Tendo em atenção esta possibilidade de revogação de atos administrativos constitutivos de direitos, o legislador veio estabelecer, no artigo 167.º/5, as garantias asseguradas aos beneficiários dos atos assim revogados em contrapartida dos direitos ou vantagens de que tal revogação os priva.

Começa o legislador por reconhecer a esses beneficiários, desde que de *boa fé*, o direito a ser indemnizados "*nos termos do regime geral aplicável às situações de indemnização pelo sacrifício*" (artigo 16.º do Regime da Responsabilidade Civil do Estado, anexo à Lei n.º 67/2007, de 31 de dezembro), ou seja, nos termos em que em geral a Administração responde perante quem, através de atos lícitos, e "*por razões de interesse público,* [...] *cause danos especiais e anormais*". Na segunda parte do artigo 167.º/5, estabeleceu-se que, se a revogação afetar,

[46] No sentido de que o problema é de revogação propriamente dita, e não de anulação (por ilegalidade), ver Aroso de Almeida, Teoria Geral, cit., pp. 457 e ss.

[47] A extensão do prazo deve ser decidida antes de se esgotar o prazo de um ano.

"*pela sua gravidade ou intensidade, [...] o conteúdo essencial*" do direito que havia sido constituído, o beneficiário tem direito a uma indemnização determinada, agora, não pelo *sacrifício* causado, mas em função "*do valor económico do direito eliminado*" ou da parte dele que haja sido restringida. Naturalmente, se em vez da revogação, houver uma alteração ou substituição do ato administrativo, há lugar também a indemnização, em função da afetação de direitos provocada.

O requisito da boa fé de que depende o reconhecimento ao beneficiário do ato revogado do direito a qualquer uma das indemnizações vem legalmente reportado no n.º 6 "*à data da prática*" desse ato e consiste no facto de "*sem culpa*", ele desconhecer "*a existência de fundamentos passíveis de determinar a revogação do ato*". Depende, portanto, de não saber ele, a essa data, "*sem culpa*", existirem já (ou serem já utilizáveis) conhecimentos técnicos e científicos ou, então, circunstâncias objetivas que tornam obsoletos os conhecimentos ou circunstâncias com base nos quais o ato é praticado (em termos tais que, a essa luz, ele não poderia ter sido praticado), porque, se já soubesse dessa existência, considera a lei não estar ele de boa fé.

É, parece-nos, uma hipótese algo estranha: se, nos termos da lei, os conhecimentos e as circunstâncias de facto têm de ser *supervenientes* (à data da prática do ato), como é que se define a boa fé do beneficiário ao desconhecimento, sem culpa, *à data da prática do ato revogado*, da existência de fundamentos passíveis de determinar a revogação do ato? Dir-se-ia que, a ser assim, ele estará sempre de boa fé...

Eventualmente, o legislador pode estar a reportar-se a casos em que possa haver uma *assimetria de informações*, ou seja, em que o interessado (ou um círculo muito restrito de operadores) tem mais e melhor informação do que a Administração Pública, sabendo já, à data da prática do ato, que a realidade (técnica, científica ou outra) vai desenvolver-se em termos tais, a curto ou médio prazo, que tornariam aquele ato insuscetível de ser praticado.

V.4. A revogabilidade de atos inválidos

Como se sabe, o artigo 141.º/1 do CPA estabelecia que "*os actos administrativos que sejam inválidos só podem ser revogados com fundamento na sua invalidade*", fórmula que parecia afastar a admissibilidade de revogação de atos inválidos com fundamento na sua inconveniência.

Vieira de Andrade criticava a solução legal, afirmando que "*não há razão nenhuma para que se proíba, de plano, a revogação de um acto inválido com funda-*

mento em inconveniência para o interesse público – uma situação que não pode, nem deve, ser confundida com a revogação de actos válidos"[48].

O CPA de 2015 afastou, e bem, a solução que resultava do CPA de 1991, concentrando a sua atenção, não no ato objeto da revisão (se é válido ou inválido), mas no próprio ato de revisão, no seu fundamento. Os atos administrativos podem ser revogados, dentro dos condicionalismos do artigo 167.°, independentemente de se saber se se trata de atos administrativos válidos ou inválidos (posto que não sejam nulos). A questão da legalidade de um ato administrativo pode ser relativamente simples de apreciar, como pode envolver juízos complexos, em alguns casos, incapazes de eliminar todas as dúvidas. Se aos olhos da Administração Pública um ato for válido, ou se tiver fundadas dúvidas sobre a matéria, e ele for também inconveniente para o interesse público, não há nenhuma razão para que esse ato não possa ser revogado – revogação que será legítima mesmo que venha mais tarde a confirmar-se a invalidade de tal ato. Assim, a revogação de um ato que posteriormente se vem a determinar ser inválido não afeta a validade dessa revogação, procedendo-se agora, judicial ou administrativamente, apenas à anulação dos seus efeitos passados. Ou seja, a revogação de um ato inválido não preclude a sua posterior anulação judicial (ou administrativa) com eficácia *ex tunc*.

VI. Considerações finais

Como se disse no início, foram 18 páginas que "revolucionaram" a minha maneira de ver a matéria da então revogação dos atos administrativos (e compreender a riqueza luxuriante de situações diferenciadas que estava por detrás de um rígido regime legal) e que contribuíram de forma significativa para tantas soluções do novo CPA. Algumas propostas não têm (ainda?) assento legal expresso – o que não significa que não possam valer do ponto de vista do direito vigente, considerando que o Direito é mais do que a lei – e há também um caminho a fazer no quadro da declaração administrativa de nulidade, mas espero que este singelo artigo possa ser uma tímida prova do impacto que pode ter um artigo científico escrito por um pensador ímpar.

[48] "A «revisão»", cit., p. 192 e 193.

As impugnações administrativas – uma revisita breve ao tema das omissões e dos atos de indeferimento

LUÍS FÁBRICA

I – Algumas questões prévias de constitucionalidade[1]

Nas vésperas da Revisão Constitucional de 1982, Vieira de Andrade publicou, em colaboração com Barbosa de Melo e Cardoso da Costa, a obra *Estudo e Projecto de Revisão da Constituição*, em cujas propostas se incluía a consagração da garantia constitucional de impugnação contenciosa de todas as atuações administrativas lesivas dos direitos e interesses legítimos dos cidadãos (art. 237.°, n.° 2)[2]:

> *"É garantido aos cidadãos o recurso contencioso, com fundamento em ilegalidade, contra quaisquer decisões ou deliberações administrativas que lesem* os seus *direitos e interesses legítimos".*

A confessada intenção de alargar o âmbito da tutela dos particulares em face da Administração tinha a sua manifestação mais evidente na eliminação da definitividade e da executoriedade como requisitos da impugnabilidade contenciosa dos atos administrativos:

> *"Deixa de fazer-se referência à categoria de «actos definitivos e executórios», não tanto (não só) em virtude das críticas que dogmaticamente lhe podem (com justiça) ser dirigidas, mas por levar a uma interpretação restritiva ou deformante da garantia contenciosa em causa.*

[1] Por motivos de simplificação do discurso, limitaremos o objeto da análise ao recurso hierárquico de atos administrativos e suas omissões tal como se encontra regulado no Código do Procedimento Administrativo vigente. A expressão "impugnações" deve, para estes efeitos, ser entendida em sentido amplo, abrangendo recursos hierárquicos cujo pedido não é estritamente impugnatório.

[2] Coimbra Ed., 1981, págs. 291-292.

> *"O princípio constitucional que importa consagrar é o da sindicabilidade de toda a actividade administrativa que afecte os direitos ou interesses legalmente protegidos dos administrados.*
> *"Cabe, depois, à lei ordinária desenhar o sistema de proteção que considere mais adequado, no respeito por este princípio, entendido como garantia mínima.*
> "(...)
> *"A garantia funciona, assim, sempre que haja uma lesão efetiva dos direitos e interesses legítimos dos administrados, ficando proibida à lei a exclusão de certos atos do seu âmbito ou a limitação abusiva, injustificada ou desproporcionada* deste" (sublinhados nossos).

Após três décadas de aceso debate jurisprudencial e doutrinário sobre o âmbito da garantia constitucional de tutela contenciosa contra as condutas administrativas, debate balizado e enriquecido por três revisões constitucionais, dois códigos de procedimento e uma importante reforma do processo administrativo, não custa reconhecer o alcance premonitório de algumas das orientações fundamentais acolhidas no texto acima transcrito, atentas as conceções que se foram tornando predominantes e os pontos de (relativo) consenso entretanto atingidos – os quais enunciaremos mais tarde.

Essas orientações podem sintetizar-se nos termos seguintes:

a) A delimitação da garantia constitucional em função do conceito, doutrinariamente sobrecarregado, de ato administrativo definitivo e executório presta-se de forma escusada a críticas dogmáticas procedentes e perturba a finalidade essencial dessa garantia, ao restringir o seu âmbito de proteção;
b) O enunciado jusfundamental deve, ao invés, ser norteado pelo objetivo de garantir a tutela jurisdicional dos direitos em face de quaisquer atuações administrativas;
c) Tal enunciado corresponde a um patamar mínimo de proteção, constituindo tarefa própria do legislador ordinário configurar o sistema de garantias contenciosas em função dos princípios, interesses e valores que nele estejam necessariamente envolvidos;
d) A limitação do âmbito da garantia jusfundamental, sendo admissível em linha de princípio, tem de ser devidamente fundamentada e respeitar critérios de proporcionalidade, encontrando-se em todo o caso vedado ao legislador excluir certas categorias de atos desse âmbito.

Todavia, foi necessário esperar até à Revisão Constitucional de 1989 para que as normas dos n.ºs 4 e 5 do art. 268.º recolhessem o cerne das propostas antes apresentadas, incluindo o abandono da referência ao ato definitivo e executório. A impaciência de parte relevante da doutrina perante o conservadorismo da Lei de Processo nos Tribunais Administrativos ("LPTA") e das orientações dominantes na jurisprudência, reclamando um urgente *aggiornamento* dogmático e um acréscimo das virtualidades garantísticas do sistema, terá então conduzido a interpretações algo extremadas do novo articulado da Constituição. Pretendeu-se ver aí a imposição do afastamento das exigências de definitividade e executoriedade do ato recorrível e a consequente proscrição das impugnações administrativas necessárias. Contenciosamente recorrível não seria (apenas) o "ato verticalmente definitivo", na formulação de Diogo Freitas do Amaral, mas qualquer outro ato administrativo lesivo dos particulares, independentemente da posição orgânica do seu autor[3].

É consabido que a jurisprudência constitucional e administrativa, abonando-se com maior ou menor rigor noutros setores da doutrina[4], continuou uniformemente a interpretar e aplicar o art. 25.º da LPTA nos termos tradicionais: o princípio que se mantinha vigente após a Revisão Constitucional era o da impugnação contenciosa reservada aos atos definitivos, no sentido de atos administrativos praticados pelos órgãos de topo das hierarquias. Para alcançar um ato impugnável em juízo, o particular confrontado com o acto de um subalterno teria de lançar previamente mão de uma impugnação administrativa, cuja decisão, expressa ou tácita, constituiria então o objeto do pedido em sede contenciosa.

Não significa isto, sublinhe-se, que a jurisprudência ignorasse a mutação introduzida pelo legislador constitucional e descurasse a sua intenção de aprofundar a garantia de impugnação contenciosa dos atos administrativos, desvinculando-a dos conceitos formalistas de definitividade e executoriedade e orientando-a para a defesa do particular em face de atos material-

[3] Neste sentido, Paulo Otero, "As Garantias Impugnatórias dos Particulares no Código do Procedimento Administrativo", *Scientia Iuridica*, XLI, 1992, págs. 58 e ss., e Vasco Pereira da Silva, *Em Busca do Acto Administrativo Perdido*, Almedina, 1995, págs. 667 e ss.. Mais tarde, João Miranda, "Em defesa da inconstitucionalidade do recurso hierárquico necessário", *Cadernos de Justiça Administrativa*, n.º 9 (Maio-Junho 1998), págs. 45 e ss..

[4] Rogério Ehrhardt Soares, "O Ato Administrativo", *Scientia Iuridica*, XXXIX, 1990, págs. 25 e segs., e J. J. Gomes Canotilho-Vital Moreira, *Constituição da República Portuguesa Anotada*, 3.ª ed., Coimbra Ed., 1993, p. 939. Em sentido próximo, Pedro Gonçalves, *Relações entre as Impugnações Administrativas Necessárias e o Recurso Contencioso de Anulação de Actos Administrativos*, Almedina, 1996, esp. págs. 42 e ss..

mente lesivos dos seus direitos. Sucedia simplesmente que os tribunais, com argumentos não coincidentes (alguns dos quais persistem até hoje, como veremos), recusavam de modo unânime que a imposição da impugnação administrativa prévia como via obrigatória para obter um ato contenciosamente recorrível restringisse ou afetasse a tutela jusfundamental em face de atos lesivos dos direitos do particular[5] [6].

No quadro de uma jurisprudência de qualidade muito variável, sobressaiu pelo seu equilíbrio e mérito argumentativo o Acórdão do Tribunal Constitucional n.º 499/96. Nele se admitiu que a norma constitucional possa ser violada pela exigência de recurso hierárquico necessário. Mas como este mecanismo corresponde a uma "ordenação do processo jurisdicional similar à que resulta do próprio estabelecimento de prazos para a interposição de recurso contencioso", só em casos extremos, quando a impugnação administrativa prévia obstar "a que a que o particular interponha no futuro, utilmente, em caso de indeferimento, recurso contencioso", poderá concluir-se pela violação do direito de acesso aos tribunais administrativos.

[5] A "última palavra da Administração", segundo uma dessas linhas argumentativas, só é proferida pelo órgão superior e a *lesão efetiva* do particular ocorre apenas por força da decisão desse órgão. Em contrapartida, sempre que haja lugar a recurso hierárquico necessário, a lesão contida no ato do subalterno é "meramente potencial": não lesa os direitos em termos definitivos e, por isso, não está abrangida pela garantia (cfr. o Acórdão do Tribunal Constitucional n.º 603/95). Aderindo igualmente ao entendimento de que o ato do subalterno introduz uma lesão meramente potencial, plenamente reversível em sede administrativa, e que por isso se encontra excluído por via de regra da garantia jusfundamental de impugnação contenciosa, v., subsequentemente, os acórdãos do Tribunal Constitucional n.º 425/99, 283/2001, 235/2003 e 564/2008. Na jurisprudência administrativa, v. o Acórdão do Supremo Tribunal Administrativo ("STA") de 28/12/2006, proc. 1061/06.

[6] Já no quadro da nova redação do n.º 4 do art. 268.º da Constituição, saído da Revisão de 1997, e em plena vigência da reforma do contencioso administrativo, surgiu na jurisprudência administrativa uma corrente sustentando que nos casos em que a lei preveja a obrigatoriedade de recurso administrativo só o ato administrativo que o decide tem *eficácia externa*, sendo suscetível de lesar direitos ou interesses legalmente protegidos. O ato do subalterno sujeito a recurso hierárquico necessário carece, pois, de eficácia externa e não se encontra assim incluído na garantia constitucional. Tal tese, que contrasta frontalmente com o regime legal referente ao início de eficácia dos atos administrativos (cfr. o art. 127.º do Código do Procedimento Administrativo de 1991), foi sustentada no Acórdão do STA de 10/9/2008, proc. 449/07, e nos Acórdãos do Tribunal Central Administrativo Sul ("TCAS") de 3/12/2008, proc. 4122/08, e de 18/11/2010, proc. 6326/10.

No comentário a este acórdão[7], Vieira de Andrade parte das ideias já expressas no projeto de revisão constitucional para conferir solidez dogmática aos resultados atingidos pela jurisprudência, assentindo em que não há – necessariamente – inconstitucionalidade nas leis que impõem a impugnação administrativa prévia. O Autor critica a argumentação que qualifica como "formal-conceitual", centrada na supressão do texto constitucional das notas da definitividade e da executoriedade, contrapondo que tal não significa que deixe de caber à lei ordinária a a opção de consagrar, enquanto pressuposto processual, o ónus de impugnação administrativa prévia. À semelhança das normas que regulam os restantes pressupostos processuais, as normas relativas à impugnação administrativa prévia estabelecem meros *condicionamentos* ao exercício do direito de acesso a juízo. E ainda que se visse aqui uma verdadeira *restrição* de direitos fundamentais análogos a direitos, liberdades e garantias, só haveria inconstitucionalidade quando tal restrição fosse arbitrária ou desproporcionada em face dos valores constitucionalmente acolhidos que justificam a impugnação administrativa prévia – valores que identifica com a unidade da ação administrativa e com a economia processual. Ou seja, os problemas de constitucionalidade só se levantam quando o recurso hierárquico necessário possa afetar em termos intoleráveis o direito de impugnação contenciosa (o que não será necessariamente o caso da ausência de efeito suspensivo). Numa linha argumentativa menos perene, e aparentemente secundária na sua construção, Vieira de Andrade acrescenta ainda que não há violação do disposto no n.º 4 do art. 268.º da Constituição porque o ato do subalterno é, na realidade, sujeito a recurso contencioso, incorporado no ato expresso ou tácito do superior que mantenha a decisão primária[8].

O cerne do raciocínio de Vieira de Andrade reside, a nosso ver, na reafirmação da ideia, já enunciada no *Estudo e Projeto*, de que a norma consti-

[7] "Em defesa do recurso hierárquico necessário – Ac. n.º 499/96 do Tribunal Constitucional", *Cadernos de Justiça Administrativa*, n.º 0 (novembro-dezembro de 1996), págs. 13 e ss..

[8] No atual quadro normativo, o Autor defende que nos casos em que a lei impõe a impugnação administrativa prévia não se verifica uma verdadeira restrição ao direito consagrado no n.º 4 do art. 268.º da Constituição, pois não se impede o exercício posterior do direito de ação *contra o ato do órgão a quo*, "seja quando não haja pronúncia autónoma do órgão recorrido, seja mesmo quando haja ato expresso que indefira o recurso" (*Justiça Administrativa*, 19.ª ed., Almedina, 2021, pág. 301). O argumento não parece abranger as situações de modificação ou substituição do ato impugnado pelo órgão *ad quem*, que correspondem aparentemente a restrições (legítimas).

tucional não tem como propósito, nem poderia ter, consumir o espaço de autonomia do legislador ordinário na configuração dos institutos de direito processual administrativo e do sistema de garantias contenciosas em geral. A Constituição garante o acesso a juízo para efetiva tutela jurisdicional dos direitos do administrado; mas não pretende retirar ao legislador democraticamente legitimado a prerrogativa de delinear em cada momento histórico o modelo de contencioso administrativo, como resultado de uma determinada ponderação entre os diversos princípios, valores e interesses constitucionalmente relevantes – designadamente o princípio da proporcionalidade. Da Constituição não resulta, por conseguinte, um juízo incondicional de constitucionalidade das impugnações administrativas prévias (ou de qualquer outro instituto), assim como não resulta um juízo incondicional de inconstitucionalidade[9]: será em função das situações para que se consagrem tais impugnações e em função do regime concretamente estabelecido que poderá avaliar-se se existe um atrito intolerável com os princípios constitucionais e, em particular, uma compressão arbitrária e desproporcionada do direito à efetiva tutela do administrado[10].

O reequilíbrio de fronteiras entre a esfera pricipiológica da Constituição e as ponderações valorativas que cabem ao legislador democraticamente legitimado, com a inerente moderação das reivindicações de inconstitucionalidade (apesar do reforço da tendência prescritiva na Revisão de 1997), constituiu um *acquis* do direito administrativo nacional que se manteve até hoje e se deve em boa medida à obra de Vieira de Andrade. Não significa isto que tenha esmorecido a discussão em torno das impugnações administrativas prévias[11], evidenciada nas controvérsias sobre as consequências da

[9] Muito próxima da posição de Vieira de Andrade é a síntese que consta do Acórdão do STA de 28/12/2006, proc. 1061/06 (com referências adicionais).

[10] Apesar das diferenças de entendimento, não é outra, no essencial, a conclusão que parece dever retirar-se do texto de André Salgado de Matos, "Recurso hierárquico necessário e regime material dos direitos, liberdades e garantias", *Scientia Iuridica*, L (janeiro-abril de 2001), págs. 77 e ss..

[11] Também não significou o desaparecimento das posições que defendem, em termos genéricos, a inconstitucionalidade do recurso hierárquico necessário: cfr. Paulo Otero, *O Poder de Substituição em Direito Administrativo. Enquadramento Dogmático-Constitucional*, Lex, 2005, vol. II, págs. 724 e ss., e Vasco Pereira da Silva, "O Inverno do nosso descontentamento – As impugnações administrativas no projeto de revisão do CPA", *Cadernos de Justiça Administrativa*, n.º 100 (julho-agosto de 2013), págs. 120 e ss..

entrada em vigor do Código de Processo nos Tribunais Administrativos[12], sobre o sentido e o alcance do art. 3.º do diploma que aprovou o CPA de 2015[13], ou ainda sobre a identificação do ato contenciosamente impugnável, nos casos de decisão da impugnação administrativa pelo órgão *ad quem* (a que nos referiremos especificamente). Mas, juntamente com a evolução normativa – máxime pela adoção da regra da facultatividade, primeiro no CPTA e depois, inequivocamente, no CPA de 2015 – , esse *acquis* conduziu a uma plataforma de (relativo) consenso quanto ao recurso hierárquico necessário, alicerçada nos seguintes pontos:

a) O juízo relativamente à constitucionalidade da imposição do ónus de impugnação administrativa prévia depende da justificação objetivamente existente em cada particular contexto, muito em especial à luz dos critérios de proporcionalidade, assim como do específico regime a que esse ónus se encontrar submetido. Uma imposição generalizada e transversal deverá ter-se por inconstitucional[14];

[12] A jurisprudência maioritária (pelo menos, a jurisprudência publicada: cfr. as reservas do Cons. Jorge Lopes de Sousa expressas em voto de vencido no Acórdão do STA-Pleno da Secção, de 4/06/2009, proc. 0377/08) recusou a tese de que o art. 51.º, n.º 1, e o art. 59.º, n.ºs 4 e 5, do CPTA, ou a própria eliminação do art. 25.º da LPTA sem recuperação do seu conteúdo, tivessem determinado a extinção das impugnações administrativas prévias necessárias como instituto de aplicação geral. Em contrapartida, como refere Marco Caldeira, foi unânime na doutrina o entendimento de que a entrada em vigor do CPTA teve por efeito transformar em facultativas todas as impugnações administrativas necessárias previstas no CPA de 1991, limitando-se a dúvida quanto à vigência das impugnações previstas em diplomas especiais ("Impugnações administrativas e contencioso pré-contratual urgente – Um olhar sobre a jurisprudência", *CEDIPRE Online*, n.º 6, págs. 19-20). Na síntese rigorosa de José Duarte Coimbra, foram ultrapassadas com o CPTA as dúvidas quanto à (in)constitucionalidade do recurso hierárquico necessário *enquanto figura de aplicação genérica e transversal*, passando a colocar-se apenas a questão da admissibilidade de previsões específicas de impugnações necessárias e dos critérios de identificação desses casos – ou seja, não tanto o *se*, mas sim o *quando* e o *como* de tais figuras. Cfr. "Hierarquia administrativa: um princípio geral e dois velhos problemas", in Carla Amado Gomes-Ana Fernanda Neves-Tiago Serrão (coords.), *Organização Administrativa: Novos Atores, Novos Modelos*, AAFDL, 2018, págs. 734 e ss..

[13] V. José Duarte Coimbra, "Constituição, impugnações administrativas e acesso à justiça administrativa: três apontamentos", in Pedro Fernández Sánchez-Luís Alves (coords.), *A Constituição e a Administração Pública*, AAFDL, 2018, págs. 101-102, com outras referências.

[14] José Duarte Coimbra, "Hierarquia", cit., págs. 736-737, com numerosas referências adicionais. Já nesse sentido, André Salgado de Matos, "Recurso hierárquico", cit., págs. 104-105.

b) Uma impugnação administrativa prévia necessária tem de ser estabelecida por lei formal, e nunca por regulamento[15];
c) A conformidade à Constituição das normas legislativas que estabeleçam impugnações administrativas prévias não depende da sua (incerta) qualificação como condicionamentos ou restrições, uma vez que as exigências constitucionais básicas – acima de todas a reserva de lei e o respeito do princípio da proporcionalidade – se aplicam de forma essencialmente indistinta[16];
d) A impugnabilidade contenciosa não está limitada a categorias de atos administrativos individualizadas pela sua colocação no procedimento ou pela posição orgânica dos seus autores: assim, a impugnação administrativa prévia – facultativa ou necessária – tem sempre por objeto atos administrativos intrinsecamente impugnáveis em juízo, traduzindo-se num derradeiro controle administrativo de legalidade, configurado como pressuposto processual[17].

Este último ponto exige, todavia, algum desenvolvimento adicional, por força de uma decisão ainda recente do Supremo Tribunal Administrativo,

[15] Já nesse sentido os Acórdãos do Tribunal Constitucional n.º 161/99 e 44/2003 (ambos tirados com votos de vencido). Na doutrina, entre outros, v. Mário Aroso de Almeida, *Manual de Processo Administrativo*, 5.ª ed., Almedina, 2021, pág. 315, e Jorge Silva Sampaio-José Duarte Coimbra, "Os procedimentos administrativos de segundo grau no CPA", in Carla Amado Gomes-Ana Fernanda Neves-Tiago Serrão (coords.), *Comentários ao Código do Procedimento Administrativo*, 5.ª ed., AAFDL, 2020, vol. II, pág. 755 e nota 29, com outras referências.

[16] A qualificação da imposição da impugnação administrativa prévia como um simples condicionamento, à semelhança de outros pressupostos constitucionais, e por isso imune às exigências colocadas no art. 18.º da Constituição às normas restritivas de direitos, liberdades e garantias e direitos fundamentais de natureza análoga foi perdendo peso argumentativo nos debates sobre a constitucionalidade do instituto, à medida que as dúvidas sobre a mesma se iam atenuando, em especial pela consagração da rega da facultatividade da impugnação administrativa. Ainda assim, v., na doutrina, Vieira de Andrade, *Justiça*, cit., pág. 301. Nada disto depõe, bem entendido, contra a valia intrínseca da qualificação da impugnação administrativa prévia como condicionamento, tanto mais que – como sublinhado no texto – constitui (desde há muito) entendimento pacífico que também um condicionamento de rigor excessivo, afetando intoleravelmente o acesso a juízo, tem de entender-se como constitucionalmente inadmissível.

[17] Cfr., por todos, Vieira de Andrade, *Justiça*, cit., pág. 301, e Mário Aroso de Almeida, *Manual*, cit., págs. 316-317.

que parece recuperar orientações e linhas argumentativas de fases evolutivas que se cuidavam ultrapassadas.

Na sequência da admissão de revista quanto à questão de saber se, atento o que se dispõe hoje no n.º 4 do art. 198.º do CPA, a impugnação contenciosa tem por objeto o ato primário do subalterno ou o ato do superior que decide o recurso hierárquico necessário, o Acórdão de 13-03-2019 (proc. 0358/18.5BESNT) veio decidir neste último sentido, com uma argumentação tão sintética quanto surpreendente: quando o ato primário estiver sujeito a recurso hierárquico necessário, resulta do n.º 1 do artigo 51.º do CPTA, assim como da al. b) do n.º 2 do mesmo artigo, que o único ato impugnável em juízo será a decisão do órgão *ad quem*, "por ser o ato que pôs fim ao procedimento administrativo e que produziu efeitos externos na situação individual e concreta do requerente"[18].

A invocação do art. 51.º do CPTA na temática das impugnações administrativas necessárias não é decerto inovadora, embora possa questionar-se a utilidade para a discussão de preceitos, como este, que parecem lidar com a relevância contenciosa da colocação dos atos na sequência procedimental, à margem de considerações orgânicas. Inovadora é a interpretação acolhida, que vai ao arrepio da tese largamente dominante, que fundara no art. 51.º precisamente o afastamento da regra do recurso hierárquico necessário. O ato do subalterno, diz ao invés o Tribunal, não é contenciosamente recorrível porque não produz os efeitos externos exigidos pela norma do n.º 1 do artigo e ainda porque, sendo revisível pelo órgão *ad quem*, as questões nele decididas podem ser apreciadas em momento subsequente do mesmo procedimento – não constituindo, pois, a última palavra da Administração, como seria alegadamente exigido pela al. b) do n.º 2 do mesmo art. 51.º. Sobre o teor do n.º 4 do art. 198.º do CPA, o Acórdão pouco ou nada diz, apesar da referência expressa aí feita à possibilidade de o interessado "impugnar contenciosamente o ato do órgão subalterno".

Ora, ainda que se queira alargar o art. 51.º do CPTA ao que antes se designava por "definitividade vertical", e não apenas à "definitividade horizontal" – alargamento que o CPA novo tornou inclusivamente desnecessário em termos argumentativos – , a verdade é que nada permite dele extrair as

[18] A título declaradamente subsidiário, o Acórdão vem invocar ainda que o superior hierárquico fundamentou em termos inovatórios a decisão impugnada, pelo que também por esta via argumentativa – adotada no acórdão recorrido – se chegaria ao mesmo resultado da impugnabilidade contenciosa da decisão do recurso hierárquico necessário.

consequências acolhidas no Acórdão, segundo cremos. Em primeiro lugar, a regra em vigor é que os atos dos subalternos, à semelhança de quaisquer outros, produzem efeitos externos desde a data em que são praticados, estejam ou não sujeitos a recurso hierárquico necessário e seja este ou não efetivamente interposto, conforme dispõe o art. 155.º do CPA. A afirmação de que apenas produzem efeitos externos os atos não sujeitos a impugnação administrativa prévia carece de qualquer apoio normativo, antes afronta os termos expressos da lei. Contraria, em segundo lugar, o disposto no n.º 4 do art. 268.º da Constituição uma interpretação normativa que restrinja genericamente a impugnabilidade contenciosa aos atos administrativos que constituam "a última palavra da Administração", para exumar a fórmula clássica. A revisibilidade de um ato administrativo é um critério irrelevante – *rectius*: constitucionalmente proscrito – para a determinação da impugnabilidade contenciosa, significando a sua aceitação o regresso a momentos definitivamente ultrapassados do contencioso administrativo. E tampouco o sentido da norma da al. b) do n.º 2 do art. 51.º tem algum préstimo para esta discussão[19].

Em suma, o acórdão proferido em revista perfilhou orientações constitucionalmente inaceitáveis, com fundamento numa interpretação da lei ordinária que vai no sentido inverso das leituras dominantes. Mas não ficou a assinalar um ponto de viragem na jurisprudência. No Acórdão de 10-03-2022 (proc. 0935/19.7BELSB), o Supremo Tribunal Administrativo vem afirmar que o regime resultante do n.º 4 do art. 198.º do CPA é o da impugnabilidade contenciosa do ato do subalterno sujeito a recurso hierárquico necessário sempre que o superior se limite a confirmar tal ato (o ato do superior será de qualificar como meramente confirmativo e inimpugnável, continua o Tribunal, por força do n.º 1 do art. 53.º do CPTA).

A questão foi retomada meses depois, mais desenvolvidamente, no Acórdão do STA, proferido em Pleno da Secção, de 24-11-2022 (proc.

[19] Como ficou referido no texto, a norma lida com questões da chamada "definitividade horizontal", confirmando a impugnabilidade de atos administrativos inseridos no procedimento, logo, "horizontalmente não definitivos". Na generalidade dos casos – mas porventura não em todos – esta solução já resultaria do critério enunciado no n.º 1. Em todo o caso, a intenção da norma não é restringir o âmbito da impugnabilidade contenciosa, o que já por si contrasta com a interpretação efetuada pelo aresto criticado. Cfr., desenvolvidamente e com referências, Mário Aroso de Almeida-Carlos Cadilha, *Comentário ao Código de Processo nos Tribunais Administrativos*, 5.ª ed, Almedina, 2021, págs. 369 e ss..

063/22.8BALSB), que se pronuncia no mesmo sentido do último aresto, mas utilizando uma argumentação que contrasta com a orientação tradicional da jurisprudência sobre o alcance da Revisão Constitucional de 1989 e a sua afirmada irrelevância para a exigência de definitividade (vertical) do ato recorrível. Diz agora o Supremo que "o Código do Procedimento Administrativo de 2015 alterou radicalmente o papel das impugnações administrativas necessárias e o seu relacionamento com a impugnação contenciosa, *adequando, aliás, o regime do Código ao da Constituição revista em 1989, que deixou de exigir a definitividade como elemento essencial dos atos administrativos e da sua justiciabilidade*" (itálico nosso). E continua: "Mesmo quando legalmente exigível, a impugnação administrativa necessária não altera a natureza do ato, pelo que a sua impugnabilidade em juízo não é determinada pelo recurso àquele meio procedimental. (...) a determinação do objeto da impugnação contenciosa é independente daquela impugnação administrativa".

Logo, o ato contenciosamente impugnável, apesar de sujeito a impugnação administrativa prévia, é o ato primário do órgão *a quo*, porque "*não é a decisão dessa impugnação que confere ao ato as qualidades que ele necessita para ser impugnado em juízo*"[20] (itálico nosso). Só assim não será quando a decisão do órgão *ad quem* modifique materialmente o ato impugnado: nesse caso, conclui o Tribunal, "passa a ser ela o objeto da impugnação contenciosa" – com o que se afasta, cremos que de forma certeira, a ideia da "incorporação" ou "absorção" do ato primário no ato que decide a impugnação administrativa[21].

Pensamos que este notável acórdão vem conferir uma eficaz demonstração à tese da impugnação administrativa prévia como mero condicionamento ao direito de acesso ao tribunal para a tutela efetiva do administrado, a partir da conjugação efetuada entre a norma constitucional do n.º 4 do art. 268.º e a norma do n.º 4 do art. 198.º do CPA. Quer dizer: os atos administra-

[20] A determinado passo, lê-se no Acórdão que "o ato reclamado ou recorrido é, em si mesmo, um ato administrativo potencialmente lesivo". Será este porventura o único ponto que nos parece merecer reserva, uma vez que o ato impugnado em sede administrativa, como já ficou dito, é *efetivamente lesivo* e continuará a sê-lo, até que venha a ser eliminado (ou suspenso). Mas trata-se de uma passagem isolada que não vai assumir qualquer relevo construtivo na argumentação do Tribunal.

[21] Ideia sustentada, noutro contexto normativo, por Vieira de Andrade e depois modificada: diz hoje o Autor que a impugnação necessária constitui um mero condicionamento, "dado que não se impede o exercício posterior do direito de ação *contra aquele mesmo ato*, seja quando não haja pronúncia autónoma do órgão recorrido, seja mesmo quando haja *ato expresso que indefira o recurso*", *Justiça*, cit., pág. 301 (itálicos nossos).

tivos sujeitos a impugnação administrativa prévia são intrinsecamente iguais a todos os outros e, logo, encontram-se abrangidos no âmbito do garantia constitucional. Só assim não sucederá quando forem modificados ou substituídos pela decisão do órgão *ad quem*, nos casos em que tal possa ocorrer. Então, sim, teremos uma verdadeira *restrição*, uma vez que o ato primário não é submetido a apreciação contenciosa, isoladamente ou "incorporado" no ato secundário – mas a mesma justificação que serve para legitimar constitucionalmente a imposição da impugnação administrativa prévia deverá, idealmente, legitimar também este efeito restritivo, que constitui uma sua decorrência.

Algumas breves notas finais – precisamente a propósito da necessária fundamentação legitimadora da imposição pelo legislador de impugnações administrativas prévias.

A primeira nota é para sublinhar que neste processo de ponderação de princípios, interesses e valores não devem confundir-se as vantagens do recurso hierárquico com as (alegadas) vantagens do recurso hierárquico *necessário*[22]. Significa isto, em particular, que a suspensão de eficácia do ato impugnado constitui um mínimo de proteção devido ao particular e não propriamente uma vantagem da impugnação necessária. A justificação desta, aliás, não se apoia nas alegadas vantagens para o particular – cujo aproveitamento deveria então ser deixado à sua disponibilidade, no quadro de um regime de facultatividade – , mas no facto de existirem interesses públicos que se sobrepõem às efetivas desvantagens.

Em segundo lugar, uma correta aplicação dos critérios de proporcionalidade obriga à adoção de referenciais empíricos e objetivos, em vez de nexos causais meramente hipotéticos. Convocar a "função de filtro" das impugnações necessárias e o inerente efeito positivo de descongestionamento dos tribunais à margem de qualquer dado empírico sobre o afirmado "filtro" constitui, a nosso ver, um exemplo eloquente da má aplicação dos testes de proporcionalidade. Provavelmente o único efeito de descongestionamento dos tribunais que pode ser imputado às impugnações necessárias resultará da efetivação do risco processual acrescido para a tutela dos direitos materiais que resulta da fugacidade dos prazos de interposição.

[22] V., p. ex., Vieira de Andrade, *Justiça*, cit., pág. 302, e o Ac. STA de 28/12/2006, proc. 01061/06.

Ainda em ligação com a nota anterior, tem sido assinalado que as situações em que as impugnações administrativas prévias alcançam maiores efeitos práticos para o particular referem-se a decisões com forte conteúdo discricionário ou de ponderação complexa. Ora, sucede que nestes casos o controle judicial é limitado (logo, não há efeito de filtro) e as circunstâncias do caso concreto predominam (logo, não se garante a unidade de ação)...

Por último, deve atentar-se em que as tecnologias de informação e comunicação conduziram a intensos fluxos de informação nas estruturas administrativas, no sentido descendente e no sentido ascendente. A necessária unidade de ação e o respeito do princípio hierárquico são potenciado pela *intensidade e celeridade da circulação de informação* entre os diversos órgãos, serviços e escalões hierárquicos. Nas três décadas de debate jurisprudencial e doutrinário sobre as impugnações administrativas prévias, os fluxos internos de informação tornaram-se muito mais rápidos e eficazes na transmissão *bottom-up* de novos problemas interpretativos e aplicativos e na uniformização *top-down* de entendimentos sobre eles. Logo, revela-se hoje manifestamente secundária a relevância das impugnações administrativas para obter a uniformidade da interpretação e aplicação da lei ao longo da estrutura hierárquica e, em geral, para garantir o princípio hierárquico e a unidade de ação (para além de os atos primários serem, com progressiva frequência, adotados em execução das ordens ou orientações emanadas precisamente pelos órgãos a quem caberá reapreciá-los[23]).

II – O recurso hierárquico perante omissões ilegais[24]

As normas do CPA de 2015 relativas às formas de reação graciosa contra omissões imputáveis a atos administrativos seguem de perto o teor do projeto de revisão do CPA de 1991, elaborado por Diogo Freitas do Amaral, com a colaboração de Mário Aroso de Almeida[25]. E este antecedente revela-se muito útil, segundo cremos, para a compreensão cabal das soluções hoje em vigor, merecendo por isso uma atenção cuidada.

[23] V. a este propósito as observações de André Salgado de Matos, "Recursos", cit, págs. 98 e ss..

[24] Reiteramos que a nossa análise se restringe ao recurso hierárquico relativo a atos administrativos e às suas omissões, nos termos em que se encontra regulado no CPA.

[25] O texto do projeto encontra-se publicado em anexo à 2.ª edição da obra de Diogo Freitas do Amaral, *Conceito e Natureza do Recurso Hierárquico*, Almedina, 2005, págs. 361 e ss..

Assim, a norma da al. b) do n.º 1 do art. 185.º do atual CPA tem como antecedente direto o texto projetado para o novo n.º 2 do art. 158.º do CPA de 1991:

> *"Os meios previstos no número anterior* [reclamações e recursos administrativos] *também podem ser utilizados para reagir contra a omissão ilegal de atos administrativos, em incumprimento do dever de decidir".*

O pendor procedimental desta "omissão ilegal", vinculada ao dever de decidir, revela-se de forma clara quando se atenta na norma projetada para o n.º 1 do art. 109.º, sob a epígrafe "Incumprimento do dever de decisão":

> *"Sem prejuízo do disposto no artigo anterior e no artigo 9.º, n.º 2* [correspondente ao atual art. 13.º, n.º 2] *a falta, no prazo fixado para a sua emissão, de decisão final sobre a pretensão dirigida a órgão administrativo competente constitui incumprimento do dever de decidir, conferindo ao interessado a possibilidade de lançar mão dos meios de tutela adequados".*

Em substituição da solução tradicional do indeferimento tácito, a resposta ao incumprimento do dever de decidir residia, pois, na disponibilização dos meios administrativos ou contenciosos dirigidos ao cumprimento desse dever, e não ao exercício da competência decisória no sentido pretendido[26].

Portanto, a omissão era ilegal, porque correspondia ao incumprimento do dever de decidir. Tratava-se, por outras palavras, de uma ilegalidade procedimental. Assim se explicava a separação clara estabelecida em face do ato de indeferimento da pretensão material do particular – que, por definição, não padecia de tal ilegalidade – e assim se explicava que os fundamentos invocados no recurso contra a omissão incluíssem motivos de inconveniên-

[26] Substituição análoga se verificava na norma projetada para o n.º 3 do art. 175.º: em vez do indeferimento tácito imputado ao órgão *ad quem* em caso de falta de decisão do recurso hierárquico, o interessado teria a possibilidade, no caso de recurso hierárquico necessário, "de utilizar o meio adequado à atuação contenciosa da sua pretensão". Ora, como os meios contenciosos disponibilizados já no quadro do CPTA correspondem, pelo menos por regra, à condenação à prática do ato (materialmente) devido, resulta do articulado que é a pretensão originária do particular, apresentada ao órgão *a quo*, que é submetida a tribunal. Nada se diz quanto ao tratamento contencioso da decisão de indeferimento do recurso hierárquico.

cia[27]: a omissão era ilegal por incumprimento do dever de decisão, mas a não satisfação da pretensão material do particular podia ser devida a motivos de mérito *hoc sensu*, e não de legalidade.

Na lógica da solução, a reação do particular deveria ser dirigida ao cumprimento do dever de decidir; mas por evidentes razões de pragmatismo, sempre que a pretensão material submetida pelo particular e ainda não decidida passasse pelas mãos de um órgão com competência dispositiva para tal – não apenas o órgão *ad quem*, mas também o órgão *a quo* aquando da sua intervenção no procedimento de segundo grau –, a lei habilitava-o expressamente a exercer a essa competência dispositiva e decidir a pretensão (arts. 172.º e 174.º, n.º 3, na redação proposta).

Em comparação com este modelo originário, o regime efetivamente consagrado no CPA de 2015 parece-nos menos claro e, principalmente, menos favorável para os particulares.

O primeiro motivo para tal reside no aditamento da expressão "(...) *solicitando a emissão do ato pretendido*" à norma projetada para o n.º 2 do art. 158.º do CPA de 1991 (cfr. *supra*), dando assim origem à fórmula que se encontra hoje recolhida na al. b) do n.º 1 do art. 184.º Este acrescento, que visa esclarecer os contornos da reação do particular e introduzir uma simetria formal com a norma da al. a), significa que o particular não está a reagir contra o incumprimento do dever de decisão, mas contra a não satisfação da sua pretensão material, à semelhança do que faria perante um ato de indeferimento. A omissão ilegal tem, pois, por objeto o ato pretendido, é a omissão do ato pretendido. Não é ilegal por traduzir o incumprimento do dever de decidir, mas por negar a satisfação da pretensão material; não encerra uma ilegalidade procedimental, mas uma ilegalidade material. O que o particular solicita, por isso, ao órgão *ad quem* não é o cumprimento do dever de decidir, mas a prática do ato pretendido, que ele entende legalmente devido e ilegalmente omitido.

Assim se explica outra alteração relativamente ao teor do projeto, a saber, a amputação dos fundamentos do recurso contra omissões ilegais, com

[27] A redação proposta para o n.º 1 do art. 159.º era a seguinte: "*Salvo disposição em contrário, as reclamações e os recursos administrativo têm caráter facultativo e podem ter por fundamento a ilegalidade ou a inconveniência da prática ou omissão de qualquer ato administrativo*". V., no mesmo sentido da natureza procedimental da ilegalidade, assente no incumprimento do dever de decidir, a redação proposta para os arts. 162.º, n.º 3, e 168.º, n.º 4, onde a omissão ilegal surge sempre associada ao incumprimento do dever de decidir.

exclusão dos motivos de inconveniência[28]. De facto, se o particular reage contra uma omissão ilegal; e se esta ilegalidade tem carácter material, então os motivos do recurso não podem deixar de ser de estrita legalidade, como se dispõe no n.º 3 do art. 185.º do CPA.

Segundo nos parece, o quadro daqui resultante evidencia algumas limitações sérias de tutela. Assim, se o órgão *a quo* tiver incumprido o dever legal de decidir a pretensão do particular, mas o conteúdo material dessa pretensão convocar o exercício de poderes discricionários, a omissão não é ilegal *hoc sensu*, porque não existe o dever de praticar o ato pretendido. O particular não poderá invocar motivos de inconveniência e não tem motivos de ilegalidade que possa fazer valer num hipotético recurso hierárquico, pois a lógica da regulamentação é que este recurso se funde necessariamente na ilegalidade da denegação da pretensão. O resultado, pois, é que o particular fica despido de proteção perante o mau exercício do poder discricionário, pois não pode fazer valer a inconveniência ou inoportunidade da conduta omissiva nem perante o superior hierárquico, nem perante o tribunal. Tudo porque há incumprimento do dever de decidir, mas não há omissão (materialmente) ilegal.

Note-se que o projeto Freitas do Amaral permitia ao particular invocar motivos de mérito contra a omissão e obter a prática do ato discricionário pretendido por parte do órgão *ad quem*, caso este tivesse competência dispositiva e entendesse substituir-se ao subalterno; e mesmo não existindo competência dispositiva, o superior hierárquico podia sempre ordenar a prática do ato (cfr. a redação proposta para o art. 174.º, n.º 3). Mas no quadro normativo vigente, não pode haver recurso hierárquico das omissões ilegais com fundamento em inconveniência; e ainda que se entendesse o oposto, sempre se teria de reconhecer que o superior *nada poderia fazer* nos casos de competência exclusiva do subalterno. De facto, o superior hierárquico sem competência dispositiva apenas pode confirmar ou anular os atos impugnados (art. 197.º, n.º 1, do CPA), o que parece significar que lhe está vedado fazer quaisquer juízos de mérito nas matérias de competência exclusiva do

[28] Cfr. a anotação de Vieira de Andrade ao n.º 3 do art. 185.º do CPA: "Esta disposição vale apenas para as impugnações administrativas de atos, não se aplicando às reclamações e recursos contra a omissão, que pressupõem a ilegalidade (v. artigo 184.º, n.º 1, alínea b)), in AAVV., *Comentários à Revisão do Código do Procedimento Administrativo*, 2.ª ed., Almedina, 2022, pág. 429.

subalterno[29]. Logo, em caso de omissão ilegal *hoc sensu*, o órgão *ad quem* sem competência dispositiva nas matérias objeto do recurso não poderia valer de algum modo ao particular e ordenar ao subalterno a prática do ato omitido, pois este não foi "ilegalmente omitido", como exige a norma do n.º 4 do art. 197.º do CPA.

Em síntese: mesmo admitindo aqui a possibilidade de recurso hierárquico – contrariamente ao que nos parece decorrer da al. b) do n.º 1 do art. 184.º – , haveria um recuo relativamente ao nível de proteção conferido pelo projeto Freitas do Amaral.

Um reparo adicional quanto à tutela proporcionada ao particular em sede de omissões de atos administrativos refere-se aos casos de recurso hierárquico necessário. Com efeito, resulta do disposto no n.º 1 do art. 190.º do CPA, assim como do n.º 4 do art. 198.º, que perante comportamentos omissivos de órgãos cujos atos estejam submetidos ao ónus de interposição de recurso hierárquico necessário, os particulares não podem dirigir-se de imediato ao tribunal, tendo de recorrer da omissão ilegal para o superior hierárquico "solicitando a emissão do ato pretendido"[30]. E só após a decisão do órgão *ad quem* ou o decurso dos prazos para a mesma pode o particular dirigir-se ao tribunal para "fazer valer o seu direito ao cumprimento, por aquele órgão, do dever de decisão", segundo a fórmula, de duvidosa felicidade, do n.º 4 do art. 198.º[31].

[29] A decisão que se funda em razões de mérito constitui exercício de competência dispositiva: criticando a solução, Jorge Silva Sampaio-José Duarte Coimbra, "Os Procedimentos", cit, esp. págs. 776 e ss..

[30] A omissão do ato devido só cai no âmbito de aplicação da al. b) do n.º 1 do art. 184.º nos casos de incumprimento do dever de decidir. Se o órgão administrativo praticar um ato de indeferimento, pode haver omissão ilegal do ato pretendido, mas não incumprimento do dever de decidir e, logo, a situação integra o âmbito de aplicação da al. a) do mesmo preceito.

[31] Se o particular se dirige ao órgão *ad quem* solicitando a emissão do ato pretendido, ilegalmente omitido, não faz sentido que a lei fixe como objeto do seu pedido ao tribunal a condenação ao cumprimento do dever de decisão. A norma genérica correspondente proposta por Freitas do Amaral seria em todo o caso preferível, ao referir-se à possibilidade de o interessado "utilizar o meio adequado à atuação contenciosa da sua pretensão" (art. 175.º, n.º 3). Impõe-se, por isso, uma interpretação cuidadosa do texto legal, aproximando-o do disposto no n.º 3 do art. 192.º do CPA, relativo às reclamações. Como sustenta Mário Aroso de Almeida, a norma do n.º 4 do art. 198.º não remete o interessado para a propositura de uma ação de condenação à prática de ato devido, dirigida a obter a decisão do recurso hierárquico, mas antes para uma condenação do órgão *a quo* à prática do ato devido, isto é, do ato que o interessado desde o início pretendia e cuja prática tinha requerido ao órgão subordinado (*Teoria*

Ora, na pendência deste recurso hierárquico necessário o particular prejudicado com a omissão do ato ilegalmente omitido parece não dispor de qualquer mecanismo que lhe confira uma proteção interina durante o compasso de espera a que se vê forçado (problema que se alarga, aliás, aos atos de indeferimento e de recusa de apreciação). De facto, enquanto a interposição de recurso hierárquico necessário de atos positivos tem associado um efeito suspensivo automático, entendido como compensação mínima e constitucionalmente exigida pelo retardamento do acesso ao tribunal e aos meios contenciosos de tutela cautelar, já no caso das omissões não está prevista qualquer forma de proteção interina. Para o particular que aguarda o ato que lhe é devido, o recurso hierárquico necessário reconduz-se a uma espera inútil ou até prejudicial, que lhe é imposta pela atuação ilegal do subalterno – e que poderá prolongar-se no caso de também o superior não praticar o ato devido ou nem sequer cumprir o dever de decisão do recurso.

Não nos parece seguro, pois, que tal solução legal possa ultrapassar os testes de proporcionalidade exigidos pelo alargamento do recurso hierárquico necessário a situações omissivas, pelo que se impõem as maiores reservas quanto à sua conformidade constitucional[32].

Geral do Direito Administrativo, 7.ª ed., Almedina, 2021, págs. 476 e ss.. Em sentido próximo, Políbio Henriques, comentário ao art. 198.º, in AAVV., *Comentários*, cit., págs. 448-449, e Jorge Silva Sampaio-José Duarte Coimbra, "Os Procedimentos", cit., pág. 775). Não parece desajustado dizer que o sentido real das normas do n.º 4 do art. 197.º e do n.º 4 do art. 198.º se situa numa relação inversa com o respetivo teor literal: a primeira refere-se de facto à ordem para o exercício da competência decisória exclusiva do órgão *a quo* (uma ordem para a prática do ato materialmente devido defraudaria a norma que confere competência exclusiva ao subalterno), ao passo que a segunda se refere à condenação deste à prática do ato devido e ilegalmente omitido.

[32] Sérvulo Correia rejeita que se verifique aqui inconstitucionalidade, "porque a insusceptibilidade da propositura imediata da ação principal não inibe o interessado de solicitar perante o tribunal a adoção de providências cautelares" ("O incumprimento do dever de decidir", *Cadernos de Justiça Administrativa*, n.º 54, novembro-dezembro de 2005, pág. 19, nota 21). Tratando-se, porém, de uma omissão insuscetível de reação contenciosa imediata, pela não verificação do pressuposto processual do recurso hierárquico necessário, poderá ocorrer a rejeição liminar do requerimento de tutela cautelar, por força da "manifesta ausência dos pressupostos processuais da ação principal", nos termos da al. f) do n.º 2 do art. 116.º do CPTA. E mesmo que esta leitura estrita da norma seja afastada, não deixa de verificar-se uma discrepância no tratamento das omissões relativamente aos atos positivos, cuja eficácia é inequivocamente suspensa pela interposição do recurso hierárquico necessário – apesar de também aí existir tal possibilidade de recurso à tutela cautelar. Esta possibilidade, aliás, nunca demoveu a juris-

III – O recurso hierárquico contra atos administrativos negativos ilegais

O regime das reclamações e recursos administrativos previsto no CPA estrutura-se em torno de uma contraposição entre a impugnação de atos administrativos, a que correspondem pedidos de revogação, anulação, modificação ou substituição[33]; e, como já ficou dito, a reação contra omissões, a que corresponde o pedido de emissão do ato pretendido (art. 184.º, n.º 1). A opção do legislador por colocar os atos negativos no quadro dos pedidos impugnatórios, afastando-os das omissões decisórias, não foi decerto casual e contrasta, nas impugnações fundadas em ilegalidade, com as soluções de tratamento conjunto dos atos administrativos *omitidos* e *recusados* adotadas no quadro do sistema de garantias contenciosas (cfr., *v.g.* o art. 66.º, n.º 1 do CPTA). Deste modo, as formas impugnatórias de tutela utilizadas contra os atos de indeferimento ilegais em sede administrativa transformam-se obrigatoriamente em formas condenatórias no âmbito jurisdicional, ao ponto de a lei interditar, ao menos em linha de princípio, pedidos autónomos de impugnação do indeferimento (art. 51.º, n.º 4, do CPTA). Particularmente no caso de recurso hierárquico necessário enquanto pressuposto processual da ação administrativa, não deixa de impressionar que o pedido de impugnação contra o ato de indeferimento seja *imposto* na etapa graciosa e seja *excluído* na subsequente etapa contenciosa (enquanto pedido autónomo).

Segundo Mário Aroso de Almeida, a explicação para esta diferença encontra-se no facto de as reclamações e recursos permitirem obter, em sede administrativa, a substituição do ato impugnado por outro, de conteúdo positivo e eventualmente mais favorável, ao passo que uma impugnação em sede contenciosa apenas poderia conduzir à anulação do ato negativo. Com a impugnação do ato negativo, dirigida à prática de um ato substitutivo, o particular teria assim um meio plenamente idóneo à satisfação das suas posições pretensivas[34].

prudência e parte da doutrina de considerar que a suspensão de eficácia do ato impugnado recurso hierárquico necessário se mostrava, em todo o caso, indispensável para garantir a conformidade constitucional do instituto.

[33] Da versão proposta pela comissão de revisão constava o pedido de *suspensão*, que foi alterado para *substituição*. Dificilmente se pode entender que existe fungibilidade entre os ambos os conceitos, mas na verdade nenhum deles parece estritamente indispensável: a suspensão é um *minus* relativamente à revogação e à anulação e a distinção entre modificação e substituição carece de fonteiras nítidas. Mas uma vez "desdobrada" a modificação em substituição, justificar-se-ia também referir a suspensão no elenco de pedidos e pronúncias.

[34] *Teoria Geral*, cit., págs. 468-469.

Se bem alcançamos a explicação, não nos parece que ela dê uma resposta cabal à disparidade verificada. Mesmo aceitando que a solução consagrada proporcione em sede administrativa uma garantia adequada às posições pretensivas do particular, nem por isso deixará de verificar-se outro tanto em sede contenciosa, com técnicas processuais que nem sequer são muito distintas (atente-se, *v. g.*, nas sentenças que produzem os efeitos de atos administrativos omitidos). Mas o verdadeiro problema situa-se, a nosso ver, no outro extremo do elenco de pronúncias, ou seja, na explicação para a mera *anulação* do indeferimento, enquanto conteúdo identificador mínimo de uma tutela estruturalmente impugnatória contra atos administrativos ilegais. Concretamente: para obter a emissão de um ato que satisfaça as posições pretensivas do particular, é *adequada e necessária* uma forma de tutela que inclua providências eliminatórias? Qual é o sentido e alcance da anulação do indeferimento, em sede administrativa ou em sede jurisdicional?

Segundo julgamos, a opção do CPA pela anulação do indeferimento reflete a notável persistência da conceção tradicional sintetizada no brocardo "dos atos administrativos recorre-se". Estes contêm uma definição imperativa da situação jurídica do particular que está, ou quer estar, em relação com a Administração e os atos de indeferimento, enquanto atos administrativos, contêm "uma definição negativa da esfera jurídica do particular"[35], quer dizer, definem a situação jurídica do interessado em termos de ele não ter o direito à utilidade pretendida ou não ser do interesse público que ele a obtenha[36]. Contendo uma definição autoritária de situações jurídico-materiais, um ato de indeferimento *impõe-se* a uma definição de sentido diverso, que fica assim precludida; e só a eliminação prévia desse ato indeferimento – nos termos em que possa ocorrer – abre espaço para a emissão de definições alternativas, máxime as definições constantes de atos positivos de conteúdo favorável. O corolário lógico é que a tutela – administrativa ou contenciosa – perante um ato administrativo de indeferimento compreende necessariamente um momento de eliminação do obstáculo constituído pelo dito ato

[35] Vieira de Andrade, "O controle jurisdicional do dever de reapreciação de atos administrativos negativos (Acs. do STA – 1.ª Secção, de 17/10/1995, P. 37 694, de 23/5/1996, P. 37 959, de 2/7/1996, P. 38 877, e de 14/1/1997, P. 39 289)", *Cadernos de Justiça Administrativa*, n.º 1 (janeiro-fevereiro de 1997), pág. 67.

[36] Cfr. Marcello Caetano, *Manual de Direito Administrativo*, II, 9.ª ed. (reimp.), Almedina, 1980, pág. 1358.

(que poderá depois ser complementado pela emissão do ato positivo ou pela sentença de condenação à prática desse ato).

Esta conceção do ato administrativo e do ato de indeferimento em particular – de difícil ou impossível compatibilização com os termos pormenorizados do n.º 4 do art. 268.º da Constituição – foi proscrita pelo CPTA, a nosso ver. E, na verdade, também o foi pelo CPA, motivo que torna ainda mais perplexizante a opção relativamente à impugnação de atos de indeferimento ilegais.

No caso do CPTA, a única dúvida é suscitada pela parte final do n.º 2 do art. 66.º, que refere a "eliminação da ordem jurídica" do ato expressamente recusado enquanto efeito que "resulta diretamente da pronúncia condenatória". O alcance normativo da fórmula será reduzido, mas dá em todo o caso a entender que o ato de indeferimento tem de ser eliminado; e como não o é em resultado da impugnação do autor, excluída pelo n.º 4 do art. 51.º, há-de sê-lo enquanto efeito lateral da sentença. Ora, semelhante preocupação com o destino do ato de indeferimento, além de desnecessária, defronta-se com a circunstância de tal ato não ser sempre ilegal e de parecer no mínimo questionável que uma sentença possa eliminar um ato administrativo válido. De facto, no momento relevante para a aferição da validade do ato, que é (ao menos por regra) o momento da sua prática, o indeferimento pode efetivamente ser válido; mas como o momento relevante para a decisão da ação de condenação já é o encerramento da discussão, pode suceder que a pretensão inicialmente bem recusada tenha adquirido, entretanto, o necessário fundamento jurídico. A ação será então julgada procedente, mas o ato de indeferimento, válido, permanece no ordenamento jurídico[37].

Mas o tratamento do ato administrativo de indeferimento no CPA não deixa igualmente de se afastar, segundo cremos, da ideia de definição imperativa da situação jurídica do requerente em termos de não lhe caber o objeto da pretensão formulada – definição essa que, como ficou dito, teria de ser eli-

[37] Cfr. o Acórdão do STA de 23-06-2022, proc. 0444/15.3BELSB, que aceita expressamente tal solução, salvo nos processos de impugnação de ato administrativo, uma vez que aí a decisão da causa depende estritamente da validade do ato e esta é aferida pelas normas vigentes à data da sua prática. Segundo o acórdão, uma vez que na acção impugnatória o objeto do processo não se define por referência à questão de fundo – como sucede na ação de condenação à prática de ato devido –, apenas cabendo ao tribunal apreciar a pretensão anulatória dirigida contra um ato, este "cristaliza-se no tempo", não havendo que reconhecer relevância a eventuais superveniências.

minada, se e nos termos em que o pudesse ser, enquanto pressuposto necessário da emissão de um novo ato, com uma nova definição imperativa. Como afirmou Vieira de Andrade a propósito da norma do n.º 2 do art. 9.º do CPA de 1991[38], recolhida no n.º 2 do art. 13.º do CPA atual, a Administração tem o dever de tomar uma decisão material sobre um segundo requerimento, apesar de este não poder ser interpretado como uma impugnação (obviamente extemporânea) do ato de indeferimento e de se limitar a recolocar o mesmo problema já antes decidido pela Administração, sem alteração dos pressupostos de fato e de direito. Por conseguinte, a Administração pode reconhecer a pretensão antes indevidamente rejeitada e deferir o correspondente requerimento quando já não dispõe da faculdade de eliminar o anterior ato de indeferimento: o deferimento do segundo requerimento não pressupõe a revogação do ato de indeferimento praticado sobre o primeiro.

Solução esta que se articula sem dificuldade com o conceito de ato administrativo acolhido no art. 145.º do CPA e que afasta claramente, no nosso entendimento, uma "definição de direitos" concebida como uma regulação material das situações jurídicas: o ato administrativo, no direito vigente, estatui efeitos, dotados de um determinado regime, mas não define ou regula sempre e necessariamente o conteúdo de relações jurídicas específicas. Reconhecendo com Sérvulo Correia que a dogmática do indeferimento está ainda incompleta, não pode ela ser construída com outros alicerces que não os estabelecidos pelo legislador e daí que nos pareça que, à luz do direito positivo, a chamada "definição negativa" do ato administrativo de indeferimento se reduz à *recusa de constituição de uma relação jurídica específica, nos termos pretendidos pelo requerente*[39] – sem que os limites de vinculatividade inerentes a tal conteúdo prejudiquem de algum modo a sua plena qualificação como ato administrativo e a aplicação do correspondente regime jurídico[40].

[38] "O Controle", cit..

[39] Sobre estas melindrosas questões, v. a síntese de Victor Struzina-Josef Franz Lindner, "Die Ablehnung eines Verwaltungsaktes – zur Dogmatik des Verwaltungsaktes", *Verwaltungsarchiv*, n.º 108-2, 2017, págs. 266 e ss.. Desenvolvidamente, M.-J. Seibert, *Die Bindungswirkung von Verwaltunsakten*, Nomos, 1988, esp. págs. 509 e ss., e S. Becker, *Die Bindungswirkung von Verwaltungsakten im Schnittpunkt von Handlungsformenlehre und materiellem öffentlichen Recht*, Nomos, 1997, esp. págs. 49 e ss..

[40] Partindo assumidamente de uma conceção de ato administrativo como regulação jurídico-material, Sérvulo Correia aponta diversos pontos de regime do ato de indeferimento, como os referidos no texto, para fundamentar a recusa de atribuir ao indeferimento a natureza de ato administrativo ("O incumprimento", cit., esp. págs. 19 e ss.). O tema e o autor justificariam

Importa, todavia, considerar nesta problemática o fator adicional de complexidade introduzido pela limitação no CPA dos poderes do superior hierárquico nas matérias da competência exclusiva do subalterno. Decorre, com efeito, do seu art. 197.º, n.º 1, que nos casos de competência exclusiva a tutela perante atos de indeferimento ilegais assume formas estritamente anulatórias, com a consequência – ao que parece – de apenas reconstituir o dever de decisão do subalterno. Cabe assim questionar o sentido útil e a própria conformidade constitucional, à luz do princípio da proporcionalidade, de prever impugnações administrativas necessárias para tais situações, atenta a drástica limitação dos poderes do superior e o retardamento sem proveito do acesso à tutela contenciosa em face do ato do subalterno. Neste contexto, a previsão de uma tutela impugnatória perante indeferimentos ilegais revela-se prejudicial para o particular.

O indeferimento é anulado para abrir as portas à renovação do dever de decisão. Ainda que se ignorem as dúvidas de constitucionalidade acima formuladas, a questão é então a de saber se tal anulação se revela necessária, ou se não seria preferível adotar a solução disposta para as omissões (art. 197.º, n.º 4) e prever uma ordem dirigida à emissão de um (novo) ato.

Aliás, no quadro do recurso hierárquico necessário contra *omissões* e contra *indeferimentos ilegais*, o problema suscitado pela competência exclusiva do subalterno é, em larga medida, idêntico. A utilidade do recurso hierárquico, incluindo o necessário, depende num caso e noutro da extensão dos poderes do superior. Ora, os limites colocados à atuação do órgão *ad quem* quando a matéria do recurso integra a competência exclusiva do subalterno são tão rigorosos que a escassez da tutela disponibilizada não é proporcionada ao retardamento do acesso à tutela contenciosa – suscitando-se de novo, agora em termos mais amplos, as dúvidas de constitucionalidade acima expostas.

uma análise que aqui não pode ser feita. Cremos, todavia, que não podem ser ignoradas nem a qualificação expressa do indeferimento como ato administrativo que resulta de diversas normas do CPA e do CPTA – para além das referidas no texto, v. ainda, entre outras, a da al. c) do n.º 1 do art. 152.º do CPA –, nem a compatibilidade entre os efeitos limitados do ato de indeferimento e os termos do conceito de ato administrativo do art. 145.º do CPA, nem os resultados aplicativos inaceitáveis que resultariam da não aplicação ao indeferimento do regime jurídico do ato administrativo (notificação, fundamentação, etc.).

O regime de responsabilidade civil/patrimonial extracontratual do Estado, em especial da Administração: ambiguidades de um instituto milenar no contexto jurídico-público do século da incerteza

CARLA AMADO GOMES

Palavras da circunstância

O Professor José Carlos Vieira de Andrade foi arguente na minha prova de mestrado e é uma presença constante no meu percurso académico. No Direito Constitucional, o livro Os Direitos Fundamentais na Constituição de 1976 é incontornável, mas sobretudo no Direito Administrativo, substantivo e adjectivo, ando sempre em sua companhia. A sua tese de doutoramento, sobre a fundamentação do acto administrativo, é um exemplo de concisão e clareza. Ler os seus textos é sempre como "ver um dia inicial inteiro e limpo", como Sophia de Mello Breyner escreveu a propósito de um dia de reinvenção da liberdade. É estar perante um pensamento cristalino, criativo e carregado de bom senso.

O tema da responsabilidade dos poderes públicos é um dos muitos que lhe tem merecido relevantíssimas considerações. Posso dizer (como o Professor me disse na minha prova de mestrado), que convergimos em muitos e fundamentais aspectos – o que dificulta (e dificultou!) uma "discussão", mas é sempre (e foi) pretexto de uma boa conversa. Como exígua homenagem por tudo o que me ensinou, ficam as linhas que se seguem, que exprimem simultaneamente uma dúvida e uma preocupação fundamentais neste âmbito: poderemos prescindir da culpa na imputação da responsabilidade extracontratual à Administração? Se sim, a que "preço"?

* Professora Associada da Faculdade de Direito da Universidade de Lisboa. Investigadora Efectiva do Centro de Direito Público (CDP). Professora Convidada da Faculdade de Direito da Universidade Católica Portuguesa (Porto).

1. A responsabilidade patrimonial extracontratual do Estado: particularidades essenciais

José Carlos Vieira de Andrade escreveu três textos dedicadamente sobre o actual regime da responsabilidade civil pública. Foi, no entanto, no texto integrado na obra de homenagem ao Prof. Doutor Gomes Canotilho – *A responsabilidade indemnizatória dos poderes públicos em 3d: estado de direito, estado fiscal, estado social*[2] – que realizou a síntese mais apurada das grandes linhas que estruturam o sistema nacional, vertido no regime aprovado pela Lei 67/2007, de 31 de Dezembro[3] (Regime da responsabilidade civil extracontratual do Estado e demais entidades públicas, RRCEE) e que tem por referente fundamental – mas não único – o artigo 22.º da Constituição da República Portuguesa (CRP). Esta síntese assenta numa ideia central, a qual se traduz em que a responsabilidade civil extracontratual dos entes públicos é um "território" intrinsecamente diverso da responsabilidade civil extracontratual das pessoas privadas – e em razão dessas particularidades melhor seria, à semelhança da solução espanhola, falar em "responsabilidade patrimonial" –, e especificamente no contexto da responsabilidade da função administrativa dado que:

i) A imputação de responsabilidade dá-se, no quadro do Direito público, a pessoas colectivas, que não têm uma vontade naturalística e, portanto, é artificioso compatibilizar a personalidade colectiva com a noção de culpa[4];

[2] José Carlos Vieira De Andrade, A responsabilidade indemnizatória dos poderes públicos em 3d: estado de direito, estado fiscal, estado social, in *Estudos em homenagem ao Prof. Doutor José Joaquim Gomes Canotilho*, I (Responsabilidade: entre Passado e Futuro), org. de Fernando Alves Correia, Jónatas Machado e João Carlos Loureiro, Coimbra: Coimbra Editora, 2012, pp. 55 segs. O primeiro texto a que me refiro, anterior, tem por título Panorama Geral do Direito da Responsabilidade "Civil" em Portugal, *in La Responsabilidad Patrimonial de los Poderes Públicos* (III Colóquio Hispano-Luso de Derecho Administrativo, Valladolid, 1997), coord. de J. Luis Martínez López-Muñiz e Antonio Calongue Velásquez, Madrid: Marcial Pons, 1999, pp. 39 segs; e o terceiro, anterior também, tem por título A responsabilidade por danos decorrentes do exercício da função administrativa na nova lei sobre responsabilidade civil extracontratual do Estado e demais entes públicos, e está publicado na *Revista de Legislação e Jurisprudência*, n.º 3951, 2008, pp. 360 segs.

[3] Com única alteração pela Lei 31/2008, de 17 de Julho.

[4] Nas palavras de Mafalda Carmona (Sobre a autonomia da responsabilidade civil da Administração Pública, *in O regime da responsabilidade civil extracontratual do Estado e demais entidades públicas: comentários à luz da jurisprudência*, coord. de Carla Amado Gomes, Ricardo Pedro e

ii) O Código Civil, em 1966, apontou para a responsabilização da Administração por actos de gestão privada, filiando-se numa concepção, hoje ultrapassada, que distinguia o Estado-poder do Fisco[5] e que, quanto a actuações deste "desdobramento", imputava ao mandante (pessoa colectiva pública) a responsabilidade por actos do mandatário (servidor) desde que este agisse com culpa (cfr. o artigo 501.º do Código Civil, por remissão para o artigo 500.º do mesmo Código); por seu turno, no ano seguinte, o DL 48.051, de 23 de Novembro de 1967, dirigido ao Estado-poder, vinculava a Administração a responder perante lesados desde que o servidor tivesse agido com culpa, impondo solidariedade (interna) entre pessoa colectiva pública e servidor desde que este tivesse actuado com culpa grave, seguindo-se o respectivo "regresso" (cfr. o artigo 2.º). Para além das dúvidas sobre a subsistência da distinção entre gestão pública e gestão privada tanto no plano legal como jurisprudencial[6], este modelo de imputação "através do servidor" falha em quadros organizatórios complexos no âmbito dos quais o dano pode surgir na sequência de uma falha colectiva ou de uma falha anónima, o que põe em causa (pelo menos em parte) a teoria da imputação subjectiva – problema que a jurisprudência, no quadro do DL 48.051, contornou através da figura ficcional da "faute du service";

iii) Tanto o DL 48.051 como o RRCEE, embora com diferentes nomenclaturas, apontam para um tipo de "responsabilidade" que não

Tiago Serrão, 3.ª ed., Lisboa: AAFDL Editora, 2022, pp. 149 segs, 153 segs), a construção de um regime de responsabilidade dos poderes públicos pressupõe uma dupla operação de conciliação: de um lado, entre soberania (por definição, irresponsável) e responsabilização; e, de outro lado, entre a ausência de vontade das pessoas colectivas e a culpa.

[5] Sobre a teoria do Fisco, veja-se Rui Machete, A evolução da Justiça Administrativa na Alemanha: do absolutismo à restauração do Estado de Direito, pós-1945, in *Direito&Justiça*, n.º especial, 2013, pp. 403 segs, 408 segs.

[6] Cfr. as reflexões de Domingos Soares Farinho, A barreira invisível: a dicotomia gestão pública e gestão privada e os regimes de responsabilidade civil extracontratual aplicáveis ao Estado – Anotação ao Acórdão do STA de 23 de Abril de 2020, processo n.º 02431/09.1BELSB, *in RDA – número especial sobre o RRCEE*, coord. de Carla Amado Gomes e Tiago Serrão, Setembro de 2020, pp. 45 segs, 53; e de Miguel Assis Raimundo, Anotação ao artigo 1.º, *in O regime da responsabilidade civil extracontratual do Estado e demais entidades públicas: comentários à luz da jurisprudência*, 3.ª ed., coord. de Carla Amado Gomes, Ricardo Pedro e Tiago Serrão, Lisboa: AAFDL Editora, 2022, pp. 291 segs, 307-308; *idem*, Responsabilidade de entidades privadas submetidas ao regime de responsabilidade pública, *in CJA*, n.º 88, 2011, pp. 23 segs, 28-29.

reveste nenhum intuito reparatório – a responsabilidade por facto lícito ou, actualmente, indemnização pelo sacrifício (cfr. o artigo 16.º do RRCEE) –, antes consubstanciando um mecanismo de justiça distributiva que visa realizar princípios como a igualdade e a proporcionalidade perante hipóteses de lesão "especial e anormal" de posições jurídicas de sujeitos diferenciados (ou categorias de sujeitos) que sofrem afectação dessas posições jurídicas com diferentes graus de intensidade, em prol da satisfação de necessidades da colectividade em que se integram[7];

iv) A responsabilidade pelo risco (ou perigo[8]), porque aplicada a actuações, serviços ou coisas geridas por entidades de fins múltiplos e mesmo, no caso do Estado, infinitos, assenta, em Direito público, numa lógica de cláusula aberta (ao contrário do Direito privado, que admite a imputação objectiva apenas nas situações expressamente previstas na lei: cfr. o artigo 483.º, n.º 2 do Código Civil), a qual pode desaguar num esforço financeiro assinalável para as entidades públicas se não encontrar um qualquer travão[9] – o qual, não podendo, logicamente, ser a culpa, terá de se filiar no dano;

v) A tendência para a objectivização da responsabilidade civil que a estrutura complexa da Administração (e do próprio Estado, enquanto centro de imputação multifuncional) propicia faz hesitar, contudo, quanto ao descarte do pressuposto da culpa – a "obcecante culpa", como a adjectivou Gomes Canotilho[10]. Um tanto porque abrir mão da culpa pode redundar numa sangria indemnizatória, outro tanto porque abdicar deste pressuposto é susceptível de gerar uma cultura de laxismo dos servidores. Quer a sustentabilidade financeira do sistema, quer a ética do serviço exigem, portanto, prudência no desenho de soluções que, sendo embora teoricamente coerentes e

[7] Sobre o sentido do binómio "especial e anormal", Pedro Machete, Anotação ao artigo 2.º, *in Comentário ao Regime da Responsabilidade Civil extracontratual do Estado e demais entidades públicas*, org. de Rui Medeiros, Lisboa: Universidade Católica Editora, 2013, pp. 75 segs, max. 79-83.

[8] Cfr. José Carlos Vieira De Andrade, A responsabilidade indemnizatória dos poderes públicos em 3d:..., *cit.*, pp. 64-66.

[9] Falando de "elementos-travão", José Joaquim Gomes Canotilho, *O problema da responsabilidade do Estado por actos lícitos*, Coimbra: Almedina, 1974, p. 271.

[10] José Joaquim Gomes Canotilho, *O problema da responsabilidade do Estado por actos lícitos*, *cit.*, p. 55.

praticamente interessantes (para os lesados), se podem revelar ruinosas para a colectividade.

2. A responsabilidade civil extracontratual da Administração por facto ilícito, os desdobramentos da culpa e a tendência para a objectivização do RRCEE

A vertente subjectiva da responsabilidade da função administrativa está bem patente no RRCEE quer a título de culpa leve (artigo 7.º, n.º 1), quer a título de culpa grave (artigo 8.º, n.º 1). No primeiro caso, impende exclusivamente sobre a pessoa colectiva; no segundo, solidariamente, sobre a pessoa colectiva e o servidor que não usou da diligência devida. Estas soluções encontram uma vinculação constitucional evidente e mandatória – nos artigos 22.º e 271.º, n.º 4 da CRP –, embora tenha havido dúvidas sobre se a imputação exclusiva à pessoa colectiva dos factos praticados com culpa leve seria compatível com o texto da Lei Fundamental[11].

A caracterização de uma falta como grave gera a possibilidade de efectivação da responsabilidade contra dois réus: a pessoa colectiva e o servidor. Optou-se, no artigo 8.º, n.ºs 1 e 4 do RRCEE, pela solução da solidariedade externa, que permite ao lesado duplicar a cobertura patrimonial e confrontar directamente o servidor com os resultados da sua actuação. Ainda que se possa discutir qual o grau de culpa que espoleta a responsabilidade do servidor, e também qual a modalidade de solidariedade a utilizar (interna ou externa), a alusão, no artigo 271.º, n.º 4 da CRP, ao "regresso", obriga à inclusão da culpa no quadro (teórico) de um regime a construir.

O sistema do RRCEE dispensa, em contrapartida, o juízo de censura sobre a conduta lesiva quando a actuação/omissão não puder ser filiada à conduta de um concreto agente, presumindo-se então causada pelo funcionamento anormal do serviço (artigo 7.º, n.º 3) – noção sucedânea da "faute du service" do regime precedente. São os casos de "culpa" anónima (quando "não seja possível provar a autoria pessoal da ação ou omissão"), e de "culpa" colectiva (quando "os danos não tenham resultado do comportamento concreto de um titular de órgão, funcionário ou agente determinado"). A imputação basta-se aqui com o pressuposto da ilicitude, conforme o demonstra o n.º 2

[11] Sobre este ponto, veja-se João Tiago Silveira, Anotação ao artigo 7.º, n.º 1, *in O regime da responsabilidade civil extracontratual do Estado e demais entidades públicas: comentários à luz da jurisprudência*, coord. de Carla Amado Gomes, Ricardo Pedro e Tiago Serrão, 3.ª ed., Lisboa: AAFDL Editora, 2022, pp. 529 segs, 532-535.

do artigo 9.º do RRCEE. Esta captura do que seriam, pela lógica da culpa, danos "órfãos", constitui uma abertura à objectivização que vai ao encontro da tese sustentada pelo Tribunal Constitucional no acórdão 444/2008[12], onde se afirma que, apelando a uma constelação de normas constitucionais que orbitam em torno do princípio do Estado de Direito democrático (os artigos 22.º, 37.º, n.º 4, 60.º, n.º 1, e 62.º, n.º 2 da CRP), a Constituição consagra um "direito geral à reparação de danos" provocados pelas entidades públicas aos particulares.

A culpa é descartada, nestas hipóteses, de modo totalmente coerente: não havendo prova do responsável cuja vontade mal orientada gerou o dano, não é cabível aludir à culpa. No entanto, cabe ao lesado provar que o serviço funcionou mal, ou seja, que seria razoável exigir, "atendendo às circunstâncias e a padrões médios de resultado", "uma actuação suscetível de evitar os danos produzidos" (artigo 7.º, n.º 4 do RRCEE). Esta prova pode revelar-se difícil, perante a ausência de manuais de boas práticas ou de códigos de conduta, cuja elaboração é, assinale-se, incentivada pelo Código de Conduta do Governo, aprovado pela Resolução do Conselho de Ministros 184/2019, de 3 de Dezembro (cfr. o artigo 12.º)[13]. O recurso a padrões de eficiência de entidades internacionais constitui também um recurso a explorar[14]. Em contrapartida, uma ajuda à densificação da prova surgirá quando o funcionamento anormal puder ser subsumido numa omissão de vigilância, dado que a alegação desta desencadeia uma presunção de culpa leve, a ilidir pela pessoa colectiva (cfr. o artigo 10.º, n.º 2 do RRCEE).

Menos árdua aparenta ser a tarefa de imputação de danos à pessoa colectiva quando estiver em causa um comportamento/omissão concreto, dado que:

[12] Ver também os acórdãos 153/90, 80/2008 e 117/2008 do Tribunal Constitucional.

[13] O qual consagra,sobretudo, directizes de isenção de conduta dos servidores, não se reflectindo sobre níveis de eficiência do serviço.

[14] Chamando a atenção para este ponto, e aludindo à Recomendação (2000) 10 do Comité de Ministros do Conselho da Europa as Estados-Membros sobre códigos de conduta para os agentes públicos, bem assim como à Recomendaçao CM/Rec (2007) 4 do mesmo Comité, sobre serviços públicos locais e regionais, Ana F. NEVES, Anotação aos n.ºs 3 e 4 do artigo 7.º, *in O regime da responsabilidade civil extracontratual do Estado e demais entidades públicas: comentários à luz da jurisprudência*, coord. de Carla Amado Gomes, Ricardo Pedro e Tiago Serrão, 3.ª ed., Lisboa: AAFDL Editora, 2018, pp. 571 segs, 579-580, nota 133.

- Se se tratar de um acto jurídico, presume-se a existência de culpa leve[15], dispensando o lesado de alegar e provar qualquer culpa – o que, na impossibilidade de ilidir a presunção, atira a responsabilidade exclusivamente para a pessoa colectiva (artigo 10.º, n.º 2 do RRCEE);
- Se se tratar de uma omissão material *in vigilando*, presume-se a culpa leve, dispensando o lesado de alegar e provar qualquer culpa – o que, na impossibilidade de ilidir a presunção, fará recair a responsabilidade exclusivamente sobre a pessoa colectiva (artigo 10.º, n.º 3 do RRCEE);
- Não se tratando nem de actos jurídicos (mas da sua omissão), nem de omissões materiais *in vigilando* (mas de outras omissões materiais, e também de actuações materiais), resta um conjunto de acções e omissões cuja alegação e prova da culpa devem ser produzidas pelo lesado (cfr. o artigo 342.º do Código Civil). Note-se, todavia, que esta "culpa" se basta com o grau leve, por força do artigo 7.º, n.º 1 do RRCEE, o que a aproxima da ilicitude.

Constata-se, assim, que o RRCEE, no plano da função administrativa e da responsabilidade por facto ilícito desta, aligeirou substancialmente o pressuposto da culpa na responsabilidade aquiliana. Fê-lo dentro do limite da letra da Constituição – uma vez que nem o artigo 22.º, nem o artigo 271.º especificam que grau de culpa desencadeia a resposta solidária e o correspondente regresso –, mas porventura além do limite do espírito da Lei Fundamental, nomeadamente dos princípios da socialidade e da proporcionalidade, que devem comandar a gestão colectiva de recursos financeiros escassos (artigos 1.º e 18.º da CRP). O instituto da responsabilidade patrimonial do Estado/Administração existe, em primeira linha, para garantir que a lesão de direitos dos particulares por actos/omissão dos poderes públicos não fica por indemnizar; todavia, a sua conformação legislativa não deve ser tão aberta a ponto de colocar em risco o equilíbrio financeiro necessário à salvaguarda de necessidades fundamentais de gerações presentes e futuras.

Perante a flexibilização do pressuposto da culpa no RRCEE[16] – presente mas enfraquecido –, cumpre encontrar mecanismos que garantam: por um

[15] Sobre o enigma do que deve ser considerado "culpa leve", João Tiago Silveira, Anotação ao artigo 7.º, n.º 1, *cit.*, pp. 539-540.

[16] Desenvolvendo extensamente a ideia de que existem vários sinais de "degradação do pressuposto da culpa" no âmbito da responsbailidade da função administrativa consagrado no RRCEE, Francisca Costa Gonçalves, A desvalorização da culpa na responsabilidade civil

lado, que nos casos em que a culpa imputada é grave, haja uma efectiva repartição de responsabilidade entre a pessoa colectiva e o servidor a quem ela vai assacada[17]; e, por outro lado, que nos casos (e serão crescentes) em que a culpa caracterizada pelo lesado é leve, há formas de modular a resposta indemnizatória por apelo a critérios de razoabilidade. É sobre estes tópicos que versarão os dois pontos seguintes.

3. A efectiva responsabilização do agente em casos de culpa grave: entre uma falsa solidariedade e um ineficaz "dever de regresso"

A letra da Constituição, já vimos, impede o legislador ordinário de desenhar um sistema puramente objectivo de responsabilização civil extracontratual da Administração. As menções a "solidariedade" (no artigo 22.º) e a "regresso", no n.º 4 do artigo 271.º, podendo embora abrir a porta à opção entre solidariedade interna ou externa, não admitem que se abdique totalmente da culpa como reflexo, legal e financeiro, da conduta gravemente negligente do funcionário. Neste ponto, normas como o artigo 16.º, n.º 1 da Constituição de Cabo Verde[18], ou o artigo 106.º, n.º 2 da Constituição espanhola[19]-[20], por exemplo, dão margem ao legislador ordinário para construir

pelo exercício da função administrativa, *in Revista de Direito da Responsabilidade*, 2019, pp. 1405 segs, 1427 segs (disponível aqui: https://revistadireitoresponsabilidade.pt/2019/a-desvalorizacao-da-culpa-na-responsabilidade-civil-pelo-exercicio-da-funcao-administrativa-francisca-costa-goncalves/.)

[17] Sobre a repartição do *quantum* indemnizatório entre os sujeitos passivos das acções de efectivação da responsabilidade, cfr. Hafida Belrhali, *Responsabilité administrative*, Paris: LGDJ, 2017, pp. 369-372.

[18] Que se transcreve: "1. O Estado e as demais entidades públicas são civilmente responsáveis por acções ou omissões dos seus agentes praticadas no exercício de funções públicas ou por causa delas, e que, por qualquer forma, violem os direitos, liberdades e garantias com prejuízo para o titular destes ou de terceiros".

[19] Que se transcreve: "2. Los particulares, en los términos establecidos por la ley, tendrán derecho a ser indemnizados por toda lesión que sufran en cualquiera de sus bienes y derechos, salvo en los casos de fuerza mayor, siempre que la lesión sea consecuencia del funcionamiento de los servicios públicos".

[20] A razão da adopção do modelo objectivo pela Constituição de 1978 terá nascido num momento anterior, nomeadamente da solução forjada por Eduardo Garcia de Enterría, através da redacção do artigo 32 da Ley de Expropriación forzosa, de 1954 (artigo 121). Segundo Jordi Esteve Girbés [El mito de la responsabilidad objetiva global de la administración pública (pandemia por coronavirus como oportunidad para una reevaluación del sistema), *in Revista Aragonesa de Administración Pública*, n.º 57, 2021, pp. 43 segs, 46], "Entre sus objetivos

um regime de responsabilidade civil extracontratual objectivo ou subjectivo – ou misto (como o nosso). O compromisso estabelecido no RRCEE foi, por um lado, o de descarregar a responsabilidade com culpa leve nos serviços – dando assim expressão às vozes que temem que a excessiva responsabilização dos servidores desemboque em paralisia e que multiplique as hipóteses de reparação de danos – e, por outro lado, o de colocar a pessoa colectiva como garante/devedor solidário nos casos em que o servidor actue com zelo e diligência inferiores aos que seriam esperáveis de um servidor médio – combatendo, assim, o laxismo nos serviços; e, porque a opção foi pela solidariedade externa, permitindo que a vítima confronte directamente, em juízo, o agente do dano[21].

Todavia, perante a abertura da imputação por culpa leve à pessoa colectiva – presumivelmente, o réu com património mais capaz de fazer face ao volume do dano –, restarão ainda casos de imputação por culpa grave, que forçam a repartição de responsabilidade entre pessoa colectiva e servidor, aliviando, assim, o esforço financeiro público e constituindo uma sanção civil realista do servidor negligente? É que, bastando a imputação por culpa leve, nos termos do artigo 7.°, n.° 1 do RRCEE, em qualquer caso (e, em certas situações, com a ajuda das presunções acima mencionadas), o que poderá levar o lesado a caracterizar a culpa como grave?

Arriscaria apenas duas razões: a primeira, por um motivo "justiceiro"; a segunda, para contar com um segundo património de cobertura da dívida indemnizatória, em caso de ganho de causa (o que poderá fazer algum sentido em casos de imputação de responsabilidade a autarquias de fracos recursos, por exemplo, mas não em geral)[22] – optando assim por uma solução de litisconsórcio passivo. Em contrapartida, a presença de um segundo réu agrava a complexidade da tramitação processual e é susceptível de acrescer em morosidade a acção declarativa – e no final, com ganho de causa e

estaba revertir la 'flagrante excepción' que suponía la irresponsabilidad administrativa en el Derecho español en relación con respecto el resto de países de nuestro entorno".

[21] Fazendo assim cumprir a tríplice função clássica da responsabilidade civil extracontratual: ressarcitória, sancionatória e pedagógica – na abordagem de Hafida Belrhali, *Responsabilité administrative, cit.*, pp. 48-51.

[22] Realce-se que a "presunção" de melhor cobertura pelo património da pessoa colectiva é facilmente ilidível pelo mero confronto das normas sobre execução para pagamento de quantia certa constantes do CPTA. Com efeito, o artigo 172.° do CPTA traça um verdadeiro "percurso do combatente" no que se refere à execução de créditos contra entidades públicas.

condenação em responsabiliade com culpa grave, o lesado até pode (na falta de pagamento voluntário de qualquer um dos devedores) mover acção executiva apenas contra a entidade pública. Ou seja, no quadro do RRCEE, a imputação por culpa leve será, para o lesado, a via mais evidente e conveniente de efectivação da responsabilidade civil extracontratual da função administrativa contra entidades públicas – gerando uma imputação exclusiva a estas.

Na generalidade dos casos, a quem interessará, então, caracterizar a culpa grave? Diria que à entidade pública a quem o servidor se filia[23], dado que aquela terá assim um património com o qual repartir o *quantum* indemnizatório – se não logo na acção de efectivação de responsabilidade movida pelo lesado (dado que este pode escolher, uma vez provada a culpa grave, executar ambos os réus, nas proporções apuradas na acção declarativa), posteriormente, numa acção de regresso contra o servidor. Esta repartição ficará muito facilitada através da promoção da intervenção provocada do servidor (ainda que o lesado alegue culpa leve, a entidade pública pode contestar alegando culpa grave e desencadear a intervenção, nos termos do artigo 321.º do Código do Processo Civil, aplicável ao processo administrativo *ex vi* artigo 1.º do CPTA), pois assim se garantirá o apuramento do grau de culpa (ou não) e a proporção das quotas de responsabilidade, com o respeito pelas garantias de defesa do servidor a quem se imputa a falta de cumprimento dos seus deveres de zelo e diligência[24].

A intervenção provocada deverá, em meu entender, acontecer também sempre que o lesado imputar o ressarcimento do dano por culpa grave solidariamente à pessoa colectiva e ao servidor, mas prescindindo da presença deste em face do instituto da solidariedade[25]. Dir-se-à que esta afirmação de obrigatoriedade de formação de litisconsórcio passivo é contraproducente,

[23] Ou, se for o caso, à companhia seguradora que tiver assumido a responsabilidade pela actuação da entidade pública em questão.

[24] Penso sobretudo nos casos de culpa grave, uma vez que, nos casos de apuramento de dolo do funcionário, a tendência será para que toda a responsabilidade recaia exclusivamente sobre ele.

[25] Na falta de chamamento à demanda/intervenção provocada pela entidade pública na contestação – patrocinada, no caso do Estado, pelo Ministério Público, que a deve realizar –, creio que a "defesa de interesses públicos especialmente relevantes" a que se refere o artigo 85.º, n.º 2 do CPTA poderá suportar a promoção da intervenção provocada do servidor pelo Ministério Público, na sua vertente de auxiliar da Justiça, para que este se possa defender da imputação de conduta gravemente culposa que lhe é assacada.

considerando o espírito do instituto. No entanto, caso este chamamento não ocorra e a condenação em pagamento de indemnização ao lesado se funde em culpa grave, a entidade pública não irá, em bom rigor, exercer um mero "direito de regresso", mas antes terá de propor uma acção de efectivação de responsabilidade contra o servidor, assegurando a este plenas garantias de defesa – e correndo o risco de ficar vencida na demonstração da gravidade da culpa e de ter de arcar, exclusivamente, com o pagamento da indemnização.

A via do litisconsórcio passivo, originário ou superveniente, com vista à discussão de imputação de responsabilidade por facto ilícito gravemente culposo constitui, destarte, uma via que permite estancar a avalanche de hipóteses responsabilizantes propiciada pela preferência pela culpa leve e atenuar o esforço financeiro público[26]. A questão – se não for considerada uma falsa questão, em face da expressão, desde logo constitucional (cfr. o artigo 22.° da CRP), "solidariedade" – que se pode justamente colocar é se esta via constitui uma *opção* ou uma *vinculação*.

Pela minha parte, considero que a qualificação do regresso como um dever, no artigo 6.° do RRCEE, tem de ter consequências[27]. E não são (apenas) as da obrigatoriedade de mover acções regressivas contra os servidores negligentes não se sabe bem por quem, nem que sanções sofrem esses responsáveis se o não fizerem (o artigo 6.° do RRCEE não esclarece[28])[29]. Refira-

[26] Poder-se-ia pensar que a entidade pública terá sempre menos interesse em caracterizar a culpa grave do que em tentar ilidir a culpa leve, dado que o valor indemnizatório a pagar no segundo caso revelar-se-ia menor. Mas esse seria um raciocínio assente na premissa de que a uma actuação/omissão com culpa leve corresponderia sempre um dano menor e a uma actuação/omissão com culpa grave um dano de maior vulto – premissa essa que não tem nenhum argumento de sustentação racional.

[27] Já assim o defendi em Carla Amado Gomes e Ricardo Pedro, *Direito da Responsabilidade civil extracontratual administrativa: questões essenciais*, Lisboa: AAFDL Editora, 2022, pp. 141-144.

[28] O laconismo desta disposição, depois de décadas de inércia quanto ao exercício do direito de "regresso", é perplexizante. A norma, ainda que na impossibilidade de indicar, em concreto, o órgão com competência para desencadear o regresso – o superior hierárquico do servidor, como responsável pelo serviço, ou o órgão com poderes de tutela relativamente à pessoa colectiva em causa –, deveria pelo menos apontar para a aplicação de sanções, financeiras e disciplinares em caso de incumprimento do "dever" que proclama. Sobre as insuficiências do artigo 6.° do RRCEE, leiam-se as considerações tecidas pelos coordenadores na Nota prévia à 3.ª edição do livro *O regime de responsabilidade civil extracontratual do Estado e demais entidades públicas: comentários à luz da jurisprudência, cit.*, pp. 5 segs, 9-12.

[29] Mais clamorosa ainda seria a ausência de regresso contra privados que concorreram decisivamente para a eclosão de danos em coisas públicas, situação que se verificou no caso da

-se, de resto e curiosamente, que a recente lei angolana que estabelece o regime jurídico do Estado e de outras pessoas colectivas públicas (Lei 30/22, de 29 de Agosto[30]), seguindo *pari passu* o RRCEE, dele se distancia (num sentido positivo) em vários pontos, sendo este, precisamente um deles. Repare-se no que dispõe o n.º 3 do artigo 6.º da Lei citada[31]:

"Os titulares dos poderes de direcção, de supervisão, de superintendência ou de tutela respondem pela totalidade dos danos provocados pelo não exercício do direito de regresso ou, quando o exerçam de modo insuficiente, no diferencial entre o valor devido e o valor inferior em que foi feito".

A verdade é que, ainda que este dever fosse perfeito, a lógica moralizante/responsabilizante do instituto do regresso não se cumpriria, uma vez que estas sanções não alcançariam o servidor que agiu culposamente mas sim o responsável pelo exercício do regresso que o não desencadeou. Teriam, quando muito e eventualmente, um efeito dissuasor da perpetuação desta omissão, altamente prejudicial para o erário público – mas não um efeito reparatório, muito menos pedagógico. Cumpre ir mais além na resolução deste problema, vincando a diferença entre o instituto da solidariedade no Direito público e no Direito privado.

Deve atentar-se em que a solidariedade, no Direito privado, gera uma faculdade de regresso para o devedor solidário pagador em face dos restantes – faculdade que pode exercer ou não (cfr. o artigo 524.º do Código Civil). Porque se trata de dinheiro de particulares, se o devedor pagador quiser ser um benemérito e assumir exclusivamente a dívida, está total-

derrocada da estrada municipal 255, entre Borba e Vila Viçosa, em 2018. Segundo notícia veiculada recentemente na comunicação social, o Estado terá intentado uma "acção de regresso" contra o Município de Borba, funcionários da DGEG e a sociedade gestora das pedreiras – cfr. https://observador.pt/2023/02/02/acidente-em-borba-estado-intenta-acao-para-reaver-16-milhoes-de-euros-que-pagou-em-indemnizacoes/. Note-se, contudo, por um lado, que em virtude de as indemnizações às vítimas terem sido pagas na sequência de um procedimento extrajudicial, esta acção não constitui um pedido de regresso *proprio sensu* mas antes se traduz numa verdadeira acção de efectivação da responsabilidade; e que, por outro lado, é duvidoso que esta efectivação de responsabilidade contra privados se deva decidir nos tribunais administrativos, uma vez que a sociedade responderia perante as vítimas nos termos do Código Civil e não do RRCEE.

[30] Sobre este novíssimo regime, veja-se Ricardo Pedro, *Introdução à responsabilidade civil extracontratual pública angolana e à sua efectivação*, Lisboa: AAFDL Editora, 2023.

[31] Acrescente-se que o n.º 4 investe "todo e qualquer indivíduo que pertença à comunidade" na legitimidade processual de exercício do direito de regresso.

mente legitimado pela sua autonomia privada para o fazer. Porém, no Direito público, as contas têm de ser outras. A solidariedade gera um dever da entidade que responde a título de garante: o de chamar ao processo o sujeito (físico) que originou, pela sua negligência, o dano ao particular. E uma vez apurada a culpa grave do servidor, a entidade pública ficará com um título executivo fixando a proporção dos deveres indemnizatórios, que usará numa acção regressiva verdadeira e própria (uma vez liquidada a obrigação junto do lesado e caso este não opte por executar ambos, em caso de não pagamento voluntário).

Este entendimento, que vai ao encontro da afirmação da singularidade do regime de responsabilidade pública em face da ancilar responsabilidade privada – como enfatiza VIEIRA DE ANDRADE –, encontra na expressão constitucional "solidariedade" um entrave; mas parece-me que não decisivo, uma vez que poderemos entender que o que o legislador constitucional pretendeu estabelecer, no artigo 22.º da CRP, foi um imperativo de *posição de garante* da pessoa colectiva perante o particular lesado. A responsabilidade pública tem por objectivo primordial a protecção dos lesados e o protagonismo em palco é para a liquidação da dívida indemnizatória – o que sucede depois, nos bastidores, é um encontro de contas, anunciado pelo artigo 271.º, n.º 4 da CRP, onde se impõe a necessidade de reembolso das quantias avançadas pela pessoa colectiva, nessa posição de garante e de acordo com uma equação que permita evitar a paralisia dos serviços sem incentivar o laxismo.

Julgo que, ao consagrar a fórmula da imputação ao servidor só em casos de culpa grave, o RRCEE, no artigo 8.º, chegou a um justo equilíbrio. O problema é que, raciocinando-se no modelo clássico, e quando não opte pela imputação por culpa leve, a solidariedade confere ao lesado uma opção de "dispensa" do servidor como co-réu, apontando as baterias da efectivação da reparação do seu dano apenas ao devedor "principal". Ora, fazer com que o servidor esteja presente na acção de efectivação de responsabilidade permite, a um mesmo tempo, apurar definitivamente o grau de culpa (se o houver) e forjar um título executivo para, num momento subsequente ao pagamento da indemnização ao lesado, se operacionalizar um verdadeiro regresso/reembolso. E, arriscaria, só esta solução permite contornar a inércia de titulares de poder de direcção ou órgãos de tutela na propositura de acções de regresso pois, inexistindo este impulso, haverá uma figura com competência funcional para o efeito: o Ministério Pùblico, através da acção pública (cfr. o artigo 9.º, n.º 2 do CPTA, reflexo directo do disposto nos artigos 219.º, n.º 1 da CRP, e 4.º, n.º 1/f) do Estatuto do Ministério Público – Lei

68/2019, de 27 de Agosto, com única alteração pela Lei 2/2020, de 31 de Março, EMP).

Note-se que o legislador pretendeu contornar a passividade que imperou durante décadas quanto a este ponto[32] através da previsão do n.º 4 do artigo 8.º do RRCEE. Mas o que conseguiu, salvo melhor entendimento, foi gerar um beco sem saída: ao apontar para a continuação de uma acção movida pelo lesado contra a entidade pública, por culpa leve, na qual houve condenação daquela, como explicar a prossecução da acção, nos próprios autos, com modificação objectiva e subjectiva da instância e com esgotamento do poder jurisdicional (uma vez que houve condenação)? A intenção é boa, mas a técnica é má e, ainda que a acção pudesse prosseguir, nunca seria uma acção de regresso, mas sim uma verdadeira acção de efectivação da responsabilidade por culpa grave de um servidor que só então teria voz em juízo[33].

A solução de entregar ao Ministério Público a propositura de acções de regresso, em defesa da legalidade (leia-se: do efectivo exercício do regresso de verbas pagas indevidamente por entidades públicas ao seu património) e do interesse público de uma cultura de serviço pautada pela ética e pela diligência, munido de uma sentença condenatória em acção declarativa na qual a culpa grave do servidor ficou devidamente atestada e a repartição de responsabilidade foi plenamente apurada – ou seja, um título executivo –, pressupõe que o pagamento efectivo (voluntário ou após execução movida pelo lesado) seja comunicado, como deveria ditar o n.º 2 do artigo 6.º do RRCEE[34], às entidades competentes para o exercício do direito de regresso (se não forem as mesmas que o promoveram), bem assim como ao

[32] Cfr. Tiago SERRÃO, *Natureza e regime do direito de regresso na responsabilidade administrativa*, Coimbra: Coimbra Editora, 2015 (obra reimpressa pela AAFDL Editora em 2020), p. 52; *idem*, Direito de regresso – anotação ao artigo 6.º do RRCEE, *in O regime de responsabilidade civil extracontratual do Estado e demais entidades públicas: comentários à luz da jurisprudência*, coord. de Carla Amado Gomes, Ricardo Pedro e Tiago Serrão, 3.ª ed., Lisboa: AAFDL Editora, 2022, pp. 451 segs, max. 512.

[33] Cfr. a análise das hipóteses interpretativas do n.º 4 do artigo 8.º realizada por José DUARTE COIMBRA, Anotação ao artigo 8.º, *in O regime de responsabilidade civil extracontratual do Estado e demais entidades públicas: comentários à luz da jurisprudência*, coord. de Carla Amado Gomes, Ricardo Pedro e Tiago Serrão, 3.ª ed., Lisboa: AAFDL Editora, 2022, pp. 650 segs

[34] Repare-se que a norma fala em remeter certidão da sentença declarativa às entidades competentes para o exercício do regresso – as quais não só serão, em princípio, os réus na acção (ou seja, terão sido notificados da sentença para seu cumprimento) como só deverão exercer o regresso após efectivo pagamento (o que pode implicar uma dilação temporal significativa).

magistrado do Ministério Público em funções no tribunal que condenou em última instância[35] (ou, desde logo, ao magistrado que assegurou a representação processual do Estado na acção de efectivação de responsabilidade, uma vez que as tarefas de representação em juízo em defesa dos "interesses patrimoniais" do Estado, tão ambiguamente distribuídas na letra do artigo 11.º do CPTA, parecem inequívocas relativamente a estas acções[36], nos ter-

[35] A solução de entregar ao Ministério Público esta competência funcional de promover a execução de sentenças condenatórias dos servidores com vista ao reembolso de cofres públicos parece-me mais legislativamente acomodada e mais facticamente operativa do que a de reconhecer legitimidade popular aos cidadãos para exercer substitutivamente o direito de regresso (ou a efectivação de responsabilidade) contra os servidores, em caso de inércia das autoridades competentes, defendida por Tiago Serrão – *O direito de regresso na responsabilidade administrativa*, Coimbra: Coimbra Editora, 2015, pp. 356 segs. A acomodação legislativa prende-se com a apetência natural (desde logo, constitucional) do Ministério Pùblico para exercer a acção pública em nome de superiores interesses públicos e da legalidade, e bem assim com a notificação obrigatória deste órgão das decisões condenatórias, em sede declarativa e executiva. E, embora isso não signifique forçosamente a comunicação da operação de pagamento efectivo, tal circunstância acarreta desde logo uma proximidade destes processos muito mais qualificada no confronto com a posição do cidadão comum, que dificilmente (salvo em casos mediáticos) terá forma de saber que uma entidade pública não só ressarciu um lesado na sequência de condenação solidária com um servidor por culpa grave deste como não apresentou nenhuma acção de regresso na sequência do pagamento. Acresce ser duvidoso, na minha perspectiva, considerar a tutela do erário idêntica à "defesa de bens do Estado, das regiões autónomas e das autarquias locais", identificada como passível através da legitimidade popular, no artigo 52.º, n.º 3/b) da CRP. Os "bens" que a CRP tem em mente são bens infungíveis (não necessariamente imóveis, nem dominiais, mas infungíveis), pois é também essa qualidade que lhe traz a conveniência de ampla tutela. Noto que a lei de acção popular brasileira (Lei 4.717, de 29 de Junho de 1965) é bem mais explícita, na medida em que investe qualquer cidadão na legitimidade de defesa de "bens e direitos de valor económico, artístico, estético, histórico ou turístico" – artigo 1.º, §1.º.

[36] Sobre o tema da representação do Estado em juízo em face do artigo 11.º, n.º 1 do CPTA, vejam-se Ricardo Pedro, A representação do Estado pelo Ministério Público, *in Comentários à legislação processual administrativa*, I, org. de Carla Amado Gomes, Ana F. Neves e Tiago Serrão, 6.ª ed., Lisboa: AAFDL Editora, 2020, pp. 851 segs, e o acórdão do Tribunal Constitucional 857/2022 (que julga inconstitucional, por violação do n.º 1 do artigo 219.º da Constituição, a norma que resulta da interpretação conjugada dos artigos 11.º, n.º 1, e 25.º, n.º 4, do Código de Processos nos Tribunais Administrativos, segundo a qual, nos tribunais administrativos, quando seja demandado o Estado ou na mesma ação sejam demandados diversos ministérios, a representação do Estado pelo Ministério Público é uma possibilidade, sendo a citação dirigida unicamente ao Centro de Competências Jurídicas do Estado, que assegura a sua transmissão aos serviços competentes e coordena os termos da respetiva intervenção em juízo).

mos do artigo 63.º, n.º 1/a) do EMP)[37]. Tendo em conta que o prazo para a apresentação destas acções de regresso é de três anos após pagamento efectivo, diria que se, ao cabo de um ano[38], a acção de regresso não for proposta pelos "responsáveis", o Ministério Pùblico deverá prosseguir, nos termos dos artigos 9.º, n.º 2 do CPTA e 4.º, n.º 3/k) do EMP, através da acção pública, a execução do título contra o servidor[39].

4. O excessivo alargamento do universo de danos a ressarcir e a imperiosa ponderação de justiça distributiva

A opção por um sistema puramente objectivo – como, por exemplo, o brasileiro (cfr. o artigo 37.º, n.º 6 da Constituição de 1988) – está arredada das possibilidades abertas ao legislador português, dadas as referências constitucionais já mencionadas. Ou seja, em Portugal, a responsabilidade pública tem como primeiro objectivo a tutela dos lesados, mas não abdica (nem deve abdicar) de uma dimensão moralizadora ou estigmatizante dos servidores[40].

O nosso sistema tem, todavia, traços de objectivização importantes no que concerne a função administrativa, que assinalei acima, no plano da responsabilidade por facto ilícito – constituindo o aspecto mais relevante a possibilidade inequívoca de imputação de danos, com base em culpa leve,

[37] Note-se que este dever de comunicação é um dever diverso daquele que já consta da lei processual, nomeadamente do artigo 252.º do Código do Processo Civil, aplicável ao processo administrativo *ex vi* o artigo 1.º do CPTA, dado que não se trata da comunicação de nenhuma decisão final de um qualquer processo, mas da comunicação da execução efectiva de uma decisão judicial, declarativa ou executiva.

[38] Apelando aqui, à falta de melhor indicação do RRCEE, a uma analogia com a acção para a condenação à prática de acto legalmente devido, que em caso de silêncio da Administração perante uma pretensão, pode ser movida pelo particular ou pelo Ministério Público (nos termos do artigo 68.º, n.º 1/b) do CPTA) no prazo de um ano após o término do prazo de decisão – sendo certo que aqui não existe indecisão relativamente a um acto administrativo e que o prazo substantivo para propor as execuções/acções de regresso resulta do artigo 498.º, n.º 2 do Código Civil.

[39] Tenha-se aqui atenção ao n.º 5 do artigo 157.º do CPTA, que dita que as execuções de sentenças administrativas movidas contra particulares no contexto de relações jurídicas administrativas tramitam nos tribunais administrativos, mas com aplicação do Código do Processo Civil – do qual constam importantes normas sobre a impenhorabilidade de bens de particulares/ servidores, como os artigos 737.º, n.º 2 e 738.º.

[40] Recorrendo ao termo "estigmatizante" para assinalar a dimensão sancionatória da responsabilidade civil extracontratual administrativa, Hafida Belrhadi, *Responsabilité administrative, cit.*, p. 50.

exclusivamente à pessoa colectiva (diluindo a culpa na ilicitude), associada a diversas presunções que jogam a favor do lesado. A este quadro acresce a responsabilização por risco/perigo – que seria desnecessária num modelo puramente objectivo mas que ainda encontra o seu espaço na lógica mista do RRCEE. Em nenhum destes universos – facto ilícito e risco – existe qualquer modulação quanto ao volume indemnizatório dos danos provados pelos lesados. Esta ausência poderia ser causa de forte aplauso se o instituto da responsabilidade pública fosse sinónimo de um Estado segurador universal; porém, sabemos que a um Estado Social em modo de "catástrofe perpétua"[41] como aquele em que vivemos, acossado por crises multifrentes, não é indiferente o volume da cobertura indemnizatória a que tenha de fazer face, porque os recursos financeiros são crescentemente escassos e a vertente assistencial da solidariedade também os reclama sofregamente[42].

Isto significa que quanto mais objectivo – e "amigo" dos lesados no plano da facilidade da imputação, cuja consecução fica fundamentalmente dependente da prova do nexo de causalidade – for um sistema de responsabilidade pública, mais apertado terá de ser o caudal indemnizatório. Trata-se de repartir recursos públicos entre sujeitos que, de um mesmo passo, contribuem para e beneficiam de serviços os quais geram simultaneamente risco e bem estar. GOMES CANOTILHO já o assinalou há mais de meio século (a propósito da "responsabilidade" por facto lícito) e a asserção reforçou-se, em face do crescimento demográfico e do avolumar de tarefas estatais, inversamente proporcionais aos recursos financeiros: no plano da responsabilidade objectiva, o dever indemnizatório deve merecer adaptações, em homenagem ao princípio da justa repartição dos encargos públicos[43]. VIEIRA DE ANDRADE, por seu turno, a propósito do regime de responsabilidade pelo risco plasmado no RRCEE e ecoando o mesmo tipo de preocupações, sugeriu a "cons-

[41] Cfr. o meu O dever de proteger do Estado em contexto de catástrofe perpétua: entre a solidariedade e a responsabilidade civil extracontratual, in La responsabilidad patrimonial de la Administración Pública: presente y retos, Actas del XV Coloquio luso-español de Profesores de Derecho Administrativo, Tomás Prieto Álvarez, Fernando García-Moreno Rodríguez (Directores), Luis Miguel Macho e Mário Aroso de Almeida (Coordenadores), Madrid: Iustel, 2023, pp. 135 segs.

[42] Reconduzindo as múltiplas hipóteses de compensação por prejuízos decorrentes de causas de risco social e risco natural à dimensão da solidariedade, José Carlos VIEIRA DE ANDRADE, A responsabilidade indemnizatória dos poderes públicos em 3d:..., *cit.*, pp. 81-84.

[43] José Joaquim GOMES CANOTILHO, *O problema da responsabilidade do Estado por actos lícitos...*, *cit.*, p. 122.

trução de uma figura jurídica juspublicista de 'responsabilidade pelo perigo', que apresentasse requisitos específicos e se enquadrasse sem ambiguidades no quadro complexo de responsabilidades públicas indemnizatórias"[44].

Pela minha parte, e pensando sobretudo na responsabilidade por facto ilícito – sobre a responsabilidade pelo risco já expressei há muito as minhas inquietações relativamente à prodigalidade do legislador no desenho das soluções que resultam do artigo 11.º do RRCEE[45] –, julgo que a hipótese crescente de imputação por culpa leve pode acabar por aproximar muito esta modalidade do universo do risco. Se por qualquer actuação ou omissão administrativas ilícitas a imputação por culpa leve for admissível e gerar a responsabilidade exclusiva da entidade pública, então porquê enveredar por uma qualificação duvidosa – sem *rede*, pois não existe enumeração exemplificativa do que podem ser actividades, coisas e serviços "especialmente perigosos", e a jurisprudência sobre actividades "excepcionalmente" perigosas, produzida ao abrigo do regime antecedente, não foi generosa para os lesados – para conseguir imputar responsabilidade pelo dano sofrido? Ponha-se em equação uma e outra: na imputação pelo risco, dispensa-se a prova da culpa mas não se sabe se o julgador irá considerar a actividade como especialmente perigosa, e este terá sempre de avaliar o nexo de causalidade; na imputação pelo ilícito, a culpa leve (seja lá o que isso for) – e para além das presunções referidas – dilui-se na ilicitude[46], o que deixa ao lesado "apenas" a carga da prova do ilícito e do nexo de causalidade...

[44] José Carlos Vieira De Andrade, A responsabilidade indemnizatória dos poderes públicos em 3d:..., *cit.*, p. 66.

[45] Carla Amado Gomes, A responsabilidade administrativa pelo risco na Lei 67/2007, de 31 de Dezembro: uma solução arriscada?, *in Textos dispersos sobre Direito da Responsabilidade civil extracontratual das entidades públicas*, Lisboa: AAFDL Editora, 2010, pp. 83 segs; *idem*, Carla Amado Gomes e Ricardo Pedro, *Direito da Responsabilidade civil extracontratual administrativa: questões essenciais*, Lisboa: AAFDL Editora, 2022, pp. 88-91.

[46] Neste sentido, Alexandra Leitão, considerando que esta presunção deveria ser inilidível – *Duas questões a propósito da responsabilidade extracontratual por (f)actos ilícitos e culposos praticados no exercício da função administrativa: da responsabilidade civil à responsabilidade pública. Ilicitude e presunção de culpa*, Lisboa, 2011, disponível: http://www.icjp.pt/sites/ default/files/media/ artigo-responsabilidade2.pdf, p. 15 – entre outras razões porque, "atendendo à objectivização e procedimentalização da formação de vontade da Administração, ao contrário da vontade psicológica dos particulares, é difícil de vislumbrar como pode a violação da legalidade administrativa não implicar sempre, pelo menos, culpa leve". Veja-se também Pedro Machete, A responsabilidade da Administração por facto ilícito e as novas regras de repartição do ónus da prova, *in Cadernos de Jutsiça Administrativa*, n.º 69, 2008, pp. 30 segs, 38.

Isto para dizer que as falhas de contenção que apontei, noutras ocasiões, ao artigo 11.º do RRCEE – dispensa do dano "anormal"; resposta solidária com terceiro intercursor mesmo quando apenas este provocou o facto lesivo; inexistência de um mecanismo corrector do volume indemnizatório em caso de grande número de sujeitos afectados – acabam por se fazer sentir identicamente no plano da responsabilidade por facto ilícito por culpa leve (artigo 7.º, n.º 1 do RRCEE). Sendo uma realidade praticamente subsumível no universo objectivo, redunda numa responsabilidade pelo "risco" do funcionamento da máquina administrativa, que todos suportamos e da qual todos beneficiamos – como já escrevi em outro local, um "risco de civilização"[47]. Donde, faz sentido que, em caso de condenação da entidade pública por culpa leve, o juiz possa apelar – pelo menos nos casos de danos massivos provocados por actos em massa ou por normas[48] – ao princípio da justa repartição dos encargos públicos para restringir os danos indemnizáveis aos danos que ultrapassem os custos próprios da vida em sociedade e que mereçam, pela sua gravidade, a tutela do direito (conforme a definição constante no artigo 2.º do RRCEE), ou seja, os danos anormais[49]. Trata-se, ao cabo e ao resto, da formulação adoptada para a responsabilidade por facto da função legislativa (artigo 15.º, n.º 1 do RRCEE), à qual acresce uma segunda modulação tendo em mente, precisamente, o universo alargado de sujeitos, inscrita no n.º 6 – o recurso à equidade na fixação das indemnizações em hipóteses de um conjunto significativo de lesados[50].

[47] Carla Amado Gomes, A responsabilidade civil extracontratual da Administração por facto ilícito. Reflexões avulsas sobre o novo regime da Lei 67/2007, de 31 de Dezembro, *in Textos dispersos sobre Direito da Responsabilidade civil extracontratual das entidades públicas*, Lisboa: AAFDL Editora, 2010, pp. 49 segs, 60.

[48] Pode invocar-se, em abono desta solução, os paralelos com o regime da responsabilidade por facto da função legislativa, em que só o dano anormal é considerado, em razão da abertura exponencial do universo de lesados (artigo 15.º, n.º 1 do RRCEE), ou com a situação prevista no artigo 171.º da Lei 80/2015, de 14 de Maio (com última alteração pela Lei 45/2022, de 8 de Julho – Regime Jurídico dos Intrumentos de Gestão Territorial) sempre que um instrumento de planeamento territorial provoca restrições a particulares (cfr, em especial, o n.º 4 do preceito).

[49] Mais uma vez se deixa nota de que na lei angolana 30/22, referida supra no texto, o artigo 7.º, n.º 2, restringe a indemnização por dano causado por actuação ou omissão culposa ao dano "especial e anormal".

[50] Já porventura não assim em caso de danos não massivos provocados por actos ou omissões com culpa leve (ou funcionamento anormal do serviço). Filipa Calvão, a propósito da aparente remissão do n.º 3 do artigo 3.º do RRCEE para o artigo 494.º do Código Civil

O recurso a esta dupla ponderação na atribuição de indemnizações por apelo ao princípio da justa repartição dos encargos públicos – ou de justiça distributiva intra e intergeracional – justifica-se no quadro de uma interpretação sistemática do RRCEE (embora se possa contra-esgrimir o argumento de que o legislador teria expressamente consagrado esta solução, se o houvesse desejado). Mas porque o sistema não é composto apenas de regras mas também de princípios, julgo que uma interpretação conforme à Constituição recomenda vivamente que, em casos de condenação da entidade por culpa leve relativamente a danos causados a um conjunto alargado de sujeitos, o juiz deva fazer esta ponderação, em nome da proporcionalidade, da igualdade e, em última análise, da sustentabilidade na gestão de recursos escassos. Afinal, como frisou PAULO OTERO, a efectivação da responsabilidade civil do Estado convoca inapelavelmente a temática da "reserva do financeiramente possível" – e fá-lo sobremaneira em contextos de incerteza, financeira e social –, e o julgador "não está excluído do dever de impedir a ruína financeira do Estado: trata-se de um dever fundamental adstrito ou implícito em todas as normas constitucionais, uma vez que o Estado é pressuposto da Constituição e da efectivação garantística de *todas* as suas normas, funcionando como casa da liberdade e a melhor garantia de direitos das pessoas e da realização da solidariedade social"[51].

Reconheço que estas considerações podem desencadear reacções animosas, em virtude de, por um lado, a nossa jurisprudência administrativa não ser, em geral, generosa nem célere na atribuição de indemnizações aos lesados e, por outro lado, que incluir este tipo de cláusulas-travão pode, no limite, instalar um risco de esvaziamento do direito geral à reparação de danos que o Tribunal Constitucional firmemente afirmou no Acórdão 444/2008. No entanto, a abertura, ampla, à imputação quase objectiva por

(no amplo espectro dos "termos gerais de Direito"), alerta para que o teor do artigo 494.º, que é permeável a ponderações de equidade na modulação do montante indemnizatório, é pouco compatível com o universo da responsabilidade pública (podendo correr-se o risco de esvaziamento do direito à indemnização) – Anotação ao artigo 3.º, *in Comentário ao Regime da Responsabilidade Civil extracontratual do Estado e demais entidades públicas*, org. de Rui Medeiros, Lisboa: Universidade Católica Editora, 2013, pp. 89 segs, 104-105.

[51] Paulo OTERO, Direito fundamental à responsabilidade civil dos poderes públicos e crise financeira; esboço de uma metódica ponderativa de restrição, *in O regime da responsabilidade civil extracontratual do Estado e demais entidades públicas: comentários à luz da jurisprudência*, 3.ª ed., coord. de Carla Amado Gomes, Ricardo Pedro e Tiago Serrão, Lisboa: AAFDL Editora, 2022, pp. 31 segs, 35.

culpa leve (e objectiva, pelo risco) consagrada no RRCEE, em razão do esforço financeiro que pode exigir, tem custos colectivos presentes e futuros que se impõe acautelar. Uma tamanha vantagem para os lesados tem de ter um preço comportável para a colectividade. Esse preço deve ser ponderado a partir dos princípios da igualdade distributiva na suportação dos encargos públicos e da proporcionalidade das restrições ao direito a uma indemnização em razão de uma acção ou omissão ilícita das entidades públicas, sempre com o princípio da solidariedade por cenário. Sob pena de, por tudo se querer, tudo se perder.

5. Para concluir

A tendência de objectivização da responsabilidade das entidades públicas que exsuda de várias soluções plasmadas no RRCEE é algo surpreendente, quando a confrontamos com aquele que é o seu evidente referente maior na CRP: o artigo 22.º (que tem eco natural no n.º 4 do artigo 271.º da mesma CRP). Isto porque este preceito, lido com lentes convencionais, aponta para uma responsabilidade por culpa ao utilizar o termo "solidariedade". Todavia, o instituto da responsabilidade civil extracontratual a que alude o artigo 22.º – mas não só, como o demonstrou o Tribunal Constitucional no Acórdão 444/2008, no qual se procedeu a uma releitura sistemática e sinépica da Constituição no que à responsabilidade das entidades públicas concerne – não pode significar exactamente o mesmo que resulta do Código Civil. Neste, impera a autonomia privada das partes; no RRCEE, importa ponderar o direito fundamental do lesado a ver reparados danos provocados por acções ou omissões filiados a entidades públicas à luz dos princípios da igualdade e justiça distributivas (artigo 13.º da CRP) e da proporcionalidade na gestão de recursos escassos, a qual se reflecte na distribuição de sacrifícios intra e intergeracionais (artigos 1.º e 18.º da CRP).

O actual Direito da responsabilidade civil extracontratual da Administração por facto ilícito pretende traçar um quadro típico de modalidades de imputação de danos a entidades públicas (e equiparadas, como se depreende do artigo 1.º, n.º 5 do RRCEE). Sem descartar a filiação ao instituto da responsabilidade civil com sede no Código Civil – que tem a sua favor a precedência da criação –, o RRCEE criou um regime com regras específicas a partir de um instituto que, em Estado de Direito, deve ser considerado património comum do Direito (publico e privado). Mas estas regras falharam na previsão de soluções de contenção de aluviões indemnizatórios que ameaçam submergir o Estado confrontado com permanentes cenários de incerteza, as quais só uma interpretação conforme à Constituição pode suprir. A responsabilidade pública é um compromisso do Estado perante os sujeitos lesados, mas não pode significar um abandono dos princípios da socialidade e da proporcionalidade na distribuição de sacrifícios intra e intergeracionais. Ou, nas palavras de FREITAS DO AMARAL (a propósito da responsabilidade pelo risco), a objectivização dos termos de imputação da responsabilidade pública não pode obstar à "construção de uma sociedade livre e pluralista [que tenha] na base [a] transferência de todos os riscos da vida social dos indivíduos, das famílias e das empresas para o Estado"[52].

Em Espanha, onde o sistema é literalmente entendido como puramente objectivo, com base no artigo 106.°, n.° 2 da Constituição, vigoraria um "insólito"[53] princípio de imputação baseado na mera antijuridicidade de qualquer conduta administrativa – totalmente centrado no dano (e não na conduta administrativa) e exclusivamente virado para a satisfação da vítima. Em face dos excessos que propicia esta solução, desde cedo criticada pela doutrina[54] e "retorcida" pelos tribunais, alguns autores chamam a atenção para que esta escolha (que aparentemente dispensa a culpa e assenta apenas, pela positiva, no nexo de causalidade e, pela negativa, na concorrência de culpa do lesado, facto de terceiro ou força maior) não deve corresponder, no caso de operações materiais, a uma dispensa, pelos tribunais, da verificação de situações de funcionamento anormal do serviço – ou seja, reduz afinal a possibilidade de imputação culposa a situações de funcionamento anormal e considera as restantes resultantes de riscos sociais genericamente distribuídos.

DOMÉNECH PASCUAL vai mesmo mais longe na descontrução do "mito da responsabilidade objectiva" do sistema espanhol em relação a actos e regulamentos, falando numa abertura da norma constitucional e do próprio esquema regulatório ordinário (hoje, Ley 40/2015, de 2 de Outubro) que permitiria modular o quantitativo de indemnização por actos ilícitos em função de variáveis como a confiança investida pelo particular (maior em caso de actos que vedam a continuação de obtenção de um benefício, menor na hipótese de não reconhecimento de um direito), como a natureza do vício

[52] Diogo FREITAS DO AMARAL, *Curso de Direito Administrativo*, II, 2.ª ed., Coimbra: Coimbra Editora, 2011, p. 744.

[53] Na expressão de MIR PUIGPELAT, *La responsabilidad patrimonial de la Administración. Hacia un nuevo sistema*, 2002, Madrid: Civitas, pp. 40-41.

[54] CFr. Jordi ESTEVE GIRBÉS, El mito de la responsabilidad objetiva global..., *cit.*, pp. 48 segs.

(material ou formal), ou, na formulação do Tribunal Supremo, como a intensidade da "desatenção normativa"[55]. Por outras palavras (do autor citado), "existe uma discordância sistemática e profunda entre o que os tribunais dizem fazer e o que realmente fazem"[56], transformando um modelo objectivo da *law in books* num modelo subjectivo na *law in action*.

Doménech Pascual reconhece que não está provado qual dos modelos importará em menores custos, uma vez que, ainda que tendencialmente: por um lado, um sistema de responsabilidade objectiva gera mais indemnizações mas também, porventura, ineficiência – pois não haverá escrutínio judicial dos padrões de funcionamento e falhará o incentivo a fazer melhor; e, por outro lado, um sistema de responsabilidade subjectiva resulta em menos indemnizações, por ser mais inibidor da litigância, dado que exige a prova da culpa, mas pode também, paradoxalmente, reduzir a eficiência – por entorpecimento ou paralisia do sistema pelo receio de errar[57]. Assim, um sistema misto seria porventura o melhor – o qual, de resto, é por alguns autores afirmado como plenamente enquadrável na fórmula da responsabilidade administrativa por funcionamento normal (que pressuporia a culpa) e anormal (que pressuporia o risco e o sacrifício especial)[58].

Como se viu, com os dados constitucionais presentes, em Portugal não há espaço para prescindir por completo da culpa – de resto, como sublinha Vieira de Andrade, o padrão europeu, apesar de alguma ambiguidade,

[55] Gabriel Doménech Pascual, Responsabilidad patrimonial de la Administración por actos jurídicos ilegales. Responsabilidad objetiva o por culpa?, *in Revista de Administración Pública*, n.º 183, 2010, pp. 179 segs, max. 205-207.

[56] Gabriel Doménech Pascual, *La persistência de los dogmas en el Derecho público español*, Fevereiro de 2022, disponível aqui: https://almacendederecho.org/la-persistencia-de-los-dogmas-en-el-derecho-publico-espanol

[57] Gabriel Doménech Pascual, Responsabilidad patrimonial de la Administración por actos jurídicos ilegales, *cit.*, pp. 209 segs.

[58] Assim, Jordi Esteve Girbés, El mito de la responsabilidad objetiva global..., *cit.*, *passim*. O autor afirma que "La mayor virtud de la cláusula unitaria radica en permitir la inclusión de daños producidos por funcionamiento normal, en base a dos causas de imputación como el riesgo y el sacrificio especial. La razón descansa en una cuestión de hecho: el Derecho administrativo, en contra de lo sucedido tradicionalmente en el Derecho civil, se enfrenta casi desde sus orígenes a una tipología especial de daños: los «daños lícitos» causados por una Administración obligada a buscar el interés general, sirviéndose para ello del ejercicio de la llamada 'acción sacrificial del poder público' y del fomento de determinadas actividades que podrían suponer un riesgo para los administrados. Todo ello no excluye a la culpa, que por razones de hecho no puede dejar de ocupar un lugar importante dentro del sistema de responsabilidad público".

tão pouco prescinde da "culpa", quando apela a "violação suficientemente caracterizada"[59] –, mas o actual sistema atenua-a de forma bastante intensa, o que deve implicar contrapesos principiológicos na ponderação dos montantes indemnizatórios. Doménech Pascual, confrontando os excessos literais (que não reais) do bloco de juridicidade regente da responsabilidade civil extracontratual da Administração no país vizinho, sugere a adopção, no plano da responsabilidade da função administrativa, de modelos diferenciados, de imputação objectiva em certos sectores, e subjectiva em outros.

Pela minha parte, e sem descartar que uma intervenção legislativa daria mais conforto e segurança a soluções construídas a partir da principiologia, constitucional e legal, julgo que o RRCEE deve ser entendido assim:

- Consagrando a responsabilidade quase objectiva, no plano da culpa leve presumida, quanto à emissão de decisões jurídicas individuais – mas reclamando a introdução de factores de ponderação pelo julgador que poderiam incluir, por exemplo, a confiança do lesado na manutenção de uma situação antecedente e o tipo de vício;
- Acolhendo a responsabilidade quase objectiva no plano da culpa leve presumida por decisões (e omissões delas) individuais massivas e normativas, bem como, porventura, por decisões em recurso a inteligência artificial – mas atribuindo indemnização apenas por danos anormais e admitindo o recurso a critérios de equidade, por identidade de razões com os casos previstos no artigo 15.º, n.ºs 1 e 6 do RRCEE;
- Operacionalizando o dever de regresso imposto pelos artigos 271.º, n.º 4 da CRP e 6.º do RRCEE através da imposição do chamamento à demanda por intervenção provocada do servidor a quem é assacada a prática de actos e omissões jurídicas com dolo ou culpa grave pelo lesado ou pela entidade pública, que assume posição de garante, tornando assim possível a formação de um título executivo a esgrimir contra o servidor, em acção de regresso movida após o pagamento efectivo pela entidade pública;
- Clarificando os mecanismos de efectivação deste dever de regresso – os quais passam não só pelo litisconsórcio passivo necessário a que aludi acima, como e sobretudo, pela possibilidade de o Ministério

[59] José Carlos Vieira de Andrade, A responsabilidade indemnizatória dos poderes públicos em 3d:..., *cit.*, p. 62.

Público, em defesa do interesse público e da legalidade, mover acção executiva de regresso contra o servidor caso a inércia da entidade pública persista por mais de um ano após o pagamento efectivo.

Este entendimento, que visa corrigir os excessos da solução de objectivização no plano da responsabilidade por facto ilícito, deve ser complementado, no plano da responsabilidade pelo risco, por uma leitura que recupere o "travão" da anormalidade do dano como pressuposto indemnizatório em homenagem ao princípio da igualdade na distribuição dos encargos públicos – além de, aí por intervenção legislativa necessária, introduzir uma cláusula que admita o recurso à equidade nos casos de alargamento inusitado do universo de lesados (dado que, nessa situação, as razões da eventual extensão analógica da solução do artigo 15.°, n.°s 1 e 6 podem ser ténues, por não se tratar nem de responsabilidade por actos normativos, nem (tendencialmente) de responsabilidade por actuações jurídicas)[60]. Uma benfeitoria legislativa útil adviria também da introdução de algumas situações-padrão no corpo da norma – como, por exemplo, "designadamente, no âmbito de actividades policiais sem recurso a arma de fogo[61], da guarda de delinquentes, presidiários e pessoas com incapacidades mentais[62], de exercícios militares", e

[60] Conforme já defendi no meu texto A responsabilidade administrativa pelo risco na Lei 67/2007, de 31 de Dezembro: uma solução arriscada?, *cit.*, pp. 106-107. Veja-se que a lei angolana 30/2022, citada no texto, acolheu esta proposta, no artigo 11.°, n.° 2 (dedicado à responsabilidade pelo risco): "Quando os lesados forem em tal número que, por razões de interesse público de especial relevo, se justifique a limitação do âmbito da obrigação de indemnizar, esta pode ser fixada equitativamente em montante inferior ao que corresponderia à reparação integral dos danos causados".

[61] Uma vez que o recurso a arma de fogo contra pessoas é hoje enquadrado pelo DL 457/99, de 5 de Novembro e, das duas, uma: ou é lícito, e a compensação é apurada no plano do artigo 16.° do RRCEE; ou é ilícito, e passamos para os artigos 7.° e 8.° do RRCEE. Cfr. Carla Amado Gomes, A responsabilidade civil pelo uso de armas de fogo: um diálogo com a Justiça Administrativa, *in Novos Estudos sobre Direito da Responsabilidade civil extracontratual das entidades públicas – por facto da função administrativa*, Lisboa:AAFDL Editora, 2019, pp. 193 segs.

[62] Cfr. a solução francesa, que passa pela consideração da associação do instituto da responsabilidade pelo risco a actividades em que o Estado admite que certas pessoas sob sua vigilância usufruam de "métodos liberais" como saídas precárias, visitas domiciliárias e outras, criando risco e gerando danos para terceiros – Hafida Belrhali, *Responsabilité administrative, cit.*, pp. 181-182.

eventualmente alguns casos de danos praticados no quadro da actividade hospitalar[63].

Enfim, o RRCEE, no que tange à responsabilidade por facto da função administrativa propicia algumas soluções de objectivização da imputação que podem revelar-se arriscadas. Mas nada que um julgador prudente e capaz de raciocínio principiológico não possa emendar, na maior parte dos casos, a fim de construir decisões de compromisso as quais, nas palavras de Vieira de Andrade, permitam "atalhar a excessos que possam afectar um equilíbrio ponderado entre os direitos dos lesados e os direitos dos contribuintes – um equilíbrio que, assegurando o direito à reparação e compensação de danos, não iniba a acção pública nem prejudique os legítimos interesses das gerações futuras"[64].

[63] Vejam-se, em França, os casos de imputação objectiva por danos causados por defeitos de equipamentos médicos, transfusões de sangue, e vacinações obrigatórias, elencados por Hafida Belrhali, *Responsabilité administrative, cit.*, pp. 186-187.

[64] José Carlos Vieira de Andrade, A responsabilidade indemnizatória dos poderes públicos em 3d:..., *cit.*, p. 84.

Os serviços públicos essenciais- entre o Direito Administrativo e o Direito Privado

Os serviços de abastecimento de água, saneamento de águas residuais e tratamento de resíduos urbanos em particular

VERA EIRÓ*

[Nota prévia]

Conheci o Prof. Vieira de Andrade, em 1997, enquanto representante dos alunos do primeiro ano da Faculdade de Direito da Universidade Nova de Lisboa, junto da Comissão Instaladora dessa mesma faculdade.

Depois disso, tive o privilégio de ser aluna do Prof. Vieira de Andrade, no quarto ano da licenciatura em Direito, na disciplina de Direitos Fundamentais.

Escrevo este artigo enquanto aluna e, sobretudo, enquanto académica, aplicadora do Direito Administrativo e audiência atenta dos escritos do Prof. Vieira de Andrade, sendo que a primeira nota que quero aqui deixar é a de agradecimento por ter tido a oportunidade de aprender com o Prof. Vieira de Andrade *direito* o Direito.

As linhas que aqui deixo são fruto da reflexão que fiz, em anos mais recentes, aliada ao exercício de funções no Conselho de Administração da ERSAR[1]. Nas minhas atuais funções de Presidente do Conselho de Administração, tenho o privilégio de ver o Direito Administrativo que ensino na *Nova School of Law* em ação e, claro, de contribuir para a prestação de serviços públicos essenciais e de interesse público relevante relacionados com o

* Professora da Faculdade de Direito da Universidade Nova de Lisboa e Presidente do Conselho de Administração da ERSAR. O presente texto e opiniões aí vertidas vinculam apenas a autora.

[1] A ERSAR é a entidade reguladora dos serviços de águas e resíduos em Portugal Continental.

abastecimento de água, com a recolha e tratamento de águas residuais urbanas e com a gestão de resíduos sólidos urbanos[2].

Por isso mesmo, agradeço o tema que me foi atribuído pela organização destes Estudos – relacionado com os serviços públicos – que não podia ter vindo mais a propósito.

Focar-me-ei, dentro de tema tão geral, nos serviços de abastecimento de água para consumo humano, gestão e tratamento de águas residuais e de gestão de resíduos sólidos urbanos, todos eles objeto de regulação económica pela ERSAR.

Reconhecendo que as linhas que se seguem serão sempre curta homenagem, começo desde já o meu escrito.

[I] Apresentação das questões e sistematização

Os serviços de AA, de AR e de RU são o objeto de regulação da ERSAR. Tratando-se de atividades e serviços distintos, sujeitos a regras técnicas muito diversas e com modelos de regulação também diferentes, torna-se justificada a questão de saber por que razão foram estes três serviços entregues à regulação de uma mesma entidade reguladora independente.

Ao procurar responder a esta questão, dei por mim a analisar temas mais vastos de natureza jurídica e de complexidade relevante que procurarei agora partilhar.

As questões que pretendo tratar apelam à análise de uma zona de fronteira, já visada por boa e avisada doutrina e por muita jurisprudência, sobre o desenvolvimento, por entidades públicas, de atividades económicas de interesse geral e sobre a consequência que a natureza pública dos sujeitos pode (ou não) determinar para a natureza jurídica dos serviços e das relações contratuais em que estes assentam.

Os serviços públicos essenciais são serviços que, em muitos dos seus elementos, são tributários de uma lógica de Direito Público (porque envolvem direta ou indiretamente entidades de natureza jurídica pública, porque são muitas vezes prestados em execução de contratos administrativos, porque se relacionam com instrumentos de natureza tributária ou com a natureza de preço regulado) mas que se encontram dentro das fronteiras do Direito

[2] Para facilidade de referência, optarei pelas siglas abreviadas AA (abastecimento de água para consumo humano), AR (gestão e tratamento de águas residuais) e RU (gestão de resíduos sólidos urbanos).

Privado (assumindo-se com verdadeiras relações de consumo) conforme adiante veremos.

Esta composição mista que enquadra a prestação destes serviços resulta, em muitas circunstâncias, em dúvidas relevantes de regime que inevitavelmente afetam as condições de execução do serviço (e, acrescenta-se, o desenvolvimento dos setores onde se inserem). Trata-se de questões eminentemente jurídicas, mas que impactam de forma relevante nos serviços na forma como estas atividades se desenvolvem. É um caso em que as dúvidas jurídicas se revelam desastrosas para a garantia dos direitos dos utilizadores, para a melhoria da qualidade do serviço e para a sua sustentabilidade.

A segurança jurídica sobre as condições para a prestação destes serviços assume um valor fundamental para o seu desenvolvimento. Oxalá as linhas que se seguem sejam um contributo para tal.

Assim, neste estudo, pretendo identificar, em primeiro lugar e de forma sumária, algumas características partilhadas por estes três serviços de AA, AR e RU.

Em segundo lugar, e com apoio no enquadramento realizado, pretendo identificar a natureza jurídica da relação que se estabelece entre as entidades que prestam estes três serviços (independentemente da sua natureza) e os utilizadores dos serviços. Seguidamente, analisarei a natureza jurídica da contraprestação a que os utilizadores dos serviços estão obrigados em contrapartida dos serviços em causa.

Assentes nos dois pontos anteriores, analisarei dois aspetos de regime destes serviços que sublinham e são consequência da natureza jurídica identificada: identificação do regime legal de cobrança das dívidas dos utilizadores às entidades gestoras, prestadoras de serviços e de incidência de IVA sobre estes contratos.

Por fim, apresentarei algumas conclusões.

[II] Serviços de AA, AR e RU: três serviços com um mesmo estatuto

[1] Três serviços prestados ao público, por entidades de natureza jurídica diversa, com um regime único, comum e harmonizado

No ordenamento jurídico português, a prestação dos serviços de AA, AR e RU é atribuída a pessoas jurídicas públicas (municípios ou Estado) as quais podem desenvolver as atividades em exclusividade ou em complemento com o setor privado.

A atribuição inicial desta responsabilidade a pessoas jurídicas públicas resulta de uma tradição prévia ao texto constitucional. Com efeito, vem pelo menos de 1936 a atribuição legislativa, pelo Código Administrativo, aos municípios (mais concretamente às Câmaras Municipais) dos então designados *serviços de abastecimento de água* e de *salubridade pública*. Estas atribuições integravam competências relacionadas com a *captação de águas potáveis, construção, conservação, limpeza e desobstrução de fontes, reservatórios, aquedutos e condutas, a construção e conservação de redes de distribuição pública de água para consumo domiciliário*, a *proteção da água potável destinada ao consumo público contra as causas de inquinação e conspurcação*, o *estabelecimento de redes de esgotos adentro das povoações, a remoção, despejo e tratamento de lixos, detritos e imundícies domésticas* e *a instauração de obras de saneamento*. Todas estas competências integram hoje, sem exceção, o conteúdo material dos serviços de AA, de AR e de RU.

Os municípios estavam, à data, legalmente habilitados para decidir qual a melhor forma de organização dos serviços. A Base IX da Lei n.º 1940, de 3 de abril de 1936, habilitava os municípios a explorar diretamente, sob a forma industrial, estes serviços, caso a iniciativa privada não os providenciasse na íntegra.

O Decreto-Lei n.º 77/84, de 8 de março, que estabelecia a delimitação e coordenação das atuações da administração central e local em matéria de investimentos públicos, atribuía aos municípios a competência para a realização do investimento público no domínio dos sistemas municipais de saneamento básico, o que incluía os sistemas municipais de *abastecimento de água, os sistemas de esgotos e os sistemas de lixos e limpeza pública*.

Este contexto *municipal* de desenvolvimento dos serviços municipais relacionados com o *saneamento* (aqui se incluindo AA, AR e RU) foi reiterado na Lei n.º 159/99, de 14 de setembro, sobre a transferência de atribuições e competências para as autarquias locais, e no subsequente regime jurídico das autarquias locais, aprovado pela Lei n.º 75/2013, de 12 de setembro.

Sendo este o atual enquadramento legislativo ordinário, pós Constituição vigente, importa destacar que não é a Constituição que consagra expressamente esta atribuição municipal de prestação dos serviços de AA, AR e RU. A titularidade pública (e municipal) destes serviços é, na verdade, o resultado de uma opção do legislador ordinário. O enquadramento constitucional destes serviços (e a ausência da sua recondução ao estatuto municipal ou à autonomia local) permitiu, aliás, que o legislador ordinário, no regime jurídico das autarquias locais de 2013, estabelecesse uma maior intervenção do Estado e da administração central e uma maior intervenção das áreas metropolitanas nestes domínios. Esta maior integração do Estado nestas matérias traduz, face à crescente complexidade de matérias relacionadas com o abastecimento de água e a gestão de resíduos urbanos, a evolução natural destes serviços.

A nossa Constituição permite, pois, considerarmos que estes serviços de AA, AR e de RU se localizam num verdadeiro *espaço de condomínio de interesses*, semelhante ao que a doutrina vem identificando para o urbanismo e o ordenamento do território, que reclama uma gestão integrada do Estado e das autarquias locais e a participação efetiva e colaborativa de privados[3].

A titularidade dos serviços (atribuída pela via legislativa aos municípios e posteriormente também ao Estado) não se confunde com as formas de ges-

[3] Sobre os limites da autonomia local nestas matérias, no parecer emitido a solicitação da Associação Nacional de Municípios, no âmbito da discussão sobre a Proposta de Lei n.º 140/XII, disponível para consulta em https://app.parlamento.pt/, acedido a 3 de janeiro de 2023, Gomes Canotilho conclui que "*não existe impedimento constitucional à intervenção do Estado em matéria de saneamento básico (ou mais especificamente, para a economia do presente parecer, em matéria de abastecimento de água e de recolha e tratamento de resíduos urbanos), que importa, é certo e em primeira linha, às autarquias locais, mas que interfere com interesses mais amplos e que o Estado, por imposição constitucional, deve também salvaguardar*". Concordamos com a análise realizada a propósito do enquadramento constitucional destes serviços, mas discordamos da conclusão adicional relacionada com a constatação de que estes serviços importam, em primeira linha, às autarquias locais e que uma intervenção central tenha de ser justificada em termos de necessidade, exigibilidade e proporcionalidade em sentido estrito, nem tampouco com a conclusão subsequente na qual o autor assenta a conclusão de que decorre da Constituição alguma inibição ao legislador ordinário, no que respeita a consagração da competência tarifária numa entidade reguladora independente. Em nosso entender, a Constituição não impõe uma organização a título principal destes serviços a nível autárquico – não podendo por isso retirar-se da Constituição o contributo no sentido de que *por regra* esta organização, gestão e titularidade esteja cometida às autarquias locais sendo a intervenção do Estado exercida a título excecional devendo por isso estar sujeito ao crivo da proporcionalidade de atuação. Acompanhamos, aliás, a doutrina que afirma que existe uma autonomia legislativa e uma efetiva *liberdade conformadora* do legislador ordinário na determinação do que são, em cada momento, as matérias específicas locais, doutrina esta que não tem sido desmentida pela jurisprudência do Tribunal Constitucional a este propósito. Cfr. para além dos demais, Vieira de Andrade, a Autonomia Regulamentar e Reserva de Lei *in* Estudos em Homenagem ao Professor Doutor Afonso Rodrigues Queiró, Boletim da Faculdade de Direito de Coimbra, número especial, 1984, p. 1-35, p. 24, nota 46 e Luís Pereira Coutinho, O Problema das Atribuições e das Competências das Autarquias Locais (e do seu possível esvaziamento) in Exposição proferida no V Curso de Pós-Graduação em Direito das Autarquias Locais, disponível para consulta em https://www.icjp.pt, acedido a 4 de janeiro de 2023.

tão dos serviços, que é admitida, pela lei, em contornos variáveis incluindo-se a gestão direta, a gestão delegada e a gestão através de concessão[4].

Por isso se afirma que estes serviços são serviços *públicos* porque têm por objeto necessidades de *todos*, de um conjunto indeterminado de pessoas, do público em geral. Não obstante, os serviços em causa não têm forçosamente de ser prestados por entidades integradas na Administração Pública em sentido orgânico.

A legislação de setor, aprovada em 2009 – e que se mantém ainda hoje em vigor nas suas normas essenciais– resultou de um esforço efetivo de organização dos serviços, para que houvesse uma transversalidade e harmonização do enquadramento normativo para a prestação destes serviços e, também, para que os serviços, e a sua efetiva prestação, com qualidade e respeitando os direitos dos utilizadores, fossem *imunes* ao seu regime de gestão. Falamos do Decreto-Lei n.º 194/2009, de 20 de agosto, que definiu o regime aplicável aos serviços de AA, de AR e de RU.

Um dos principais objetivos do regime de 2009 era, conforme se sublinha na exposição de motivos inicial, garantir que o regime jurídico aplicável aos serviços abrangidos pelo diploma fosse comum, uniforme e harmonizado, independentemente do modelo de gestão aplicado; e invariável em função da natureza jurídica da entidade gestora, fosse esta pública (em regime de gestão direta ou empresarial) ou privada.

[2] Três serviços públicos essenciais

A prestação de serviços de fornecimento de água (AA), a prestação de serviços de recolha e tratamento de águas residuais (AR) e a prestação de serviços

[4] Os modelos atuais de gestão dos serviços estão tipificados no artigo 7.º do Decreto-Lei n.º 194/2009, de 20 de agosto. Nalgumas zonas do território português, há outras coletividades (de natureza autárquica ou não) que desenvolvem materialmente as atividades de abastecimento público de água. Esta realidade resulta de um contexto histórico em que foram as juntas de freguesia e as comunidades locais quem investiu e desenvolveu os trabalhos para a implementação de redes de abastecimento. Sendo esta uma realidade que existe e que importa valorizar, deve notar-se que o legislador português considera claramente que as juntas de freguesia não são entidades gestoras (nem entidades titulares) destes serviços. Esta opção legislativa (associada a questões de ganhos de escala na operação e de garantia do controlo da qualidade da água) foi cabalmente consagrada no artigo 7.º, n.º 2, e 78.º do Decreto-Lei n.º 194/2009, normas que não foram derrogadas, pela sua natureza especial, pela Lei n.º 75/2013.

de gestão de resíduos sólidos urbanos (RU) correspondem, sem diferenciações, à *prestação de serviços públicos essenciais*.

Este enquadramento é relevante para a economia deste estudo porquanto do mesmo se extraem duas principais premissas: (i) a primeira, a de que estes três serviços são enquadrados na lei, sem diferenciações, nos *serviços públicos essenciais*, todos sujeitos a um mesmo regime geral no que importa o estatuto jurídico do seu utilizador (cfr. Lei n.º 23/96, de 26 de julho)[5]; (ii) a segunda, enquanto corolário da primeira, que o regime legal aplicável a estes três serviços assume como garantia prioritária a posição jurídica dos utilizadores finais dos serviços (e não da entidade que os presta, independentemente da sua natureza).

Quer isto dizer que, sendo serviços públicos, merecem ainda um qualificativo adicional. A sua relevância fundamental justifica que estes serviços sejam enquadrados no conjunto dos designados *serviços públicos essenciais*. Esta *essencialidade* justifica também traços relevantes do seu regime legal, enformado pela Lei n.º 23/96, de 26 de julho. Em particular, trata-se de serviços que, não obstante possam estar abrangidos por parâmetros de mercado e critérios de eficiência rigorosos no seu funcionamento, estão, também, sujeitos a uma lógica de continuidade, universalidade, igualdade e regularidade, sendo, também por isso, serviços regulados por entidades públicas com um estatuto de autonomia e independência que, igualmente, se associa a esta lógica de essencialidade de serviços que não podem pura e simplesmente ficar sujeitos a uma lógica de mercado.

Para a economia deste trabalho, importa sublinhar que a Lei n.º 23/96, de 26 de julho, assenta na criação de mecanismos que estão *destinados à proteção dos utilizadores dos serviços públicos essenciais*. Trata-se de uma lei que protege o utilizador/consumidor consagrando regras que devem enformar os contratos de fornecimento e que se prendem com (i) o direito de participação das organizações representativas dos utentes (art. 2.º); (ii) o dever especial

[5] A Lei n.º 23/96, de 26 de julho, tal como sucessivamente alterada, cria mecanismos destinados a proteger o utente de *serviços públicos essenciais*. Neste diploma prevê-se uma lista fechada e tipificada que demarca o conjunto de serviços sujeitos a estes mecanismos. São eles, seguindo a ordem do disposto no n.º 2, do art. 1.º da Lei n.º 23/96, a) serviço de fornecimento de água; b) serviço de fornecimento de energia elétrica; c) serviço de fornecimento de gás natural e gases de petróleo liquefeitos canalizados; d) serviço de comunicações eletrónicas; e) serviços postais; f) serviço de recolha e tratamento de águas residuais; g) serviços de gestão de resíduos sólidos urbanos; h) serviço de transporte de passageiros.

de informação que recai sobre o prestador (art. 4.º); (iii) regras sobre a suspensão do serviço (art. 5.º); (iv) a sujeição da prestação do serviço a padrões de qualidade (art. 7.º); (v) a proibição da imposição e cobrança de consumos mínimos (art. 8.º, n.º1); (vi) a proibição da cobrança de qualquer importância a título de preço, aluguer, amortização ou inspeção periódica de contadores ou outros instrumentos de medição dos serviços utilizados [art. 8.º, n.º 2, alínea a)]; entre outros.

Por outro lado, a intervenção da *administração pública* no fornecimento destes serviços traduz o movimento que é identificado na doutrina jus-administrativista pelo desenvolvimento, ao lado da administração autoritária, de uma *outra* administração *fornecedora de prestações*[6]. Trata-se de uma intervenção em que a administração pública presta serviços aos cidadãos em áreas económicas.

[3] Três serviços de interesse económico geral sujeitos a regulação independente

Trata-se igualmente de serviços que se integram num conceito amplo, de matriz europeia, de *serviços de interesse económico geral,* os quais se encontram associados a um *regime de regulação pública da prestação de serviços de interesse económico geral, seja essa prestação assegurada por entidades públicas, seja por entidades privadas*[7].

A intervenção de uma entidade reguladora, no que respeita os serviços de que nos ocupamos, não prescinde de uma nota adicional relacionada com a evolução de enquadramento estatuário da ERSAR (entidade reguladora dos serviços de águas e de resíduos) que é um dos elementos também rele-

[6] Sobre esta evolução veja-se, para além dos demais, José Carlos Vieira de Andrade, Lições de Direito Administrativo, 5.ª Ed., 2017, p. 25.

[7] Sobre a evolução deste regime em Portugal – resultado sobretudo de influência europeia – veja-se o texto de Suzana Tavares da Silva, "Ainda a distinção entre taxas e preços... a propósito da internalização dos serviços públicos locais", in Observatório de Taxas & Contribuições, Cedipre, Escritos Breves, Janeiro de 2019, disponível em https://www.fd.uc.pt/cedipre/wp-content/uploads/2021/05/eb_2.pdf, acedido a 3 de janeiro de 2023, pp. 6 e ss. e p. 15 onde se refere que os serviços de fornecimento de água às populações são prestados em *regime de exclusivo de um serviço de interesse económico geral, subordinado à regulação económica, ou seja, um serviço que está organizado e gerido sob regras de mercado (marketization), mas que, por opção política do Estado, quando tal seja possível, se encontre subtraído à concorrência em mercado, subordinando-se apenas à regulação económica que recria as exigências do mercado (eficiência).*

vantes para a conclusão sobre a natureza jurídica da relação estabelecida entre entidades gestoras e utilizadores dos serviços.

O Decreto-Lei n.º 147/95, de 21 de junho, criou o observatório nacional dos sistemas multimunicipais e municipais de captação, tratamento e distribuição de água para consumo público, de recolha, tratamento e rejeição de efluentes e de recolha e tratamento de resíduos sólidos. Depois disso, foi criado, pelo Decreto-Lei n.º 230/97, de 30 de agosto, o Instituto Regulador de Águas e Resíduos (o IRAR) cujos estatutos foram aprovados pelo Decreto-Lei n.º 362/98, de 18 de novembro. Tratava-se de um instituto público, integrado na administração indireta do Estado.

Em 2004, a RCM n.º 72/2004, de 16 de junho, sublinhou a necessidade de desenvolver os setores de AA, AR e RU e, nesse seguimento, o artigo 11.º da Lei n.º 53-F/2006, de 29 de dezembro, que aprovou o regime jurídico do sector empresarial local, veio consagrar que "*as entidades do sector empresarial local que prossigam actividades no âmbito de sectores regulados ficam sujeitas aos poderes de regulação da respectiva entidade reguladora*". Esta norma deve ser lida em conjugação com a Lei n.º 2/2007, de 15 de janeiro, de onde resultava serem competências do então IRAR as de regular e supervisionar os preços praticados pelos municípios (em gestão direta ou em gestão delegada).

Em 2009, foram revistos os estatutos da entidade reguladora. O Decreto-Lei n.º 277/2009, de 2 de outubro, aprovou os estatutos da Entidade Reguladora dos Serviços de Águas e Resíduos, I. P. (ERSAR, I. P.), e, alterando a designação da entidade, manteve a ERSAR com o estatuto de instituto público. Em 2013, a Lei n.º 67/2013, de 28 de agosto, integrou a ERSAR no elenco das entidades reguladoras independentes o que determinou uma nova alteração estatutária, com importantes consequências no que respeita a autonomia e independência desta entidade o que se mantêm, no essencial, até hoje. Trata-se da Lei n.º 10/2014, de 6 de março, que aprovou os estatutos da ERSAR – Entidade Reguladora dos Serviços de Águas e Resíduos, entidade administrativa independente.

À luz do atual enquadramento legislativo, são atribuições da ERSAR em matéria de regulação económica: (i) fixar as tarifas para os sistemas de titularidade estatal, geridos por entidades de capital exclusiva ou maioritariamente privados, assim como supervisionar outros aspetos económico-financeiros das referidas entidades gestoras dos sistemas de titularidade estatal, nomeadamente emitindo pareceres, propostas e recomendações, nos termos definidos na legislação e na regulamentação aplicáveis; (ii) avaliar e auditar a fixação e aplicação de tarifas nos sistemas de titularidade municipal, qualquer que seja o modelo de gestão, nos termos definidos na legislação e na regulamentação aplicáveis; (iii) emitir recomendações sobre a conformidade dos tarifários dos sistemas municipais ou sistemas de titularidade estatal, geridos por entidades de capital exclusiva ou maioritariamente públicos, com o estabelecido no regulamento tarifário e demais legislação aplicável, bem como fiscalizar e sancionar o incumprimento das normas legais aplicáveis; (iv) emitir, nas situações e termos previstos na lei, recomendações quanto às tarifas a praticar pelos sistemas de titularidade municipal ou sistemas de titularidade estatal, geridos por entidades de capital exclusiva ou maioritariamente públicos, que não se conformem com as disposições legais e regulamentares em vigor; (v) garantir a faturação detalhada pelas entidades prestadoras dos serviços, num quadro de identificação decomposta das várias parcelas que compõe o valor final da fatura, visando a desagregação, perante o utilizador final, das diferentes componentes dos custos respeitantes às atividades de águas, saneamento, gestão de resíduos e outros.

As atribuições da ERSAR devem ler-se em conjugação com o que dispõe também a atual lei das finanças locais, a Lei 73/2013, de 3 de setembro, que, retomando o que estava já consagrado na lei das finanças locais de 2007, consagra, no seu art. 21.º, que "*os preços e demais instrumentos de remuneração a fixar pelos municípios, relativos aos serviços prestados e aos bens fornecidos em gestão direta pelas unidades orgânicas municipais, pelos serviços municipalizados e por empresas locais, não devem ser inferiores aos custos direta e indiretamente suportados com a prestação desses serviços e com o fornecimento desses bens*". Mais se detalhando que "*os custos suportados são medidos em situação de eficiência produtiva e, quando aplicável, de acordo com as normas do regulamento tarifário em vigor*".

Deste enquadramento legislativo, a que se juntam as recomendações tarifárias que a ERSAR tem vindo a publicar ao longo dos anos, resulta que a ERSAR é hoje uma entidade reguladora com poderes significativos no que respeita o cálculo e a determinação das tarifas nos três setores regulados[8].

É certo que, no que respeita a gestão direta e delegada pelos municípios em particular, a ERSAR não tem a competência para emissão de normas regulamentares tarifárias com eficácia externa vinculativa, sendo a sua atuação marcada pela emissão de pareceres que são obrigatórios, mas não vinculativos. Não obstante, as competências da ERSAR na fixação das tarifas pelos

[8] Veja-se, em particular, a Recomendação Tarifária dos Serviços de Águas 1/2022, da ERSAR, disponível para consulta em www.ersar.pt.

municípios e, posteriormente, na sua avaliação e fiscalização, são orientadas por critérios legais de eficiência e de mercado – os preços associados à prestação destes três serviços, não estão, por isso, sujeitos a uma lógica *pública* de determinação. São preços regulados, de mercado, que devem garantir a cabal recuperação dos custos de prestação dos serviços.

[III] A natureza jurídica da relação de prestação de serviços e da contraprestação paga pelo utilizador dos serviços

Da evolução legislativa descrita resulta que a obrigatoriedade de um modelo público de organização destes serviços, a existir, foi alterada de forma decisiva pelo Decreto-Lei n.º 372/93, de 29 de outubro, que alterou a Lei n.º 46/77, de 8 de julho, permitindo o acesso por entidades privadas às atividades de captação, tratamento e distribuição de água para consumo público, de recolha, tratamento e rejeição de efluentes e de resíduos sólidos, e de telecomunicações.

Também o Decreto-Lei n.º 379/93, de 5 de novembro, permitiu o acesso de capitais privados às atividades de captação, tratamento e rejeição de efluentes e recolha e tratamento de resíduos sólidos. Estas alterações legislativas permitiram, em suma, que os serviços de AA, AR e RU, sendo atribuições dos municípios que as podem prosseguir isoladamente ou conjuntamente através de associações ou no âmbito das áreas metropolitana, possam ser prestados por *entidades gestoras* de diferente natureza jurídica, seja esta pública ou privada.

As *entidades gestoras* podem, por isso, assumir diferentes naturezas e, consequentemente, ter diferentes estatutos. Destaca-se, no caso, a circunstância de, em Portugal Continental, a gestão dos serviços poder ser feita através de um dos modelos elencados no art. 7.º, n.º 1, do Decreto-Lei n.º 194/2009 onde se integra (i) a prestação direta do serviço; (ii) a delegação do serviço em parceria com o Estado; (iii) a delegação do serviço em empresa local e a (iv) concessão de serviço.

Todos estes modelos de gestão pressupõem um ato jurídico de atribuição ou de delegação dos serviços que é praticado pelo município ou pelo Governo e que enforma, na maioria dos casos, a forma contratual (contratos de gestão de delegada, contratos de concessão, por exemplo) ou a via legislativa. Não se coloca em dúvida a natureza administrativa destes contratos ou destes atos de delegação. Todavia, a relação contratual de fornecimento dos serviços é distinta da relação contratual originadora do direito de a entidade gestora poder prestar estes serviços. E é sobre essa relação jurídica (entre fornecedor e utilizador/consumidor) que detemos agora a atenção e a nossa análise[9].

A diversidade de estatuto do prestador de serviço (ou seja, a diversidade da natureza jurídica da entidade gestora) não implica diversidade de natureza da relação jurídica entre o prestador do serviço público essencial e o utilizador/consumidor. Isso mesmo resulta da Lei dos Serviços Públicos Essenciais quando determina a irrelevância da natureza jurídica do prestador de serviços, através do designado *princípio da neutralidade*. A prestação de serviços essenciais é *neutra* no que importa a natureza jurídica do prestador de serviço. Esta *neutralidade*, no caso dos serviços de AA, de AR e de RU, assume especial relevância e pode também ser traduzida da seguinte forma: os consumidores não têm diferente acesso a estes serviços públicos essenciais – nem condições distintas de acesso – em função da natureza jurídica de quem os presta.

Assim sendo, assenta-se que a natureza jurídica do contrato celebrado entre a entidade gestora dos serviços de AA, de AR e de RU e cada um dos consumidores/utilizadores é a mesma para todos estes serviços.

A relação jurídica de prestação destes serviços públicos essenciais tem, assim, como sujeito adquirente o *consumidor* ou *utilizador*, por um lado, e a *entidade gestora*, por outro. E os contratos de fornecimento celebrados são *contratos-tipo* enquadrados, por igual, no regime dos *contratos de consumo* destinados a proteger e a garantir em particular a posição jurídica dos consumidores no âmbito da prestação de serviços públicos essenciais.

Se não bastasse a circunstância de a Lei 23/96 expressamente qualificar estes contratos como contratos de consumo (sujeitos a uma matriz privatista), a verdade é que, analisando todos os índices de administratividade dos contratos hoje consagrados no artigo 280.º, n.º 1, do Código dos Contratos Públicos, não se identifica o preenchimento de nenhum deles. Detalhando, (i) não são contratos qualificados pela lei nem pela vontade das partes, como contratos administrativos ou submetidos a um regime substantivo de direito público; (ii) não são contratos com objeto passível de ato administrativo nem regulam o exercício de poderes públicos; (iii) não são contratos que confiram ao cocontratante direitos especiais sobre coisas públicas ou o exercício

[9] Conforme referido no Ac. do Tribunal de Conflitos, de 21 de janeiro de 2014, Proc. 044/13 (Fernanda Maçãs), "*uma coisa é o título (contrato) que liga o prestador do serviço à entidade titular e que varia em conformidade, como vimos, com o modelo de gestão escolhido, outra bem diferente são os contratos celebrados entre o prestador do serviço e os utilizadores/consumidores finais.*"

de funções dos órgãos do contraente público; nem são (iv) contratos que a lei submeta, ou que admita que sejam submetidos, a um procedimento de formação regulado por normas de direito público e em que a prestação do cocontratante possa condicionar ou substituir, de forma relevante, a realização das atribuições do contraente público[10].

A configuração dos utilizadores enquanto consumidores tem também, no caso dos serviços de AA, de AR e de RU, uma consequência muito relevante no que importa a intervenção da ERSAR.

A forma como os mecanismos de regulação são estabelecidos assenta, em consequência direta deste enquadramento, na lógica de que a organização e a forma de prestar estes serviços tem como um dos seus principais pontos focais o consumidor – importa, pois, já se disse, atender às necessidades do consumidor e da sustentabilidade dos serviços em primeiro lugar e não às necessidades e *desejos* da entidade gestora (independentemente da sua natureza).

Isso mesmo justificou, nas atividades da ERSAR, a implementação de um conjunto de indicadores de qualidade de serviço que servem de avaliação das entidades gestoras e que são organizados na ótica dos consumidores e da sustentabilidade dos serviços e que não variam em função da natureza jurídica da entidade gestora[11].

A atividade não deixa de ser regulada, todavia a regulação não assenta na salvaguarda ou manutenção de *prerrogativas de poderes públicos* que possam assistir às entidades gestoras; pelo contrário, a regulação (que é uma regulação pública feita por uma entidade reguladora pública) almeja a proteção do consumidor, do utilizador do serviço[12].

Repare-se que as entidades de natureza pública, quando prestam diretamente cada um destes três serviços, não beneficiam, para o *efeito da prestação de serviço*, de prerrogativas de poder público. Por isso mesmo, se delegam

[10] Também no sentido de que estes contratos de fornecimento "*não são subsumíveis a qualquer uma das normas classificatórias previstas no artigo 280.º, n.º 1, do CCP*", Jorge Pação *in* Comentários à Legislação Processual Administrativa, Vol. I, 5.ª Edição, 2020, p. p. 381, nota 20.

[11] Cfr. Guia Técnico n.º 27, da ERSAR sobre a Avaliação da Qualidade de Serviço, versão de 29 de dezembro de 2021, disponível para consulta em www.ersar.pt.

[12] Este enquadramento aplica-se aos utilizadores finais dos serviços e aos contratos que celebram diretamente com entidades gestoras e não aos contratos celebrados entre entidades gestoras (celebrados entre os sistemas *em alta* e os *sistemas em baixa*). Nesse contexto, os municípios *em baixa* são clientes das entidades em alta mas não são os utilizadores finais dos serviços.

estas atividades noutro ente (seja este de natureza jurídica pública ou privada) não delegam poderes públicos que estejam diretamente relacionados com a efetiva execução do contrato de fornecimento.

Aliás, os contratos de gestão delegada celebrados entre municípios e empresas locais, na cláusula de delegação de poderes, abrangem tipicamente competências, por exemplo, para o exercício de poderes no âmbito da instauração de processos de natureza contraordenacional que não se prendem com a execução do contrato de fornecimento mas com questões acessórias relacionadas, por exemplo, com a violação do dever de ligação à rede (e, como tal, com a inexistência de contrato de fornecimento). Casos há, também, em que os contratos de gestão delegada celebrados incluem, na cláusula relativa à delegação de competências e poderes de autoridade, poderes para preparar e apresentar candidaturas a fundos comunitários e para integrar no ativo da entidade delegada as infraestruturas de abastecimento e saneamento de águas residuais. Estas situações, pese embora a sua inclusão numa cláusula contratual com a epígrafe citada, não traduzem o exercício de prerrogativas de poderes públicos na relação com o consumidor.

Incluem-se também neste tipo de cláusulas, com frequência, poderes para utilizar e administrar bens de domínio público. Note-se, mais uma vez, que estes poderes não se integram na relação jurídica que se estabelece entre o utilizador/consumidor e a entidade gestora delegada mas sim entre delegante e delegado ou entre concedente e concessionária (a relação jurídica de origem) pelo que daqui não se extrai que o delegatário esteja a exercer poderes públicos perante o utilizador dos serviços.

Não se nega que os serviços de AA, de AR e de RU, pela sua natureza, importam, nalguns aspetos acessórios de regime, o exercício de poderes de autoridade por parte da entidade gestora.

Sucede que estes aspetos de regime associam-se a estratégias de natureza setorial e de gestão dos recursos hídricos, de proteção e de salvaguarda da saúde humana no acesso e garantia da qualidade da água para consumo humano e de boa gestão das águas residuais e da efetiva garantia das condições de segurança ambiental em que estas águas são entregues/devolvidas ao meio hídrico. Trata-se de aspetos de regime que não afetam a substância da relação estabelecida entre fornecedor e consumidor a qual não se afigura em mais nenhum aspeto de regime próxima a de uma relação jurídica administrativa nem, bem assim, se caracteriza pelo exercício de poderes de autoridade.

Pelo contrário, como bem salientou Carlos Ferreira de Almeida[13], seguido depois pela maioria da doutrina e jurisprudência que já se debruçou sobre o tema[14], a relação jurídica que se estabelece entre a entidade gestora e o utilizador dos serviços não se caracteriza pelo exercício de poderes de autoridade da primeira sobre o segundo mas, sim, e ao invés, por um estatuto mais garantístico que é legalmente atribuído ao utilizador, o qual não se confunde com um administrado sendo, sim, um *consumidor de serviços públicos essenciais.*

Significa isto também que os contratos em causa são contratos de direito privado, independentemente da natureza jurídica da entidade que presta os serviços[15].

A este propósito é também relevante a designada *qualificação jurídico-financeira* da contraprestação que é paga pelo *consumidor* em contrapartida pela utilização do serviço.

Trata-se, como bem notado por Suzana Tavares da Silva, de matéria controvertida na doutrina e na jurisprudência[16] que, acrescentamos nós, parece (e merece) hoje estar mais estabilizada e segura.

A perspetiva tradicional traduz-se, a este propósito, na conclusão de que os pagamentos feitos em contrapartida pela prestação destes serviços públi-

[13] O autor sublinhava a este propósito que a Lei n.º 23/96, de 26 de julho, eliminou todos os vestígios de poderes autoritários do fornecedor, substituindo-os por regras de proteção do utente. Cfr. Carlos Ferreira de Almeida, "Serviços Públicos, Contratos Privados", Estudos em Homenagem à Professora Doutora Isabel de Magalhães Collaço, volume II, Almedina, Coimbra, 2002, pp. 122/123.

[14] Vide, para referência, Jorge Morais Carvalho, Manual de Direito do Consumo, Almedina, 8.ª Ed., 2022, p. 507, Pedro Falcão, "A Tutela do Prestador de Serviços Públicos Essenciais no Ordenamento Jurídico Português", 2017, p. 397. Na nossa jurisprudência, veja-se, a título de exemplo, o Ac. do Tribunal da Relação do Porto, de 1 de julho de 2019. Em sentido contrário, Vasco Pereira da Silva, "Do útil, do supérfluo e do erróneo" – Breves apontamentos sobre as propostas de revisão do Contencioso Administrativo e Fiscal" in Atas da Conferência sobre Iniciativas Legislativas de Reforma do Processo Administrativo e Tributário, Lisboa, ICJP-CIDP, 2018, pp. 152 a 154 e Contra, considerando tratar-se de uma relação jurídica administrativa, veja-se Alexandra Leitão, "A Proteção dos Consumidores no Setor das Telecomunicações", 2002, p. 147

[15] Neste sentido, Jorge Morais Carvalho, Manual de Direito do Consumo, Almedina, 8.ª Ed. 2022, p. 507.

[16] Cfr. Suzana Tavares da Silva, "Ainda a distinção entre taxas e preços... a propósito da internalização dos serviços públicos locais", in Observatório de Taxas & Contribuições, Cedipre, Escritos Breves, Janeiro de 2019, disponível em https://www.fd.uc.pt/cedipre/wp-content/uploads/2021/05/eb_2.pdf, acedido a 3 de janeiro de 2023, pp. 6.

cos essenciais são *tarifas* que correspondem a uma subcategoria das *taxas*, caracterizadas pela *equivalência económica entre o serviço prestado e o valor pago*, e que são *preços autoritariamente fixados*[17].

A jurisprudência do Tribunal Constitucional vem já desde a década de 80 do século passado afirmando que "*[a] tarifa, no campo das finanças locais, não se delineia como uma figura em absoluto nova, ou seja, como uma espécie de tertium genus entre a taxa e o imposto, apresentando-se, de facto, e sob todos os aspectos, como uma simples taxa, embora taxa sui generis cuja especial configuração lhe advém apenas da particular natureza dos serviços a que se encontra ligada, sendo que a tarifa, se ao nível da lei ordinária pode ter significação própria, não releva, porém, numa perspectiva constitucional, como categoria tributária autónoma, pelo que, nesta óptica, ela constitui apenas uma modalidade especial de taxa e nada mais*"[18].

Importa, porém, destacar, como bem sublinha Suzana Tavares da Silva, que estas jurisprudência e doutrina se pautam por um contexto histórico em que os serviços em causa – pagos pelos utilizadores – assentavam num modelo de organização pública que não era um ambiente de *mercado* (nem sequer mercado regulamentado).

Não nos alongando sobre esta matéria, cumpre destacar que a perspetiva moderna – e de matriz europeia – é diferente da que acabámos de descrever por primeiro. No caso em particular dos serviços de AA, de AR e de RU a alteração da lei delimitação de setores, que abriu os setores à intervenção privada, assume-se como um momento-marco de transição. Também relevante foi a evolução europeia de enquadramento destes serviços no conceito

[17] Revelando esta posição tradicional, veja-se, Joaquim Teixeira Ribeiro, anotação ao Ac. do STA de 2 de Maio de 1996, Revista de Legislação e Jurisprudência Ano 129, pp. 296ss; António Sousa Franco, Lições de Finanças Públicas, polic. 1971/72; Alberto Xavier, Manual de Direito Fiscal, Lisboa, 1974; Aníbal de Almeida, «Sobre a Natureza Jurídica das 'Taxas pela Realização de Infraestruturas Urbanísticas'» Estudos de Direito Tributário, Coimbra, 2002.

[18] Acórdão n.º 76/88, de 7 de abril de 1988, seguido pelo Acórdão do TC n.º 1139/96, de 6 de novembro de 1996, disponíveis para consulta em www.tribunalconstitucional.pt, quer pela jurisprudência do Supremo Tribunal Administrativo (v. Acórdão de 9 de Outubro de 1996, Processo n.º 019322; Acórdão de 15 de Junho de 2000, Processo n.º 024153; Acórdão de 22 de Maio de 2002, Processo n.º 026472; e Acórdão de 31 de Março de 2004, Processo n.º 01921/03,), todos também referidos e citados em Suzana Tavares da Silva, "Ainda a distinção entre taxas e preços... a propósito da internalização dos serviços públicos locais", in Observatório de Taxas & Contribuições, Cedipre, Escritos Breves, Janeiro de 2019, disponível em https://www.fd.uc.pt/cedipre/wp-content/uploads/2021/05/eb_2.pdf, acedido a 3 de janeiro de 2023, pp. 8 e seguintes.

de *Serviços de Interesse Económico Geral e de Serviços de Interesse Geral* e a introdução de uma entidade reguladora independente no panorama institucional e de governança destas atividades.

Importa, hoje, notar que a natureza da contraprestação paga pelo utilizador destes serviços depende não da natureza jurídica de quem presta os serviços, mas, e sobretudo, do contexto contratual e de mercado em que estes serviços são prestados. Sendo certo que o *contexto de mercado* abrange também, como é o caso dos serviços de AA, de AR e de RU, as situações em que o *preço* dos serviços é de alguma forma regulado[19]. Estes serviços assentam, como se viu, num contexto de formação do preço que se encontra especificamente orientado – pela via legal e regulatória – para critérios que se prendem com efetiva cobertura dos gastos (incluindo-se todos os custos operacionais), valores de investimento e com uma proibição de subsidiação cruzada de serviços.

Ora, o contexto contratual, já se referiu, é de matriz privatista.

Assim sendo, e de uma perspetiva atual, parece-nos ser de concluir que o *consumidor/utilizador* destes serviços paga sempre, e independentemente da natureza jurídica da entidade que presta estes mesmos serviços, um *preço*, ainda que o mesmo seja fixado, por se tratar de serviços prestados em regime de monopólio, através do recurso a alguns elementos de autoridade resultantes, para além dos demais, da intervenção direta ou indireta da entidade reguladora ERSAR[20]. Aliás, este preço, por se tratar de um preço em alguma medida regulado, é denominado no Direito Público económico de *tarifa*. Este preço tem a natureza de obrigação contratual e é enformado por uma relação jurídica privada de Direito do Consumo[21].

[19] Segue-se, neste domínio, a teoria dos mercados contestáveis desenvolvida por Suzana Tavares da Silva, "Ainda a distinção entre taxas e preços... a propósito da internalização dos serviços públicos locais", in Observatório de Taxas & Contribuições, Cedipre, Escritos Breves, Janeiro de 2019, disponível em https://www.fd.uc.pt/cedipre/wp-content/uploads/2021/05/eb_2.pdf, acedido a 3 de janeiro de 2023, pp. 11.

[20] Estes preços correspondem ao que Alberto Xavier configurava como *preços públicos*. Cfr. Sobre esta distinção e enquadramento, Suzana Tavares da Silva, "Ainda a distinção entre taxas e preços... a propósito da internalização dos serviços públicos locais", in Observatório de Taxas & Contribuições, Cedipre, Escritos Breves, Janeiro de 2019, disponível em https://www.fd.uc.pt/cedipre/wp-content/uploads/2021/05/eb_2.pdf, acedido a 3 de janeiro de 2023, pp. 6

[21] Importa, porém, referir que na conta da água (que abrange os serviços de AA, de AR e de RU) se incluem diferentes serviços e outras componentes monetárias que assumem natureza

[IV] Consequências de regime associadas à qualificação precedente

[1] Regime de execução e de cobrança de dívidas

A natureza privada da relação jurídica que se estabelece entre a entidade gestora destes três serviços e os seus utilizadores, uma relação de consumo, como se viu, justifica que a resolução dos litígios relativos à execução dos contratos de fornecimento destes serviços esteja cometida aos tribunais comuns e não aos tribunais administrativos[22].

Associada a esta delimitação da jurisdição competente vem também a necessária consequência quanto ao processo de execução de dívidas aplicável. Por outras palavras, tratando-se de uma relação jurídica de consumo, que importa o pagamento de um preço/tarifa, a cobrança da dívida correspondente pela entidade gestora deve ser dirimida na jurisdição comum através do processo de injunção (*a contrario*, não se aplicará o processo de execução fiscal e a jurisdição administrativa não é a jurisdição competente para arbitrar estes litígios).

Não queremos com isto dizer que todas as matérias relacionadas com a celebração e execução destes contratos estejam cometidas aos tribunais comuns. Com efeito, se se discutir não a obrigação de pagamento do preço mas, por exemplo, a deliberação municipal que aprovou o tarifário ou regulamento de serviços, ou mesmo algum aspeto relacionado com o *título* que habilita a entidade gestora a desenvolver estas atividades, então o objeto do litígio já não se prende com a relação de consumo mas sim com uma atuação administrativa que justifica, ao abrigo da alínea d), do n.º 1, do art. 4.º do ETAF, a intervenção da jurisdição administrativa[23].

de taxa e não de preço. A título de exemplo, os pagamentos que se mostrem devidos para pagamento da taxa de gestão de recursos hídricos ou a taxa de resíduos, por exemplo, são sujeitos a um regime diferente do que se destacou.

[22] Neste sentido, Jorge Morais Carvalho, Manual de Direito do Consumo, Almedina, 8.ª Ed., 2022, p. 507, secundado também por jurisprudência dos tribunais comuns e, em particular, o Acórdão do Tribunal da Relação do Porto, de 29 de maio de 2014.

[23] Também sublinhando a necessidade de se distinguir estas duas matérias, Jorge Pação *in* Comentários à Legislação Processual Administrativa, Vol. I, 5.ª Edição, 2020, p. 382 e Ana Gouveia Martins, "Organização e funcionamento da jurisdição administrativa e especial, o âmbito da jurisdição e a criação de tribunais administrativos especializados" in Atas da Conferência sobre Iniciativas Legislativas de Reforma do Processo Administrativo e Tributário", Lisboa, ICJP-CIDP, 2018, p. 64. No nosso entender, fazer esta distinção não é o mesmo do que

Sendo estas as conclusões que entendemos resultarem das premissas que enunciámos, e que damos por verdadeiras, não se pode deixar de referir que existe (ainda) intensa discussão e debate sobre esta matéria, o que tem um impacto relevante na prestação destes serviços e, em geral, na organização dos setores.

Por se tratar de discussão recente e que assenta precisamente na dificuldade de tomada de posição final quanto à natureza jurídica da relação contratual de prestação destes serviços e da contraprestação na execução destes contratos, iremos detalhá-la nas linhas que se seguem.

O primeiro tema debatido, a *vexata* quaestio, prende-se com a determinação da jurisdição competente para conhecer ações judiciais relacionadas com o incumprimento da obrigação contratual de pagamento do *preço/tarifa* na execução de contratos de fornecimento dos serviços de AA, AR e RU.

Não sendo esta a única discussão relevante, da sua resposta resulta também a resposta para a segunda questão que usualmente se coloca a este propósito e que se prende com a determinação das leis de processo executivo aplicáveis e, concomitantemente, com a questão de saber se a entidade gestora pode beneficiar do processo de execução fiscal para se fazer pagar pelas dívidas dos seus clientes.

Sobre estas matérias, o Tribunal de Conflitos entendeu, em 21 de janeiro de 2014, ser relevante para as duas questões colocadas (embora não as resolvendo na íntegra) a natureza jurídica da entidade gestora, fazendo a seguinte distinção: (i) se se tratasse de incumprimento da obrigação de pagamento do preço num contrato de fornecimento celebrado com uma entidade concessionária (entidade gestora de natureza privada), então a competência para dirimir o litígio pertenceria aos tribunais comuns, as faturas emitidas não teriam força executiva e não poderia ser usado o processo de execução fiscal para as cobrar mas (ii) se se tratasse de incumprimento da obrigação de pagamento do preço num contrato de fornecimento celebrado com uma entidade gestora pública (em regime empresarial ou através de gestão direta) então a competência para dirimir o litígio pertenceria aos tribunais administrativos e fiscais e as faturas emitidas seriam título executivo que poderia ser objeto de um processo de execução fiscal[24].

dizer que não é clara a competência dos tribunais comuns para apreciar litígios emergentes de relações de consumo relativas a serviços públicos essenciais.

[24] Cfr. Ac. do Tribunal de Conflitos, de 21 de janeiro de 2014, Proc. N.º 044/13, (Fernanda Maçãs) onde se pode ler "*o contrato de fornecimento de água ao domicílio que liga o prestador do*

Esta jurisprudência não era, todavia, dominante sobre a matéria conforme, aliás, reconheceu a Relatora deste acórdão em aresto subsequente no qual aderiu à posição então dominante[25]. Neste sentido dominante, veja-se, e a título de exemplo, que nesse mesmo ano de 2014 o Tribunal de Conflitos decidiu, múltiplas vezes, pela competência dos tribunais administrativos e aplicação do processo de execução fiscal correspondente na resolução de um litígio destinado à cobrança de uma dívida de preço por parte de uma concessionária, entidade gestora de AA e de AR[26].

Esta jurisprudência assentava na premissa de que a execução destes contratos de fornecimento implicaria *per se* algum elemento justificativo da intervenção dos tribunais administrativos suficiente para garantir o preenchimento do disposto na alínea d) do n.º 1, do art. 4.º do ETAF[27].

Bem se vê que os avanços e recuos que sumariamente relatámos consubstanciam um elemento de incerteza relevante e disruptivo à boa execução destes serviços públicos essenciais. As dúvidas em causa foram, também por isso, objeto de ponderação expressa pelo legislador que, na última alteração do ETAF, tornou, se não era já, mais clara a opção legislativa sobre esta matéria.

Assim, o atual artigo 4.º, n.º 4, alínea e), do ETAF, resultante da versão dada pela Lei n.º 114/2019, exclui expressamente da jurisdição administrativa os "*litígios emergentes das relações de consumo relativas à prestação de serviços públicos essenciais, incluindo a respetiva cobrança coerciva*"[28].

serviço e o consumidor/utilizador final não é atingido por uma regulação de direito público (...). Assim sendo, a apreciação dos litígios sobre o incumprimento destes contratos não cabe aos tribunais da jurisdição administrativa".

[25] Cfr. Ac. do Tribunal de Conflitos, de 15 de maio de 2014, P. 031/13 (Fernanda Maçãs).

[26] O Acórdão de 29 de Janeiro de 2014 (Proc. n.º 045/13) veio novamente declarar os tribunais tributários competentes em matéria de resolução de litígios respeitantes à cobrança, por parte de uma empresa concessionária, de uma dívida relativa ao serviço de abastecimento de água. Posteriormente, o acórdão de 15 de Maio de 2014 (Proc. n.º 031/13) julgou também a jurisdição administrativa e fiscal competente para o julgamento destes litígios.

[27] Ou seja, teria de ser integrada no âmbito da "*fiscalização da legalidade das normas e demais atos jurídicos praticados por quaisquer entidades, independentemente da sua natureza, no exercício de poderes públicos*".

[28] Na exposição de motivos do Projeto de Lei n.º 167/XIII, que deu origem à Lei n.º 114/2019 que alterou o ETAF, pode-se ler, enquanto justificação para a alteração introduzida: "(...) *A necessidade de clarificar determinados regimes, que originam inusitadas dificuldades interpretativas e conflitos de competência, aumentando a entropia e a morosidade, determinaram as alterações introduzidas no âmbito da jurisdição. Esclarece-se que fica excluída da jurisdição a competência para a apreciação de*

A disposição em causa é clara no sentido de que todos os litígios relativos à prestação destes serviços públicos essenciais (aqui centrada na relação entre a entidade gestora e o utilizador, independentemente da natureza jurídica da entidade gestora e do enquadramento legal ou contratual que a habilita a prestar tal serviço) devem ser dirimidos na jurisdição comum.

Isso mesmo surge já realçado no recente acórdão do Tribunal da Relação de Lisboa[29], onde se conclui que "*a alteração introduzida no ETAF pela Lei n.º 114/2019, de 12 de Setembro, com entrada em vigor em 11 de Novembro de 2019, que aditou uma nova alínea e) ao n.º 4 do respectivo art.º 4.º, com a previsão de uma nova exclusão de litígios do âmbito da jurisdição administrativa e fiscal – "apreciação de litígios emergentes das relações de consumo relativas à prestação de serviços públicos essenciais, incluindo a respetiva cobrança coerciva" – impõe necessariamente que se mostre ultrapassada a divergência jurisprudencial (a menos que se logre afastar a natureza de relação de consumo do litígio em presença), posto que se impõe reconhecer que a competência para a apreciação da relação aqui submetida a juízo está hoje, como estava à data da interposição do requerimento de injunção, expressamente atribuída aos tribunais da jurisdição comum*".

Importa sublinhar que o poder tributário próprio dos municípios não justifica a competência dos tribunais administrativos para cobrança coerciva – através do processo de execução fiscal – das dívidas resultantes do não pagamento do *preço/tarifa* uma vez que os municípios não podem, sem base legal habilitante expressa, cobrar dívidas de natureza não tributária através do processo de execução fiscal[30].

litígios decorrentes da prestação e fornecimento de serviços públicos essenciais. Da Lei dos Serviços Públicos (Lei n.º 23/96, de 26 de julho) resulta claramente que a matéria atinente à prestação e fornecimento dos serviços públicos aí elencados constitui uma relação de consumo típica, não se justificando que fossem submetidos à jurisdição administrativa e tributária; concomitantemente, fica agora clara a competência dos tribunais judiciais para a apreciação destes litígios de consumo."

[29] Ac. do Tribunal da Relação de Lisboa de 27 de abril de 2021, Proc. 7325/20.7 (Micaela Sousa), disponível para consulta em www.dgsi.pt. Veja-se, ainda, o Ac. do Tribunal de Conflitos de 18 de janeiro de 2022, Proc. N.º 02353/21.8T8ALM.S1 (Maria dos Prazeres Beleza), disponível em www.dgsi.pt.

[30] Neste sentido, Jorge Lopes de Sousa, Código de Procedimento e de Processo Tributário Anotado, 6.ª edição, Áreas Editora, 2011, pp. 34 e Serena Cabrita Neto/Carla Castelo Trindade, Contencioso Tributário, Vol. II, 2017, Almedina, p. 502. Em sentido contrário, e embora reconhecendo tratar-se de uma situação *anómala*, e sustentando que os créditos constituídos no âmbito destes contratos de fornecimento – quando nascem na esfera jurídica de uma entidade pública – estão sujeitas ao processo de execução fiscal que deve ser tramitado pela

[2] Regime de IVA

Uma outra das principais decorrências da natureza jurídica dos serviços de AA, de AR e de RU que se deixou já identificada prende-se com o regime jurídico do IVA.

Conforme resulta do disposto no artigo 2.º, n.º 3, do Código do IVA (CIVA), há atividades que são atividades de serviço público, mas que estão sempre sujeitas a IVA, mesmo quando sejam desenvolvidas pelo Estado e por pessoas coletivas de direito público (incluindo o exercício de prerrogativas de direito público e de poderes de autoridade). Trata-se das atividades que visam satisfazer interesses gerais, mas que assumem natureza comercial ou industrial e aqui se insere, de forma expressamente prevista no CIVA, a distribuição de água, gás e eletricidade.

À luz dos critérios antecedentes, pode justificadamente colocar-se a questão de saber por que é que o legislador nacional não incluiu, a par das atividades de distribuição de água (AA), de gás e de eletricidade, a atividade de tratamento de águas residuais (AR) e de gestão de resíduos urbanos (RU) como atividades sempre sujeitas a IVA, mesmo quando desenvolvidas pelo Estado e por pessoas coletivas de direito público (porquanto todas estas três atividades são, como se viu, enquadradas num mesmo estatuto jurídico).

A explicação reside, a este propósito, na circunstância de esta norma do CIVA resultar da transposição de uma Diretiva Europeia, a Diretiva 2006/112/CE do Conselho, que, no seu artigo 13.º, n.º 1, §3, complementada com o Anexo 1, n.º 2, expressamente considera sujeitos passivos de IVA os organismos de direito público, independentemente de exercerem ou não poderes de autoridade, quando os mesmos prestem serviços de distribuição de água, de gás, de eletricidade e de energia térmica.

Ficaram de fora do âmbito deste §3 do n.º 1 do artigo 13.º os serviços de tratamento de águas residuais e os serviços de gestão de resíduos urbanos.

Tal não equivale, porém, a dizer que estes serviços, quando desenvolvidos pelo Estado ou por outros organismos de direito público, não são tributáveis em sede IVA.

É que, no §1, do n.º 1, do mesmo artigo 13.º, da Diretiva 2006/112/CE do Conselho (a Diretiva IVA) expressamente se consagra que os Estados, as regiões, as autarquias locais e os outros organismos de direito público só

jurisdição comum, Jorge Pação *in* Comentários à Legislação Processual Administrativa, Vol. I, 5.ª Edição, 2020, p. 385.

não são sujeitos passivos de IVA se (i) a prestação de serviços em causa for realizada na *qualidade de autoridades públicas* e (ii) se a não sujeição ao imposto não conduzir a distorções significativas de concorrência.

Esta norma de incidência subjetiva é replicada no CIVA (artigo 2.º, n.º 2 e n.º 3) e dela resulta que os serviços de AA estão sempre sujeitos a IVA, mesmo quando sejam prestados pelo Estado, pelas demais pessoas coletivas de direito público ou por organismos de direito público, e que os serviços de AR e de RU estão também sujeitos a IVA se forem desenvolvidos por entidades que (i) não atuem, no desenvolvimento destas atividades, na qualidade de autoridade pública ou (ii) a não sujeição a imposto conduz a distorções de concorrência significativas.

Ora, do que viemos de expor nos números antecedentes resulta que todas as entidades gestoras (independentemente da sua natureza jurídica) prestam os serviços de abastecimento de água, de gestão de águas residuais e de gestão de resíduos sólidos urbanos assentes num contrato de direito privado – numa relação de consumo – que implicam o pagamento de uma contraprestação que é um preço ou tarifa. Trata-se, em suma, de atividades que são exercidas em iguais condições seja pela administração pública em sentido orgânico seja por particulares com fim lucrativo[31].

Por outras palavras, à luz dos critérios antecedentes, as atividades de AA, de AR e de RU, são atividades de interesse geral, serviços públicos de interesse económico geral, que, mesmo quando exercidas por entidades de natureza pública, não importam o exercício de poderes de autoridade e estão, por razões de concorrência de mercado (mesmo que se trate de um mercado potencial)[32] sujeitas a critérios de eficiência.

Por isso, seja pela aplicação do n.º 3, seja pela aplicação do n.º 2 do artigo 2.º do CIVA, estes três serviços deverão determinar a liquidação de IVA sobre o preço cobrado (sendo irrelevante a ponderação da dissociação da concorrência).

[31] Com elementos úteis para esta distinção, veja-se Marta Machado de Almeida, "O IVA nas Empresas Locais" in Cadernos IVA 2015, Almedina, pp. 309-326, p. 312.

[32] No sentido de que a atividade de fornecimento de água que, sendo de interesse geral, é exercida em condições de mercado potencial está sempre sujeita a IVA veja-se Suzana Tavares da Silva, "Ainda a distinção entre taxas e preços... a propósito da internalização dos serviços públicos locais", in Observatório de Taxas & Contribuições, Cedipre, Escritos Breves, Janeiro de 2019, disponível em https://www.fd.uc.pt/cedipre/wp-content/uploads/2021/05/eb_2.pdf, acedido a 3 de janeiro de 2023, pp. 14 e ss.. A autora exceciona a este propósito o

Esta conclusão, quanto a um só regime de IVA aplicado, de forma única, a estes três serviços, independentemente da natureza jurídica da entidade que os presta, é a consequência lógica das premissas que deixámos enunciadas nos pontos antecedentes e que se aproveita para reiterar.

Assim, e em primeiro lugar, estes três serviços assentam na mesma lógica de integração na categoria de serviços públicos essenciais e de atividades de interesse económico geral – do contexto histórico que se desenvolveu nos pontos antecedentes retira-se, como sublinhámos, que estes três serviços merecem um só estatuto não sendo diferentes na sua forma de prestação (no que respeita o seu enquadramento jurídico).

Em segundo lugar, ficou demonstrado que se trata de serviços públicos essenciais que são prestados ao abrigo de contratos que, por força de lei, assumem a natureza de contratos de direito privado (mais particularmente contratos de consumo). Estes contratos estão subordinados a um mesmo regime de direito privado, que se destina a proteger em particular o utilizador, não integrando, no seu regime, aspetos de *jus imperii*.

Na decorrência do ponto antecedente, a tarifa cobrada pela prestação destes serviços assume a natureza de preço e, como tal, e conforme expressamente referido pelo legislador no novo ETAF, a sua cobrança coerciva é da competência dos tribunais comuns – independentemente da natureza jurídica da entidade que presta os serviços.

Não se justifica, portanto, que possa haver divergências no regime de IVA aplicável a estes três serviços.

Não se desconhece, a este propósito, posições divergentes no sentido de que a gestão direta e a gestão delegada destes serviços pelos municípios traduzem atividades desenvolvida pelas autarquias locais (e pelas empresas locais) nas suas vestes de *autoridade pública.*

Não obstante, consideramos que possivelmente estas conclusões podem estar ancoradas no enquadramento tradicional dos serviços que, conforme sublinha a lei – sobretudo considerando a alteração recente do ETAF – estão hoje ultrapassados.

Sendo este o sentido da nossa opinião – e o sentido também do que a ERSAR tem vindo a considerar a melhor solução para a estabilização do setor, para garantia da igualdade de todos os consumidores e para cabal consideração do mesmo estatuto de atividades (pensando no AA e no AR) que se integram no ciclo urbano da água – não se pode deixar de referir que, atualmente, não existe uma prática uniforme pelas entidades gestoras sobre esta questão (havendo situações em que a entidade gestora entende liquidar

IVA sobre o preço cobrado relativamente aos três serviços e outras em que só liquida IVA relativamente ao serviço de AA, seguindo, inclusivamente, instruções vinculativas da Autoridade Tributária sobre a matéria e que se distanciam do que expusemos *supra*)[33].

Ora, a falta de uniformidade neste entendimento é muito negativa para os serviços e para os consumidores que, não podendo escolher quem lhes presta o serviço nem a natureza jurídica da entidade gestora que os serve, se veem com posições jurídicas tributárias distintas no que respeita ao pagamento de IVA e, sobretudo, à impossibilidade de a entidade gestora em causa poder diminuir o tarifário que lhes cobra à luz da dedução de IVA nos custos em que incorra para a prestação do serviço (em particular os custos de investimento).

[V] Conclusões

Os serviços públicos essenciais, onde se incluem os serviços de AA, AR e de RU, são serviços que, em muitos dos seus elementos, são tributários de uma lógica de Direito Público (porque envolvem direta ou indiretamente entidades de natureza jurídica pública, porque são muitas vezes prestados em execução de contratos administrativos, porque se relacionam com instrumentos de natureza tributária ou com a natureza de preço regulado, porque implicam a gestão de bens integrados no domínio público) mas que se encontram, no que respeita a relação com os utilizadores/consumidores dos serviços, dentro das fronteiras do Direito Privado.

Os serviços de AA, de AR e de RU são três serviços distintos (sendo que dois deles integram o ciclo urbano da água, os serviços de AA e de AR) que são *serviços públicos essenciais de interesse económico geral*, sujeitos a regulação económica independente e que assentam num regime único, comum e harmonizado, destinado, a título principal, a proteger os respetivos utilizadores dos serviços públicos essenciais.

O enquadramento destes três serviços, de forma igual, na Lei n.º 23/96, de 26 de julho, determina que o regime legal aplicável a estes três serviços

[33] Mais concretamente, a Autoridade Tributária tem vindo a considerar que os serviços de AR e de RU estão excluídos do âmbito de aplicação do IVA no caso de o mesmo ser prestado por municípios, freguesias, associações de municípios ou freguesias, áreas metropolitanas, comunidades intermunicipais, empresas locais (entendimento a partir de 2014) ou pelo Estado, por força do n.º 2 do artigo 2.º do Código do IVA. No caso dos mesmos serviços serem prestado por concessionárias, a AT entende que há lugar à aplicação de IVA.

assume como garantia prioritária a posição jurídica dos utilizadores finais dos serviços (e não da entidade que os presta, independentemente da sua natureza pública ou privada).

Trata-se de três serviços sujeitos a regulação económica independente da ERSAR e os preços associados à prestação destes serviços, não estão, por isso, sujeitos a uma lógica *pública* de determinação. São preços regulados, de mercado, que devem garantir a cabal recuperação dos custos de prestação dos serviços.

A diversidade de estatuto do prestador de serviço (ou seja, a diversidade da natureza jurídica da entidade gestora) não implica diversidade na relação jurídica entre o prestador do serviço público essencial e o utilizador/consumidor, o que significa que os consumidores não têm diferente acesso a estes serviços públicos essenciais – nem condições distintas de acesso – em função da natureza jurídica de quem os presta. Numa palavra também, o contrato celebrado entre a entidade gestora dos serviços de AA, de AR e de RU e cada um dos utilizadores tem a mesma natureza jurídica nestes três serviços.

A relação jurídica contratual que se estabelece entre a entidade gestora dos serviços de AA, de AR e de RU (qualquer que seja a sua natureza) e um qualquer utilizador dos serviços não se caracteriza pelo exercício de poderes de autoridade da primeira sobre o segundo mas, sim, e ao invés, por um estatuto mais garantístico que é legalmente atribuído ao utilizador, o qual não se confunde com um administrado sendo, sim, um *consumidor de serviços públicos essenciais*. Mais concretamente, os contratos de fornecimento de serviços de AA, AR e de RU são contratos de direito privado, independentemente da natureza jurídica da entidade que presta os serviços, e implicam, como contraprestação, o pagamento de um preço (e não de um tributo de natureza análoga a uma taxa).

Assim sendo, e de uma perspetiva moderna e atual, o *consumidor* destes serviços paga sempre, e independentemente da natureza jurídica da entidade que presta estes mesmos serviços, um *preço*, ainda que o mesmo seja fixado, por se tratar de serviços prestados em regime de monopólio, através do recurso a alguns elementos de autoridade resultantes, para além dos demais, da intervenção direta ou indireta da entidade reguladora ERSAR. Aliás, este preço, por se tratar de um preço em alguma medida regulado, é denominado no direito público económico de *tarifa* mas tem a natureza de obrigação contratual e é enformado por uma relação jurídica privada de Direito do Consumo.

A natureza privada desta relação de consumo justifica que (i) a resolução dos litígios relativos à execução dos contratos de fornecimento destes serviços esteja cometida aos tribunais comuns e não aos tribunais administrativos; (ii) que não seja utilizado o regime do processo executivo fiscal para a cobrança coerciva do *preço* e que (iii) estes três serviços devam estar sujeitos ao mesmo regime de IVA (independentemente da natureza jurídica da entidade que os presta).

As conclusões antecedentes (em particular a que se reporta ao regime de IVA) não merecem, pelo menos para já, acolhimento unânime na doutrina e na jurisprudência. Sublinha-se, em defesa adicional ao preconizado neste estudo, que a falta de uniformidade no entendimento sobre o regime legal aplicável à execução destes contratos é muito negativa para estes serviços essenciais e para os consumidores. Seguir posição contrária à que se advoga neste estudo implica permitir que os consumidores, não podendo escolher quem lhes presta o serviço nem a natureza jurídica da entidade gestora que os serve, sejam titulares de posições jurídicas distintas no que respeita ao regime de cobrança de dívidas e ao pagamento de IVA (e, indiretamente e mais gravoso ainda, no que respeita a impossibilidade de a entidade gestora em causa poder diminuir o tarifário que lhes cobra à luz da dedução de IVA nos custos em que incorra para a prestação do serviço e necessários investimentos).

Prossecução do interesse público e interpretação jurisdicional de contratos administrativos

PAULO OTERO*

§1.º – Pressupostos da investigação

A) Colocação do problema

1.1. Em anterior investigação[1], tivemos já oportunidade de registar que, em cenários de antinomias jurídicas envolvendo normas ou fontes de diferentes graus hierárquicos, os termos de resolução de tais conflitos, entre soluções normativas opostas para a regulação de um mesmo caso, permitem vislumbrar uma diferente postura de vinculação ao princípio da juridicidade das autoridades administrativas e dos tribunais:

(i) A vinculação dos tribunais ao princípio da juridicidade determina que nunca possam aplicar normas inconstitucionais ou ilegais, possuindo o poder (e o dever) de as desaplicar ou mesmo de proceder à sua declaração de invalidade com força obrigatória geral: ante um conflito normativo entre duas (ou mais) soluções normativas vocacionadas para a resolução de um mesmo caso, os tribunais têm sempre de preferir aquela que é a solução válida – a vinculação ao princípio da juridicidade goza de uma operatividade plena ou máxima;

(ii) Em sentido diverso, a vinculação dos órgãos administrativos ao princípio da juridicidade não impede que, por via de regra, lhes seja negado o poder de recusar a aplicação de normas inconstitucionais ou ilegais, nunca lhes sendo admitida a possibilidade de declarar a inconstitucionalidade de quaisquer normas ou a ilegalidade de leis: só a título excecional, a Administração se encontra vinculada ao

* Prof. Catedrático de Direito da Univ. de Lisboa.

[1] Cfr. Paulo Otero, *Legalidade e Administração Pública: o sentido da vinculação administrativa à juridicidade*, Coimbra, 2003, pp. 639 ss., em especial, pp. 655 ss.

critério hierárquico na resolução de antinomias jurídicas, antes as resolve tendo por base os critérios cronológico e da especialidade – a vinculação administrativa à juridicidade torna-se, por isso, mais débil do que aquela a que se encontram sujeitos os tribunais, pois pode envolver a obrigatoriedade de aplicar normas inconstitucionais ou ilegais.

1.2. Se, relativamente à vinculação ao princípio da juridicidade, encontramos uma diferença tão grande entre a metódica do exercício da função jurisdicional e da função administrativa na resolução de antinomias jurídicas, verificando-se um grau de vinculatividade muito mais perfeito ou intenso à constitucionalidade e à legalidade por parte dos tribunais do que junto da Administração Pública, justifica-se que, em relação ao princípio da prossecução do interesse público se coloque a indagação de igual problema, circunscrito, todavia, à interpretação dos contratos administrativos:

- Será que a força vinculativa do princípio da prossecução do interesse público na interpretação dos contratos administrativos é idêntica no âmbito do exercício da função administrativa e da função jurisdicional?
- Será que os tribunais então vinculados à prossecução do interesse público na interpretação dos vínculos contratuais administrativos nos mesmos exatos termos em que os órgãos administrativos se encontram adstritos?

Eis o problema jurídico que iremos investigar, em termos necessariamente sucintos.

B) O alcance do artigo 307.°, n.° 1, do Código dos Contratos Público em matéria de interpretação

1.3. Numa disposição com um âmbito de regulação bem mais vasto, observa-se que o artigo 307.°, n.° 1, do Código dos Contratos Públicos nos diz que as declarações do contraente público sobre a interpretação de contratos administrativos são meras declarações negociais, de modo que apenas podem produzir efeitos vinculativos se o cocontratante expressar o seu acordo ou, se tal não suceder, por via de uma ação judicial.

É possível extrair desta disposição legal diversas ilações em matéria de interpretação de contratos administrativos:

(i) Sabendo-se que toda a atividade administrativa se deve sempre pautar pela prossecução do interesse público, enquanto seu critério, fundamento e limite de atuação[1], sem prejuízo de ter de se harmonizar com o respeito pelas posições jurídicas dos cidadãos[2], pois só num modelo totalitário existirá um agir administrativo baseado no postulado "tudo pelo interesse público, nada contra o interesse público"[3], então toda a interpretação de contratos administrativos feita pela Administração Pública nunca pode deixar de expressar o exercício de uma competência parametrizada pela prossecução do interesse público;

(ii) Sucede, porém, que a interpretação administrativa de vínculos contratuais administrativos, ao invés do que sucede com a interpretação de atos administrativos ou de regulamentos, não goza de autotutela declarativa: a leitura interpretativa que a Administração faz dos seus vínculos contratuais não pode ser imposta ao seu cocontratante, pela simples vontade administrativa, antes assume a natureza de uma mera declaração negocial – os termos como os órgãos administrativos vislumbram a prossecução do interesse público na interpretação de contratos administrativos goza de uma força jurídica debilitada, ante idêntica atividade ou competência interpretativa exercida perante atos administrativos ou regulamentos;

(iii) A interpretação pelos órgãos administrativos de contratos administrativos apenas pode produzir efeitos vinculativos se, em primeiro lugar, o cocontratante expressar o seu acordo: a leitura administrativa do interesse público interpretativo de um contrato administrativo carece de força jurídica vinculativa própria, antes exige uma intervenção coconstitutiva do cocontratante, segundo uma construção dogmática que pode conduzir a duas diferentes conceções:

- Se o cocontratante expressar o seu acordo à declaração negocial interpretativa da Administração, será que se forma um contrato administrativo interpretativo?

[1] Cfr. Paulo Otero, *Manual de Direito Administrativo*, I, Coimbra, 2013, p. 368; IDEM, *Direito do Procedimento Administrativo*, I, Coimbra, 2016, p. 155.

[2] Cfr. CRP, artigo 266.º, n.º 1.

[3] Cfr. Paulo Otero, *Direito do Procedimento Administrativo*, I, p. 156; IDEM, *Manual de Direito Administrativo*, I, p. 309 ss.

- Ou, em alternativa, será que a aceitação do cocontratante converte essa declaração negocial num ato administrativo consensual?

(iv) Qualquer que seja a conceção que se prefira, temos por certo que os termos como a prossecução do interesse público se torna presente na interpretação administrativa de vínculos contratuais tem sempre que ser ponderada e harmonizada com os interesses privados do cocontratante: é a necessidade dessa ponderação que confere a natureza de mera declaração negocial à interpretação administrativa destes vínculos, ao invés do que sucede com a interpretação pela Administração das suas formas unilaterais de exercício de atividade;

(v) Essa diferença ponderativa da prossecução do interesse público entre as várias formas de exercício do poder administrativo revela, afinal, que há diversos níveis de exigência ou graus de "pureza" vinculativa da prossecução do interesse público dentro da própria interpretação administrativa:

- Sempre que a interpretação administrativa goza de autotutela declarativa, a ponderação do respeito pelas posições jurídicas dos administrados na leitura interpretativa da prossecução do interesse público é feita unilateralmente pela própria Administração – trata-se, sob diferente ângulo de análise, da expressão vinculativa da dimensão positiva do princípio da imparcialidade administrativa;
- Se, pelo contrário, a interpretação administrativa se reconduz a uma mera declaração negocial, significa que não basta a ponderação dos direitos e interesses dos administrados feita pelos órgãos administrativos de interpretação, antes a lei impõe que sejam os próprios interessados, em termos coconstitutivos e primários, ou os tribunais, a nível subsidiário, a fazer essa ponderação, isto para se conseguir uma interpretação contratual vinculativa;

(vi) A força vinculativa da interpretação contratual pela própria Administração Pública não se basta, por conseguinte, com a mera ponderação unilateral das posições jurídicas subjetivas dos cocontratantes na concretização aplicativa da prossecução do interesse público: a lei impõe uma ponderação autónoma feita pelo próprio cocontratante ou, ante a falta desta ou a ausência de acordo deste, a intervenção de um tribunal;

(vii) A intervenção judicial na interpretação de um contrato administrativo não pode, por tudo isto, limitar-se a fazer uma ponderação da prossecução do interesse público como os órgãos administrativos já fizeram anteriormente: a intervenção interpretativa dos tribunais em sede de vínculos contratuais administrativos goza de uma autonomia e especificidade metodológicas próprias, tendo que tomar em conta, numa posição de imparcialidade ou terceiridade inerente ao exercício da função jurisdicional, os interesses do cocontratante;

(viii) A prossecução do interesse público na interpretação judicial de contratos administrativos deverá ser, necessariamente, diferente da prossecução do interesse público na interpretação pelos órgãos da Administração Pública de vínculos administrativos.

C) Sequência de investigação

1.3. Conhecedores do problema a investigar e das coordenadas legais que lhe estão subjacentes, o estudo vai processar-se à luz da seguinte sequência:

(i) Num primeiro momento, começaremos por recensear as conceções que tradicionalmente são traçadas a propósito da força vinculativa do princípio da prossecução do interesse público na interpretação dos contratos administrativos;

(ii) Num segundo momento, vamos procurar expor o nosso ponto de vista sobre o problema, desenvolvendo as respetivas linhas essenciais.

§2.º – Conceção tradicional: a ausência de diferenciação aplicativa do princípio da prossecução do interesse público

2.1. Tendo por fonte a lei francesa de 28 *pluviôse* do Ano VIII (17 de fevereiro de 1800)[4], o ordenamento jurídico português refere-se ao tema da interpretação de contratos envolvendo a Administração, integrando-o no âmbito da jurisdição contenciosa, em dois momentos iniciais:

(i) Em 1827, o "Projeto de Lei Orgânica da Administração Geral das Províncias do Reino", datado de 20 de março, integra na esfera da "jurisdição contenciosa" o conhecimento das "controvérsias que se

[4] Cfr. E.-V. Foucart, *Éléments de Droit Public et Administratif*, III, 2.ª ed., Paris, 1839, p. 311; M.F. Laferrière, *Cours de Droit Public et Administratif*, II, 4.ª ed., Paris, 1854-1858, p. 738.

suscitarem entre os empreendedores de trabalhos ou obras públicas e a administração, relativamente ao sentido ou execução das cláusulas e condições das respetivas empresas"[5] – aqui reside a primeira referência histórica à interpretação de contratos administrativos;

(ii) Em 1832, através da reforma administrativa de Mouzinho da Silveira, confere-se às estruturas do contencioso administrativo a faculdade de decidir sobre as "dificuldades e questões que se suscitarem entre os empreendedores e arrematantes de quaisquer rendas, trabalhos ou fornecimentos públicos e a administração, relativas ao sentido da execução das cláusulas de seus contratos"[6]– trata-se, agora, da primeira disposição legal referente à interpretação de contratos administrativos.

E uma tal norma de 1832, criando uma "tradição do direito administrativo pátrio"[7], durante toda a monarquia constitucional, determinou que a interpretação dos contratos administrativos passasse a integrar a esfera do contencioso administrativo[8].

2.2. As questões interpretativas de vínculos contratuais, subtraídas à esfera da designada "administração pura"[9] ou administração ativa, passaram, desde 1832, a integrar a "administração contenciosa"[10]: os órgãos da Administração ativa viram-se privados, a favor da estrutura do contencioso

[5] Trata-se do artigo 90.º, §3.º, do "Projeto de Lei Orgânica da Administração Geral das Províncias do Reino", de 20 de março de 1827, da autoria dos deputados Francisco Soares Franco, José Joaquim Cordeiro e Luís António Rebelo da Silva. Para uma leitura do respetivo texto, cfr. Marcello Caetano, *Os Antecedentes da Reforma Administrativa de 1832 (Mouzinho da Silveira)*, Lisboa, 1967, p. 81).

[6] Cfr. Decreto n.º 32, de 16 de maio de 1832, artigo 85.º, n.º 2.

[7] Expressão de João Maria Tello De Magalhães Collaço, *Contencioso Administrativo*, Coimbra, 1921, p. 156.

[8] No mesmo sentido do Decreto n.º 32, de 16 de maio de 1832, apesar de formulações diversas, cfr. Código Administrativo de 1836, artigo 171.º, §5.º; Carta de Lei de 29 de outubro de 1840, artigo 25.º, 2.º; Código Administrativo de 1842, artigo 280.º, n.º VII; Código Administrativo de 1870, artigo 235.º n.º V; Código Administrativo de 1878, artigo 243.º, n.º 5; Código Administrativo de 1886, artigo 288.º, n.º 10; Código Administrativo de 1896, artigo 325.º, n.º 9.

[9] Expressão utilizada no artigo 282.º do Código Administrativo de 1867.

[10] Expressão utilizada no artigo 282.º do Código Administrativo de 1867.

administrativo, da competência interpretativa de contratos administrativos – fala-se, por isso, na existência de um "contencioso de interpretação"[11].

Como Magalhães Collaço explicava, a razão de ser deste regime encontra-se na referida legislação francesa – "seria, portanto, aos escritores franceses que deveria perguntar-se a justificação desse preceito"[12], sem embargo de assinalar que o fundamento da solução se relaciona com a conveniência de um julgamento mais rápido das questões interpretativas ser confiado aos tribunais administrativos[13].

Se excetuarmos as incertezas dos últimos anos da I República e dos primeiros da Ditadura Militar, envolvendo sucessivas extinções e recriações dos tribunais administrativos, entre 1924 e 1930, a interpretação dos contratos administrativos continuou, durante o século XX[14], a integrar a esfera de jurisdição do contencioso administrativo, sob duas diferentes soluções doutrinais[15]:

(i) Havia quem entendesse que essa regra se aplicava a todos os contratos administrativos;
(ii) Existia quem, em sentido diferente, a circunscrevia aos contratos administrativos identificados expressamente na lei.

Este segundo entendimento, adotado por Marcello Caetano, seria acolhido pela jurisprudência do Supremo Tribunal Administrativo, numa solução restritiva da intervenção dos tribunais administrativos apenas sobre alguns tipos de contratos administrativos, remetendo a interpretação de todos os restantes contratos com intervenção da Administração Pública para os tribunais comuns[16], diferentemente da solução que, por via do Decreto com força de lei n.º 18017, de 27 de fevereiro de 1930, submeteu ao conten-

[11] Cfr. Sérvulo Correia, *Direito do Contencioso Administrativo*, I, Lisboa, 2005, p. 496.
[12] Cfr. João Maria Tello de Magalhães Collaço, *Contencioso Administrativo*, p. 156.
[13] Cfr. João Maria Tello de Magalhães Collaço, *Contencioso Administrativo*, p. 157.
[14] Cfr Código Administrativo de 1936, artigo 700.º, n.º 8; Código Administrativo de 1940, artigos 815.º, §1.º, alínea a), e 820.º, n.º 8.
[15] Para uma síntese do debate, cfr. Sérvulo Correia, *Contrato administrativo*, sep. *Dicionário Jurídico da Administração Pública*, Coimbra, 1972, pp. 16 ss.; Idem, *Direito do Contencioso Administrativo*, I, pp. 495 ss.
[16] Neste sentido, cfr. Acórdão da 1.ª Secção do Supremo Tribunal Administrativo, de 25 de março de 1982, processo n.º 012948, in Acordão do Supremo Tribunal Administrativo (dgsi.pt).

cioso administrativo a interpretação de todos os contratos administrativos[17], até à publicação do Código Administrativo de 1936, da autoria material do próprio Marcello Caetano[18].

A reforma do contencioso administrativo de 1984[19] e 1985[20] sujeitou, em termos inequívocos e até hoje, todos os contratos administrativos à esfera dos tribunais administrativos, sabendo-se que, desde a Lei Constitucional n.º 3/74, de 14 de maio, todos os tribunais passaram a integrar o poder judicial – desde então, igualmente sem dúvidas, e objeto de expressa confirmação pela Constituição de 1976[21], os tribunais administrativos passam a ser inseridos no poder judicial (e não no poder administrativo, tal como antes eram entendidos por alguns[22]).

2.3. A evolução traçada, fazendo da atribuição ao contencioso administrativo da interpretação dos contratos administrativos um princípio geral do Direito Administrativo português, veio, em 1991, na sequência da aprovação do Código do Procedimento Administrativo, a sofrer uma alteração[23]:

(i) Qualificando os atos administrativos que interpretassem cláusulas contratuais como meramente opinativos[24] [25], uma vez que não seriam

[17] Cfr. Decreto com força de lei n.º 18017, de 27 de fevereiro de 1930, artigo 1.º, §1.º, n.º 2 (publicado no *Diário do Governo*, I Série, n.º 49, de 28 de fevereiro de 1930)

[18] Cfr. Sérvulo Correia, *Direito do Contencioso Administrativo*, I, pp. 496-497.

[19] Cfr. Decreto-Lei n.º 129/84, de 27 de abril, aprovou o novo Estatuto dos Tribunais Administrativos e Fiscais.

[20] Cfr. Decreto-Lei n.º 267/85, de 16 de julho, aprovou a Lei de Processo nos Tribunais Administrativos.

[21] Cfr. Sérvulo Correia, *Direito do Contencioso Administrativo*, I, pp. 534 ss. e 592-593.

[22] Durante a vigência da Constituição de 1933, os tribunais administrativos eram considerados como estruturas integrantes da Administração e não do Poder judicial (cfr. Marcello Caetano, *Manual de Direito Administrativo*, I, 10.ª ed. Reimp., Coimbra, 1980, pp. 36 ss.), sem prejuízo de existirem vozes discordantes, afirmando que os tribunais administrativos eram estruturas do Poder judicial (cfr. Carlos Moreira, *O princípio da legalidade na Administração*, in *Boletim da Faculdade de Direito da Universidade de Lisboa*, 1949, p. 398, nota n.º 1; Rui Machete, *O contencioso administrativo*, sep. *Dicionário Jurídico da Administração Pública*, II, Coimbra, 1973, pp. 101 ss.).

[23] Cfr. CPA de 1991, artigo 186.º, n.º 1.

[24] Neste mesmo sentido se inclinava a jurisprudência, cfr. Acórdão da 1.ª Secção do Supremo Tribunal Administrativo, de 26 de julho de 1973, processo n.º 008774, in Acordão do Supremo Tribunal Administrativo (dgsi.pt); Acórdão da 1.ª Secção do Supremo Tribunal Administra-

definitivos e executórios[26], o legislador veio admitir, expressamente, que também a Administração Pública pudesse proceder à interpretação de vínculos contratuais, sem com isso praticar atos feridos de usurpação de poderes;

(ii) Determinava, no entanto, que, salvo se existisse acordo do cocontratante, esses atos interpretativos não poderiam produzir efeitos, sem intervenção judicial, numa solução que conferia natureza subsidiária à competência interpretativa dos tribunais administrativos.

Este foi, note-se, o modelo de repartição do poder interpretativo dos contratos administrativos acolhido pelo atual artigo 307.°, n.° 1, do Código dos Contratos Públicos, substituindo-se apenas o entendimento anterior de que tais atos interpretativos teriam natureza opinativa, por uma qualificação que reconduz a interpretação administrativa a uma mera declaração negocial.

2.4. Manda a verdade, no entanto, que se diga que, já antes do Código do Procedimento Administrativo, de 1991, se reconhecia que o princípio geral atributivo da competência interpretativa dos contratos administrativos aos tribunais administrativos conhecia exceções, reconhecendo-se, em tais casos, aos órgãos administrativos a faculdade de interpretarem cláusulas de vínculos contratuais.

Neste domínio se encontravam, segundo a doutrina[27], três hipóteses:

tivo, de 25 de março de 1982, cit.; Acórdão da 2.ª Subsecção do Contencioso Administrativo do Supremo Tribunal Administrativo, de 14 de outubro de 1986, processo n.° 023541, in Acordão do Supremo Tribunal Administrativo (dgsi.pt); Acórdão da 1.ª Subsecção do Contencioso Administrativo do Supremo Tribunal Administrativo, de 16 de janeiro de 1997, processo n.° 041094, in Acordão do Supremo Tribunal Administrativo (dgsi.pt).

[25] No sentido de que assume a natureza de mero ato opinativo, insuscetível de impugnação contenciosa, um despacho governamental "que se limita a comunicar ao requerente o teor de uma informação dos serviços com a qual não exprime concordância e relativa a pedido de esclarecimento do sentido de determinada cláusula de um contrato (...)", cfr. Acórdão da 2.ª Subsecção do Contencioso Administrativo do Supremo Tribunal Administrativo, de 8 de fevereiro de 1994, processo n.° 030100, in Acordão do Supremo Tribunal Administrativo (dgsi.pt).

[26] Neste sentido, em termos jurisprudenciais, cfr. Acórdão da 1.ª Subsecção do Contencioso Administrativo do Supremo Tribunal Administrativo, de 17 de outubro de 1996, processo n.° 038949, in Acordão do Supremo Tribunal Administrativo (dgsi.pt).

[27] Cfr. Mário Esteves De Oliveira, *Direito Administrativo*, I, 2.ª Reimp., Coimbra, 1984, p. 693.

(i) Se uma lei especial conferisse à Administração essa faculdade unilateral de interpretar determinado contrato administrativo;
(ii) Se o próprio contrato reconhecesse esse poder interpretativo unilateral dos órgãos administrativos;
(iii) Relativamente às cláusulas contratuais que, limitando-se a reproduzir preceitos legais e regulamentares ou princípios gerais de direito, carecessem de efetiva natureza contratual.

E já depois da entrada em vigor do Código do Procedimento Administrativo, a jurisprudência do Supremo Tribunal Administrativo expressou o entendimento de ser possível que, a propósito da prática de um ato administrativo no âmbito da fiscalização ou sancionamento da execução de um contrato administrativo, os órgãos administrativos possam fazer interpretação contratual que, servindo de pressuposto a tais atos, não se pode dizer que se reconduza a um caso de usurpação de poderes[28]. Por outras palavras, a reserva interpretativa dos contratos administrativos a favor dos tribunais administrativos não exclui que a Administração possa, a título indireto ou instrumental, servindo de mero pressuposto de atos administrativos referentes à execução de um determinado contrato administrativo, fazer uma interpretação de cláusulas contratuais.

2.5. No referente à formulação do juízo interpretativo dos contratos administrativos, remonta ao início do século XX, sob a influência dominante do *Conseil d'État* e da doutrina francesa, a relevância conferida à força vinculativa do interesse público.

Durante a primeira década do século XX, a jurisprudência do *Conseil d'État* sublinha que a execução das obrigações dos contratos administrativos não se pode assimilar às regras dos contratos de direito privado, pois aque-

[28] Como se diz no Acórdão do Pleno da Secção do Contencioso Administrativo do Supremo Tribunal Administrativo, de 4 de maio de 2006, processo n.º 01985/02, (in Acordão do Supremo Tribunal Administrativo (dgsi.pt)), mostra-se ser "possível a prática de um acto administrativo que tenha por assente uma dada interpretação e validade de uma cláusula contratual, invocada como pressuposto" para o exercício de uma competência de fiscalização do seu cumprimento ou de aplicação de sanções, "daí que, em nosso entender, não seja suficiente para caracterizar o vício de usurpação de poder a afirmação unilateral de uma dada interpretação do contrato (...)". Em sentido idêntico, já antes, cfr. Acórdão da 1.ª Subsecção do Contencioso Administrativo do Supremo Tribunal Administrativo, de 22 de fevereiro de 2006, processo n.º 0865/05, in Acordão do Supremo Tribunal Administrativo (dgsi.pt).

les associam de alguma maneira o contratante privado à gestão do serviço público[29] ou fazem dele um "colaborador mais ou menos diretamente do serviço público"[30].

O contributo teórico de Jèze, procurando autonomizar o regime dos contratos administrativos daquele regime que, tendo por base o Código Civil, era aplicável aos contratos de direito privado celebrados pela Administração, mostra-se decisivo:

(i) Qualificado o cocontratante como um colaborador da Administração para o funcionamento do serviço público, sublinha-se que "o interesse geral do funcionamento regular do serviço público exige uma interpretação mais rigorosa das obrigações do cocontratante privado"[31];

(ii) Mais: "o interesse geral do funcionamento regular do serviço público não pode ser comprometido pelo interesse privado do cocontratante"[32], uma vez que este, ao celebrar o contrato administrativo, assume, de forma implícita, a obrigação de facilitar a sua execução: as obrigações devem ser interpretadas no sentido de que o cocontratante tudo fará para garantir o funcionamento regular e continuo do serviço público[33];

(iii) As fórmulas dos códigos de direito privado não se aplicam aos contratos administrativos, delas apenas se podendo extrair um argumento "da ideia, mas não do texto"[34], pois, ao invés do direito privado, os contratos administrativos encontram-se vinculados a um elemento essencial que são "as necessidades de funcionamento regular e continuo do serviço público"[35];

[29] Cfr. Léon Blum, nas conclusões do caso *Societé des granits*, de 31 de julho de 1912, in *Revue du Droit Public*, 1914, pp. 145 ss.

[30] Cfr. Corneille, nas conclusões do caso *Formassol*, de 3 de dezembro de 1920, in *Revue du Droit Public*, 1921, p. 79.

[31] Cfr. Gaston Jèze, *Les Principes Généraux du Droit Administratif*, IV, 3.ª ed., Paris, 1934, pp. 181-182.

[32] Cfr. Gaston Jèze, *Les Principes Généraux du Droit Administratif*, IV, p. 182.

[33] Cfr. Gaston Jèze, *Les Principes Généraux du Droit Administratif*, IV, p. 183.

[34] Cfr. Gaston Jèze, *Les Principes Généraux du Droit Administratif*, IV, p. 185.

[35] Cfr. Gaston Jèze, *Les Principes Généraux du Droit Administratif*, IV, p. 185.

(iv) Nos contratos administrativos, as dúvidas interpretativas são resolvidas a favor do funcionamento continuo e regular do serviço público[36].

Aqui reside, sob forte influência dos casos concretos apreciados pelo Conselho de Estado francês, a génese ponderativa da prossecução do interesse público na interpretação dos contratos administrativos.

2.6. Em Portugal, em 1937, o pensamento de Jèze afirma-se, sob a mão de João de Melo Machado: a autonomia interpretativa dos contratos administrativos, relativamente aos critérios da lei civil aplicáveis aos restantes contratos, baseia-se na diferente conciliação de interesses[37].

Com efeito, se nas relações contratuais privadas deparamos com interesses privados situados ao mesmo plano, nos contratos administrativos "têm de harmonizar-se dois interesses colocados em planos diferentes – o público e o particular"[38], sabendo-se que haverá sempre que ter presentes "as exigências dos serviços públicos"[39].

Marcello Caetano sublinha, igualmente por via da influência francesa, e em 1937, que sendo a vontade de um dos intervenientes contratuais "sempre dominada pela intenção de realizar, em toda a sua plenitude, o interesse público", a associação ao cocontratante particular determina que este último não possa alegar "por sua parte, uma intenção contratual diversa da de se sujeitar aos imperativos do serviço público de que voluntariamente se tornou colaborador"[40].

E conclui, sublinhando que a intenção ou a vontade de ambos os contratantes "é a de servir o interesse público"[41], sendo que os interesses protagonizados pelas partes "são de valor desigual"[42] – só quando nos encontremos

[36] Cfr. Gaston Jèze, *Les Principes Généraux du Droit Administratif*, V, 2.ª ed., Paris, 1936, p. 466.
[37] Cfr. João de Melo Machado, *Teoria Jurídica do Contrato Administrativo*, Coimbra, 1937, pp. 154 ss.
[38] Cfr. João de Melo Machado, *Teoria Jurídica do Contrato Administrativo*, p. 156.
[39] Cfr. João de Melo Machado, *Teoria Jurídica do Contrato Administrativo*, p. 157.
[40] Cfr. Marcello Caetano, *Manual de Direito Administrativo*, Lisboa, 1937, p. 550.
[41] Cfr. Marcello Caetano, *Manual de Direito Administrativo*, (1937), p. 550.
[42] Cfr. Marcello Caetano, *Manual de Direito Administrativo*, (1937), p. 551.

diante de um conflito que não coloque em causa o interesse público, "a solução se pode encontrar na reciprocidade"[43].

Estavam definidas, deste modo, as bases doutrinárias da relevância operativa da prossecução do interesse público na interpretação dos contratos administrativos.

2.7. A doutrina portuguesa subsequente não se afastou no essencial deste entendimento da primeira metade do século XX.

Curiosamente, deve-se a Marcello Caetano, logo em 1944, um primeiro desenvolvimento da força ponderativa dos interesses do cocontratante privado na interpretação dos contratos administrativos, sublinhando que, apesar de ele ser sempre um colaborador contratual na realização do interesse público, "o seu interesse privado deve ser respeitado na medida em que os termos do contrato o imponham e que a realização integral dos fins administrativos o exija"[44].

Aqui reside, a propósito da interpretação dos contratos administrativos, a primeira formulação compatibilizadora da prossecução do interesse público no respeito pelos interesses do cocontratante privado, falando-se mesmo em "reciprocidade de interesses" – o contrato administrativo não poderá ser interpretado em termos tais que o benefício privado seja alcançado à custa da marginalização ou sacrifício do interesse público, mas também não se pode admitir que a realização do interesse público seja feita "sem consideração pelo mínimo de satisfação do interesse privado que deve presumir-se sempre atendido no contrato"[45].

Diogo Freitas do Amaral, já na vigência do Código dos Contratos Públicos, sublinha que a circunstância de estar em causa a interpretação de negócios jurídicos bilaterais, envolvendo igual peso decisórios de ambas as partes, justifica que a sua interpretação tenha de continuar a assentar num acordo, não podendo uma delas impor, por si só, o sentido do contrato à outra parte, sem prejuízo de esse acordo nunca poder contrariar a função do contrato administrativo "que é a prossecução do interesse público" e, acrescenta, "o

[43] Cfr. Marcello Caetano, *Manual de Direito Administrativo*, (1937), p. 551.

[44] Cfr. Marcello Caetano, *Tratado Elementar de Direito Administrativo*, I, Coimbra, 1944, p. 327; IDEM, *Manual de Direito Administrativo*, I, 10.ª ed., p. 611.

[45] Cfr. Marcello Caetano, *Tratado Elementar de Direito Administrativo*, I, p. 328; IDEM, *Manual de Direito Administrativo*, I, 10.ª ed., p. 612.

contrato administrativo é, na verdade, um instrumento ao serviço do interesse público"[46].

E essa tradicional tónica da prevalência do interesse público sobre os interesses privados em presença no contrato administrativo continua a justificar o afastamento do recurso ao Direito Privado na densificação interpretativa e integrativa dos contratos administrativos[47].

Não obstante a consciência de que, à luz das experiências jurídicas estrangeiras, existem modelos interpretativos dos contratos administrativos que, diferentemente da tradição francesa, reconhecem à Administração um poder unilateral de interpretação dos vínculos contratuais[48], os últimos tempos têm sublinhado que a europeização da contratação pública, sem embargo da crescente pluralização de interesses públicos, conduziu a uma "relativa secundarização da prossecução do interesse público"[49] e a colisões entre a prossecução do interesse público e o princípio da concorrência[50].

2.8. Independentemente da maior ou menor referência à ponderação dos interesses privados do cocontratante, a projeção da prossecução do interesse público na interpretação dos contratos administrativos tem sido sempre entendida como vinculação do intérprete, sem qualquer diferenciação se quem faz a interpretação contratual é um órgão da Administração Pública, a título de mera declaração negocial, ou um tribunal, fixando o sentido último do vínculo contratual administrativo.

A tradicional força vinculativa da aplicação do princípio da prossecução do interesse público à interpretação dos contratos administrativos assenta,

[46] Cfr. Diogo Freitas do Amaral, *Curso de Direito Administrativo*, II, 3.ª ed., Coimbra, 2016, p. 493.

[47] Cfr. Marcelo Rebelo de Sousa, *O Concurso Público na Formação do Contrato Administrativo*, Lisboa, 1994, p. 12; Marcelo Rebelo de Sousa / André Salgado de Matos, *Contratos Públicos*, Lisboa, 2008, pp. 122 ss.; PEDRO MONIZ LOPES, *Contratos Administrativos e Boa Fé*, Lisboa, 2019, pp. 36 ss. e 93 ss.; TIAGO AMORIM, *Sobre a interpretação do contrato administrativo*, in *Revista da Ordem dos Advogados*, 2019, pp. 287-288.

[48] Para mais desenvolvimentos, cfr. Maria João Estorninho, *Curso de Direito dos Contratos Públicos*, Coimbra, 2012, pp. 471 ss.

[49] Cfr. Pedro Costa Gonçalves, *Direito dos Contratos Públicos*, I, 2.ª ed., Coimbra, 2018, p. 337.

[50] Neste último sentido, cfr. Pedro Fernández Sánchez, *Direito da Contratação Pública*, I, Lisboa, 2020, pp. 99 ss. Numa perspetiva diferente, sublinhando a articulação entre "princípios gerais da atividade administrativa e princípios da contração pública", cfr. Miguel Assis Raimundo, *Direito dos Contratos Públicos*, I, Lisboa, 2022, pp. 71 ss.

por conseguinte, na indiferenciação do intérprete: a Administração e os Tribunais estariam igualmente subordinados, sem qualquer distinção, a fazer uma interpretação dos contratos administrativos em conformidade com a prossecução do interesse público.

Existe, neste sentido, um implícito entendimento doutrinal de que, em matéria de interpretação de vínculos contratuais administrativos, os tribunais estarão vinculados à prossecução do interesse público em moldes precisamente iguais aos órgãos administrativos: a interpretação de contratos administrativos pautar-se-á, à luz desta conceção, por um postulado de prossecução do interesse público que torna indiferenciada a metódica ponderativa das funções administrativa e jurisdicional.

O que significa, à luz desta conceção, uma certa colonização administrativa dos tribunais pelo critério da prossecução do interesse público ao nível da interpretação dos contratos administrativos: o parâmetro de atuação da Administração torna-se também, neste domínio interpretativo de negócios jurídicos bilaterais, pauta de conduta dos tribunais.

Ora, essa ausência de diferenciação aplicativa do princípio da prossecução do interesse público na interpretação dos contratos administrativos, entre tribunais e órgãos da Administração, constitui o cerne da designada conceção tradicional.

Será admissível, porém, um tal entendimento?

É o que procuraremos, seguidamente, averiguar,

§3.º – Conceção adotada: uma reconfiguração operativa da prossecução do interesse público na interpretação de contratos administrativos

3.1. A conceção tradicional, indiferenciando a aplicação do princípio da prossecução do interesse público pelos tribunais e pela Administração na interpretação de vínculos contratuais, tem uma explicação muito simples:

(i) Uma vez que a matriz de base de toda a construção da interpretação dos contratos administrativo é de origem francesa, continuamos hoje, em pleno século XXI, a raciocinar a interpretação dos contratos administrativos como se os tribunais administrativos ainda fossem órgãos da Administração Pública;

(ii) Toda a ideia de sujeitar a interpretação dos contratos administrativos à prossecução do interesse público, resultando da jurisprudência do *Conseil d'État* e do subsequente tratamento pela doutrina francesa (v. *supra*, n.º 2.5.), ocorre num ambiente em que "julgar a Administração ainda é administrar", motivo pelo se compreende que o julgador administrativo, integrando o poder administrativo, se encontrasse vinculado ao interesse público.

Paradigmática deste pensamento é, entre nós, a afirmação expressa, a propósito de contratos administrativos, de que "do interesse público só é juiz a administração: a autoridade judicial não tem que averiguar as suas necessidades"[51] – num modelo em que o contencioso administrativo integra o poder administrativo e não o poder judicial, parece lógico e aceitável que os juízes administrativos encontrem na prossecução do interesse público a "chave" interpretativa dos contratos administrativos.

Compreende-se, por isso, que, pelo menos até 1974, se fizesse um raciocínio vinculativo da "Administração contenciosa" a uma interpretação dos contratos administrativos através de um critério de prossecução do interesse público unificado ou semelhante à prossecução do interesse público pelos órgãos da "Administração ativa".

Porém, desde que os tribunais administrativos ficaram inequivocamente integrados no poder judicial, não se mostra sustentável que os juízes se encontrem pautados por uma idêntica ponderação da prossecução do interesse público na interpretação de contratos administrativos, isto em termos totalmente semelhantes aos órgãos da Administração Pública.

Tal como a vinculação dos tribunais ao princípio da juridicidade é diferente da vinculação dos órgãos administrativos (v. *supra*, n.º 1.1.), igualmente o princípio da prossecução do interesse público não pode assumir para os tribunais uma força vinculativa idêntica àquela que possui para as estruturas administrativas – por aqui passa, cumpre sublinhar, o princípio da separação de poderes.

3.2. Na ótica da ação administrativa, como já tivemos oportunidade de escrever[52], a Administração Pública, sem prejuízo de conferir sempre primado aos postulados de uma conceção personalista, nunca pode deixar de estar ao serviço dos interesses gerais da coletividade, isto no sentido de que nunca se pode motivar pela prossecução de interesses privados, identificados

[51] Cfr. João Maria Tello de Magalhães Collaço, *Concessões de Serviços Públicos*, 2.ª ed., Coimbra, 1928, p. 95.

[52] Cfr. Paulo Otero, *Manual de Direito Administrativo*, I, p. 368; IDEM, *Direito do Procedimento Administrativo*, I, pp. 153 ss.

com interesses de pessoas ou grupos particulares: no respeito pelas coordenadas do personalismo, a Administração Pública visa a defesa, a garantia e a promoção do bem comum ou interesse público.

Os titulares das estruturas administrativas não prosseguem o seu interesse pessoal, nem o interesse dos partidos políticos ou grupos de interesses de que são simpatizantes ou militantes, antes se encontram sempre ao serviço do bem comum ou interesse público, tal como a Constituição impõe, o legislador define, a Administração concretiza e os tribunais controlam: respeitada que seja a juridicidade, desde logo os postulados decorrentes da dignidade da pessoa humana, o interesse público constitui o critério, o fundamento e o limite da atuação administrativa.

A ideia de vinculação exclusiva dos órgãos administrativos ao interesse público, enquanto expressão da *res publica* e de um propósito garantístico da *salus publica*, traduz uma decorrência do princípio republicano[53], de modo que a prossecução do bem comum é um imperativo ético e constitucional que assume a natureza de dever legitimador da autoridade pública administrativa[54].

Não existe, porém, prossecução válida do interesse público pela Administração Pública fora dos quadros da juridicidade, designadamente da sua definição pelo legislador:

(i) A prossecução do interesse público não habilita a preterição da normatividade parametrizadora das condutas administrativas: a ideia de "tudo pelo interesse público, nada contra o interesse público" revela adesão a uma postura totalitária que é completamente contrária à ordem axiológica da Constituição;

(ii) Não há um interesse público por natureza que seja revelado ou aplicado pela Administração Pública em sentido contrário à lei ou face a condutas desconformes com a lei: a prossecução do interesse público move-se sempre, exclusivamente, dentro da juridicidade[55];

[53] Cfr. Hans J. Wolff / Otto Bachof / Rolf Stober, *Verwaltungsrecht*, I, 12.ª ed., München, 2007, pp. 194 e 417.

[54] Cfr. Paulo Otero, *Direito do Procedimento Administrativo*, I, p. 154.

[55] Cfr. Paulo Otero, *O Poder de Substituição em Direito Administrativo – Enquadramento dogmático-constitucional*, II, Lisboa, 1995, p. 583, nota n.º 187.

(iii) Por isso, a escolha das melhores soluções para o interesse público faz-se sempre dentro do quadro das soluções legais, pois só dentro das soluções válidas se encontra aquela que será a melhor solução.

Neste sentido, o cumprimento da juridicidade constitui o primeiro interesse público que as autoridades administrativas devem prosseguir, o que significa, deste logo, o dever de não violar a legalidade e, num sentido positivo, o dever de respeitar as posições jurídicas subjetivas dos cidadãos – só assim se implementa o imperativo constitucional de prossecução do interesse público *no respeito* pelos direitos e interesses legalmente protegidos dos cidadãos.

Não pode existir prossecução do interesse público pela Administração Pública em sentido contrário à juridicidade, o que determina que a prossecução do interesse público se move dentro do espaço da lei e não acima da lei ou fora da lei.

3.3. Como também já se deixou expresso[56], o interesse público revela-se um conceito indeterminado e dotado de uma geometria variável em razão do tempo e do espaço[57], sendo a sua definição a cargo da Administração Pública uma tarefa complexa[58]:

(i) O conceito de interesse público, envolvendo a relação de um sujeito perante um objeto, não é linear, nem unívoco, nem homogéneo: ao lado de interesses públicos comuns a toda a coletividade e protagonizados pelo Estado, existem também interesses públicos de entidades públicas menores (v.g., interesses das regiões autónomas, das autarquias, das universidades públicas) ou de entidades supraestaduais (v.g., interesses da União Europeia) e ainda interesses privados (individuais ou coletivos) com relevância ou utilidade pública ou ao serviço do interesse geral;

(ii) A distinção entre interesses públicos e interesses privados não se encontra no sujeito que deles é titular: os interesses públicos podem ser realizados e garantidos por entidades privadas, tal como a Admi-

[56] Cfr. Paulo Otero, *Direito do Procedimento Administrativo*, I, pp. 158 ss.

[57] Cfr. Piermarco Zen-Ruffinen, *Droit Administratif*, 2.ª ed., Neuchâtel, 2013, p. 63.

[58] Cfr. Eberhard Schmidt-Assmann, *Das allgemeines Verwaltungsrecht als Ordnungsidee. Grundlagen und Aufgaben der verwaltungsrechtlichen Systembildung*, 2.ª ed., Berlin, 2006, pp. 147 ss.

nistração Pública, por exclusivas razões de interesse público, pode assumir uma intervenção substitutiva (e temporária) na gestão de interesses privados;

(iii) Existem interesses que possuem, simultaneamente, características de interesse público e de interesse privado, numa conjugação entre interesses públicos e interesses privados geradora de "confusão de interesses" e de "paralelismo de interesses"[59]: a prossecução do bem comum não é um monopólio da Administração Pública e o princípio da subsidiariedade reforça o papel dos membros da sociedade civil, à luz de um postulado de solidariedade, a desenvolver iniciativas e projetos ao serviço do bem comum dos membros da sociedade;

(iv) A relação entre os diferentes interesses nem sempre se revela pacífica, ocorrendo situações de colisão ou conflito entre interesses: a necessidade da sua harmonização conduz a delicados processos ponderativos de interesses a nível legislativo, em primeiro lugar, e, num segundo momento, de "arbitragem" a nível administrativo[60], sempre passíveis de gerar um derradeiro nível de ponderação a cargo dos tribunais;

(v) A intervenção administrativa no sentido da ponderação de interesses pressupõe que o legislador defina estruturas organizativas e mecanismos procedimentais que permitam uma análise adequada dos interesses em presença;

(vi) Num certo sentido, essa arbitragem de interesses a cargo da Administração Pública assume ainda a natureza de verdadeira ação política, até pela possível conflitualidade concorrente de diferentes políticas públicas impossíveis de realização simultânea[61].

O entrecruzamento de interesses públicos e de interesses privados, envolvendo mandatos legislativos de ponderação a cargo de uma Administração Pública gestora de conflitos e de balanceamento, sempre à luz do princípio

[59] Cfr. Pierre Moor / Alexandre Flückiger / Vicent Martenet, *Droit Administratif*, I, 3.ª ed., Berne, 2012, pp. 785 ss.

[60] Cfr. Pierre Moor / Alexandre Flückiger / Vicent Martenet, *Droit Administratif*, I, p. 777.

[61] Cfr. Pierre Moor / Alexandre Flückiger / Vicent Martenet, *Droit Administratif*, I, pp. 781 ss.

da proporcionalidade[62], permite transformar o procedimento administrativo num espaço de gestão e harmonização ponderativa de interesses[63]: o interesse público concreto é o resultado de um procedimento em que intervêm autoridades públicas e cidadãos, num contexto multipolar, cada um exteriorizando visões do bem comum determinante na configuração e solução da situação subjacente.

No âmbito da contratação pública, esse entrecruzamento de interesses públicos e interesses privados, respetivamente protagonizado pelo contratante público e pelo cocontratante privado, torna-se ainda mais patente – e isso justifica que, tendo a formação do vínculo em causa se baseado numa bilateralidade de manifestações de vontades, a definição do exato sentido interpretativo dos termos dessa vinculação, ante a ausência de consenso das partes envolvidas, não possa integrar a esfera de competência de uma delas, mas antes seja confiada aos tribunais.

São exigências de imparcialidade e justiça, em última análise, que justificam, num cenário de falta de acordo entre as partes de um vínculo bilateral, a reserva a favor dos tribunais da interpretação de contratos administrativos.

3.4. Não se ignora que a ideia de bem comum da coletividade ou interesse público, sendo um critério teológico de ação administrativa, tenha que estar sempre presente no exercício de qualquer poder público, motivo pelo qual a prossecução do bem comum surge como justificação última do agir administrativo e dos restantes poderes públicos[64] – os tribunais não estão imunes, neste sentido, ao interesse público ou ao bem comum da coletividade, pois a realização da paz jurídica ainda realiza um interesse público da coletividade[65].

Sucede, no entanto, que a vinculação à prossecução do interesse público pode ter, por força da Constituição, graus ou níveis diferentes de intensidade

[62] Cfr. Pierre Moor / Alexandre Flückiger / Vicent Martenet, *Droit Administratif*, I, p. 778.

[63] Cfr. Eberhard Schmidt-Assmann, *Das allgemeines Verwaltungsrecht als Ordnungsidee. Grundlagen und Aufgaben der verwaltungsrechtlichen Systembildung*, p. 152.

[64] Cfr. Paulo Otero, *Direito do Procedimento Administrativo*, I, p. 160.

[65] Sobre a realização da "paz jurídica" como propósito da função jurisdicional, cfr. Afonso Rodrigues Queiró. *Lições de Direito Administrativo*, I, policop., Coimbra, 1976, p. 51; IDEM, *A função administrativa*, in *Revista de Direito e Estudos Sociais*, 1977, p. 31; Marcelo Rebelo de Sousa / André Salgado De Matos, *Direito Administrativo Geral*, I, 2.ª ed., Lisboa, 2006, p. 41.

aplicativa ou ponderativa pelas autoridades públicas: a atuação da Administração Pública encontra-se mais parametrizada à prossecução do interesse público[66] do que o agir dos tribunais (do Estado ou arbitrais), pois estes têm outros propósitos constitucionais a pautar o seu agir[67] – o interesse público é, verdadeiramente, o "interesse da Administração Pública"[68].

Existe uma diferença teleológica no exercício da função administrativa e da função jurisdicional:

(i) Os tribunais têm como propósito central a realização da justiça, numa postura de imparcialidade face aos interesses em presença e aos seus protagonistas, enquanto a Administração Pública, visando sempre a realização do interesse público, encontra-se vinculada a uma postura de imparcialidade face aos destinatários dessa concretização decisória do interesse público, mas tendo sempre a obrigação de preferir a solução que se mostre ser a mais adequada ou mais apta à realização ótima do interesse público – a Administração "irá decidir o conflito de interesses numa posição de parcialidade, já que ela é, precisamente, titular de um dos interesses em confronto"[69];

(ii) Os tribunais, em sentido diferente, verificando-se um conflito entre interesses públicos e interesses privados, envolvendo entidades públicas e entidades privadas, não possuem qualquer vinculação a preferir a solução decisória (ou interpretativa) mais conforme ao interesse público ou às pretensões das entidades públicas, gozando de uma margem de autonomia decisória que, parametrizada pelo propósito da justiça, poderá conduzir a acolher a solução que satisfaz os interesses privados titulados por entidades privadas, em detrimento daquele que seria o interesse público prosseguido por entidades públicas – "a justiça está acima dos interesses"[70];

(iii) Se aos tribunais é sempre lícito, neste último sentido, decidir a favor de interesses privados, em detrimento de interesses públicos, uma

[66] Cfr. CRP, artigo 266.º, n.º 1.

[67] Cfr. CRP, artigo 202.º, n.º 2.

[68] Cfr. Pedro Costa Gonçalves, *Manual de Direito Administrativo*, I, Coimbra, 2019, pp. 51-52.

[69] Cfr. Mário Esteves de Oliveira, *Direito Administrativo*, I, p. 29.

[70] Cfr. Diogo Freitas do Amaral, *Curso de Direito Administrativo*, I, 4.ª ed., reimp., Coimbra, 2016, p. 43.

vez que o seu critério de decisão tem como fim a realização da justiça, à Administração Pública, em invés, respeitados que sejam os parâmetros de uma juridicidade de cunho personalista (v. *supra*, n.º 3.2.), nunca lhe é lícito satisfazer interesses privados com preterição da prossecução do interesse público – a Administração é sempre, por isso, "parte interessada"[71].

Em suma, dentro dos quadros da juridicidade, se é verdade que não pode existir exercício válido da função administrativa sem prossecução do interesse público, pode bem dizer-se que é possível existir um exercício lícito da função judicial satisfazendo pretensões de particulares contrárias à prossecução do interesse público.

3.5. Naturalmente que uma tal diferença teleológica entre o exercício da função jurisdicional e da função administrativa não pode deixar de se projetar ao nível da interpretação dos contratos administrativos:

(i) A interpretação judicial dos contratos administrativos faz-se à luz da solução que, dentro dos parâmetros da juridicidade, se mostre a mais conforme à justiça material dos interesses em colisão e não, necessariamente, no sentido daquela que seja a mais consentânea com o interesse público: entidades públicas e entidades privadas, defendendo diferentes interesses privados e interesses públicos em torno da interpretação de cláusulas contratuais administrativas, são tratadas com equidistância pelos tribunais – o tribunal é sempre um terceiro face aos interesses em litígio, motivo pelo qual "a atuação do juiz processa-se de fora e acima do conflito de interesses decidendo"[72];

(ii) A defesa do interesse público não goza de qualquer preferência nos critérios decisórios dos tribunais em torno da interpretação de contratos administrativos, nem as pretensões interpretativas dos cocontratantes privados se encontram sujeitas a qualquer exigência de um juízo judicial de compatibilidade com o interesse público – a parte pública e a parte privada do contrato administrativo e os respetivos

[71] Cfr. Diogo Freitas do Amaral, *Curso de Direito Administrativo*, I, 4.ª ed., p. 43.

[72] Cfr. Sérvulo Correia / Francisco Paes Marques, *Noções de Direito Administrativo*, I, 2.ª ed., Coimbra, 2021, p. 51.

interesses em juízo devem ser tratados com total igualdade e imparcialidade pelos tribunais;

(iii) A prossecução do interesse público serve sempre, no entanto, de critério aferidor da validade da proposta de solução decisória (ou interpretativa) formulada pela Administração e, no limite, em casos de ambiguidade ou pluralidade de significados possíveis dos enunciados jurídicos, de princípio dotado de uma função autónoma de "desempate" interpretativo (ou integrativo de lacunas);

(iv) Não se mostra admissível, todavia, que, inexistindo ambiguidade ou pluralidade de significados dos enunciados jurídico-administrativos, a aplicação do sentido interpretativo de contratos administrativos resultante de postulados de Direito Comum possa ser afastada, sem precedência de lei, por uma autónoma ponderação prevalecente do princípio da prossecução do interesse público por parte dos tribunais: a prossecução do interesse público não tem uma força jurídica vinculativa para os tribunais em termos semelhantes àquela que goza junto dos órgãos administrativos.

3.6. Em conclusão, a circunstância de a vinculação dos tribunais à prossecução do interesse público assumir uma natureza *soft*, enquanto que para os órgãos administrativos traduz uma *hard* vinculação, determina que a sua força vinculativa como parâmetro de interpretação dos contratos administrativos seja simetricamente distinta: a prossecução do interesse público não surge como critério teleológico da interpretação judicial de tais vínculos bilaterais, motivo pelo qual só por equivoco histórico, tributário de um entendimento ultrapassado que via o contencioso administrativo como parte do poder executivo (v. *supra*, n.ºs 2.5. e 3.1.), se pode hoje continuar a sustentar que os tribunais (administrativos ou arbitrais) se encontram vinculados à prossecução do interesse público na interpretação de contratos administrativos como se fossem órgãos da Administração Pública.

ÍNDICE